부의 추월차선 완결판
UNSCRIPTED
언스크립티드

UNSCRIPTED: LIFE, LIBERTY, AND THE PURSUIT OF ENTREPRENEURSHIP
Copyright © 2017 by MJ DeMarco
All rights reserved.
Original english edition published in 2017 by Viperion Publishing Corporation, USA.
Korean translation rights arranged with Viperion Asset Management
and Booksetong Co., Ltd.-THOTH Publishing, Korea.
Korean translation edition © 2018 by THOTH Publishing.

이 책의 한국어판 저작권은 저작권자와의 독점계약으로 토트출판사에 있습니다.
신저작권법에 의해 한국어판의 저작권 보호를 받는 서적이므로 무단 전재와 복제를 금합니다.

일러두기
- 괄호 안에 풀어 쓴 역자 주석은 위키피디아, 네이버사전 등을 참고했습니다.
- 사람이름, 회사이름 등 고유명사는 원래 발음에 가깝게 표기했으나 국내에서 확립된 표기법을 존중했습니다.
- 이 책의 원문에는 저자만의 고유한 표현이나 번역하기 어려운 신조어가 다수 있어서 편집 과정에서 독자의 이해를 돕기 위해 풀어쓰거나 교체하였습니다.

부의 추월차선 완결판
UNSCRIPTED
언스크립티드

엠제이 드마코 지음 | 안시열 옮김

토트

서문

잠시 짬을 내 머릿속에 그려보라. 죽음의 침상에 누울 때까지 당신의 인생은 어떤 궤적을 그릴 것인가. 죽음을 목전에 둔 당신은 놓쳐버린 시간들을 애석해하고, 망설이다 때를 놓친 일들로 인해 애통해할 것인가? 가보지 못한 곳들로 인해 슬퍼할 것인가? 인생을 회고하는 눈에 보이는 것이라곤 온통 일뿐이고 값진 유산(遺産)은 전무할 것인가? 당신의 미래가 암울하도록 밋밋하고 가족사에 남길 만한 가치 있는 것이 없을 것 같다면, 바꿀 기회를 잡아라. 바로 지금 여기에서!

2007년 인터넷 회사를 매각하고 30대의 젊은 나이에 은퇴한 뒤 나는 '더 젊은 시절의 나'에 대한 질문과 씨름하기 시작했다. 내가 과거로 돌아가서 스무 살의 나-끊임없이 몸부림치던 어느 젊은이-와 대화를 나눌 수 있다면 어떤 통찰을 들려줄 것인가? 그때의 나에게는 어떤 정신 번쩍 드는 '지혜'가 필요했을까? 나의 실패들은 어떤 배움을 내게 선사했던가? 그리고 무엇보다도, 내가 얻은 지혜를 어떻게 다른 사람들과 나눌까?

3년간의 자기반성 끝에 나온 이 책의 초고는 『모비 딕(Moby Dick)』을 중편소설로 보이게 만들 정도로 길었다. 나의 실수와 배움은 수없이 많은 지면을 채우고도 남았다. 그런데 이보다 더 흥미로운 사실은, 그리하여 내가 쓰게 된 책이 기존의 그 어떤 책과도 같지 않다는 것이다. 주류적 사고에 완전히 역행하는 책을 쓰고 만 것이다. 다시 말해서, 행복은 관습적 지혜가 말하는 것을 행하는 데 있지 않고 정확히 그 반대를 행하는 데 있다.

금융·재무, 인생길 찾기, 창업에 대한 책이 셀 수 없이 많지만 그중 어떤 책도 '진짜 이야기'를 들려주지 않는다. 대신에 그 책들은 듣기 좋은 동화와 월스트리트의 판타지들—잘 포장된 평범함과 중도포기로 구성된 템플릿들—을 들이민다. 당신은 그 책들을 읽고 나와 똑같은 질문을 던졌을 수도 있다. '주 5일을 임금(賃金)의 노예로 살면서 균형 잡힌 뮤추얼 펀드 포트폴리오를 알뜰살뜰 만들어간 덕에 백만장자가 된 사람이 정말로 있을까?'

나의 첫 책 『부의 추월차선(The Millionaire Fastlane)』 출간을 준비하는 중에 출판 전문가들은 내 책이 결코 팔리지 않을 것이라고 경고했다.

하지만 나는 눈도 꿈쩍하지 않았다. 나는 마음으로부터 글을 퍼 올리고 있었다. 명예도, 돈도 안중에 없었다. 대가들과 인기 세미나 강사들로 이루어진 특권층에 끼고자 기웃거리지도 않았다.

2011년 1년간에 걸친 각고의 편집 끝에 나는 마침내 『부의 추월차선』을 자가 출판하여 제한적으로 유통했다. 나는 베스트셀러 목록에 책 제목을 올리기 위한 PR 활동도 거의 하지 않았다. 특히 광고에는 한 푼도 쓰지 않았다. 주류 언론은 나를 무시했다. 블로거들도 나를 거들떠보지 않았다. 실리콘밸리의 '스타트업(startup 신생기업)' 무리도 나를 경시했다. 그런데 나를 홀대하지 않은 사람들이 있었다. 뻔한 삶을 옹호하는 뻔한 책이 들려주는 뻔한 조언에 싫증이 난 독자들이었다.

한 달 두 달 시간이 가면서 책은 꾸준히 판매부수가 늘어났다. 수십 권에서 수백 권으로, 그러고는 수천 권, 또 다시 수만 권으로. 매출이 이내 1백만 달러를 찍더니 2백만 달러도 넘어섰다. 외국어 라이선싱과 번역이 잇따랐다. 한국어, 일본어, 이탈리아어 등등. 나의 트위터 피드는 책을 손에서 내려놓지 못하는 독자들로 폭발하고 있었다.

"제가 읽은 책 중 최고예요!", "비즈니스에 대한 기발한 지혜!", "당신의 말에 귀 기울이다 보면 심장이 쿵쾅거립니다!" 등등.

많은 이들이 책 제목이 '빨리 부자 되기' 식의 싸구려 냄새를 풍기고 책 표지가 촌스럽다고 비웃었음에도 불구하고, 나의 책은 아마존의 다양한 분야에서 여러 차례에 걸쳐 1등을 차지했다. 「뉴욕타임스」 베스트셀러 목록에는 이름을 올리지 못했지만, 대부분의 「뉴욕타임스」 베스트셀러보다 많이 팔려 나갔다.

마침내 나는 '완전히 까발려 놓음으로써' 독자들을 충격에 빠뜨렸다. 재무적 성공을 위한 종합적인 로드맵을 제공한 것이다. 그 로드맵은 반론의 여지가 없는 수학에 기초한 것으로 시간, 형편, 경제 상황과 무관하다.

『부의 추월차선』이 전 세계로 퍼지면서 독자들은 요구했다. "우리에게 또 한 권의 책을 달라!" 『부의 추월차선』은 독자들의 꿈을 부활시키고 삶을 바꾸고 있었다. 같은 장르의 책을 두 권이나 저술할 생각은 없었지만, 나는 또 다른 책이 내 안에 살아 숨쉬고 있음을 알고 있었다. 왜냐하면 『부의 추월차선』에서 폭로한 '21세기 최대의 속임수'가 나날이 강력해지고 있었기 때문이다. 그리고 그 속임수는 비판적 사고를 짓밟고 개인적 선택을 짓뭉개며 궁극적으로는 꿈을 살해하고 있었다. 『부의 추월차선』은 부에 대한 거짓된 신화의 민낯을 드러내는 한편, 또 다른 것을 암시하고 있었다.

그것은 사회라는 시스템에 숨겨진 비밀스런 현실이다. 슬금슬금 무언가를 엮어가는 문화적 이면―당신의 인생에 맹목적 순종과 체념적 평범함과 유기된 꿈이라는 형(刑)을 언도하는 사회학적 음모―이 그것이다.

당신이 끝내 꿈을 내려놓게 된다면, 그것은 노력이나 열정이 부족해서가 아닐 것이다. 당신은 이미 쓰인 각본에 따라 원하지 않는 조연의 삶을 연기하는 것이다. 당신은 미처 알지 못한 채 삶이라는 가면을 쓴 조작된 게임을 하도록 캐스팅이 되었고, 그 게임에서 이기는 자는 극소수일 뿐이다.

당신을 노예로 만드는 각본에서 탈출하라. 삶, 자유 그리고 기업가 정신을 펜으로 삼아 조작된 각본을 새롭게 쓰라. 인생의 황혼이 찾아와서 타임머신을 꿈꾸게 될 때를 기다리지 마라. 지금 이 순간에 존재하라.

— 엠제이 드마코

차례

들어가는 말 14

PART 1
불협화음, 그게 뭐가 문제란 말인가?

1. 그 각본에 나오는 이야기들 : 월요일이 두렵다 22
2. 경솔한 속삭임 : 죄책감에 짓눌린 영혼은 리듬을 타지 못한다 27
3. 현대의 매트릭스 : '빨간 알약'을 삼킬까 말까 30

PART 2
조작된 각본이 당신을 노예화한다

4. 조작된 게임 : '다른 사람들의 생각'에 갇힌 삶 36
5. 관습적 지혜 : 관습적 인생으로 가는 길 41
6. 각본화된 운영체계 : 노역의 거미집 45
7. 나팔수들 : 우리 인생이 엉망이니 네 인생도 그래야 해 48
8. 가상현실 : 당신을 사로잡는 9개의 망상 59
9. 시간팔이 : 좋은 시간으로 나쁜 시간을 사다 74
10. 인생의 갈림길 : 두 개의 문, 하나의 도살장 80

11. 주의분산 : 대중매체가 하는 일   89
12. 모범(M.O.D.E.L.) 시민들   91

PART 3
새로운 선택 : 각본에서 탈출한 삶

13. 각본에서 탈출한 삶 : 열받으라!   96
14. 대오각성 : 열받고 정신차려라   104

PART 4
각본에서 탈출한 기업가적 기본틀

15. 각본에서 탈출한 기업가적 기본틀   120
16. 자기를 가두는 3B 감방   129
17. 우리가 믿는 거짓말들 : 신념 관련 여덟 가지 속임수   133
18. 신념 ❶ 지름길 속임수 :
    평범은 비범의 아버지가 아니다   138
19. 신념 ❷ 영재 속임수 :
    "난 그걸 별로 잘하지 못해요"   155
20. 신념 ❸ 소비주의 속임수 :
    그것이 얼마나 많은 시간을 잡아먹었는가?   163

21. 신념 ❹ 돈 사냥 속임수 :

　　부자가 되기를 바라면 부자가 될 수 있다　171

22. 신념 ❺ 제로섬 속임수 :

　　당신이 부자라서 내가 가난하다　175

23. 신념 ❻ 행운아 속임수 :

　　게임을 뛰지 않으면 승리도 없다　185

24. 신념 ❼ 자린고비 속임수 :

　　돈 아끼며 살다가 돈 쥐고 죽는다　193

25. 신념 ❽ 복리 속임수 :

　　월스트리트는 당신을 부자로 만들어주지 않는다　197

26. 편향 : 뇌의 망상　208

27. 헛소리꾼들의 허튼소리들 : 목발, 상투어, 광신집단　224

28. 꺾을 수 없는 승리에의 의지　239

29. 조심하라, 고약한 쌍둥이 조언을!　245

30. 목적을 정하고 영혼을 고무하라　256

31. 인생을 바꾸는 비즈니스 구축법　268

32. 추월차선 기업가정신 대원칙 : 생산가치주의　274

33. 추월차선 기업가정신 ❶ 통제의 계명 :

　　구축하고 소유하라　285

34. 추월차선 기업가정신 ❷ 진입의 계명 :

　　어려움은 기회다!　292

35. 추월차선 기업가정신 ❸ 필요의 계명 :

　　어떤 산업에서든 기회를 만들어내는 법　300

36. 추월차선 기업가정신 ❹ 시간의 계명 :

　　돈만 벌지 말고 시간을 벌라　339

37. 추월차선 기업가정신 ❺ 규모의 계명 :

　　저녁식사와 영화가 아닌 삶과 자유를 쟁취하라　354

38. 실행의 탁월성 : 예측 불가한 것을 예측할 수는 없다　373

39. 동적 실행 : 모든 중요한 것은 시시하게 시작했다　377

40. 과정의 7P : 아이디어에서 생산가치주의 체제로　387

41. 실행이 중요하다 : 13가지의 실행 열쇠　419

42. 각본탈출의 4대 규율 : 당신의 미래를 걸고 설계하라　441

43. 각본탈출의 4대 규율 ❶ 비교 면역력 :

　　옷을 잘 차려입어도, 노예는 노예다　443

44. 각본탈출의 4대 규율 ❷ 목적 있는 저축 :

　　평생의 수동적 소득을 위한 준비　448

45. 각본탈출의 4대 규율 ❸ 쾌락 통제력 :

　　수고의 달콤한 열매　459

46. 각본탈출의 4대 규율 ❹ 결과 예측적 사고력 :

　　삶의 석극성 유시　461

PART 5
다시는 돈 때문에 일하지 말라

47. 또 다시 정신차렷!　466

48. 당신의 마지막 비즈니스　472

49. 각본탈출　493

들어가는 말

Un.script.ed
[형용사] 준비된 각본을 따르지 않는
(메리엄웹스터사전)

아침에 깨어날 때마다 허벅지를 꼬집으며 "아, 이게 정말 내 인생이야? 정말 죽여주지 않아?"라고 말한다. 늘 꿈꾸던 집에 살고 있지만 주택담보대출도 없다. 시계의 자명종도 울리지 않고, 직장 상사도 없고, 밀린 청구서도 없다. 하루의 모든 시간을 온전히 내 마음대로 쓸 수 있다. 전에 다니던 직장에서라면 일주일 내내 벌어도 못 벌 돈을 아침밥상을 받기도 전에 벌어들인다. 차고에 주차되어 있는 말도 못하게 비싼 차는 당신의 꿈이 더 이상 몽상이 아닌 현실임을 말해준다.

의심하지 말라. 이런 삶은 실제 존재한다. 내가 안다. 지난 20년 가까운 세월을 그렇게 살아왔으니까. 그리고 몇 년 내로, 그것은 당신의 삶이 될 수 있다. 그렇다. 50년의 노고를 감사할 줄 모르는 직장, 마음의 허리까지 졸라매는 절약, 소위 월스트리트의 친구들에게 투자랍시고 돈을 묶어두는 인내는 당신에게 더 이상 필요 없다.

불행하게도, 당신은 그런 인생은 당신 것일 리가 없다고, 혹은 다른 부류의 사람—특정 대학 졸업장, 특정 액수의 벤처 캐피탈 펀딩, 혹은 명문대 출신들과의 연줄과 인맥의 소유자—에게만 가능하다고 '각본대로' 믿어왔다. 나는 여기서 당신에게 선언한다, 그건 몽땅 거짓말이라고.

인생 대부분을 기업가로서 살아온 나에 대해 말하자면, 나는 특별할 것 없는 사람이다. 테크크런치(TechCrunch 최신 기술 및 스타트업 뉴스를 전하는 온라인 출판사)나 실리콘밸리의 어떤 뉴스레터를 뒤져보아도 내 이야기는 나오지 않는다. PC통신 시절부터 인터넷 기업가로 활동해 오긴 했지만, 벤처 캐피탈리스트의 돈은 한 푼도 받아본 적이 없고, 다섯 명 이상의 사원을 고용해 본 적도 없으며, 학교에서 컴퓨터공학을 공부하지도 않았다. 그럼에도 불구하고 나는 앞에서 묘사된 것과 같은 '각본에서 탈출한' 인생을 만들어주는 수익이 짭짤한 사업체들을 가지고 있다. 수백만 달러로 가치평가가 되는 사업을 통해 거두어들이는 수만에서 수십만 달러의 월 수익에 대해 말하고 있는 것이다. 비록 내가 두 번에 걸친 성공적 '철수'를 감행하긴 했지만, 그렇다고 겁먹지는 말라. 그것은 성공의 과정에서 맞닥뜨리게 마련인 반가운 변화일 뿐이다.

나는 1년이면 유통기한이 다하는 반짝 전술을 담은 마케팅 책을 '한 달에 한 권씩' 써대는 부류의 작가가 아니다. 나는 네 문단이면 충분할 하나의 개념에 대해 장장 200페이지에 걸쳐 '썰'을 풀어대는 부류의 작가도 아니다. 달리 말해서, 내가 무려 3년이라는 시간을 투자해 이 책을 쓴 것은 바로 당신의 인생을 바꾸기 위해서다. 나는 이 책을 통해 단순히 회사를 차리고 수입을 올리는 것을 넘어 기업가정신을 통해 삶과 자유를 다시 쟁취하는 것에 대해 이야기하고 있다.

무슨 말인지 모르겠다면 톡 까놓고 말해보자. 세상에는 여전히 노예제도가 존재한다. 오늘날의 노예제도가 다른 점이 있다면 그것을 '각본'이라고 부를 수 있다는 점이다. 철창을 대신하여 자발적 채무와 평생의 노역이 우리를 가두는 암묵적인 사회적 계약으로, 주 5일의 근로로 그 값이 치러지고, 인생이 황혼으로 스러져가기 시작할 때에야 자유가 주어지는 보이지 않는 각본이다. 『언스크립티드』는 풍요, 자유, 행복을 일깨울 청사진을 제공하고 극소수만이 꿈꾸는 인생을 당신도 자유롭게 만끽할 수 있는 기회를 제공할 것이다.

- 1부에서는 당신이 직업을 가질 수 있는 성인이 된 이래로 지금까지 당신을 괴롭혀 온 문제를 환히 드러내줄 것이다. 당신은 이미 그것을 감지하고 느껴왔으며, 이제는 그 문제와 동거한다는 사실에 두려움을 느끼고 있을 것이다.
- 2부에서는 21세기 최대의 속임수를 폭로하고 그 속임수가 어떻게 당신의 꿈을 도적질해 왔는지 (그리고 당신이 방치한다면 당신의 인생을 송두리째 도적질하고야 말 것임을) 정확하고 정밀하게 진단해줄 것이다. 도둑을 잡으려면 도둑을 알아야 한다.
- 3부에서는 게임을 지배하는 문화적 원칙들로부터 당신의 마음이 해방되기만 하면 무엇이 가능해지는지를 아주 선명하게 보여줄 것이다.
- 이 책에서 상당한 지면을 차지하는 4부에서는 각본 없는 기업가

정신의 명확한 청사진, 창업에 대한 상세한 틀을 제시할 텐데, 그렇게 창업한 기업은 청구서나 겨우 막는 악순환에 빠지지 않고 오히려 그런 악순환을 깨뜨릴 것이며, 당신의 삶을 영원히 바꾸어 놓을 것이다.

- 5부에서는 현존 최고의 소득 시스템에 대해서 설명할 텐데, 그 시스템 하에서 일은 선택 사항일 뿐이다. 당신은 앞으로 다시는 돈의 노예로 일하지 않는 법을 배울 것이고, 그것을 어디서 찾고 어떻게 당장 시작할 수 있을지를 알게 될 것이다.

당신이 나의 첫 책 『부의 추월차선』을 읽지 않았다 해도 걱정할 것 없다. 『언스크립티드』는 별개의 책이다. 이 책이 사람들의 인생을 바꾸어놓을 수 있다고 생각하지 않았더라면 나는 이 책을 출간하지 않았을 것이다. 남겨진 선택은 '이 책이 당신의 삶을 바꾸는 것을 과연 당신이 허락할 것인가'일 뿐이다.

첫째, 당신의 현재 직업이 대단하고, 상사와 친구처럼 격의 없이 지내고, 황홀하도록 두둑한 회사의 퇴직금 적립제도로 행복하다면, 축하한다. 당신의 초능력에 비추어 생각하건대, 이 책은 아마도 당신을 위한 책은 아닐 것이다.

둘째, 나는 당신이 개인퇴직연금을 숭상하고 주식투자에 열광하며 영혼을 옥죄는 절약을 맹신하는 '금전적 자유'에 대한 책을 한 권 더 읽음으로써 당신의 삶을 바꿀 수 있다고는 생각하지 않는다. 당신은 복리(複利)의 환상을 우상화하는 성경책 두께의 강의집을 한 권 더 읽기를 정말로 바라고 있는가? 아마존에 가보라. 그런 허튼소리를 늘어놓는 책이 셀 수 없이 많을 것이다. 이 책의 제목을 기억하라. 이 책은 『언스크립티드』로서, '지구상의 나머지 인간들과 달라지라'고 외친다.

셋째, 당신의 인생에서 희망이 사라지고 불만족만 가득하다면 『언스크립티드』는 당신을 위한 책이다. 당신이 주 5일을 임금의 볼모로 잡혀서 먹고산다면 이 책은 당신을 위한 책이다. 만일 당신이 과도한 업무에 질리고, 피곤한 인간관계에 물리고, 휴게실 뒷담화와 조직 내 정치, 경영진에 대한 아부가 지긋지긋해지고, 회사의 자질구레한 일들로 혹사당할 때 부글부글 속을 끓이는 일에 신물이 났다면, 나는 당신에게 탈출구를 제시할 수 있다.

당신이 의미 있고 자유로운 삶을 살고자 한다면 『언스크립티드』는 당신을 위한 책이다. 당신이 노후를 풍요롭게 보내기(휠체어, 관절염, 브리지게임)보다는 젊음을 풍요롭게 보내기(여행, 좋은 차, 자유 시간)를 바라는 젊은이라면, 이 책은 당신을 위한 책이다. 만일 당신이 엑스레이의 시력을 갖고 당신의 부모가 볼 수 없는 것(인생의 공식을 보여주는 템플릿이 낡고 너절하다는 것)을 본다면, 이 책은 당신을 위한 책이다.

그러나 무엇보다도, 당신이 너무도 오랫동안 기업가를 꿈꾸어 왔다면 『언스크립티드』는 당신을 위한 책이다. 당신이 인생의 모퉁이를 돌거나, 기회를 잡거나, 수익(흑자)을 내지 못하는 누군가라면, 당신이 이미 사업주이지만 월급쟁이와 같이 한 달 한 달을 간신히 버티고 있다면, 수백만 달러의 자산가로부터 불편한 진실을 듣기 원하는 사람이라면, 나는 당신을 위한 출구를 알고 있다.

끝으로, 당신이 자신을 바꾸는 모험을 과감히 감행하기 원하는 사람이라면 『언스크립티드』는 당신을 위한 책이다. 모든 사람이 변화를 원하지만 변화를 선택하는 사람은 극소수다. 이 책은 인생이 어렵듯이 어려울 것이다. 불편한 진실, 관습에 대한 도전, 당신을 불편하게 하는 폭로가 연이어 펼쳐질 것이다. 당신의 의견은 나의 현실에 관한 한 아무것도 바꿀 수 없지만, 나는 나의 의견이 당신의 현실을 변화시킬 수 있기를 희망한다. 당신이 영화 〈매트릭스〉의 주인공 네오가 그랬듯이 '빨간 알약'을 받아들인다면(즉, 아픈 현실을 회피하지 않는다면) 나는 당신을 위한 출구를 보여줄 수 있다.

지금까지 내 말이 두루뭉술했다면, 이제는 명확하게 말하겠다. 『언스크립티드』는 당신이 한번 해볼 무언가가 아니라 당신이 살아내야 할 무언가다. 도전할 준비가 되어 있는가? 그렇다면 지금까지 배우고 들은 모든 것이 허튼소리라는 아연실색할 폭로에 대비하여 마음을 다잡아야 할 것이다. 오해하지 말라. 『언스크립티드』는 패러다임 전환에 대한 책이 아니다. 나는 패러다임 전환이라는 말 자체를 매우 싫어한다. 패러다임 전환만으로는 가라앉는 타이타닉 호를 다시 떠오르게 하지 못한다. 문제는 패러다임 그 자체다. 문제는 당신이, 그 패러다임이 지배권을 행사하도록, 최종 발언권을 갖도록, 결정을 지휘하도록 내버려 둔 데 있다. 당신이 평범한 사람들이 설파하는 평범한 패러다임이 평범한 삶을 생산하도록 내버려둔 데 있다. 진정한 패러다임 전환은 그 패러다임 자체가 문제임을 깨닫는 데 있다.

PART 1

불협화음, 그게 뭐가 문제란 말인가?

제1부 저술 목표
Author's Objective

자백
CONFESSION

인생을 논하는 교묘한 말장난들을 파헤쳐
"인생에 '무언가' 문제가 있다"라는
자백을 받아내다.

CHAPTER 1

그 각본에 나오는 이야기들 :
월요일이 두렵다

아침 6시 30분, 자명종 소리에 깨어 이부자리를 박차고 일어나 옷을 입고 꾸역꾸역 아침밥을 먹고 볼일을 본 뒤 이 닦고 머리 빗고 교통체증을 뚫고 출근해 뼈 빠지게 일하고, 그렇게 할 수 있는 기회에 대해 감사하라니, 이게 대체 말이나 되는 소린가? -찰스 부코우스키(저술가)

같은 신세, 다른 날

♪♪어쩌다 우리는 이 망할 놈의 신세인가? 도대체 우리는 왜♪♪ 우리는 왜 신호를 놓쳤고♪♪ 열세에 놓인 판세를 뒤집지 못했을까?♪♪

제기랄! 월요일 아침 5시 50분이다. 아이폰 알람이 내가 한때 사랑했지만 지금은 미워하는 니켈백(Nickelback 캐나다 록 밴드)의 노래를 빽빽거린다. 다시 잠시 눈을 붙인다. 지각이 불 보듯 뻔하다. 이제는 진짜 일어나야 한다.

나는 지난밤에 마신 술로 살짝 띵한 머리를 들어 올리고는 침대에서 냉큼 몸을 뺀다. 나는 월요일이, 아니, 사실은 이 한 주가 두렵다. 활기찬 시작이 필요하다. 나는 비틀비틀 샤워부스로 가면서 맑은 정신이 찾아와주길 기대한다. 목에 개줄 같은 넥타이를 매고 정장을 입을 때 후회와 체념이 내 영혼을 갈기갈기 찢는다.

무언가 잘못되었어. 어쩌면 이 800달러짜리 정장이 문제일지도. 어쩌면 이 정장 값을 지불하는 데 사용한 신용카드가 문제일지도. 어쩌면 나의 주말을 고작 라스베이거스 볼에서 시시한 미식축구 경기들을 관람하는 데 썼다는 아픈 깨달음 때문인지도 모르지. 어쩌면 새벽의 어둑함과 칸쿤에서의 짧은 휴가 때까지 아직 몇 달이나 남았다는 뼈아픈 현실 때문인지도 몰라.

불행하게도, 지금은 조용히 명상을 할 때가 아니다. 짧은 아침 식사 시간에 나는 당분으로 코팅된 색색의 시리얼을 와구와구 씹는다. 한 눈은 시계에, 다른 한 눈은 냉장고에 붙은 식단 계획표-앞으로 8주 동안 다이어트 식단을 따르게 되어 있다-에 고정한 채 나는 나의 첫 식단 위반을 투칸 샘(시리얼 박스에 등장하는 만화 캐릭터)의 탓으로 돌린다.

몇 분 뒤 나는 무거운 몸을 이끌고 차고로 가서 운전석에 몸을 구겨 넣고는 차 문을 닫는다. 나의 입김이 바르르 떤다. '아이고!' 신음이 절로 나온다. 새로 뽑은 메르세데스 C 클래스는 57회나 남은 할부 때문에 그 빛이 퇴색하고 만다. 나는 마당을 벗어나 천천히 도로로 진입한다.

다음 한 시간 동안, 나는 꼬리에 꼬리를 무는 자동차의 행렬에 끼여서, 덫에 잡힌 짐승처럼 승용차라고 불리는 작은 상자 안에 얌전히 앉아 있다. 나와 같은 운명에 처한 수천 명의 사람들과 함께. 내가 모르는 것은 나의 동료 출근자들이, 나보다 더 잘나가는 것처럼 보이는 사람들을 포함하여, 내가 그렇듯이 행복하지 않다는 사실이다. 결과적으로,

그들은 더 부드러운 가죽 시트와 더 빛나는 크롬과 더 멋진 옵션으로 장식된 더 비싼 상자로 자신의 불운을 무마한다. 그 상자는 렉서스랄지 아우디랄지 BMW 같은 고급스러운 엠블럼을 달고 있다.

그들의 사명(使命)은, 나의 것이 그렇듯, 달래기다. 나를 잡아 가둔 바로 그 패러다임의 노예가 된 수많은 영혼들과 자신은 다르다고 믿게 만들기 위해 스스로에게 뇌물을 먹이는 것이다.

한 시간을 더 진을 빼고 난 뒤 일터에 도착한 나는 회사 근처에 주차하기 위해 10달러를 지불한다. 회사 빌딩은 유리벽을 두르고 높이 치솟은 마천루로서 아이러니하게도 크리스털 단검으로 하늘을 찌르는 형국을 하고 있다. 카페인으로 잠을 깬 떼거리들이 질서정연하게 아트리움으로 몰려 들어갈 때 나는 거짓말로 하루를 시작한다.

"좋은 아침입니다!"

나의 동료 수감자들과 함께 60층으로 올라가면서 나는 명상의 시간을 몇 초 갖는다. '신이시여, 어찌하여 오늘이 금요일이 아니란 말입니까?' 판타지에 할애할 시간은 단 1초도 남기지 않고 엘리베이터 문이 스르륵 열리자 연옥이 기다리고 있다. 수십 개의 칸막이들이 넓디넓은 한 개 층 전체를 큐비클(cubicle 칸막이로 구획하여 만든 공간)이라는 작은 감방들로 나누고 있다.

나는 나의 감방에 도착하여 가방을 바닥에 내려놓고, 의자에 푹하고 내려앉는다. 께름칙하다. 옆 칸 동료 매니는 늘 나보다 한 시간 일찍 하루를 시작하는데, 어쩐 일인지 오늘은 그의 얼굴이 보이지 않는다. 게다가 그의 책상은 깨끗이 치워져 있다.

회사 측에서 보내온 이메일에 따르면, 매니는 오늘 아침에 해고되었고 그의 업무는 임시로 내게로 떠 넘겨졌다. 나의 업무 시간은 하루에 한 시간 이상 늘어날 것이고, 앞으로 석 달 동안 한 달에 한 번은 주말 근무를 하게 되겠지만, 보수는 그대로일 것이다. 이런 날벼락이 어디 있나!

내 인생은 또 이게 뭔 꼴이람! 이러자고 5년이나 대학을 다녔나? 내 계획은 이런 게 아니었다고! 막대사탕 달라고 떼쓰는 어린애처럼 입을 삐죽 내밀고 짜증을 내보지만 나는 덫에 걸렸다. 그만둘 수도 없다. 날아오는 청구서들은 어쩔 건대? 신용카드, 주택담보대출, 멋진 차, 무려 5만 달러에 달하는 학자금 융자. 게다가 모아둔 돈도 없고. 그리고 이미 6개월 전에 약혼반지를 요구한 깐깐한 여자 친구 아만다가 있잖아. 인체 시계가 빛의 속도보다 빠르게 째깍거리는 가운데 우리의 관계는 카운티 축제에서 타는 범퍼카처럼 느리게 진행되고 있다. '내겐 이 일이 전부야' 나는 머리를 굴린다. '이것마저 없으면……'

그리고 다음 네 시간 동안 감방 같은 칸막이 안에 앉아서 컴퓨터에 코를 박고 끙끙대면서 구매주문, 때 지난 송장, IER이라고 이름 붙여진 사내 보고서들을 처리하는데, 학교 운동장에서나 받던 벌칙을 다시 받는 느낌이다. 하루 일과가 늘어지고, 앞으로 나흘 하고도 토요일 반나절을 이 감내하기 힘든 지옥을 견디며 살아야 한다는 깨달음이 찾아온다. 나의 꿈은 죽었다. 죽어버린 꿈에 대한 위로금은 자동차가 되고 주말이 되어 있었다.

오늘 하루 남은 시간, 한 줌 재가 될 때까지 일의 용광로에서 태워질 것이며, 뼈다귀를 보고 침을 흘리는 개처럼 시계를 보며 눈알을 굴릴 것이다. 째깍째깍, 1분 그리고 또 1분, 1분이 지날 때마다 내 영혼의 일부가 죽어간다.

    열 시간 전, 시간이 내게 기상을 명했다면 시간은 이제 내게 퇴근을 명한다. 나는 냉큼 차에 올라타고, 나와 비슷하게 영혼을 질식시키는 하루를 버텨낸 다른 사람들과 함께 길을 나선다. 나는 이제 끝났다며 안도한다. 구조선이 나를 기다리고 있다. 오늘은 월요일. 월요일 하면 NFL 풋볼이지. 그제야 나는 오늘의 첫 미소를 얼굴에 띤다. 그러나 그 미소는 7분 후 사라진다. 고속도로에서 사고가 났고, 나는 앞으로 두 시간이 지나야 집에 도착할 것이다. 그 즈음이면 게임이 거의 끝나 있을 것이다.

    집이다. 풀이 죽은 패잔병이 되어 나는 소파에 몸을 던지고 차가운 버드와이저 캔을 연다. 냉장 오줌 맛이다. 한 모금에 정신이 든다. 드디어 고단했던 하루가 지난다.

    방이 핑핑 돈다. 나는 텔레비전에 푹 빠져들고 스틸러스 대 브론코스의 게임의 마지막 10분을 시청한다. 시시한 낙승이다. 괜히 봤다.

    채널을 여기저기 돌리면서 나와 같이 희망도 바람도 없는 태풍의 눈에서 고생하는 사람들의 인생을, 혹은 흥미롭게도 그것을 용기 빼져나간 사람들의 인생을 보며 위안을 삼는다. 몇 시간이 몇 분처럼 흘러가고, 갑작스러운 소음에 화들짝 놀라서 깬다.

    ♪♪어쩌다 우리는 이 망할 놈의 신세인가? 도대체 우리는 왜♪♪ 우리는 왜 신호를 놓쳤고♪♪ 열세에 놓인 판세를 뒤집지 못했을까?♪♪

    제기랄! 다시 시작이다.

CHAPTER 2

경솔한 속삭임 :
죄책감에 짓눌린 영혼은 리듬을 타지 못한다

자신에게만 들리는 이 속삭임에 귀 기울이지 않는 한 누구도 결코 탁월한 성취를 이룰 수 없다. -토마스 칼라일(철학자)

그 '무언가'에는 정말로 무언가가 있어

1장에서 소개한 이야기는 나의 이야기다. 요즘 사람들의 삶에 맞추어 다듬고 부풀리긴 했지만, 아이폰을 자명종 시계로, 회사의 큐비클을 작업실로 바꾸어 보라. 날이면 날마다 수백만의 삶에서 재연되는 익숙한 이야기다. 나의 이야기가 당신의 이야기와 구체적인 면에서 다를 수는 있지만, 많은 벽들이 감방을 이루어 우리를 가둔다는 점에서는 같을 것이다.

내게는 많은 감방들이 있었다. 물류 창고, 화물차의 앞좌석, 자료 입력 큐비클, 그리고 잊으려야 잊을 수 없는 중식당의 지저분한 주방. 당신의 감방은 특징 없는 고층빌딩 사무실일 수도 있고, 교외 파출소일 수도 있고, 병원 수술실일 수도 있을 것이다. 존경받는 교수들조차, 의사와 법조인들조차 각자의 감방에 갇힌다. 그것이 가장 편안하고 가장 소중한 공간이라 할지라도, 감방은 감방이다.

'추월차선 포럼'에 올라와 있는 다음의 포스팅을 보라.

> 저는 19살이고, 대학교 2학년을 마쳤습니다. 가족과 함께 식탁에 둘러앉아 식사를 하면 무언가 분명하게 보이는 것이 있습니다.
> 우리 어머니는 싫어하는 직장을 15년째 다니고 계십니다. 우리 아버지는 전기공학 석사 학위 보유자인데 NASA에서 군용 하드웨어 만드는 일을 하십니다. 아버지는 몇 차례에 걸쳐 정리해고를 당했고, 그럴 때면 여러 달을 무직상태로 지내곤 하셨습니다. 지금은 일을 하고 계시지만, '무언가' 낌새가 이상합니다.
> 두 분은 행복하지 않습니다. 그 분들에게서 생명력이 빠져 나갔습니다. 열정도 꿈도 목표도 없습니다. 늘 똑같습니다. 매일 그날이 그날입니다.

이 학생이 관찰한 바와 같이, 이 '무언가' 중 많은 것이 '현실'이다. 당신이 어쩌다 중년이라면, 그 속삭임은 부글거리는 좌절감일 것이다. 위에서 명령하는 대로, 지시하는 대로 일평생 모든 것을 똑바로 해왔는데도, 아무리 일하고 저축하고 절약해도 앞서나가는 것은 불가능하다. 언제나 급하게 돈 쓸 일이 생긴다. 반려견은 예방접종을 해줘야 하고, 자동차는 타이어를 갈아주어야 하며, 아이들은 학교 과제물을 위해 돈을 달라고 한다.

어쩌면 가장 괴로운 속삭임은 이것일 것이다. 후회. 인생에서 무언가를 하려고 했었다. 부, 명성, CEO, 자수성가. 당신은 성취, 자긍심, 행복을 원했다. 그러나 지금은 죽어버린 당신의 꿈이 청구서 더미 위에, 책상 위에, 평범한 삶 위에 힘없이 스러져 있을 뿐이다.

문득 이런 자각이 당신을 덮친다.

"나는 살고 있지만 살아 있지 않다."

당신의 심장은 뛰지만 맥이 잡히지 않는다. 당신의 독성평가 결과는 깨끗하지만 마음은 중독되었다. 당신의 영혼은 도적질 당했지만 도둑들은 간 데 없다. 의혹이 커지는 가운데 모순감이 신경을 갉아먹는다. 그렇다, 이것은 당신이 원했던 삶이 아니다. 이것은 당신이 계획했던 삶이 아니다. 무언가 잘못되었다.

 영혼의 목소리에 당신은 어떻게 반응하는가? 부인하는가? 무시하는가? 강도 높은 업무에 치여 아무 생각이 없는가? 텔레비전에 정신이 팔렸는가? 아니면 영혼의 목소리를 존중하는가?

CHAPTER 3

현대의 매트릭스 :
'빨간 알약'을 삼킬까 말까

대중이 여러 세대에 걸쳐 세뇌되면서, 진실은 완전한 헛소리로, 진실을 말하는 자는 완전한 미치광이로 보이게 되었다. -드레스덴 제임스(저술가)

내가 이런 말을 한다면……

세상이 무언가 잘못되었다는 데 대해 내가 제시하는 첫 힌트는 시카고에서 고전하던 젊은 시절 나의 이야기에 담겨 있다. 그 당시 나는 리무진 운전사로 일하고 있었고, 그렇게 번 돈으로 청구서를 결제하고 나의 별 볼 일 없는 사업 아이디어에 돈을 쓰고 있었다. 그 일을 하려면 시카고 시가 발급하는 특별 면허가 필요했기 때문에 나는 자격시험을 보기 위해 시내로 운전해서 가야 했다.

워낙 일찍 도착했던 터라 나는 카페 창가 자리에 앉아서 커피를 마실 여유를 부릴 수 있었다. 월요일 아침, 떼를 지어 이동하는 통근자들을 바라보던 나는 문득 모든 사람이 마치 로봇처럼 움직이고 있다는 사실을 깨달았다. 생김새는 제각각이었지만, 나이, 인종, 성별과 무관하게 하나같이 무표정한 얼굴로 천 번이나 걸어가 본 길을 또 다시 걸어온 사람들 같았다.

일상화된 부산함이 나의 혼을 빼놓는 동안 거리를 흐르던 분주한 사람들의 세찬 흐름은 점점 자욱한 안개의 움직임으로 바뀌었다. 목적과 꿈과 야망을 품은 개성 있는 개인들, 누군가의 아들, 딸, 남편인 사람들, 그들이 모두 갑자기 본능으로 휩쓸리는 단 하나의 유기체이기라도 한 양 흐릿한 단일 집합체로 변해버렸다.

그 집합체의 일부분이라도 그들이 왜 아침 6시 30분에 얼어붙은 거리에 나와 있는지 질문해 보았을까? 그리고 왜 그들은 5일 내내 똑같은 미친 짓을 반복하는 것일까? 그 중 그 누구라도 꿈을 좇고 있었을까? 아니면 누군가 그들에게 좇으라고 프로그램화한 것을 좇고 있었을까?

이 깨달음이 돌연 내 뒤통수를 쳤다. 그것은 나를 두려움에 빠뜨렸다. 이것은 일에 대한 자유의지가 아니고 조건화된 본능 같은 것이다. 마치 꿀벌이 붕붕거리며 벌집을 향해 나아가듯 스리피스 정장이든 청바지든 전신 작업복이든 무엇을 입고 있든 그 떼거리는 한 명의 꼭두각시놀음꾼의 손에 의해 놀아나고 있는 것처럼 행동했다.

그날 나는 기업가의 삶을 살기로 결정했다. 나에게 (그리고 당신에게) 다행스럽게도, 기업가정신은 꼭두각시의 끈을 싹둑 자르는 가위다.

1999년 히트한 영화 〈매트릭스〉에서 주인공 네오는 선택의 갈림길에 선다. 파란 알약을 삼키고 평범과 무지의 삶을 지속하느냐, 아니면 빨간 알약을 삼키고 자유롭지만 불완전한 진실을 향해 번뜩 깨어나느냐. 그 영화의 어두운 디스토피아(dystopia 유토피아와 대조되는 개념) 안에서, 〈매트릭스〉는 인간 종족에게 설정된 운영체계, 즉 기계 종족에게 인간을 노예화시키는 가상현실을 대변한다. 혼수상태에 빠지고 감옥에 갇힌 상태에서, 우리가 인간성을 쪽쪽 빨아내는 시스템에 대한 복종과 망각과 어수선한 상태를 유지하도록 디자인된 시뮬라크르(원본이 없는 복제물)를 기계 종족들이 우리의 마음에 주입한다.

만일 내가 이 속임수가 당신의 마음에 침투해 들어왔고 당신의 운영체계-요람에서 무덤까지, 당신의 생애 전체에 그림자를 드리우는 자율적 프로그램이자 모든 결정을 평가하는 암묵적인 규칙들-에 내장되어 버렸다고 말한다면?

만일 내가 이 운영체계가 다른 누군가가 설계한 조작된 삶-당신이 선택하지 않은 인생. 평범한 청사진을 따라 치밀하게 계획되고 예정된 인생. 텔레비전과 월급을 위해 꿈이 도외시된 인생. 한물간 템플릿에 의해 구별되고, 권위에 의해 규정되고, 교육에 의해 성화(聖化)되고, 언론에 의해 인증되고, 정부에 의해 꼬인 인생. 죽기 전까지 일하기 위해 사는 인생-을 당신에게 부여했다고 말한다면?

만일 내가 당신이 부지불식간에 연루된 의무적 게임의 참가자이며, 꿈의 대학살에서 짓밟힌 희생자이며, 모든 인간이 반드시 대학을 가고, 취직을 하고, 결혼을 하고, 자녀를 낳고, 신용카드를 쓰고, 할부 금융으로 자동차를 사고, 대출로 집을 사고, 최신 스마트폰을 들여다보고, 절약해서 저축하고 재테크로 노후를 보장받는 삶을 살라고 규정하는 계급 교리의 제도적 지휘 하에 있는 졸(卒)이라고 말한다면?

만일 내가 그 모든 속삭임이, 그 의기소침과 거북한 불안감이, 당신의 영혼이 의식의 문을 두드리며 내 말 좀 들어달라고 호소하는 소리라고 말한다면?

나의 동료 인간들이여, 빨간 알약을 받아먹으라. 당신은 자유의지에 따라 살고 있지 않다. 당신은 조작된 각본대로 살고 있다.

PART 2

조작된 각본이 당신을 노예화한다

제2부 저술 목표
Author's Objective

자각
AWARENESS

당신이 모르는 사이에 또는 당신의 동의 없이
당신의 존재를 틀에 끼워버린 사회 문화적 관습을 폭로한다.
적을 알아야 적을 이긴다.

CHAPTER 4

조작된 게임 :
'다른 사람들의 생각'에 갇힌 삶

사람들이 교육을 받고 있다는 사실은 문제될 것이 없다. 문제는 그들이 가르침받는 것에 의문을 제기할 만큼 충분히 교육받는 것이 아니라 가르침받는 것을 믿을 만큼만 교육받는다는 것이다. - 작자 미상

패러다임이 문제다

각본. 그것은 초등학교에서 주는 지침서나 대학 학위에 첨부된 지도가 아니다. 그것은 보이지도 만져지지도 않지만 거기에 있다.

거의 모든 사람이 알지 못하는 것이 하나 있다면, 그것은 우리가 이런 존재로 프로그램화된 현대의 노예제도 아래 살아가고 있다는 사실이다. 마치 컴퓨터의 운영체계처럼, 그 각본이 쇼를 운영하고 있다. 그 각본에 삶의 조타장치를 맡기는 이에게 나는 심심한 조의를 표하는 바이다. 그것은 당신이 어떻게 생각하고, 일하고, 놀고, 그리고 어떻게 죽어야 하는지 명령을 내릴 것이다.

2005년 스탠퍼드대학교 졸업식 연설에서 스티브 잡스는 "도그마의

덫에 걸리지 마십시오. 그것은 다른 사람들의 생각에 따라 사는 것을 말합니다"라고 말했다. 스티브 잡스는 그 각본을 말하고 있었다. 그것은 '다른 사람들의 생각'이라는 문화적 전제들로 이루어진 피할 수 없는 교리이자 신성화된 사회적 풍습이다. 그러니 자문해 보라. 이것은 당신의 생각인가? 아니면 다른 사람의 생각인가?

나이를 먹으라. 승진을 위해 안간힘을 쓰라. 연장근무를 하고 상사들에게 당신이 무엇이든 할 수 있음을 보이라. 멋진 차, 멋진 옷을 구매하라. 열심히 일하고 더 열심히 놀아라. 흥청망청 돈을 쓰라. 결국, 한 번뿐인 인생 아니던가!

나이를 더 먹으라. 패션을 좇으라. 프라다, 루이비통, 샤넬. 대중문화를 좇으라. 르브론, 마일리, TMZ. 인기 있는 텔레비전 드라마를 즐기라. 텔레비전 쇼에서 진실이라고 보여주는 거짓된 삶을 좇으라. 주택 융자, 자동차 할부, 케이블 수신료, 입주자협회 회비. 빚을 계속 쌓아가라. 열심히 일한 당신은 그럴 자격이 있다.

나이를 더 먹으라. 일 년에 두 주 휴가를 즐기지만 상사들이 허락할 때만 가능하다. 성취감을 위해 소비하라. 설명할 도리 없는 공허감을 채우기 위해 소비하라. 일, 주택 융자, 자동차 할부금융, 신용카드. 더 많은 부채로 정신이 혼미해진 가운데 진실을 목격하면서 자유가 사라져가는 것을 느끼라.

나이를 더 먹으라. 자식을 낳으라. 자식을 키우라. 책임을 져라. 빚에 대한 시각을 바꾸라. 은퇴 계획을 세우기 시작하라. 재무설계사들이 라디오를 통해 들려주는 조언을 따르라. 수입의 10퍼센트를 저축하고, 개인퇴직연금계좌와 지수형 뮤추얼 펀드에 돈을 넣으라. 주식시장에 투자하고, 주식시장이 붕괴되지 않기를 기도하라.

자녀의 대학 교육을 위해 돈을 모으라. 더 열심히 더 오래 일하라. 예산을 짜라. 예산에 따라 살라. 쿠폰들을 잘라 모으라. 케이블 TV 영화 채널들을 해약하라. 스타벅스 커피는 잊으라. 도시락을 싸들고 다니라. 영화관도 그만 가고, 더 적은 것에 만족하고, 즐기기를 멈춰라.

나이를 더 먹으라. 65세까지는 일할 수 있을 것이라고 믿으라. 65세가 되면 다시 사람답게 살 수 있을 것이라는 믿음을 가져라. 언제나 당신의 일자리 하나쯤은 있을 것이라는 믿음을 가지라. 당신이 소유한 집의 가치가 계속 오를 것이라고 믿으라.

주름이 파이도록 나이를 더 먹으라. 당신의 자녀들이 좋은 성적을 받고 좋은 대학에 가서, 좋은 직장에 취직하여 당신처럼 벗어날 수 없는 노예의 삶을 반복해야 한다고 우겨라. 자녀들에게 '현실'을 가르치라.

쪼그랑 늙은이가 되도록 나이를 더 먹으라. 후회하라. 회한에 젖으라. 당신의 시간 은행 계좌에는 잔고가 거의 없다. 당신의 포트폴리오는 거의 텅 비었다. 예순다섯이 되었다. 남들 같은 평범한 삶이 성공이나 행복을 가져다주지 못했다는 불편한 진실에 직면하라. 은퇴를 미루라. 배우자의 은퇴도 미루라. 더 많은 일, 더 많은 저축, 더 쥐어짜는 절약을 위해 미루라.

시간은 이제 죽을 시간이 가까이 왔다고 말한다.

은퇴 전에, 후회를 대면하기 전에 두 팔 벌리고 기다리는 그 각본에게로 오라. 관습적 지혜라는 제조업자가 생산하고, 제도화된 세뇌를 통해 유통되며, 맹목적 신념으로 삼켜지는…….

정신 차리라! 제조되어지고 있는 제품은 다름 아닌 바로 당신이다.

> 대중은 경제적 목적(도축, 털 깎기, 젖 짜기)을 위해 조직화되었다. 떼거리와 함께 무리지어 다니다 보면 떼거리를 위해 계획된 예측 가능한 결과만을 얻게 될 것이다.

나는 어떻게 조작된 각본에서 탈출했는가

나는 운이 좋았다. 대부분의 젊은이들과는 달리 '각본화된 프로그램'이 나의 의심이라는 바이러스에 의해 중지되었다. 그러나 시작은 그것이 아니었다.

특별한 삶을 살고 싶었던 나의 꿈은 부모님이 이혼하면서 사라지고 말았다. 아버지는 술과 활기찬 싱글라이프를 위해 떠났고, 고등학교 졸업장이 전부인 어머니는 말썽꾸러기 '돈 먹는 하마' 셋과 함께 남겨졌다. 그때 나는 '진짜 인생'에 대해 배웠다. 새 옷도 못 입고, 개봉관에서 영화도 못 보고, 패밀리 레스토랑에서 식사를 할 수도 없었다. 더 적은 것에 만족하는 그것이 인생이었다.

그런데 어떤 일이 일어났고, 그것은 모든 것을 바꾸어 놓았다.

몇 살이었는지는 정확히 기억이 나지 않지만, 나는 스포츠카에 눈독을 들이고 열여섯 살 소녀들에게 관심을 가질 만큼은 자라 있었다. 아이스크림 가게로 가다가 우연히 길가에 주차된 람보르기니 카운타크를 발견했다. 그것은 나의 꿈의 자동차였다. 나는 황홀경에 빠져 얼어붙고 말았다. 아이스크림 따위가 문제가 아니었다. 나는 수줍음도 잊은 채 젊은 차 주인에게 직업이 무엇인지 물어보았다. 그는 자신이 기업가, 보다 구체적으로는 발명가라고 말했다. 그 순간 나는 꿈이 단지 운동선수, 록 스타, 할리우드 배우들만 이룰 수 있는 것이 아니라 기업가도 이룰 수 있다는 것을 알게 되었다. 그리고 그 꿈은 젊어서도 성취될 수 있다는 걸.

중·고등학교와 대학교 때, 나는 스스로 기업가정신에 대해 광범위하게 공부했다. 학교에는 그런 커리큘럼이 없었다. 이 스토리 저 스토리들을 들여다보면서 나는 한 가지 진리를 확인했다. 크게 성공한 기업가는 남다르게 살았던 소수의 사람들 중에서 나왔으며, 그들은 물질적으로나 영적으로나 풍족한 사람들이었다.

내가 대학을 졸업할 즈음에는 '어떻게 하면 좋은 사원이 될 것인가'라는 생각을 어렵사리 떨쳐낸 뒤였고, 나는 결코 한 주에 다섯 번 넥타이로 목을 조르는 삶을 살지 않을 것이라는 각오와 함께, 기업가정신에 더욱더 '올인'하게 되었다. 그것은 나의 인생이 될 것이었다. 하지만 뒤돌아보니, 나는 미래에 대한 준비가 되어 있지 않았다. 그때는 라디오마다 같은 노래를 틀어대는 세상이었고, 그 세상에서는 그 라디오의 볼륨을 낮추는 것이 맨손으로 강철을 구부리는 것만큼이나 힘들었다.

 어떤 규칙, 사회적 관행, 문화적 규범들을 비판 없이 받아들이고 이의 없이 따르는가? 그런 개념들이 당신이 꿈꾸던 인생을 가능케 해주었는가?

CHAPTER 5

관습적 지혜 :
관습적 인생으로 가는 길

수백만의 사람들이 무엇을 생각할지는 배우지만, 어떻게 생각할지는 거의 배우지 못하는 사회에서 공적 논쟁이 무슨 소용이 있겠는가? -피터 히친스 (언론인 겸 저술가)

관습 = 보통 = 평범

그 각본의 가장 강력한 무기는 암묵적 사회 계약이다. 이 사회 계약은 관습적 인생을 살아가는 관습적인 사람들이 만들어낸 것이다. 그리고 그 각본을 따를 때마다 당신은 그 계약을 승인하는 것과 다를 바 없다.

내가 지탄하는 것은 우리 사회에서 도전받지 않는 사회적 기준들과 전제(前提)적 도그마다. 다음과 같은 선입견들을 예로 들 수 있다.

- 인생에서 성공하려면 대학 학위가 필요하다.
- 대학 졸업자는 그렇지 않은 사람보다 돈을 더 많이 벌어야 한다.
- 부자가 되려면 알뜰히 아끼고 모든 지출을 줄여야 한다.

- 부는 당신의 은행 잔고와 그것으로 구매하는 물질적 소유로 측정된다. 당신이 사는 집, 모는 차, 입는 옷이 그것이다.
- 돈으로는 행복을 살 수 없다.

…… 등등

이 선입견들을 나는 각본명제(SCRIPT Speak)라고 부른다. 관습적 지혜를 부정했던 스티브 잡스처럼, 부자는 더 큰 부자가 된다. 부자들은 그 각본에 묶여 있지 않기 때문이다. 그들은 그 각본으로부터 이득을 취하는 자들이다.

"싫어요! 내가 나의 보스예요!"

아버지 : 너의 레고 성은 정말 멋지구나. 너는 자라서 왕이 될 거니?
아들 : 아뇨, 저는 제철소 옆에 트레일러를 세워두고 거기 살고 싶어요. 어른이 되면 빌딩의 변기 닦는 일을 할 거예요.

나는 궂은일을 나쁘다고 생각하지 않는다. 실제로 '변기 닦는 일'은 내 인생의 한 챕터를 차지한다. 나는 변기에 묻은 배설물을 닦는 일을 했었고, 우연찮게도 그 일은 내가 대학 졸업 후 잡은 첫 직업이었다. 지금 생각해 보면, 내가 받은 두 장의 경영학 학위증은 그 배설물을 닦아내는 데 썼어야 했는데…….

어쨌든, 만일 자녀가 변기 닦는 일을 하겠다고 하면 당신은 어떻게 반응하겠는가? 당황? 걱정? 거짓말로 다른 길로 인도하려 들 것인가?

"너는 원하는 일이면 무엇이든 할 수 있어." 바로 이런 식으로?

진실을 말하자면, 우리 자녀들은 평범하고 영감 없는 삶을 꿈꾸지 않는다.

내 아들이 그런 대답을 했다면 나는 그에게 왜 그렇게 생각하느냐고 물을 것이다. 트레일러를 주거지로 삼고 변기 닦는 일을 직업으로 삼으면 행복할 것 같은지 물을 것이다. 그러나 역사상 '너는 커서'의 질문에 대해 트레일러 거주와 변기 닦기 노동의 이야기로 답을 한 아이가 한 명이라도 있었을지 모르겠다.

당신이 어렸을 때 어른이 꾸짖으며 당신이 하기 싫어하는 일을 시키면 당신은 이렇게 대꾸했을 것이다. "싫어요! 내가 나의 보스예요!"

그러니까 그 각본이 당신을 파고들기 전에 당신은, 한때이지만, 자유로웠다. 순수와 평온. 당신은 행복함에 젖어서 잠에서 깼고 그날 하루 펼쳐질 일들에 대해 기대하며 흥분했다. 아이일 때 당신은 멋진 꿈들을 꾸었고 밝은 미래를 향한 비전들을 가졌다. 당신은 제2의 디카프리오, 제2의 헤밍웨이, 제2의 마이클 조던, 제2의 엘비스 프레슬리, 제2의 피카소 등 위대한 인물에 비견되는 누군가가 되고 싶었다. 세계적인 누군가가 아니라면, 사는 지역에서라도 알아주는 누군가가 되고 싶었다. 미식가 셰프, 용감한 소방관, 존경받는 경찰관. 당신의 꿈이 무엇이었든, 당신은 놀이터에서 놀면서, 책을 읽으면서, 할로윈 파티를 하면서 그 꿈을 살았다. 꿈은 살아 있었고 가능성으로 꿈틀거렸다.

그리고 어떤 일이 일어났다. 당신이 자란 것이다.

갑자기 당신은 더 이상 당신의 보스가 아니었다. 당신은 아무렇지도 않게 월요일부터 금요일까지 운영되는 교육제도 안으로 던져졌다. 그리고 느닷없이 당신의 가족, 친구들, 또래들의 현실이 당신의 현실이 되어버렸다.

아무 설명도 없이, 그 전환점을 기념할 아무런 의식도 없이, 당신의 꿈을 응원하던 모든 사람이 갑자기 이야기를 바꾸어 버렸다. 현실을 받아들여라, 철 좀 들어라, 그것은 불가능하다, 이것저것에 대한 몽상은 그만두어라. 별다를 것 없이 평범한 삶을 살아온 주변 사람들이 제각기 휘두르는 붓질로 채워진 그림 한 장이 당신의 현실이 되어버렸다.

> **?** 누가 혹은 무엇이 당신의 '보스'가 되어버렸는가? 학자금 융자로 인한 빚더미? 직업? 자동차 할부? 주택담보대출? 가족이나 동료의 보이지 않는 기대?

CHAPTER 6

각본화된 운영체계 :
노역의 거미집

이상적인 압제는 희생자들이 부지중에 스스로에게 집행하는 것이다. 그러므로, 가장 완벽한 노예는, 자기도 모르게 기쁨에 겨워 스스로를 노예로 전락시킨 자들이다. -드레스덴 제임스(작가)

복종의 틀

거미는 한 가지 목적을 가지고 거미집을 짓는다. 먹이를 사로잡아 두었다가 나중에 먹기 위해서다. 거미처럼, 그 각본도 거미집을 짓는데, 그 거미집은 복종과 경제적 노역을 위한 자발적 노예제도를 수용하도록 당신의 마음을 프로그래밍하는 운영체계다.

각본화된 운영체계는 스스로를 코드화한다. 그리고 어떤 목적을 가지고 프로그램화된 모든 소프트웨어가 그렇듯이, 각본화된 운영체계 역시 목적을 갖는다. 계율을 지키도록 길들여진 모범 시민으로 당신을 제조해내는 것이 그 목적이다.

당신의 방어무기는 지식이다. 삶, 자유 그리고 기업가정신은 공격무

기다. 여기서 각본화된 운영체계를 해독해보자.

- 나팔수들 : 나팔수들은 각본을 만들어내고 집행한다. 나팔수들은 각본에 따라 움직이기도 하고 타인을 각본에 따라 움직이게 하기도 한다.
- 하이퍼 리얼리티(Hyperreality 진짜보다 더 진짜 같은 가장된 현실) : 기만, 왜곡, 혹은 주의분산을 통해 당신을 노예상태로 만든다. 복종과 포로상태를 강화한다.
- 시간팔이 : 나팔수들과 하이퍼 리얼리티는 당신의 가장 소중한 자산의 부당한 거래를 성스러운 것으로 정당화한다. 그 자산은 다름 아닌 시간이다.
- 선택의 문 : 인도(人道)를 향해 열린 문 A와 서행차선을 향해 열린 문 B 사이에서 자유롭게 선택하도록 하지만, 사실은 둘 다 하나의 도살장으로 향하는 길이다. 어떤 문을 선택하든 당신이 당신의 보스가 되도록 내버려두지 않는다.
- 주의분산 : 당신의 정신이 산만해지면 각본화된 운영체계는 그 정체가 은폐된다.
- 모범(M.O.D.E.L.) 시민 : 의도치 않게 당신은 평범하고(Mediocre), 고분고분 순종하고(Obedient), 예속적이며(Dependent), 오락거리에 정신이 팔리고(Entertained), 생명력 없는(Lifeless) 각본화된 노예가 된다. 그러고는 나팔수, 즉 각본화된 운영체계를 전파하는 매개체가 된다.

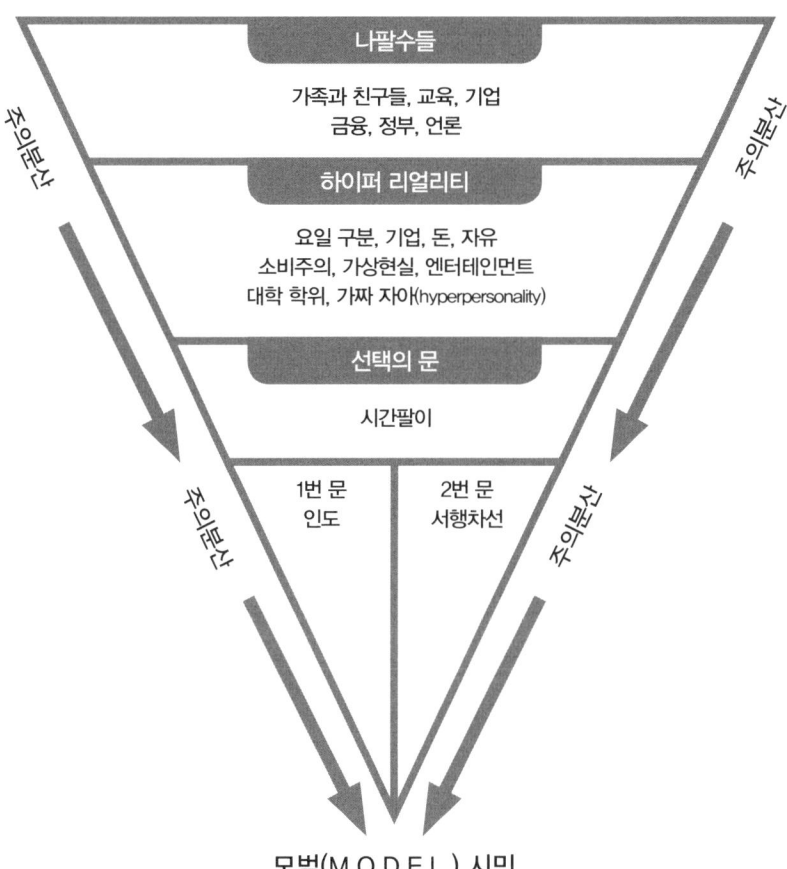

CHAPTER 7

나팔수들 :
우리 인생이 엉망이니 네 인생도 그래야 해

우리는 생각하는 사람으로 교육되지 않았다. 단지, 문화와 제도에 순응하도록 키워졌을 뿐이다. 우리 자녀들을 생각하는 사람이 되도록 가르치자. -자크 프레스코(미래학자)

당신을 세뇌시키는 여섯 종류의 나팔수

나팔수들은 각본을 만들고 파급한다. 개인이거나 기관이거나 할 것 없이, 나팔수들은 당신의 머릿속에 각본을 집어넣고 각본대로 살도록 강요하는 역할을 한다. 각본이 의심을 받을 때마다 나팔수가 할 일은 재교육, 심한 경우, 논쟁 자체를 완전히 차단하는 것이다. 그와 같은 '재교육'은 논리적 오류나 사실보다는 공포에 기초한 주장을 이용하는 편향된 연구 논문, 기사 혹은 일화를 통해 이루어진다. 그리고 많은 경우에, 관습에 의문을 제기하는 사람은 괴짜나 극단주의자라는 꼬리표를 달게 된다.

예를 들어, 당신이 10세기 중국에 산다고 가정해 보자. 당신은 지구가 평평하다는 가르침을 받았을 것이다. 나팔수들은 거짓 가르침을 널리 퍼뜨리는 데 골몰한다.

나팔수는 권위 있는 자리를 차지하고 있다. 보통은 부모나 스승이다. 그들은 단순히 배운 대로 혹은 살아온 대로 자녀나 제자들을 가르친다. "20년 전에 나의 스승께서 내게 지구는 평평하다고 가르치셨고 이제 네가 그것을 배워야 한다." 그들에게는 악의가 없다. 자신도 희생자인 그들은 부지중에 당신이 기존 틀에 '맞추어 들어가고' '정상'이 되도록 당신을 '잘못' 교육한다.

예를 들어, 당신이 삼면이 험악한 산으로 둘러싸인 해변의 작은 마을에 살고 있다고 가정해 보자. 마을 지도자들은 억압적인 태도로 마을 사람들에게 일주일에 6일, 하루에 16시간을 일하라고 제안한다. 마을에서 돈과 권력을 쥔 정치인들은 주민들의 고혈을 짜내기에 적합한 세금 제도 덕분에 호사스러운 생활을 영위하면서 일은 거의 하지 않는다. 그들은 진실-지구는 둥글다-을 알고 있다. 그러나 그들은 정부 주도형 교육을 통해 거짓을 가르친다. "지구는 평평하다. 그리고 멀리 항해하는 것은 위험천만한 일이다."

그러나 문제가 생기기 시작한다. 외곽에 사는 젊은 뱃사람이 마을 지도자들을 무시하고 지구는 둥글다고 주장한다. 이 엄청난 주장 뒤에는 또 다른 주장이 있다. 즉, 그가 대양을 성공적으로 항해했고 더 나은 삶의 방식을 목도했다는 것이다. 마을 지도자들은 이런 신성 모독적 발언이 귀에 들어오자마자 그것이 마을의 경제적 번영에 위협이 될 것임을 예견한다. 언론을 좌지우지하는 그 지도자들은 그 뱃사람을 정신 나간 미치광이라고 중상 모략하는 새로운 이야기를 언론을 통해 퍼뜨린다. 다른 이들은 이 젊은 뱃사람의 이야기를 '가짜 뉴스'라고 매도한다. 그러다 보니, 마을 사람들은 그 뱃사람의 말을 무시하게 되고 그들의 지도자들이 심어놓은 논리에 고분고분 순응한다. 동쪽으로 조금만 더 가면 더 나은 인생이 있다는 사실을 모른 채.

우리는 이와 비슷한 시나리오 안에 갇혀 고생한다. 그것은 다음 여섯 종류의 나팔수들 때문이다.

나팔수들

가족과 친구들, 교육, 기업, 금융, 정부, 언론

가족과 친구들 : 우리 인생이 엉망이니, 네 인생도 그래야 해

나는 대학에서 재무를 공부했다. 내가 수학을 즐겨서가 아니라 우리 가족이 내게 '돈은 재무에 있다'라고 가르쳤기 때문이다. 나는 기업가 정신을 공부하는 대신 재무 관련 학위를 취득했다. 그렇지만 나는 그 일이 싫었다.

모든 경우에, 그 각본의 역학(役學)은 가족과 함께 시작된다. 어렸을 때 당신은 각인(imprinting)에 대해 무방비다. 마치 아장아장 걷기 시작한 아기가 고약한 냄새를 풍기는 기저귀에 대해 아무것도 할 수 없는 것처럼. 각인의 시작은 부모로부터 오는데, 그것은 그들 역시 같은 각본에 따라 살고 있기 때문이다. 그들은 자신이 생각하기에 당신에게 최선인 것을 권한다. 그들의 눈에 최선으로 보이는 것은 '정상적'이고

'안전한' 것이다. 추월차선 기업가 포럼에 올라온 다음 두 편의 글을 예로 들어 보자.

> 청소년기에 나는 포르쉐 한 대를 보았는데, 우리 아버지가 도요타 캠리를 산 지 얼마되지 않았을 때였다. 나는 아버지에게 물어보았다. "포르쉐를 모는 저 사람은 왜 우리보다 더 좋은 차를 모는 거예요?" 아버지는 그 사람이 운이 좋기 때문이라고 내게 말했다. 그래서 나는 생각했다. '좋아, 그렇다면 나는 커서 운 좋은 사람이 될 거야.'

> 서브웨이에서 점심을 먹고 있는데, 밖에 람보르기니 한 대가 지나갔다. 많은 사람이 이 차를 보고 수군거리기 시작했다. 옆 테이블에서 식사를 하던 소년이 자기 아버지에게 어떻게 하면 람보르기니를 가질 수 있는지 물었다. 아버지가 대답했다. "그러니까, 아들아, 람보르기니는 엄청 비싸! 그걸 사려면 학교에서 공부 열심히 하고, 좋은 대학에 들어가고, 대기업에 취직해서 돈을 많이 벌어야 하는 거야. 네가 지금의 내 나이쯤 되면 아마 살 수 있을 거야. 성공하는 사람들은 다 그렇게 성공한 거야."

이 두 사례는 멋진 자동차가 성공의 기준으로 떠받들어지고 있다는 사실 외에도 많은 것을 대변한다. 어린아이에게 있어서 멋진 자동차는 꿈의 체화이다. 나도 크게 다르지 않았다. 불행하게도, 당신의 부모님은—"행운아만이 람보르기니를 가질 수 있어!"라고 말함으로써—당신의 꿈을 뭉개버리고는, 각본화된 인생에 대한 허튼소리로 당신을 가격한다. "좋은 성적을 받아야 좋은 대학에 가고 그래야 좋은 직장에 취직할 수 있어. 또 그래야 거기서 열심히 일하고, 융자로 집을 사고, 차를 사고, 우리가 사는 것과 똑같이 살 수 있어."

그러나 이것은 가족에서 끝나지 않는다. 친구와 동료들 역시 나팔수들이다. 그들은 '그것은 좋은 아이디어가 아니야'라거나 '그것은 현실성이 없어'라는 우려를 표현하는 자들이다. 이런 비관론자들은 성취는 적고 변명은 많다. 그들은 당신이 자신보다 더 잘나가는 것을 원치 않을 가능성이 농후하다.

'추월차선 포럼'에서는 젊은 이민 가정의 자녀들이 좌절을 토로하는 경우를 자주 본다. 그들은 부모님이 억지로 선택하게 만든 자신의 삶을 싫어한다.

우리 포럼의 사례를 하나 살펴보자.

> 창업을 위해 학교를 중퇴했습니다. 요즘 저는 저의 사명을 한 조각씩 완성해 가면서 끼니를 해결할 정도의 일자리를 찾고 있습니다. 그런데 부모님은 제 아이디어에 대해 확신이 없습니다. 부모님이 이성적으로 자근자근 따지고 언성을 높이는 건 다 감내할 수 있어요. 그런데 최근 들어 부모님이 더 감정적으로 나오기 시작하는 거예요. 어머니는 우울

> 증에 걸려서 내게 현실을 똑바로 보라면서, 그렇게 하지 않으면 제가 결국에는 막다른 골목에 몰린 실패자가 될 것이라고 말씀하십니다. 아버지는 "네가 네 엄마에게 한 짓을 봐라. 네가 학교도 마치지 않고 제대로된 회사에 취직도 못하니까 네 엄마가 얼마나 실망이 크겠냐" 하고 말씀하시죠. 두 분께 저는 끔찍한 게으름뱅이 아들이 되어버렸습니다. 많은 이민 가정이 그렇듯이, 학위를 따고 대기업에 입사하지 않는 것만으로 낙오자로 취급되고 있는 것입니다.

그 각본에 대한 불응이 낙오자라는 꼬리표를 의미한다는 사실은 슬프다. 심하면 가족으로부터 쫓겨날 수도 있다. 부모는 꿈을 좇을 용기를 북돋아주지 않는다. 오히려 삶에 대한 시대착오적인 템플릿과 신성불가침의 전통을 가지고 아이들을 질식시키고 있다.

교육 : 줄서고, 손들고, 시키는 대로 해

친구들이나 가족이 각본화된 바이스(vise 공작물을 끼워 고정하는 기구)라면, 교육은 크랭크(crank 왕복운동과 회전운동 간의 전환 장치)다. 크랭크가 꽉 죄어질수록 그 각본의 정신적 기계 역시 꽉 죄어진다. 진실을 말하건대, 우리는 세뇌되었지 교육되지 않았다.

오늘날의 교육 제도는 우리 아이들을 자유로운 생각에 노출시키는 대신, 그들에게 이데올로기적 행정가들이 내놓는 이데올로기적 어젠다들을 들이민다. 2014년, 코네티컷의 한 고등학교가 보수적 성향의 웹사이트에 대한 인터넷 접속을 차단했다. 미국총기협회, 크리스채너티(Christianity.com), 전국 생명권리위원회와 같은 사이트들이 금지 사이트 목록에 이름을 올렸다. 이 조치가 전달하는 메시지는 무엇일까? "당신에게 자율적 사고는 허용되지 않는다. 우리가 당신 대신 생각하겠다." 나는 예수나 총기를 옹호하지 않는다. 내가 옹호하는 것은 비판적 사고와 자유롭게 생각할 자유다. 그 두 가지가 있어야 당신은 스스로 결정을 내릴 수 있다.

또 다른 각본화된 실패는 실패 그 자체다. 학교에서 실패는 나쁜 것으로 취급된다. 실패는 훈계의 대상이다. 즉, 그 가슴 아픈 F를 받고 부모에게 호된 꾸중을 듣는다. 실패하면 외출금지다! 텔레비전 시청도 안 된다. 그런데! 줄곧 A만 받는 학생들이 훌륭한 사원이 되고, C를 받는 학생들이 그들의 고용주가 된다는 사실이 충격적이지 않은가?

각본화된 운영체제 안에서 제공되는 교육의 마지막 발톱은 경쟁제한과 평준화다.

미시건의 한 초등학교가 학생들을 통해 전달한 가정 통신문을 예로 들어보자. 그 가정 통신문은 학부모들에게 두 가지 선제(先制)적 경고를 담고 있다. 즉, 아이의 경쟁적 욕구는 반드시 억압되어야 한다. 둘째, 아이의 감정을 상하게 해서는 절대 안 된다.

> 행사의 목적은 우리 학교의 학생, 교사, 학부모가 모두 함께 모여 두 시간 동안 상호 협력하며 즐거운 활동을 하는 데 있습니다. 우리는 모

> 든 아이들이 승자라고 믿습니다. 그래서 경쟁적 '승부욕'은 최소한으로 제한될 것입니다. 진정한 보상은 참가의 즐거움과 긍정적인 감정이 될 것입니다.

아, '참가자의 긍정적인 감정'. 신은 인생이 긍정적인 감정들로 충만함을 아신다! 정말 그런가? 일터에서 단순히 '참가'만 하면 당신은 해고당한다. 어떻게 그것이 긍정적인 감정들을 위한 것인가? 오, '경쟁에서 앞서기'나 '이기고자 하는 욕구'. 그런 것은 진짜 인생에서 아무짝에도 쓸모가 없다. 진짜 그런가?

오늘날의 교육 제도들은 단 한 번도 실패한 적이 없고 참가상으로 주어진 트로피들이 벽에 즐비하게 장식된 뇌사 상태의 성인(成人)들을 만들어 내고 있다. 그들은 실제 세상이 아닌 가상 세계에서의 캐릭터들이다. 그들은 삶은 공정하고 인생이 자신의 감정을 다치지 않도록 보호할 것이라고 믿도록 세뇌되었다.

결론적으로, 그 각본은 우리 아이들에게 평범함을 강요하고 생각 없이 살도록 하는 데 그치지 않고 최소의 노력으로 인생을 경작해나갈 수 있다는 잘못된 기대를 심어주고 있다. 그냥 출석하고, 문자 보내고, 셀카를 찍어 올리고……. 그렇게만 하면 너는 인생이 주는 모든 것을 누리게 될 거야. 하지만 어느날 문득 그들에게 각성의 순간이 무례하도록 아프게 찾아올 것이다.

기업 : 네가 될 수 있는 모든 것이 되어라

교육을 통한 나팔수들이 우리를 선하고 순종적인 사원이 되도록 가르친다면 기업 나팔수들은 우리에게 왜 그래야 하는지를 설명해준다. "그래야지 당신이 우리가 만드는 상품을 구매할 능력을 갖게 되고 행복할 수 있습니다."

기업의 광고는 이런 점을 분명히 한다. "행복, 성공 또는 성취는 당신이 신용카드를 긋는 순간 찾아옵니다.", "남자가 가질 수 있는 최상의 것을 원하십니까? 질레트 면도기를 사세요.", "챔피언들의 아침식사요? 위티스 시리얼을 드세요.", "지칠 줄 모르고 완벽을 추구하신다고요? 렉서스를 구매하세요."

불행하게도, 우리가 초등학교에 발을 들여놓을 때 벌써 그 각본의 기업 나팔수는 우리로 하여금 행복과 사회적 신분이 브랜드 소비를 통해 결정된다고 믿게 만든다.

중·고등학교에서 당신은 친구의 부모님이 BMW를 몬다는 사실과 그것이 그들이 부자임을 나타낸다는 사실을 알게 된다.

금융 : 신뢰해서는 안 될 자들을 신뢰하라

미국 센서스 자료에 따르면, 은퇴가 다가온 사람들의 중위 평균 소득은 고작 월 2,146달러다. 이뿐 아니라, 2014년 은퇴확신조사(Retirement Confidence Survey)에 따르면, 이중 무려 60퍼센트의 사람들이 2만5천 달러를 채 저축하지 못했다.

한편, 은행은 당신의 저축에 0.01퍼센트의 이율로 이자를 붙여줄 것이며, 금융계 나팔수들은 각본화된 판타지를 주입하며 당신의 돈을 관리해주는 대가로 두둑한 수수료를 챙기면서 엄청난 부를 축적해 갈 것이다. 그들은 당신의 저축이 믿고 맡길 만한 사람들의 손에서 관리되고 있다는 믿음의 불꽃이 당신의 마음속에서 계속 타오르게 하려고 애쓴다. 당신은 너무 늙었거나 혹은 이미 죽은 뒤에야 그 믿음에서 벗어날 수 있을 것이다.

정부 : 어린이처럼 사는 어른들을 위한 산타클로스

과거의 정부가 '국민에 의한 국민을 위한' 정부였다면, 오늘날의 정부는 '소수에 의한 소수를 위한' 정부다. 그리고 입법기관의 복도에는 만 명이 넘는 로비스트들이 제각각 자기들의 특권을 챙기기 위해 연평균 30억 달러를 쓴다.

한편, 수백만의 모범(M.O.D.E.L) 시민들은 부지불식간에 정부와 권력을 배불리기 위해 설계된 노역의 시스템이라는 덫에 걸려들고 만다.

최근 「이코노미스트(The Economist)」지가 보도한 바에 따르면 학자금 융자의 규모가 2.1조 달러를 넘어섰다. 이 부채로 말하자면 파산절차가 불가능하다. 과세가 되는 일에 종사하면서 반드시 상환해야 하는 부채다. 이렇게 해서 일을 하면 경제가 성장하고, 경제가 성장하면 소비가 진작되고 더 많은 세금을 걷을 수 있다.

그러니까 당신이 각본화된 경제에 참여할 때─대학 학위를 위해 거금을 지출하고, 30년짜리 주택융자를 받고, 필요 없는 쓰레기 같은 물품을 잔뜩 사들일 때─당신은 정부의 돈줄 역할을 하고 있는 것이다. 정부는 소비가 각본화된 기계(machine)─그것이 전쟁이든, 투표든, 4만7천 달러짜리 TSA 아이패드 앱이든, 또는 시가의 300퍼센트 가격에 체결된 대규모 산업 계약이든-에 동력을 공급한다. 여기서 착오는 금물이다. 담보로 잡히는 것은 우리 자신이다.

언론 : 우리는 우리의 주관 안에서 객관적이다

노암 촘스키는 말했다. "사람들을 수동적이고 순종적인 상태에 머물게 하는 가장 좋은 방법은 수용 가능한 의견의 스펙트럼을 엄격하게 제한하면서도 그 스펙트럼 안에서는 활발한 논쟁이 가능하도록 허용하는 것이다." 각본의 대변자를 이보다 더 잘 설명하는 말도 없을 것이다. 그 대변자란 언론이다.

당신이 제일 좋아하는 금융 웹사이트에 가서 그곳의 글을 읽어보라. 그들은 당신에게 부와 안락한 은퇴의 비밀이 꿈꾸고 기원하는 데 있다고 말해줄 것이다. 거품에 파묻힌 주식이나 채권, 또 다른 무엇에 50년을 투자하면서 말이다.

 현재 당신의 삶에 영향을 주는 나팔수는 누구인가? 그들은 당신에게 최선의 이익을 가져다줄 의사가 있는가? 아니면 자신들의 최선의 이익을 목표로 하는가?

CHAPTER 8

하이퍼 리얼리티 :
당신을 사로잡는 9개의 망상

문화라는 이름으로 포장된 그림자와 거짓말의 이면을 볼 수 있는 자는 대중의 신뢰는커녕 이해도 받지 못한다. 결코. -플라톤(철학자)

눈가리개 걷어내기

나의 첫 회사를 매각한 뒤 나는 빨간 콜벳(쉐보레의 스포츠카 브랜드)을 샀다. 그 당시에 나는 그것이 매우 독특한 자동차로, 도로에 굴러다니는 수백만 대의 차와는 다른 희귀한 차인 줄 알았다. 그것은 착각이었다. 그것은 나의 뇌가 만든 착각에 불과했다. 차를 몰고 도로에 나간 순간 난데없이 콜벳이 여기저기서 눈에 띄기 시작했다.

이런 현상을 관찰 편향(observational bias)이라고 하는데, 매순간, 당신의 뇌로 수십억 조각의 데이터가 밀려들어온다. 당신이 기차에서 이 책을 읽고 있다면 당신의 뇌는 감각정보의 밀물로 홍수를 겪는다. 주변 사람들, 그들의 옷, 생김새, 옆자리의 예쁜 아가씨, 기차가 트랙을 달리는 소리, 전동차 안의 불빛 등등 말로 하자면 끝이 없다. 당신의 뇌는 이런 데이터를 처리해야만 하는데, 이때 망상활성계가 무엇을 걸러내고 받아들여야 할지를 재빠르게 판단한다.

당신이 콜벳을 소유하게 되면 당신의 뇌는 콜벳을 걸러내는 작업을 그만두고, 당신의 눈에는 그동안 걸러내겼던 데이터가 갑자기 들어오기 시작한다. 별안간 도로 위에 더 많은 콜벳이 돌아다니는 것이 아니다. 당신의 망상활성계가 더 이상 그것들을 무시하지 않게 된 것이다. 이런 현상은 콜벳과 관련된 당신의 인지적 왜곡과 관련이 있다.

그렇다면 당신의 망상활성계가 도대체 그 각본과 어떤 관련이 있는 것일까? 당신의 망상활성계에 무언가가 인지되면, 그 인지가 잠재의식의 현실 변형과 관련된 열쇠를 쥐게 된다.

그 각본의 환상들은 언론, 가족, 교육 기관들을 비롯한 그것의 나팔수들을 매개로 흘러 다닌다. 그런데 그 각본의 진짜 힘의 원천은 나팔수들이 아니라 그들이 투사하는 하이퍼 리얼리티다. 당신의 뇌가 관찰 편향을 일으켜 특별한 삶을 살 수 있는 당신의 능력을 크게 훼손하고 마는 것이다.

 일단 당신의 뇌가 마법의 속임수 뒤에 숨겨진 비밀을 발견하고 나면, 마법적 형상은, 마술사의 속이는 힘이 그렇듯이, 맥없이 사라져 버린다.

각본의 그림자 관습들 : 하이퍼 리얼리티

그리스 철학자 플라톤의 '동굴의 비유(Allegory of the Cave)'라는 고대의 이야기는 가장된 현실을 극명하게 보여준다. 이 이야기에는 몇 명의 죄수가 등장하는데, 그들은 일생을 동굴에 갇혀서 산다. 그 죄수들은 머리나 다리를 움직일 수 없어서 등 뒤쪽을 영원히 쳐다볼 수 없도록 쇠사슬에 묶여 있다. 그들 뒤에는 불꽃이 높게 타오른다. 그 사이에는 어두운 길과 나지막한 난간이 나 있다. 그 난간 뒤의 길 위에 몸을 숨긴 몇 명의 꼭두각시놀음꾼이 다양한 인형과 물건을 세우고는 줄을 당겨 조종한다. 그리고 그림자가 동굴의 벽에 투사된다. 죄수들의 눈에는 꼭두각시놀음꾼들도, 등 뒤에서 움직이는 물건들도 보이지 않는다. 그들의 눈에 들어오는 것은 오직 동굴 벽에 투사되는 그림자뿐이다. 이 그림자가 죄수들이 아는 유일한 현실이다. 그러다 보니, 죄수들에게는 등 뒤의 현실은 알려지지 않고, 그림자가 실재와 실체로서 그릇 인지된다.

 2천여 년 전에 만들어진 이 고대의 이야기는 우리의 현실에 그대로 나타난다. 그 각본은 우리가 가장된 현실에 빠져서 쇠사슬에 묶여 지내는 삶을 지속하도록 하는 교묘한 장치다.

하이퍼 리얼리티

요일 구분, 기업, 돈, 자유
소비주의, 가상현실, 엔터테인먼트
대학 학위, 가짜 자아(하이퍼 퍼스널리티)

하이퍼 리얼리티 1. 요일 구분

학교에서의 첫 날, '이름 붙여진 날들(즉, 요일 개념)'이라는 하이퍼 리얼리티가 탄생한다. '월요일부터 금요일까지'라는 구절을 생각해 보라. 무엇이 느껴지는가? 아마도 약간의 불편감? '토요일'이라는 단어는 어떤가? '금요일 밤'은?

요일 체계는 완전히 질서를 위해 정해진 인공적 시간 개념이다. 월요일은 환상이다. 일요일은 목요일과 같은 하루일 뿐이다.

하이퍼 리얼리티 2. 소비주의

소비주의는 소비가 성공이나 행복을 만든다는 헛된 믿음이다. 「보그」 잡지와 아우디 광고가 뭐라고 속삭이든 당신은 당신이 소유한 것과 동일하지 않다. 오히려 당신은 당신이 소유한 것에게 소유될 수 있다.

만일 그 각본이 감방이라면, 소비주의와 그로 인한 부채(負債)는 창살이다. 30년 융자를 안고 있는 집, 5년 할부로 산 차, 보트, 학위, 이 등골을 빼는 비용들은 당신의 존재를 종식시킬 수 있다.

기업들은 매년 수조 달러를 쓰면서 '브랜드'를 창출한다. 이 모든 것은 소비주의를 강화시키고자 고안된다. 브랜드 X는 당신이 부자라고 말하고, 브랜드 Y는 당신이 패셔너블하다고 말하며, 브랜드 Z는 당신이 강인하다고 말한다. 당신이 도요타 프리우스를 몰면 당신은 실용성을 중시하거나 철저한 근검절약을 실천하는 사람이라고 광고한다. 람보르기니는 '부(富)'를 광고하지만, 당신이 람보르기니의 운전석에 앉는다고 해서 반드시 당신이 부자인 것은 아닐 것이다.

그러나 실제 세상에서, 사람들은 그런 구분을 할 줄 모른다. 예를 들어, 내가 나이트클럽에서 람보르기니를 발레파킹시킬 때 나는 줄 설 필요 없이 즉각적으로 안으로 모셔진다. 람보르기니를 타면 돈 많고 가치 있는 사람일 것이라고 여겨진다. 도요타를 타면 나머지 프롤레타리아와 함께 줄을 서서 기다리게 된다. 현실은 우습도록 왜곡되어 있다. 나의 자동차는 나의 실재를 아무것도 바꾸지 못한다. 나의 외모도, 키도, 내 지갑에 들어 있는 9달러도. 그렇지만 그것은 나에 대한 인식을 바꾼다.

소비주의는 효용만으로는 충분치 않다면서 당신을 기만한다. "멋진 당신에겐 혼다가 아닌 3중 바느질 가죽 시트로 꾸며진 인피니티가 필요해." 하지만 대리만족을 위한 소비가 당신의 현실을 바꾸지는 못한다.

하이퍼 리얼리티 3. 대학 학위

'대학 학위'라는 하이퍼 리얼리티에는 양면이 있다. 첫째는 지성과 금전적 부를 이룩하려면 비용이 얼마가 들건 대학 학위를 따야 하고, 대학 학위가 없는 인생은 영원히 취업난과 쥐꼬리만한 월급에서 벗어나기 어려울 것이라는 낡은 생각이다.

대학과 관련된 흔한 오류가 하나 더 있는데 우리 포럼에도 종종 등장한다. 누군가가 "제가 대학에 가야 할까요?"라고 묻는다면 앵무새들은 분명히 이렇게 답할 것이다. "대학 학위는 좋은 백업 플랜입니다."

우리는 자녀 세대를 통째로 대학에 보내 학위를 따게 하고 있는데, 안타깝게도 그 학위가 취업에 무용지물인 경우가 허다하다. 학자금 융자 총액이 2조 달러를 넘어서고, 대학교육을 마친 수천 명의 젊은이들은 취업 박람회에서 일렬로 줄을 서서 기다린다. 고등학교를 졸업하자마자 얻었을 법한 일자리를 얻고자 고군분투하고 있는 것이다.

간호사인 내 아내는 최근에 대학의 양면적 하이퍼 리얼리티를 폭로하는 좋은 이야깃거리를 갖고 집에 돌아왔다. 그녀는 외과에서 일하면서 의사들의 복잡한 인생 내막을 시시콜콜 듣게 되는데, 그 얽히고설킨 이면의 이야기를 들어주는 것이 큰 고역이라고 한다. 거두절미하고, 그녀는 많은 의사들이 의료직에서 행복을 찾지 못하면서도 고집스럽게 자녀들을 자신과 같은 존재로 키워나가고 있음을 알게 되었다. 그녀는 부모에게 질질 끌려서 억지로 의예과 공부를 하는 아이들에 대한 이야기를 듣곤 한다. 그 아이들은 엄격한 방과 후 일정을 꾸역꾸역 소화해 내는데, 그 **빡빡한** 일정은 저녁 먹을 때 잠시 멈추었다가 취침시간까지 다시 이어진다. 그 의사들의 논리는 이렇다. "좋은 대학에 들어가려면 SAT 점수를 잘 받아야 하고 두루두루 다양한 요소로 잘 구성된 입학원서를 작성할 수 있어야 합니다." 내 아내는 그들에게는 단 한 번도 "이게 우리 아이가 원하는 거예요"라는 말을 들은 적이 없다. 우리 아이들에게 싫어하는 수업을 들어가면서 결국 싫어하게 될 직업에 종사하게 하는 것이 정말로 우리가 원하는 것이란 말인가?

하이퍼 리얼리티 4. 가짜 자아

노스 스코츠데일(North Scottsdale 애리조나의 밤 문화가 활기찬 도시)에서의 토요일 밤. 나는 트렌디한 일본 식당에서 저녁을 먹고 있다. 사람들로 문전성시를 이룬 그 식당은 흥으로 들떠 있다. 내가 앉은 구석 식탁 가까운 곳에 나의 시선 방향으로 여섯 명의 아름다운 아가씨가 앉아 있는

데, 나보다 스무 살 정도 젊은 사람들 같다. 웨이트리스가 그들 사이를 요령껏 지나가면서 주문을 받는다. 그로부터 한 시간 동안 나는 하이퍼 리얼리티가 얼마나 기승을 부리고 있는지 그리고 얼마나 슬픈 것인지 목도한다.

식사 전에, 식사를 하는 동안, 그리고 식사 후에, 한두 명도 아니고 그 식탁에 둘러앉은 모든 사람이 스마트폰에 송두리째 정신이 팔려 있다. 마치 스마트폰과의 관계가 진짜이고, 진짜 친구들과의 진짜 대화가 스마트폰과의 대화를 방해하는 것 같다. 물론 이 아가씨들이 깔깔거리며 대화를 나누지 않는 것은 아니다. 그러나 그런 대화는 채 1분도 유지되지 않고, 모든 고개는 다시 스마트폰을 향해 숙여지고, 손가락들은 자판을 만지작거리고 있다.

이 이야기는 가짜 자아가 얼마나 판을 치고 있는지 잘 보여준다. 그것은 비단 젊은 사람들만의 문제가 아니다. 스마트폰에 얼굴을 묻고 사는 모든 사람들의 문제다. 가짜 자아는 어떤 사람의 공적인 이미지이며, 명성이나 소셜 미디어에 의해 투사되는 얼굴이며, 정성들여 다듬어진 신기루로서 그 개인의 정체성을 반영하지 않는다.

가짜 자아는 종종 존경이나 숭상의 대상이 된다. 사람들은 포토샵으로 매끈하게 다듬은 인생의 하이라이트들을 추려서 소셜 미디어에 올린다. 가면을 쓴 자아(hyper-self)가 진정한 자아(true self)보다 더 중요해진다.

당신은 내가 말하는 하이퍼 리얼리티라는 것을 믿을 수 있겠는가? 누군가가 내게 편지를 쓰면서, '당신은 나의 우상입니다'라거나 '당신은 신입니다!'라고 말한다면(실제로 나는 그런 글귀가 적힌 이메일을 종종 받는다)

그들이 인식하고 상호작용하는 것은 진정한 내가 아닌 일종의 가짜 자아다. 어떤 팬들은 내가 무엇에 대해서든, 언제든, 어디서든 미래를 내다보는 마법의 수정구를 가지고 있다고 생각한다. "엠제이, 이것은 좋은 아이디어인가요?", "내가 대학을 중퇴해야 할까요?" 그들은 가짜 자아의 마법을 기대하는데, 그런 마법은 망상에 불과하다.

나는 사업에 실패하고, 실수를 저지르고, 방귀도 끼고, 계단에서 발을 헛디디기도 하며, 잘못된 의사결정을 내리기도 한다. 나는 인간이다. 당신과 다를 바 없다.

가짜 자아의 또 다른 사례는 유명인 페르소나(persona 가면을 쓴 자아 즉, 다른 사람의 눈에 비치는 실재와 다른 개인의 모습)다. 워렌 버핏이 돈을 잃는 것을 상상할 수 있는가? 그런데 사실은 그도 투자로 돈을 잃기도 한다. 그도 많은 것에 대해 틀린 의견을 품는다. 그럼에도 '오마하의 현인(워렌 버핏의 별명)'이 입을 열면 사람들은 스르르 주저앉아 무릎을 꿇고 그의 발가락 사이의 양말 보푸라기라도 핥을 기세다. 얼굴이 널리 알려진 어떤 사람이 식당 안으로 걸어 들어올 때도 같은 일이 벌어진다. 사람들은 엘비스 프레슬리의 환생이라도 보듯이 반응한다. "오~~~! 아~~~~! 어머나! 당신이 우리 식당에~! 저녁은 공짜예요."

이런 유명인들에 대한 (그리고 그들의 의견에 대한) 무조건적인 숭상이 우상숭배 수준에까지 이르고 있다. 이것은 실제로 무시무시한 것이다. 예를 들어 보겠다. 2014년 9월 초, 청년미국재단은 가짜 자아에 관한 걱정스러운 데이터를 발표했다. 그들은 조지 워싱턴 대학교 학생들을 무작위로 인터뷰했다. 누드 사진 해킹 스캔들과 관련한 최근의 사건에 대해 질문했을 때 서른 명 중 스무 명의 학생이 사건에 연루된 한두 명의 유명인을 알아맞혔다. 슬프게도, 어떤 국가적 사건의 기념일(9.11)이 다가오고 있는지에 대한 질문에는 그 서른 명 중 겨우 여섯 명만이 답을 알아맞혔다. 더 당황스러운 것은, 이라크에서 ISIS에 의해 목이 잘려나간 언론인들 중 단 한 명이라도 그 이름을 알아맞힌 것은 서른 명 중 고작 세 명뿐이었다.

소셜 미디어는 더욱 위험하다. 소셜 미디어 도구들—페이스북, 인스타그램, 스냅챗—을 이용하면 우리는 손쉽게 자신의 모조품을 빚어낼 수 있다. 우리는 몸을 숨기고 무대 위에 유령을 세우고 있다. 인생의 하이라이트들만을 공유하고 나머지는 꽁꽁 숨김으로써 우리는 하이퍼리얼리티를 만들어 낸다.

물론, 베키가 최근 구매한 아큐라(혼다의 북미용 고급 자동차 브랜드)와 페이스북에 올려놓은 열 장의 사진에는 '좋아요'가 수없이 눌러지고 댓글들이 줄줄이 달리겠지만, 포스팅되지 않은 삶의 다른 부분—12퍼센트의 이자율로 한 달에 500달러씩 72회에 걸쳐 갚아나가야 하는 베키의 모기지 쿠폰 북—에 대해서는 무엇을 알 수 있겠는가?

가짜 자아는 당신이 당신의 삶을 건설적으로 고민하게 하는 대신 다른 사람들의 삶을 자괴감 속에서 구경하게 만든다.

하이퍼 리얼리티 5. 가상현실

가상현실(VR; virtual reality)은 대체적 현실의 매혹적이고도 중독적인 시뮬레이션으로서, 끝없이 이어지는 유혹을 제공한다. 가상현실은 가짜 자아의 닮은꼴 자매로서, 위험과 공개적 망신은 피하면서 위로와 평안을 얻는 동시에 자신이 가치 있고 존중받는다고 느끼기를 바라는 욕구에 작용한다.

가상현실에 대한 사람들의 사랑이 어느 정도인가 예를 들면, 2014년에 '비즈니스 인사이더(Business Insider 미국 뉴스 웹사이트)'는 킴 카다시안의 모바일 게임이 하루에 70만 달러 이상을 긁어모은다고 보도했다.

나는 '킴 카다시안의 게임을 통해 사람들이 도대체 무엇을 하기에 한 달에 2천만 달러가 넘는 돈이 움직이는지 살펴보았다. 그들은 가상 지갑을 사고, 가상 옷을 사고, 가상 보석을 사면서 가상 VIP의 위상에 도달한다. 그렇다. 하이퍼 리얼리티 안에 자리한 하이퍼 리얼리티다. 가상현실은 당신의 나태한 뇌에 작용하는 동시에 당신을 유혹하고 중독시킨다. 가상현실은 가짜 보상, 바스러지기 쉬운 성취, 얄팍한 자신감 등으로 우리를 유혹한다. 소파에 가만히 앉아서 한 손은 치토스 봉지를 드나들고 다른 한 손으로는 '켜짐' 버튼을 누르기만 하면 되는데 무엇하러 굳이 검은 띠를 따기 위해 매일 무술연습장에 나가겠는가.

추월차서 포럼의 어느 회원이 올린 댓글을 살펴보자

> 저는 어떤 남자와 파티에 갔었는데, 그 사람은 그날 밤 틈만 나면 폰을 만지작거렸어요. 자기의 '클래시 오브 클랜' 군대가 제시간에 구축되어야 한다나요. 이런 미친!

어찌되었든, 가상현실은 엔터테인먼트로서의 게임이 아니다. 이건 컴퓨터 슈팅게임과는 완전히 다른 문제다. 문제는 게임이 엔터테인먼트의 단계를 넘어서 가상현실이 당신의 진짜 현실을 대체할 때 생긴다.

하이퍼 리얼리티 6. 엔터테인먼트

많은 사람이 그렇듯이, 나는 스포츠를 직접 뛰는 것만큼이나 관람하는 것을 즐긴다. 특히, 나는 NFL을 정말로 좋아한다. 하지만 나는 NFL이 내 인생을 좌우할 정도로 그것에 빠져들지는 않는다.

2016년 초, 애리조나 카디널스(나의 고향 팀이다)는 NFC 챔피언십 게임에서 참패했다. 나는 약 90초 동안 냉정을 잃었다. 그러나 나는 그것 때문에 잠을 설치지는 않았다. 그날이 끝나갈 즈음에는 그 게임은 이미 단순한 오락거리로만 내 마음에 기록되어 있었다. 나는 게임 결과에 전혀 연연하지 않았다. 왜냐하면 내 인생이 더 중요했기 때문이다.

안타깝게도, 대부분의 사람들은 그렇지 않다. 그들에게 있어서 엔터테인먼트는 도피처이며 또 하나의 현실이다. 응원하는 팀의 처절한 패배 후에 외야석에 앉은 팬들을 면밀히 훑어보다 보면 자기 강아지가 자동차에 깔리기라도 한 것처럼 눈물을 훔치는 사람들을 발견하게 될 것이다.

좀 전에 이야기하던 카디널스 게임으로 돌아가자면, 패배한 팀이 피닉스로 귀환했을 때 두 명의 팬이 공항까지 마중을 나갔다. 둘 중 한 명의 팔뚝에는 실제로 카디널 슈퍼볼 50 로고가 문신으로 새겨져 있었다. 이것은 엔터테인먼트가 한 인생을 송두리째 먹어치워 버린 극단적인 경우다. 내가 던지고 싶은 질문은 바로 이런 것이다. 3주 후면 잊혀질 스포츠 게임을 팔뚝에 문신으로 새긴 그 사람은 인생에서 얼마나 많은 소중한 의미를 놓치며 살아가고 있을까?

그리고 리얼리티 TV가 있다. 시청자들이 리얼리티 TV 쇼가 진짜가 아니라는 것을 알아차리기 전까지는 이 현실의 모조품은 계속 방영될 터인데, 과연 그때가 언제일까? 2014년 데드스핀(Deadspin.com)에 실린 기사에서 플로이드 메이웨더(Floyd Mayweather Jr. 미국 프로권투 프로모터 겸 선수)는 네바다주체육위원회 앞에서 그의 리얼리티 TV 쇼인 〈올 액세스(All Access)〉가 완전히 가짜라고 고백했다. 장면들은 대본에 따라 만들어진 것이다.

유튜브는 다르다고 생각하는가? 수백만의 조회수를 기록하는 그 재미있는 비디오들은 어떤가? 가짜다. 못 볼 것 봤다고 생각하는 그 댓글들은 사람들이 순진하게 속고 있음을 드러낸다. 이 인생의 자화상들 중 많은 것들이 진실보다는 조작에 가까운 동굴 벽에 투사된 그림자들이고, 안개에 가려 흐릿해진 현실들이며, 교묘한 포토샵 작품들로 우리를 현실 불감증에 빠지게 한다.

하이퍼 리얼리티 7. 돈

돈. 아마도 당신은 돈을 위해서 이 책을 읽고 있을 것이다. 백 달러짜리 지폐를 뚫어지게 쳐다보고, 느껴지는 감정들을 글로 적어보라. 자유의 기운이 느껴지는가? 넓은 선택의 폭, 권력 혹은 안전감? 이런 감정들이 실재일 수도 있지만, 어쩌면 또 다른 신기루일지도 모른다. 돈—세상의 지배적 하이퍼 리얼리티인 그것—은 물리적 실체를 지닌 돈(한 더미의 지폐) 또는 가상의 디지털 돈(컴퓨터 스크린에 나타나는 숫자)이 가치가 있으며 또한 그것을 소지하는 자 역시 똑같은 가치를 갖는다는 상호 공유된 신념이다.

고대 문화들에서 그와 같은 가치는 머리장식 깃털이나 부족의 연령이나 양떼의 크기 혹은 소유한 에메랄드 원석들의 개수로 표현되었다. 그것이 가치를 갖는 이유는 오직 우리 사회가 그렇다고 상호 합의했기 때문이다.

불행하게도, 그 신념(또는 그 신념을 떠받들고 있는 체계)이 무너진다면, 그것의 하이퍼 리얼리티 또한 와르르 내려앉을 것이다. 우리는 돈이 모닥불을 지피는 불쏘시개로 전락할 수 있다는 사례를 셀 수 없이 많이 보아 왔다. 짐바브웨 달러, 바이마르 마르크, 헝가리 펭괴가 그 몇 가지 사례다. 가깝게는, 아이슬란드가 불과 몇 년 전에 그와 같은 재앙을 맞이할 뻔했다. 돈은 동굴 벽에 투사된 또 하나의 그림자이며, 단지 합의에 의해 가치가 인정되고 있을 뿐이다.

하이퍼 리얼리티 8. 자유

요제프 괴벨스(Joseph Goebbels)는 나치 독일에서 선전을 담당하는 장관의 자리에 앉았던 역사상 가장 큰 거짓말쟁이로, 새빨간 거짓말일수록 더 많이 반복해야 사람들이 믿는다는 것을 잘 알고 있었다. 반복은 '합의 오류'를 낳는다. 즉, 많은 사람들이 어떤 것, 어떤 입장 혹은 어떤 이념을 믿는다면 그것은 사실임에 틀림없다고 사람들은 생각한다. 합의 오류는 공유되는 아이디어들이 어떻게 비판적 사고의 칼날을 빠져나가서 하이퍼 리얼리티가 되는지 보여준다. 지구가 우주의 중심이라는 생각이 한 사례다.

제1차 세계대전 중에 만연했던 극도로 기만적인 하이퍼 리얼리티는 바로 자유였다. 자유라는 개념은 우리가 이 세상에 태어날 때 속박되지 않은 자유로운 주권적 인격체로서 그 어떤 법이나 관습이나 신념에 의해서도 몰수되거나 예속되거나 이용될 수 없는 양도불가의 천부적 권리를 갖고 있다고 말한다. 그러나 현실과 맞지 않다. 당신에게도, 나에게도, 그 어느 누구에게도 맞지 않는 개념이다.

이 책의 주제는 주권이나 허수아비 페르소나나 불환화폐(정부가 금과의 교환을 보증하지 않고 발행하는 화폐)가 아니다. 단지 눈가리개를 벗기고 어려운 질문들을 던지는 것을 목적으로 할 뿐이다. 말하자면, 경제적 산출의 100퍼센트를 몰수당하는 것이 노예상태를 뜻하는 것이라고 한다면, 그 노예상태는 몰수 백분율이 얼마까지 낮아지면 해제되는 것인가? 80퍼센트? 50퍼센트? 39.6퍼센트?

하이퍼 리얼리티 9. 기업

엔론, 월드콤, 컴캐스트, 몬산토, 골드만삭스……. 이 기업들은 우리 뱃속에서 부정적인 반응을 불러일으킨다. 레딧(Reddit 소셜 뉴스 웹사이트)을 몇 분만 서핑해보면 세상이 가장 주요한 사업체 형태인 법인 기업에 대한 증오심을 발견할 수 있을 것이다.

법인 기업에 대한 불신에는 충분한 이유가 있는 것이 사실이지만 나는 믿고 싶은 대로 믿고 있는 당신의 믿음을 걷어 치워주겠다. 법인의 서열 사슬을 쭉 타고 가다 보면 주주들이 나오는데, 그 사람들이 중역들을 선출한다.

이들 기업은 사회적으로 좋은 일도 하지만 나쁜 일도 한다. 기업이 소유주의 신념과 의도를 반영한다는 궁극적 증거는 버웰 대 호비 로

비(Burwell vs. Hobby Lobby) 사건에서 대법원이 내린 역사적 판결에서 찾아볼 수 있다. 기독교 계통의 회사가 피임 관련 보건 명령 준수를 거부한 이 사건에서 법원은, 기업의 소유주들은 자신의 신념을 그들이 소유한 기업에 적용할 수 있다고 판결했다. 여기서 얻을 수 있는 메시지는 이렇다. 자동차에 대고 성질을 부리지 말라. 차를 모는 사람들에게 화를 내라.

그래서 컴캐스트의 그 멍청이가 당신을 쓰레기 취급한다면, 그것은 컴캐스트라는 기업이 당신을 형편없게 대우하는 것이 아니라 그 사슬의 꼭대기에 있는 사람들이 당신을 형편없게 대우하는 것이다. 누군가가 당신이 수익(돈)보다 중요하지 않다는 결론을 내려놓은 것이다. 당신이 '그건 저희 정책에 어긋납니다'라는 대답을 듣는 순간 당신의 이름을 블랙컨슈머 리스트에 올라간다. 그러므로 기업은 사람이며, 동굴 벽에 투사된 또 다른 그림자인 것이다. 그림자 자체는 문제가 아니다. 그것을 투사하는 사람이 문제다.

> **?** 당신의 인생에서 어떤 하이퍼 리얼리티가 지배적 역할을 하고 있는가? 그리고 당신이 그것을 지각함으로써 앞으로 하이퍼 리얼리티를 다루는 방법이 바뀔 것인가?

CHAPTER 9

시간팔이 :
좋은 시간으로 나쁜 시간을 사다

잃어버린 시간은 결코 다시 찾을 수 없다. -벤자민 프랭클린(정치인)

현재의 팔팔한 시간을 팔고 미래의 시들한 시간을 사다

재무에서 '돈의 시간 가치'는 요리에서 소금과 후추만큼이나 핵심적이다. '시간 가치'라는 것의 요지는 오늘의 돈이 내일의 돈보다 더 가치 있다는 것이다. 돈의 가치를 계산할 때 미래의 돈은 현재의 돈보다 더 낮게 값어치가 매겨진다. 그래서 오늘의 만 달러가 지금으로부터 10년 후의 11만 달러보다 더 가치롭다.

그렇다면 왜 시간은 같은 방식으로 계산되지 않는가? 하이퍼 리얼리티라는 각본화된 운영체계의 두 가지 인생길에 틀을 제공하는 것으로서 이름하여 '시간팔이'다. 시간팔이란 시간을 돈에 종속시키는 것으로, 시간이 무한한 줄 알고 아무렇게나 낭비하면서도 돈을 위해선 뭐든지 한다.

시간은 당신에게 어떤 의미를 갖는가? 나이 측정도구? 약속을 지키는 방편? 불행하게도, 시간은 자비롭지 않다. 그것은 천하무적의 챔피언으로 단 한 번을 패배하지 않는다. 그 어떤 군대도 어떤 힘이나 권력도 시간에게는 적수가 되지 않는다. 그럼에도 많은 사람들이 생각 없이 시간을 낭비한다.

예컨대, 비디오게임을 하면서 여가 시간의 대부분을 소모하는 사람을 알고 있는가? 쓸데없이 공짜 햄버거나 얻어먹으려고 두 시간이나 줄을 서서 기다리는 그 불쌍한 얼간이는 어떤가? 1시간에 3달러를 벌려고 일하는 사람은 거의 없지만, 공짜 물건이나 시간당 3달러를 절약할 기회를 준다고 하면 빌딩 근처에 텐트를 치고 기다리는 사람이 장사진을 이룰 것이다. 당신 생각에, 억만장자들이 블로그를 하면서 드라마 속 인물의 죽음에 대해 나라 저쪽 끝에 사는 낯선 사람과 논쟁을 하면서 시간을 낭비할 것 같은가?

시간팔이는 인류의 가장 큰 비극 중 하나다. 나의 첫 시간팔이 즉 '쓰라린 후회의 순간'은 내가 시어스 로벅 백화점의 직물 부서에서 시간당 5달러의 임금을 받고 재고 관리 사원으로 일할 때 찾아왔다. 그 일은 열여섯 살짜리 소년에게는 악몽이었다. 나는 에드 구에로라는 괴팍한 관리자 밑에서 일했는데, 그는 매의 눈을 가진 깐깐한 관리자였다. 그는 완벽을 요구했고 내가 하는 모든 일에 대해 잔소리를 퍼부었다. 심지어는 화장실에 가고 싶으면 점심때를 기다리거나 그냥 바지에 누라고 했다.

어느 날 내가 시어스에서 500달러를 벌려면 내 인생 중 100시간을,

그것도 그 시간들을 에드 구에로의 쉴 새 없는 감독 아래서 바쳐야 한다는 것을 깨달았다. 이 깨달음은 중요했다. 그 당시에 나의 취미는 자동차 스테레오였고, 500달러라는 가격표가 붙은 300와트 록포드 포스게이트 앰플리파이어에 꽂혀 있었다. 나의 오디오 시스템은 이미 12인치 이중 서브우퍼를 장착하고 있어서 천둥 같은 소리로 거리를 뒤흔들기에 모자람이 없었다. 이웃사람들은 나를 미워했지만, 나의 반항적인 마음은 나의 오디오가 더 박력 있게 울려야 한다고 말하고 있었다.

그 앰플리파이어가 잡아먹은 것은 나의 돈이 아니었다. 그것들이 파먹은 것은 내 인생이었다. 앰플리파이어의 가격은 고작 500달러였다. 그것을 얻기 위해 내 인생 중 100시간을 그 꼴통 에드 구에로와 함께 고달프게 보내야 하다니. 갑자기 베이스의 저음 데시벨을 올리는 것이 무가치한 것으로 느껴졌다.

인생 배급 개념을 잘 보여주는 것으로 2011년 영화 〈인 타임(In Time)〉이 있다. 그 영화에서 인간들은 팔뚝에 인생의 끝을 향해 흐르는 시간을 보여주는 '죽음 시계'가 찍혀 있다. 이 디스토피아에서 일에 대한 대가는 돈으로 지급되는 것이 아니라 인생에서 남은 시간을 연장해 주는 방식으로 지급된다. 이를 테면, 하루를 일하면 당신은 두 시간을 벌 수 있다. 이 영화가 오스카상을 받지는 못했지만 우리가 시간을 어떻게 사용해야 하는지에 대해 몇 가지 위대한 깨달음을 안겨주었다.

첫째, 당신의 죽음 시계가 당신의 팔뚝에 찍혀 있지는 않지만, 그렇다고 그것이 존재하지 않는 것은 아니다. 보이지 않는 공기처럼, 당신의 죽음 시계는 존재한다. 그리고 무엇으로도 그것을 멈추게 할 수 없다. 지난 40년간 모은 4백만 달러의 돈으로도 할 수 없고, 당신의

MBA 학위로도 할 수 없다. 시간은 자비가 없다. 그리고 종종 명분도 없다.

그러니 자문해 보아라. 만일 죽음 시계가 갑자기 눈에 보이게 되고 당신의 인생 배급량이 스마트폰의 화면에서처럼 선명하게 보인다면, 당신은 지금과 다르게 시간을 사용할 것인가? 당신은 지금처럼 여전히 책상 앞에 앉아서 싫어하는 일을 하면서 한 주에 닷새를 기꺼운 마음으로 보내겠는가? 당신은 지금처럼 여전히 이틀을 할인매장 밖에 텐트를 치며 기다려서라도 곡면 텔레비전을 200달러 할인된 가격으로 구매하려 들겠는가? 당신의 인생 배급량의 90퍼센트가 소모된 이후에야 자유를 주겠노라고 약속하는 연금계획을 받아들이겠는가?

둘째, 각본화된 규칙 아래서 내일의 자유를 벌기 위해 오늘 얼마나 많은 인생 배급량을 내주고 있는가? "오늘의 자유 시간은 내일의 자유 시간보다 더 가치 있다." 늙어 시들시들한 내일의 시간을 사기 위해(즉 인생의 황혼에서 은퇴생활을 즐기기 위해) 젊고 팔팔한 오늘의 시간을 파는 것 (즉 일주일에 닷새를 일하는 것)은 좋은 베팅이 못 된다.

우리의 운명은 봉인되어 알 수 없다. 하지만 봉인되지 않은 것이 있다. 당신의 인생 배급분들 중에 당신이 어떤 타입의 시간을 즐기는지는 알 수 있다. 당신의 시간 은행에는 당신이 주무를 수 있는 두 가지 타입의 시간이 있다. 하나는 자유 시간(free time)이고 또 하나는 얽매인 시간(indentured time)이다.

이런 예를 한번 생각해 보자. 여기에 두 사람의 인생이 있다. 밥과 엠제이는 똑같이 75년의 인생을 부여받았다. 둘 다 하루에 24시간을 가지고 있다. 둘의 차이는 시간이 존중되느냐 여부에 달려 있다. 밥은

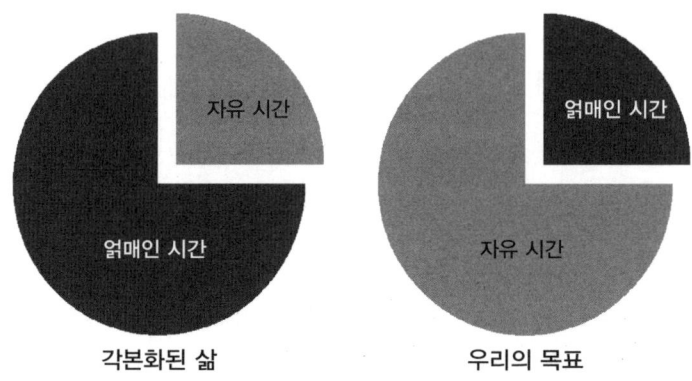

시간팔이 제도 안에서 평생 일을 한다. 그는 63년의 얽매인 시간을 보낸다. 그가 즐긴 자유 시간은 고작 12년이다. 그 중 3년은 은퇴 후 건강 문제로 고생하며 지나갔고, 나머지 9년은 젊은 시절 나태함으로 탕진해 버렸다. 그는 책을 쓰고 싶은 마음은 있었지만 그 야망을 결코 실천에 옮기지 못했다. 그는 카리브에서 한 번도 스쿠버 다이빙을 하지 못했는데, 그의 심장전문의가 그렇게 하지 말라고 권했기 때문이다. 그는 두 달에 걸친 지중해 크루즈 여행도 떠나보지 못했다. 그는 라크로스 챔피언십에서 그의 아들이 승리하는 것도 지켜보지 못했다. 결코, 절대, 한 번도. 그러나 밥은 상당한 금융상품 포트폴리오를 구축해 놓았고, 풍성한 포트폴리오를 대변하는 모델로서 「비즈니스 인사이드」의 표지도 장식했었다.

빈자로 살다 부자로 죽다. 끔찍하다.

반면에, 엠제이는 시간을 존중한다. 그는 23년의 얽매인 시간을 보내는 한편 무려 42년의 자유 시간을 누린다. 그 대부분은 30대에 은퇴한 뒤에 찾아온 자유 시간이다. '결코'라는 말은 그의 사전에 없고, 다만 '언제' '어디서' 그리고 '어떻게'가 있을 뿐이다.

당신이 생각하기에 둘 중 누가 경험이 풍부한 인생을 사는 것 같은가? 죽음 시계가 죽음의 사자의 어깨를 툭 칠 때 당신의 영혼은 무엇으로 충만해 있을까? 후회인가 평안인가?

시간팔이는 어둠을 향해 난 길이며 사악한 제왕을 섬기고 있다. 그 각본대로 내버려둔다면 당신은 억지로 부과된 최악의 거래를 받아들이는 꼴이 될 것이다. 그 끔찍한, 오늘의 팔팔한 시간을 팔아서 내일의 시들한 시간을 사는 '은퇴생활'이라고 명명된 늘그막의 약속을 위해 성인이 된 이후의 인생 중 71퍼센트를 소비하게 될 것이다. 그리고 사람들은 이 사악한 각본을 진리의 복음처럼 덥석 받아들인다.

이럴 수가 있단 말인가!

> **!** 시간팔이 제도 아래서는 당신이 구매하는 것들이 단순히 당신의 돈을 갉아먹는 것이 아니라, 자유 시간을 얽매인 시간으로 바꿈으로써 미래의 삶을 파먹는다.

CHAPTER 10

인생의 갈림길 :
두 개의 문, 하나의 도살장

인간은 자신의 운명과 투쟁하고 다른 사람들과 투쟁하는 과정 속에서 자신을 강화하고 고양한다. 자신을 지키기 위한 싸움은 외롭고 두려울 것이다. 그러나 독립적인 삶을 위해 지불하는 값은 아무리 높아도 비싼 것이 아니다. -프레드리히 니체(철학자)

선택이라는 환상 : 어떤 문을 열 것인가?

당신은 두 가지의 다른 인생길 중 하나를 선택할 수 있다. 두 인생길 모두 행복을 약속한다. 하지만 속지 말라. 이것은 또 다른 각본의 환상에 불과하며, 그것은 당신을 '모범(M.O.D.E.L)' 시민이 되는 길에 붙잡아두려는 각본이다. 사실, 둘 중 어떤 문을 선택해도 결국은 같은 목적지에 도달하게 되는데, 그곳은 유예된 꿈과 일에 바친 일생, 지키지 못한 약속들로 초토화된 땅이다.

일단 당신이 이 두 개의 문 앞에 서 있다는 것을 알아차렸다면 탈출을 계획하는 편이 좋을 것이다.

1번 문 : 인도 (내일을 팔아서 오늘을 산다)

> 길의 종류 : 인도
>
> 약속 : 소비를 통한 행복
>
> 목줄 : 소비와 권한
>
> 목걸이 : 빚과 의존
>
> 주인 : 기업 또는 정부
>
> 경주 : 소비하기, 빚지기, 일하기, 반복하기

'후불' 문화

아는 사람 중에 사치스럽게 살면서도 늘 돈 걱정을 하는 이가 있는가? 아마도 분명히 그런 부류의 사람을 알고 있을 것이다.

'인도'는 그 각본의 후불 플랜으로, 인도 보행자들은 이 플랜에 따라 버는 족족 빚을 갚는다. 그리고 그것은 소비를 통한 행복을 약속하는데, 그 소비란 것이 물질적 취득과 하이퍼 리얼리티 몰입, 두 가지 모두를 뜻한다. 일시적이고 덧없는 위안—융자로 구매한 자동차, 타히티에서의 휴가, 최신 유행의 옷들, VIP 구역에서 보내는 신나는 도시의 밤들—을 얻는 대가로 미래의 시간을 당겨 팔고, 그렇게 얻어진 찰나의 쾌락은 내일의 고통으로 이어진다. 이 인도는 예로부터 전해오는 음주에 대한 경고를 떠오르게 한다. "과음은 내일의 행복을 차입한다."

인도 보행자들의 공통점은 그들이 언제나 하나만 삐끗해도 파산할 수 있는 처지라는 점이다. 무절제한 지출은 종종 '한 번 사는 인생'이라든지 '불타는 금요일'이라든지 혹은 '인생 뭐 있어? 그냥 웃어 넘겨'라는 유쾌한 표현으로 정당화되곤 한다. 불행하게도, '한 번 사는 인생'이라는 표현은 비싼 대가를 치르게 한다.

그와 같이, 인도 보행자는 신용과 어제의 임금이라는 모래밭 위에 '라이프스타일'이라는 집을 짓고 그것을 유지하기 위해 하기 싫은 일이라도 열심히 해야 하는 것 외에는 달리 재무 계획이 없다. 그리고 인도 보행자의 경제적 미래는 고용 보장 프로그램, 정부가 지급하는 각종 수당, 가능성 없는 일확천금의 기회에 의존하는 승산 없는 도박이 된다.

시간팔이는 하나의 삶의 방식이다. 언제나 일을 하지 않으면 안 되는 처지에 처해 있으면서도 정작 해야 할 일은 외면하는 인도 보행자들은 불필요한 하이퍼 리얼리티적 대리물들—스포츠, 텔레비전 드라마, 인터넷 댓글 달기—을 통해 시간을 낭비하는 것이 일상이다. 그렇지만 인도 보행자들은 막상 인생의 게임에는 승부를 걸지 않는다. 그저 강 건너 불구경이다. 그는 댓글을 단다. 의견을 피력한다. 저렴한 좌석에 앉아 백만 달러의 연봉을 받는 운동선수에게 야유를 퍼붓는다. 댈러스 카우보이스가 누구를 드래프트했어야 했는데 안 했다느니, 조지 R.R. 마틴이 게임 오브 쓰론(Game of Thrones)을 그렇게 쓰면 안 되고 이렇게 써야 했다느니 등등 그 주제는 실로 다양하다.

소비, 기업 그리고 빚, 오 마이 갓!

결론은, 1번 문을 통과해 가면 당신은 기업의 소유가 되고, 빚이라는 목걸이를 착용하게 될 것이다. 그리고 소비가 거기에 연결된 목줄을 잡고 당신을 끌고 다닐 것이다. 간단하게 말하자면, 당신의 '것(stuff)'

이 당신을 소유한다.

당신이 소유한 것은 모기지, 자동차 할부, 신용카드 빚, 드라마 중독, 정부의 생계지원 등이 될 수 있다. 그 '것'이 무엇이든 당신은 당신의 '것'에 의해 지배당하고, 그 '것'은 당신의 빚에 의해 지배당하며, 그 빚은 어느 기업에게 지배당하거나 그 기업에게 이윤을 창출해준다. 그래서 당신은 기업을 위해 일하고, 당신이 구매하는 모든 것이 기업으로부터 나오고, 당신이 시청하는 모든 것이 기업에 의해 제작되었으며, 당신이 진 빚은 기업에게 갚아야 할, 기업의 것이다. 아 그래, 인도 보행자들이 하는 말이 있다. 부익부 빈익빈(富益富貧益貧)이라고.

물론, 이들 중 그 어떤 것도 당신의 동의 없이 된 것은 없다. 대학 입학 후 네다섯 해 동안 대학은 당신에게 생산 없는 소비를 가르친다. 캠퍼스 생활 중에 당신은 비싼 교과서, 주거, 의복, 잡화, 식료품, 주류를 비롯하여 무엇이든지 좋아 보이고 좋게 느껴지는 것을 소비한다. 여기에 더해, 학생회관에 당신이 첫 발을 내딛는 순간 매혹의 눈사태에 파묻혀 만든 신용카드도 있다. 이 대목에서 다시 한 번 당신의 소비 훈련이 심화되는데, 생산보다 더 많은 소비를 받아들이고 그 차액은 나중에 갚으면 된다는 생각이 주입되는 것이다.

졸업 후 그런 소비 성향은 쾌락 추구와 또래집단보다 앞서가는 것으로 보이기 위해 지속된다. 취직하고 돈 벌고, 신용카드가 한 장 두 장 늘어가다 보니, 자기 과시적 사치와 명품 브랜드 소비를 통해 성공의 그림자를 투사할 화력도 증강된다. 내가 이 덫에 걸려 봐서 잘 안다. '대학에서 그렇게 열심히 공부했는데 이 정도 보상은 받을 자격이 있는 것이 아닌가! 그리고 지금은 취직도 했고 월급도 받고 있으니, 내가 얼

마나 잘났고 잘나가는지 세상에게 보여줘야겠어!'

보통 그 각본의 책략은 새 자동차와 함께 시동을 건다. 물론 할부구매다. 나는 대학 생활의 마지막 한 주를 기억한다. 네 명의 친구들이 단순히 직업을 잡은 데 대한 자기 보상으로 새 차를 뽑았다. 첫 근무도 하기 전에 차부터 산 것이다!

그리고는 옷장이 채워진다. 이것도 물론 할부구매다. 세상에, 마트에서 산 브랜드 없는 누더기를 걸치고 어떻게 BMW를 몰겠는가 말이다. 심지어는, 주중에는 매일 2천 달러짜리 정장을 입고 출근해야 한다. 물론, 그 어떤 소비 행각도 최신 아이패드와 애플와치를 빼고는 완성될 수 없고, 이것은 당신의 지갑에 꽂힌 대여섯 장의 신용카드 중 하나로 결제된다. 그리고 만일 당신이 평균보다 많은 보수를 주는 직장에 취직한 행운아라면, 소비는 리글리빌(시카고 레이크뷰에 있는 동네)에 있는 타운하우스나 콘도로 가는 길에 들어선다. 그리고 이것 역시 할부구매된 것인데, 이번 할부는 갚는 데 좀 오래 걸린다. 그러니까…… 최소 30년.

이 지점에서 당신은 아마도 자신이 꽤 괜찮은 사람이라는 기분이 들 것이다. 안타깝게도, 그 기분은 유통기한이 짧다. 보통은 청구서들이 도착하거나, 새로움의 느낌이 너덜해지거나, 일에 신물이 나기 시작할 때 유통기한은 끝난다.

각본의 저변에는 성공을 쇼핑몰에서 살 수 있거나 차고에 주차시킬 수 있거나 월급날 현금화할 수 있다는 생각이 깔려 있다. 빚을 1달러 더 질 때마다 목에 찬 목걸이는 더 꽉 조여오고 거기에 연결된 목줄은 더 짧아진다는 사실을 깨닫는 사람은 극히 드물다.

내가 옥죄는 목걸이와 짧은 목줄을 처음 경험한 것은 대학 졸업 직후였다. 나는 일주일 중 닷새를 막장 건축 현장에서 일하면서 비참한 삶을 살았다. 그런데 힘들기는 해도 보수는 괜찮았다. 그 당시 나는 옳지 못한 조언에 귀가 솔깃했다. "될 때까지 된 척해라." 나는 스포츠카로 주중의 비참함을 달래기로 했다. 살 능력도 안 되고 소유할 필요도 없는 그 스포츠카의 할부금을 갚느라고 임금의 대부분을 써야 했다. 그렇지만 나는 정말 멋져 보였다. 그리고 몇 주 후에 나는 실제로 내가 성공했다는 느낌마저 받았다.

가당찮은 가짜였다. 나의 자동차 사치의 문제는 상환 자체보다는 상환의 결과에 있었다. 나는 내가 싫어하는 직업에 발목을 잡혀야 했다. 나는 기가 빨리고, 나의 기업가정신은 격리수용당했다. 소비는 선택할 능력을 훔쳐갔고, 자유로울 권한을 도적질했다. 나는 그만두고 싶었지만 그만둘 수 없었다. 내게는 빚이 있었고 그것이 나의 모든 시간을 잡아먹었다. 이 이야기를 듣고도 시간팔이를 하겠다는 사람이 있단 말인가?

소비의 덫은 허영심에 국한되지 않는다. 스타일리시하게 보이면 이성의 관심을 끌기도 쉽다. 상대방은 당신의 소비 심리로 패션이 완성된 멋진 가면과 사랑에 빠진다. 제니는 당신이 정장을 입을 때 '핫하다'고 생각한다. 그녀는 아우디 컨버터블과 벅헤드(애틀랜타의 부유한 지역)에 있는 당신의 펜트하우스를 사랑한다. 당신은 점점 나이가 들어갈 것이고, 그녀가 침실에서 환상적이라고 생각한다. 그 각본이 말한다. "결혼해!" 대부분의 친구들이 이미 결혼했고 혼자 남겨진 느낌이 든다. 한두 해 데이트를 하고 난 뒤 당신은 궁극적 소비 액셀러레이터를 밟기로 결심한다. 결혼과 한 무리의 자녀들.

게임오버. 각본화된 인생의 자물쇠가 거의 채워졌다. 왜냐하면 자녀 양육에는 돈이 들기 때문이다. 한 번 더 말하겠다. 자녀 양육에는 돈이 들게 마련이다. 이제는 더 이상 소비가 패셔너블한 선택이 아니다. 필수다. 기저귀, 음식, 건강관리, 최신의 비디오게임을 사야만 하고, 이것을 적어도 앞으로 18년을 해야 한다.

그러나 제발 곡해는 하지 말라. 나는 결혼이나 출산을 반대하는 것이 아니다. 나는 분수에 맞지 않는 소비를 만류하고, 인간으로서의 충분한 성숙을 이루기 전에 멍청한 결정을 내리는 것을 반대하는 것일 뿐이다. 내 말을 믿으라. 당신의 22세 자아는—그리고 당신에게 매료된 그 사람도—당신의 32세 자아에게는 기억도 희미한 낯선 사람이 되어버릴 것이다. 결혼과 자녀는 당신의 인생 경험에서 가장 중요한 부분을 차지할 것이다. 당신이 진정한 자신을 발견할 때까지 기다려도 늦지 않다. 그 기다림은 그럴 만한 가치가 있다. 그때가 되면 당신은 배우자와 자녀들에게 당신이 충만하게 가진 것—출근하며 급하게 볼에 뽀뽀하고 주말만 함께 시간을 보내는 것 이상—을 줄 수 있다.

2번 문 : 서행차선(내일을 사고 오늘을 팔다)

길의 종류 : 서행차선

약속 : 저축을 통한 내일의 자유

목줄 : 결핍

> 목걸이 : 희망
>
> 주인 : 시간과 월스트리트
>
> 경주 : 절약하기, 투자하기, 일하기, 기다리기, 반복하기

목걸이와 목줄을 교체하고······

인도 보행자로서의 삶을 몇 년 (혹은 몇 십 년) 산 뒤, 당신은 어쩌면 정신이 번쩍 들지도 모른다. 자녀들에 대한 책임감이 들면서 부동산 대출, 자동차 할부, 신용대출 등이 얼마나 남았는지 확인하고는, 불행하게도, 당신은 그 각본의 2번 문인 '서행차선'으로 들어서게 된다. 사실 그 각본은 이런 일이 벌어질 것이라고 예언하고 있었다.

일반적으로, 그 서행차선은 책임감 있는 선택으로 보인다. 왜냐하면 문화, 언론, 1조 달러 규모의 금융 사업이 한 목소리로 장려하는 코스이기 때문이다. 인도와 마찬가지로, 서행차선도 약속을 들이민다. "오늘 구두쇠처럼 저축하고 투자하면 내일 자유를 누릴 수 있습니다."

그러나 잠깐! 우리는 방금 시간이 부(富)라고 말하지 않았던가? 그렇다. 이것은 마치 다리를 잘라내 몸무게를 줄였다고 자랑하는 다이어트 비법과 같다. 일단 당신이 인생의 대부분을 잘라내고 나면 남는 것이라곤 인생의 촛불이 꺼져가는 80대의 부유한 삶뿐일 것이다. 50년 동안 젊음을 소진한 대가로 10년의 부유한 노년을 얻는 것이 과연 영리한 선택일까?

결핍과 희망

서행차선의 중심 아이디어는 합리적이다. "소비를 멈추라!" 좀 더 구체적으로 말하자면, 결핍의 삶을 시작하라, 더 적은 것에 만족하라, 기대수준을 낮추라, 은퇴 때까지 지출을 미루고 경험-휴가, 영화, 외식-을 미루고 삶을 미루라는 의미다.

인도 보행자가 목줄을 하고 소비와 빚에 질질 끌려 다닌다면, 서행차선 운전자에게 목줄을 채우고 끌고 다니는 것은 결핍과 희망이다. 나는 그것을 희망과 결핍과 기다림의 계획이라고 부른다.

개인금융에 대한 책을 아무것이나 한 권 집어 들고 읽어보라. 십중팔구는 200페이지 두께의 수전노가 되는 법에 대한 책일 것이다. 물론, 이런 책들은 드러내놓고 '구두쇠가 되어라'라고 말하지는 않지만 그런 책들에서 발견되는 '단순한 삶'이라든가 '검소한 생활'과 같은 매끄러운 구절들 뒤에 숨어 있는 것은 '구두쇠의 삶'이다.

결핍은 풍요를 창출하지 않는다. 물질적 빈곤을 경험적 빈곤으로 대체하는 것은 식단에서 단백질을 탄수화물로 대체하면서 근육이 생기기를 기대하는 것과 같다. 슬프게도, 서행차선 운전자들은 시간팔이를 하며 죽음을 향한 여정을 시작한다. 생명력 없는 자유란 없다. 자유는 고관절 수술도 휠체어도 아니다.

 돈이 없어 고생하는 많은 사람들이 의외로 강한 직업윤리를 갖고 있다. 문제는 그들이 비효과적이고 낡은 제도 아래서 죽도록 고생만 한다는 것이다.

CHAPTER 11

주의분산 :
대중매체가 하는 일

대중매체가 제공하는 것은 대중예술이 아니라, 음식처럼 소비되고, 잊혀지고, 새로운 요리로 대체되도록 의도된 오락이다. - W.H. 오든(시인)

떠나라, 이곳엔 볼 것이 없다

((((((DDDDDDDDDDDD))))))

이 소리가 들리는가? 이 소리는 당신이 길에서 만나게 될 D로 시작되는 단어들이다. Dread(공포), Dissatisfaction(불만), Depression(우울), Disquiet(불안), Discontent(불만), Disillusionment(환멸). 어떤 문을 통과해 가든 이 모든 결과가 예상 가능하고, 불협화음의 감정적 속삭임들이 종착지에 도달할 때까지 당신의 귀를 괴롭힌다. 그 종착지의 이름은 모범(M.O.D.E.L) 시민이다.

그러나 길을 떠나기 전에 이 모든 D-단어들을 잊어버려라. 그 대신에 당신이 마음을 편하게 가지길 바란다. 흥이 나고 기분이 좋아져서 삶에 대한 의심이 없어지기를 바라며, 여기에 당신의 주의분산을 위해 많은 기분전환 거리 중 하나를 준비했다. 그것은 영화다.

우리가 재미있는 영화를 보며 행복감에 도취되고 유전자 조작 식품으로 우리 허기를 채우면서 양치기를 따라 도살장을 향해 우르르 몰려가는 동안, 우리의 마음은 스르륵 녹아내리면서 각본 속의 삶으로 빠져 들어간다.

이런 평범한 인생은 자동항법장치에 따라 살던 대로 살아가는 인생이다. 각본화된 길을 가다가 다른 길로 가거나 왔던 길을 되돌아가는 것은 너무도 고통스러워 보인다. 어느 핫한 드라마의 시즌 22가 나오면, 당신은 넋이 나가고, 새로운 각오와 꿈이 사그라진다. 목표와 꿈에 대해 이야기하는 것이 덧없이 느껴지고, 올해 LA 레이커스가 얼마나 형편없었는지에 대해 이야기하는 것이 더 중요해진다. 주의분산은 대개의 경우 인생은 운명적으로 주말과 1년에 한 번뿐인 휴가를 위한 것이라는 환각제다. 한편, 열차 트랙이 덜커덩거릴 때마다 마지막 종착역을 향해 한 해 한 해가 흘러간다.

아, 모범(M.O.D.E.L.) 시민들이여!

CHAPTER 12

모범(M.O.D.E.L.) 시민들

쳇바퀴 돌리기 경주(rat race 생존 경쟁)에서의 핵심은, 이기나 지나 변함 없이 당신이 쥐라는 사실이다. - 릴리 톰린(코미디언)

깨진 꿈들의 가로수길

깨진 꿈들의 가로수길을 걸어 보았는가? 그 각본이 중앙선을 이루는 그 길을. 정신이 팔린 나머지 미처 제대로 챙겨 살피지 못했던 우리의 D들-Dread(공포), Dissatisfaction(불만), Depression(우울), Disquiet(불안), Discontent(불만), Disillusionment(환멸)-의 곧은 뿌리 속 깊은 곳에는 당신이 바보노릇을 해왔다는 뼈아픈 진실이 숨겨져 있다. 당신은 부모님, 선생님, 또래들이 하라는 대로 정확하게 규칙들을 지켜가며 비싼 학교 교육, 따분한 직장일 그리고 과분한 신용 한도로 설명되는 삶을 살아왔다. 당신에게는 콘도도 있고, 자동차도 있고, 신용카드도 여러 장 있지만, 당신이 자유를 누릴 가능성은 채

식주의자의 소풍 도시락에 티본스테이크가 들어 있을 가능성만큼 희박하다.

무슨 일이 벌어졌는지는 고통스럽도록 명백하다. 당신은 틀을 깨기보다는 틀에 맞추어 살아왔다. 길을 개척하기보다는 이미 나 있는 길을 남들과 함께 행진했다. 무리를 이끌기보다는 이끌림을 당했다. 사람들을 모범(M.O.D.E.L.) 시민으로 탈바꿈시키는 것이 각본화된 운영체계의 목적이며, 그 종착역에서 당신은 인도나 서행차선의 얽매인 계층의 하나가 된다.

그 각본이 제조한 최신의 모범(M.O.D.E.L.) 시민의 삶은 다음과 같다.

- 평범하다(Mediocre) : 삶이 별 볼 일 없지만 안락한 평범함으로 위안을 삼고, 목표는 번창이 아니라 생존이다.
- 순종적이다(Obedient) : 자유로운 사고는 죽고, 다수의 의견을 추종하고 정부와 언론을 신뢰하다 보니 점점 더 의견의 편향성이 심해진다.
- 예속적이다(Dependent) : 빚 때문에 기업—상품 및 서비스 생산자들, 월스트리트, 정부—의 종이 되었거나 시간의 종이 되었다.
- 오락에 정신이 팔렸다(Entertained) : 오락거리에 심취한 나머지 영혼의 소리가 들리지 않을 정도로 마음이 산만해졌다.
- 생명력이 없다(Lifeless) : 25세라는 젊은 나이로 살아 있긴 하나 죽은 자로서의 삶을 시작하여 그런 삶을 땅에 묻힐 때까지 지속한다. 목표? 없다. 낙천성? 거의 바닥이다. 꿈? 살해당했다.

각본화된 운영체계는 불쌍한 개구리를 냄비에 넣고 물을 부은 뒤 조금씩 가열해 가면서 죽이는 것과 같은 방식으로 속임수를 펼친다.

우리는 집단적 카르텔-은행, 언론, 재벌, 월스트리트 그리고 궁극적으로는 당신의 직장과 정부라는 부모 시늉을 하는 2인조-에게 인질로 잡힌 가축이 되어 버렸다.

결연히 떨쳐 일어나라. 스스로의 주인이 될 시간이 왔다.

PART 3

새로운 선택 : 각본에서 탈출한 삶

제3부 저술 목표
Author's Objective

비전
VISION

각본에서 벗어난 자유로운 인생에서는 무엇이 가능할까? 그리고 그런 자유로운 존재가 되고 싶은 당신이 당신만의 비전을 다듬어가려고 할 때 그 시작은 어떻게 해야 할까?

CHAPTER 13

각본에서 탈출한 삶 :
열받으라!

부(富)는 대단한 것들을 소유하는 데 있지 않고 원하는 것이 적은 데 있다.
- 에픽테토스(철학자)

열받고 얻는 다섯 가지 자유

각본탈출은 당신을 위해 무엇을 해줄 수 있을까? 어려운 질문이다. 각본탈출을 말로 정확하게 표현하는 것은 불가능하다. 내가 할 수 있는 것이라곤 나의 경험을 바탕으로 스케치를 해보는 것이고, 그것을 가지고 당신의 비전으로 다듬어내는 것은 당신이 할 일이다.

그 스케치와 관련하여, 지금이야말로 내가 나의 모든 '것'을 염치없이 떠벌릴 절호의 기회라는 생각이 든다. 유명 디자이너의 옷으로 그득하고 가죽에 수놓은 용과 비단결처럼 반짝이는 검들로 절정을 찍는 나의 옷장, 유럽제 슈퍼카들이 줄지어 주차된 나의 차고, 이국적인 명 왕조의 도자기들로 품격을 더한 거실. 게다가 내가 애용하는 최첨단기기들. 문짝에 모네의 진품 그림이 짜여 들어간 와이파이 지원 냉장고도 빼놓아서는 안 되겠지. 어떤가? 입이 딱 벌어지지 않는가?

그런데 나는 그런 짓을 하지 않는다. 내 말인즉슨, 나는 이런 쓰레기들을 소유하지 않는다. 진실을 말하자면, 각본탈출은 당신이 가진 것이 아니라 당신이 갖지 않은 것에 대한 것이다.

각본탈출은 배제(排除)와 파문(破門)을 통해 스스로 자유를 쟁취하는 것이다. 이 과정을 미니멀리즘이나 웨이터들에게 팁도 안 주는 구두쇠 짓과 혼동해서는 안 된다. 각본에서 탈출한 기업가들은 필요가 아닌 선택에 따라 잘 산다. '잘(well)'이라는 말은 당신이 원하는 것—그것이 무엇이든지 간에—을 가리킨다. 당신은 포드보다 도요타나 페라리를, 또 도요타나 페라리보다는 테슬라를 더 좋아할 수 있다. 나는 여기서 당신의 성취를 표현하는 그림이 어떠해야 한다고 정의하지 않을 것이다. 나와 당신의 행복은 다를 수 있다. 나는 그저 일이 되게끔 하고 그것도 되도록 빨리 되게끔 하는 데 필요한 청사진을 제시해 줄 것이다.

그렇게 말하고 보니, 내가 단 한 가지 색으로 각본탈출이라는 그림을 그려야 한다면, 그 색의 이름은 '열받으라'가 될 것이다. 그렇다. 열받고 환골탈태하라!

모기지 때문에 팔다리가 잘려나갈 판인가? 열받으라! 나는 집을 현금으로 구매했다. 다음 주말에 근무하느라 아이와 플레이오프 게임을 관전할 수 없는가? 열받으라! 나 같으면 일 접고 아이와 함께 플레이오프 게임을 보러 간다. 주식시장이 가라앉으면서 노년의 은퇴생활이 위태로워지고 있는가? 열받으라! 주식시장은 나의 은퇴생활에 돈을 대주지 않는다. 상사의 허가 없이는 휴가 여행을 떠날 수 없는가? 열받으라! 나는 내일 당장 떠날 수 있다.

정장을 입도록 규정된 월요일이라서 캐주얼을 입고 출근할 수 없는가? 열받으라! 나는 하루 종일 가볍게 입고 산다.

'열받으라'는 속된 말이 암시하듯, 각본탈출은 꾸밈없는 삶과 자유에 대한 것이다. 삶이란 당신의 존재를 큐레이팅하면서 당신의 시간과 생각을 소유하는 것을 의미한다. 삶은 그저 존재하는 것(to be)이 아닌 무언가가 되어가는 것(to become)에 대한 것이다. 이제 나는 열받고 정신차려 환골탈태해서 얻는 다섯 가지 자유에 대해 말해주겠다.

1. 일로부터의 자유
2. 결핍과 경제적 곤궁으로부터의 자유
3. 하이퍼 리얼리티의 영향으로부터의 자유
4. 헛된 희망과 예속으로부터의 자유
5. 평범하고 일상적인 것으로부터의 자유

1. 일로부터의 자유

나는 각본탈출 계획을 다수의 사례에 걸쳐 성공적으로 집행했고, 그리고 그런 까닭에 나는 일주일 내내 단 하루도 일할 필요가 없다. 얽매인 시간은 제거되었고, 나는 또 다른 회사를 설립할 필요도, 억지로 아침잠을 깰 필요도 없다. 이론적으로 나는 서른다섯이라는 이른 나이에 은퇴한 셈이다. 그럼에도 내게는 매일이 월급날이다. 매일이 토요일이고, 매일이 온전히 내 것이다. 근본적으로, 나는 빌 게이츠나 기타 어떤 억만장자 못지않은 시간 부자다.

일로부터 자유롭다는 것은 새장에 갇혔던 새가 놓여나는 것과 같고, 세상이 당신의 놀이터가 되는 것과 같다. 이 자유는 당신에게 실험을 향한 문을 열어준다. 능동적 삶이 시작된다.

그리고 나는 이 모든 것에도 불구하고, 여전히 일하고 있다. 왜냐고? 그것은 내 인생의 의미와 목적의 일부이기 때문이다. 그것은 나의 선택이기 때문이다. 억지로 남에게 보이기 위해 일하지 않을 때 일은 고역이 아니다. 일이 재미있어진다. 그리고 내가 풀타임 CEO 연봉을 파트타임의 노력만으로 벌어들이고 있다는 사실도 알아주었으면 좋겠다. 각본탈출은 세상을 하나의 단순한 선택으로 전환시킨다. 할까? 말까?

2. 결핍과 경제적 곤궁으로부터의 자유

2014년 초, 나는 애리조나 파운튼힐즈에 있는 아름다운 집을 고가에 구매했다. 집안 구석구석이 얼마나 훌륭한지 설명할 수도 있겠지만, 그렇게 하는 대신 나는 그 집에 무엇이 없는지 말해주겠다.

그 집에는 모기지가 없다. 은행에게 보란 듯이 나는 현금으로 집값을 지불했다. 월세도 안 내고, 모기지 상환도 필요 없고, 이자도 안 내고, 민간 모기지 보험도 없다. 내 인생에서 이런 것들은 앞으로도 없을 것이다.

마찬가지로, 우리 집 차고에는 할부금을 내야 할 자동차가 한 대도 없다. 나는 리스나 융자가 필요 없다. 갚아나갈 주택담보대출이나 자동차 할부가 없다면 당신의 인생은 어떤 모습일까?

3. 하이퍼 리얼리티의 영향으로부터의 자유

나는 소비주의 속임수에 놀아나면서 내 자유를 날려 보내지 않았다.

최신 아이폰에 매료되어 산 지 1년밖에 안 된 스마트폰을 교체하지 않았다. 나의 하이퍼 리얼리티에 대한 면역력 중 특히 마음에 드는 것은 사소한 일에 정신이 팔리지 않는 능력이다. 각본에서 탈출했다는 말은 각본화된 자질구레한 일들에 영향을 받지 않음을 뜻한다. 대중문화, 연예인 숭상, 프로 운동선수들은 내가 살고 있는 인생의 '경쟁 상대'가 되지 않는다.

예를 들어서, 나에게 작년 스탠리컵의 승자가 누구냐고 물어보아라. 나는 모른다. 그리고 만일 당신이 나에게 말해준다 해도 기억하지 못할 것이다. 왜냐고? 내가 전혀 신경을 쓰지 않기 때문이다. 나는 어떤 백만장자 운동선수가 4쿼터에 인터셉션을 던져서 미식축구 게임에서 지게 되었는지 상관하지 않는다. 프로 운동선수들을 존경하고 존중하지만, 그들이 나의 삶에 신경 쓰지 않는 것처럼 나도 그들의 일거수일투족에 관심을 두지 않는다. 내 인생은 너무 짧고, 너무 중요하고, 너무 소중해서 각본화된 좀비놀이에 신경쓰지 않는다.

4. 헛된 희망과 예속으로부터의 자유

각본탈출은 재무 계획이라는 헛된 희망과 예속으로부터 풀려나는 것을 의미한다. 여기에 단순한 진리가 있다. '열받으라!' 당신의 자유는 예속이나 헛된 희망으로 성취될 수 없다. 부모님의 집에 살고 있는가? 예속되어 있다. 정부의 보조금을 받으며 살고 있는가? 예속되어 있다. 당신의 라이프스타일이 직장에서 제공하는 수입에 묶여 있는가? 미안하다, 당신은 예속되어 있다. 당신의 은퇴가 월스트리트와의 50년 계약에 묶여 있는가? 다시 미안하게 됐지만, 당신은 예속되어 있다.

각본화된 운영체계 안에서 은퇴 계획의 신성한 삼위일체는 예측과 통제가 불가능한 세 가지 시장-취업시장, 주식시장, 주택시장-에 묶여 있다. 그 각본을 따르라. 이 세 가지 분야에서 관습적 사고를 받아들이라. 그러면 당신은 관습적 삶을 살게 될 것이다.

각본에서 탈출한다는 것은 부를 창출하기 위해 이 세 가지 시장에 의존하지 않는다는 것이다. 이들 시장 덕분에 내가 얻은 부는 나의 순자산의 2퍼센트도 되지 않는다. 내가 이 책을 쓰고 있는 지금, 나는 주식을 얼마간 보유하고 있긴 한데, 그것은 순전히 배당금을 받기 위해서다. 주식시장이 오른다고? 내려간다고? 상관할 게 뭐람! 나의 부의 창출에 있어서 주식시장이 하는 일이 미미하다 보니 나는 눈곱만큼도 신경을 쓰지 않는다. 그리고 나는 개인퇴직연금이나 퇴직금적립제도에도 가입하지 않았다. 이 두 가지는 은퇴 생활을 위해 전통적으로 신봉되는 수단이다. 그럼에도 나는 젊은 나이에 은퇴했다. 오, 어떻게 그것이 가능했을까? 각본탈출은 통제 불능의 제한적 레버리지(취업·주식·주택 시장에 수십 년 의존하면서 신께 기도하기)와 통제 가능한 무한한 레버리지(내가 만들고 통제하는 비즈니스 시스템에 투자하기)의 차이에 있다.

5. 평범하고 일상적인 것으로부터의 자유

각본탈출을 통한 마지막 자유는 평범과 일상이라는 사형 선고로부터 사면을 받는 것이다. 대학 졸업 후 가졌던 내 직업 중 하나는 시카고 교외에서 리무진을 운전하는 것이었다.

단골손님들 중 한 명은 월요일 아침에 집을 나서서 목요일 밤이면 귀가하는 회사 중역이었다. 그는 내게 언제 어딜 가고 오는지에 대한 정보만 줄 뿐 인사를 나누는 일도 드물었고, 대화다운 대화라곤 전혀 없었다. 말을 나누어 보았자, 한두 마디였고, 간혹 고개를 끄덕이는 게 다였다. 그의 맨션에서 그를 픽업할 때마다 나는 그의 아침 표정에 새겨진 비참과 경멸을 보았다. 공항으로 가는 길이면 휴대전화 통화를 하곤 했는데, 대화들은 늘 무뚝뚝했고 냉정하기까지 했다.

그러던 어느 월요일 아침 그를 픽업한 뒤, 변화를 느꼈다. 그가 일상을 깬 것이다. 그는 나와 즐겁게 대화를 나누었다. 그는 내가 경영 관련 학위를 두 개나 가지고 있고 기업가를 꿈꾸는 젊은이라는 것에 흥미를 보였다. 나는 그가 변호사이며 자녀 둘을 두었다는 사실을 알게 되었다. 공항으로 달리는 30분 동안 나는 왜 이 비참한 신사가 내게 말을 거는 것인지 내심 궁금했다. 우리가 공항으로 진입할 때 나는 그 답을 발견할 수 있었다. 그는 아내와 아이들을 만나서 하와이로 휴가를 떠날 참이었다.

일상으로부터의 자유는 당신을 측정하는 각본화된 표준들, 즉 당신의 자동차, 직업, 학위, 집, 소셜 미디어 포스팅, 심지어는 당신의 외모 등으로부터 당신을 해방시킨다. 만일 당신이 나의 개인 페이스북 페이지에서 나를 팔로우하는 5천 명 중 하나라면, 뭔가 특이한 점을 눈치챘을 것이다. 나는 거의 포스팅을 하지 않는다. 정치, 종교, 스포츠 팀에 대한 헛소리도 늘어놓지 않고, 나의 건강한 식단을 보여주는 사진이나 피트니스센터에서 운동하는 사진도 없다. 나는 조작된 소셜 미디어보다는 진짜 내 모습을 더 중요하게 여긴다. 나의 관심은 진짜 나의 모습에 있다.

유사한 맥락에서, 당신이 평범함으로부터 놓여나게 될 때, 사회적 규범은 당신에게 어떻게 옷을 입고 꾸미라고 주문할 수 없다. 당신에게는 당신만의 스타일이 있다. 지금 나의 머리카락은 등 가운데까지 길게 늘어뜨려져 있다. "사모님, 마실 것 좀 더 드릴까요?" 나는 외식 나갔을 때 그런 소리를 종종 듣는다. 뒤에서 볼 때 나를 여자로 오해할 수 있다. 그러나 웨이터가 내 얼굴을 마주보고 남자라는 것을 아는 순간 다들 재미있어 한다. 이런 것이 내겐 별 일이 아니다. 내가 머리를 자르지 않는 것은 자를 필요가 없기 때문이다. 내게는 따라야 할 사원 매뉴얼 같은 것이 없다.

이와 비슷하게, 내게는 넥타이가 없다. 왜 내가 싫어하는 것에 돈을 낭비해야 하는가? 내가 지난번 공식 석상에서는 무엇을 입었는지 아는가? 청바지에 티셔츠. 나는 편한 옷이 좋다. 내 신발이 페라가모가 아니고 나의 정장이 아르마니가 아니라서 청중이 나를 무시하려 든다면, 그 청중은 다른 곳으로 가서 다른 강사의 강의를 들어야 한다.

각본탈출에 대해 간단히 요약하자면 이렇다. 당신이 원하는 것을 하고, 입고, 사고, 살고, 추구하라. 그것은 아름다운 삶의 방식이다. 그러나 당신이 과연 그 출발선상에 설 수 있을까? 한번 그 답을 알아보자.

> **?** <u>스스로 '열받으라'의 다섯 가지 자유가 풍성한 존재라고 상상해 보라.</u> 당신은 어디에서 무엇을 하고 있을까? 당신은 무엇을 하거나 하지 않고 있을까?

CHAPTER 14

대오각성 :
열받고 정신차려라

현실은 회피할 수 있지만 현실 회피의 결과는 회피할 수 없다. - 아일 랜드 (저술가)

끝의 시작 : 대오각성

1999년 〈매트릭스〉가 개봉한 이래 지금까지, '빨간 알약'은 많은 것을 상징하게 되었다. 변화, 각성, 지식, 자유 그리고 일상에서 벗어난 고통스러운 여정. 전설적인 동기부여 전문가 짐 론(Jim Rohn 미국 기업가이며 저술가)은 이렇게 말했다. "누구나 두 가지 중 하나의 괴로움을 겪어야 합니다. 즉, 수양(修養)의 고통 혹은 회한(悔恨)의 고통 중에 우리는 양자택일을 해야 합니다." 어떤 시점에 우리는 바로 이 선택의 기로에 서게 된다.

모하메드 엘 에리언(Mohamed El-Erian 이집트계 미국 비즈니스맨)은 잡지 「워쓰(Worth 자산관리 및 라이프스타일 잡지)」에 쓴 에세이에서 투자회사인 핌코(PIMCO)의 CEO 자리에서 물러난 이유에 대해 설명했다. 엘 에리언이 그의 딸에게 왜 양치질을 거부하고 말을 안 듣는지 물어보았을 때, 그의 딸은 아버지가 과중한 업무량 때문에 놓친 22번의 중요한 사건들을 적어놓은 목록을 디밀었다. 학교 입학식, 첫 미식축구 매치, 할로윈 파티 등등 그 목록은 엘 에리언으로 하여금 자신의 우선순위에 대해 다시금 생각해보게 만들었다. 그는 이렇게 적었다. "정신이 번쩍 들었다. 끔찍한 기분과 함께 나는 방어적이 되었다. 다 그럴 만한 이유가 있어서 못 간 것이었는데! 출장, 중요한 회의, 급한 전화통화, 갑작스럽게 터진 일들……. 그러나 내가 절대적으로 중요한 점을 하나 놓치고 있다는 것을 깨달았다."

나를 대오각성시킨 사건은 20여 년 전에 일어났지만 그 흔적은 영원히 내 마음에 남아 있다. 나는 스물여섯 살이었고, 대학 졸업 후 4년이 흘러 있었으며, 시카고에서 운전사로 일하고 있었다. 나의 하루 일과는 일주일의 나머지 날들과 똑같이 시작되었다.

아침부터 열두 시간 동안 수백 마일을 교통정체를 뚫고 달리고 난 뒤에도 나는 여전히 일해야 했다. 밤이 되면서 꾸준히 내리던 눈이 앞을 볼 수 없는 눈보라로 바뀌었다. 마지막 고객을 집에 모셔다 드린 뒤 돌아가려 했지만, 눈보라는 그것을 허락하지 않았다. 사방의 도로가 막히고 시야도 막혀 버렸다.

좌절 속에서 나는 리무진을 길가에 주차시켰다. 나는 으스스한 침묵 속에서 나 자신을 마주했다. 부끄러웠다. 불안했다. 절망적이었다. 고객들의 수하물을 싣고 내리면서 젖어 버린 나의 축축하고 차가운 양말은 나의 고뇌를 차갑게 비웃었다. 비참한 진실은 확연했다. 내가 지구에서 쓸려 나간다 해도 가족 외에는 아무도 마음 아파하지 않으리라. 나는 아무것도 아니었다. 나의 경영학 학위들은 아무짝에도 쓸모없는 휴지조각들이었다. 좋은 학점도, 동기들보다 1년 일찍 졸업했다는 자랑스러운 성취도 다 무용지물이었다. 희망 없는 나의 직업은 겨우 다음달 날아올 청구서들을 처리하는 데 급급한 돈을 벌어다줄 뿐이고, 일상은 그대로 반복될 터였다.

나는 차 안에 멍하게 앉아서 심술 맞은 와이퍼들이 규칙적으로 내는 소리를 들으며 고백했다. 나의 인생은 탈선한 기차이고 나는 거울 속의 패배자에게 신물이 났다고. 나는 새벽 네 시에 울리는 알람시계에 욕을 퍼붓는 일도 이제는 그만두고 싶다고. 술 취한 청년들과 버릇없는 양아치들과 심드렁한 기업 중역들에게 운전수 노릇을 해주는 것도 지긋지긋하다고. 추운 겨울 날씨와 습한 여름 날씨를 견디면서 교통체증 속에서 내 인생이 좀먹어 들어가는 것을 보는 일이 이제 진력이 난다고. 그리고 그때 나는 내 인생을 끝내겠다고 생각했다.

그 순간 모든 것이 변했다. 무언가가 변해야 할 필요가 있었고, 그 무언가는 바로 나 자신이었다.

대오각성은 뇌리에 영원히 새겨지고 망각되는 법이 거의 없다. 자신이 대오각성했는지 확신할 수 없다면, 아마도 당신은 아직 그 사건을 겪지 않았을 것이다.

가짜 대오각성

책을 읽으면서 '나도 나만의 대오각성이 있었어!'라고 생각했을지도 모른다. 그게 사실이라면, 축하한다. 그런데 대오각성은 그렇게 '생각하는' 사람들 대부분의 뒤통수를 아직 후려치지 않았다. 그 사람들은 '순간적 반성'을 했을 뿐이다. 일시적으로 짜증이 나서 자기 얼굴을 한 대 찰싹 때렸을 뿐이다. 그 무거운 엉덩이를 들어 올릴 만한 충격을 아직 받지 못했다.

그것은 마치 주유소에 드러누워 있는 게으른 개에 대한 오래된 이야기와 같다. 날이면 날마다 그 개는 같은 자리에 드러누워서 끙끙거렸다. 주유소에 올 때마다 개가 칭얼거리는 소리를 들은 어느 손님이 주유소 직원에게 물었다. "이봐요, 저 개 어디 잘못된 거 아니에요?" 직원이 대답했다. "아, 못 위에 드러누워서는 아프다고 저러는 거예요." 황당해 하며 손님이 묻는다. "그러면 왜 일어나지 않는 거죠?" 직원이 대꾸한다. "아직 덜 아픈 거죠!"

대부분의 사람들은 기업가정신과 재무적 자유와 성공에 '관심'이 있지만, 결코 실행의 첫 걸음을 떼지 않는다. 왜 그럴까? 아직 덜 아프기 때문이다. 당신은 사는 동안 대오각성처럼 보이는 순간을 여러 번 만났지만, 그것들은 진정한 대오각성이 아니었다. 가짜 대오각성은 일시적이어서, 몇 시간이나 며칠밖에 그 효력이 지속되지 않는다. 진정한 대오각성은 흐리터분한 관심을 야무진 다짐과 구체적인 실천으로 이끈다. 그것은 변명들을 두들겨서 납작하게 만든다. 중요하지 않은 것들을 솎아내고 우선순위를 재정립한다. 엑스박스가 다락방으로 던져진다. 케이블 TV가 취소된다. 신용카드 빚이 청산된다.

가짜 대오각성과 진짜 대오각성을 구별하는 방법이 있다. 가짜 대오각성에는 네 가지 위협이 연루되고, 그 중 하나가 당신을 다시 그 각본으로 돌려보낼 것이다. 진짜 대오각성에는 그런 위협이 없다.

첫 번째 위협 : 평범의 안락함

진짜 대오각성은 평범의 안락함을 떨쳐내 버린다. 사람에게 평범의 안락함을 보장하는 정도의 월급을 주는 그냥 저냥 괜찮은 일자리를 주면 그 사람은 영원히 그 일자리를 고수할 것이다. 사람은 그렇게 만들어져 있다.

1926년, 잡지 「월드워크(World's Work)」가 실은 인터뷰에서 산업계의 거물 헨리 포드는 왜 근로자들의 업무량을 주 6일, 48시간 근무에서 주 5일, 40시간 근무로 줄이면서 보수는 그대로 유지했는지 그 이유를 털어놓았다. 그는 이렇게 말했다.

> 여가가 소비에 미치는 영향을 고려할 때 '주 5일 근무'는 정말로 필요합니다. 상품을 대량으로 소비하는 사람들은 바로 그것을 만드는 사람들입니다. 이 사실을 우리는 결코 잊어서는 안 되며, 이 사실은 번영의 비법이기도 합니다.
> 주 5일을 근무하는 사람들은 주 6일을 일하는 사람들보다 더 많은 소비를 할 것입니다. 여가 시간이 많을수록 더 많은 옷이 필요할 것입니다. 그리고 음식도 더 다양하게 먹을 것입니다. 그리고 교통수단도 더 많아져야 할 것입니다. 당연히 각종 서비스도 필요로 할 것입니다. 이렇게 증가된 소비는 지금보다 더 많은 생산을 요구할 것입니다. 사람

> 들이 일자리가 없어서 비즈니스가 천천히 돌아가는 것이 아니라 빠르게 돌아갈 것이며, 이것은 더 많은 일자리 창출이라는 결과를 낳을 것입니다. 그리고 결과적으로 더 많은 이윤이 창출될 것입니다.

오늘날에도 널리 수용되고 있는 주 5일, 40시간 근무는 예속을 위한 각본화된 도구로, 당신이 근무하고 근근이 의식주를 해결하며 살아가는 동시에 주말만큼은 잠시 여유를 허락함으로써 소비를 진작시킨다. 당신의 머리가 수면 위로 숨쉴 정도만 나와 있는 한 주말의 여유라는 뇌물은 계속 제공될 것이며, 빨간 알약은 입 안에서 뱅뱅 돌기만 하고 삼켜지지 않는다.

나는 이런 현상을 매일 본다. 과장이 아니다. 나의 첫 책이 많은 독자들에게 삶을 뒤바꾸는 대오각성을 만들어냈지만, 솔직히 말하자면, 결국 실패로 돌아간 가짜 대오각성의 순간도 많이 만들어냈다. 추월차선 포럼의 신규회원 부분에 들어가 보면 그런 사례들이 여러 페이지에 걸쳐 나온다.

- 시작했다는 생각에 신바람이 나요!
- 30일 내로, 내가 해낸 모든 일을 포스팅할 겁니다!
- 직장이여 안녕! 창업아, 반갑다!

그리고는, 털썩! 24시간 후에 그들은 가버리고, 다시는 그들의 소식을 듣지 못한다. 그 모든 멋들어진 선언은 무의미했다. 각본으로부터의 진정한 단절이 없었던 까닭에 그들은 다시 각본으로 연결되었다. 원래 일자리에서 기존의 패러다임에 따라 신나는 주말을 보낸다. 문제는 그들이 기업가정신이라는 아이디어를 '좋아하는' 만큼 보조금을 비롯한 각종 혜택도 좋아한다는 것이다. 그들은 기업가정신을 현실화하는 데 드는 노력이나 포부 같은 것은 존중하지 않는다. 예를 들어, 내게 언제나 기업가정신에 대해서 이야기하던 대학 친구가 있다. 편의상 그를 윌리라고 부르겠다.

윌리는 그의 기업가적 꿈을 실현하기 위한 돈을 벌기 위해 취직을 했다. 그래야만 '청구서'들도 지불하고 각종 의무를 수행할 수 있으니까. 보수가 꽤 좋았던 까닭에 생활비로 쓰고도 돈이 남았다. 얼마간의 돈을 모은 뒤 그는 지프(Jeep)를 사고 뜨는 동네의 타운하우스를 샀다. 그 다음에 어떻게 되어갔는지는 쉽게 짐작이 가겠지만, 굳이 말하자면, 그는 일에 발목이 잡히고 말았다. 라이프스타일을 유지하는 데 드는 돈을 벌어야 했기 때문이다. 월급에는 안락함이 따르고, 그 안락함은 '나에게는 책임질 일들이 있어'라는 말로 정당화되고 삶과 인생관으로 굳어졌다. 윌리의 기업가적 꿈은 날개를 접었다.

이와 비슷하게, 나의 포럼에서 많은 아버지들이 10대 자녀들이 기업가정신에 관심이 없다며 우려를 표명한다. 내 삶에 존재하는 10대 소년-우리 아들-조차도 기업가정신에 관심이 없다. 놀랄 일도 아니다. 왜? 그들은 지랄 맞은 상사를 겪어본 적도 없고, 시궁창 같은 직업을 가져본 적도 없으며, 피를 말리는 출퇴근을 경험해 본 적도 없기 때문이다. 시스템이 얼마나 거지같은지 경험해보고 나서야 그것을 벗어나겠다는 욕구가 생기는 것이다. 불이 뜨겁다는 경고로는 충분치 않다. 불에 데어봐야 불이 뜨거운 걸 안다.

이 사례들에서 찾아볼 수 있는 문제는 평범의 안락함이다. 그 멋진 차, 월급날이면 꼬박꼬박 들어오는 보수, 주말의 미식축구 게임을 관전하는 그 재미. 결국, 아무것도 바뀌지 않는 채 시간만 흘러간다. 어떤 시점에 이르면 당신은 결정해야만 한다. 무엇이 더 중요한가? 당신의 꿈? 아니면 양키즈의 홈 10연전 중 세 번째 게임을 관전하는 것? 당신의 장기적 행복?

두 번째 위협 : 자존심과 자아의 보호

진정한 대오각성은 자존심에 금이 가는 것을 두려워하지 않는다. 나는 고등학교에서 C급 학생이었지만, 대학에서는 두 개의 경영 관련 학위를 취득했고, 장학금도 받았고, 과 수석에 가까운 우수한 성적으로 졸업했다. 그런 학업 성취에도 불구하고, 나는 나의 기업가적 꿈을 실현하기 위해서라면 뭐든지 다 할 의지가 있었다. 거기에는 접시닦이, 택시운전, 바닥청소, 햄버거 판매도 포함되었다. 나의 꿈은 나의 자존심과 자아보다 더 강력했다.

당신이 '너무 잘난 나머지' 식당에서 서빙을 하면 친구들이나 가족이 어떻게 생각할지가 두렵다면, 당신은 아마도 기업가가 되기 위해 태어난 사람이 아닐지도 모른다.

나는 트위터를 통해 최저임금을 지불하는 일자리를 받아들일 마음이 없는 사람이라면, 기업가가 될 마음도 없는 사람이라고 말한 적이 있다. 기업가들은 몇 주고, 때로는 몇 달이고 보수 없이 일하기도 한다. 그런 희생을 치를 의사가 당신에게는 있는가? 최저 임금을 받으며 일할 자신이 없는 사람이 아무런 보수가 주어지지 않을 때 일을 하리라고 기대할 수 있을까?

나의 포럼에는 자존심이 너무 세고, 너무 멋지고, 너무 잘나서 힘든 일은 할 수 없는 사람들이 몰려든다. 어떤 이들은 너무 잘난 나머지 '진짜 일'을 할 수 없다. 이런 자긍심 넘치는 영혼들은 기업가로서 결코 성공할 수 없다. '너무 잘난 나'라는 질병은 2013년 틴 초이스 어워즈(Teen Choice Awards)에서 애쉬튼 커처(Ashton Kutcher)가 수상 소감을 발표하는 동안 잘 드러났다. 그는 이렇게 말했다.

> 나는 기회가 매우 고단한 일처럼 보인다고 믿습니다. 제가 열세 살일 때 아버지와 함께 건축 현장에서 일했는데, 그것이 저의 첫 번째 일이었습니다. 그러고는 식당에서 접시닦이 일을 했습니다. 그러고는 식료품점 델리에서 일했습니다. 또 그러고는 어느 공장에서 바닥에 떨어진 시리얼 가루를 빗자루로 쓰는 일을 했습니다. 그런데 저는 제 인생에서 제 자신보다 못한 일을 해본 적이 단 한 번도 없습니다. 저는 언제나 운이 좋게 일자리를 구할 수 있었습니다. 그리고 제가 하는 일마다 다음 일로 나아가는 디딤돌이 되어주었고, 저는 다음 일자리를 찾을 때까지 하던 일을 절대 그만두지 않았습니다. 그래서 기회는 일 그 자체와 매우 많이 닮아 있습니다.

대단한 연설이다. 그 점에 있어서는 의심의 여지가 없다. 대단한 청중의 반응이 이어졌을까? 아니, 별로 그러지 못했다. 애쉬튼 커쳐는 자신의 목소리에 이 인생의 지혜를 담아 전달했지만 청중은 그 내용에 별 관심을 기울이지 않았다. 우레와 같은 박수도 없었다. 젊은이들은 바닥을 쓸고 접시를 닦는 일보다는 '큰 한방'과 '벼락성공'에 더 큰 관심을 갖고 있음이 분명하다.

세 번째 위협 : 나에게는 책임이 있다

당신은 '깊이 빠져' 있는가? '깊이 빠져' 있다는 말은 각본화된 삶에 깊이 뿌리 박혀 있는 사람들에 대해서 내가 사용하는 표현이다. 나는 이 말을 책임과 빚과 소비가 감당이 안 되는 수준이라서 그 각본으로부터의 단절이 거의 불가능한 사람을 일컬을 때 사용한다. 그들은 무거운 짐에 억눌려 마비상태에 있고, 진정한 대오각성만이 그것을 변화시킬 수 있다.

인터뷰 중에 황당한 질문을 받곤 하는데, 이런 식이다. "전처가 넷이나 되고, 여섯 명의 다른 여자로부터 열일곱 명의 자녀를 두고 있으며, 신용카드가 아홉 장이고 새로 뽑은 차가 두 대가 있는데, 직업은 형편없는 사람을 위해 해줄 조언이 있는지요?" "정말로 그런 상황이십니까? 글쎄, 어떤 조언을 해드려야 할지 잘 모르겠네요. 적어도 듣고 싶어 하시는 종류의 조언이라면 해드릴 건 없고. 이건 어떻습니까? 바지 지퍼 잘 올리고 다니시고. 없는 돈으로 물건 사재지 마시고. 달리 더 좋은 방편이 있겠습니까?" 그와 같이 '원기 왕성한' 이력을 지닌 사람의 문제는 돈이 아니다. 그에게는 의사결정의 문제가 있다. 그것이 변화

되기 전에는 아무것도 변하지 않을 것이고, 내가 무슨 조언을 하든 아무 효과가 없을 것이다.

진정한 대오각성은 돌아갈 다리를 불태우고 변화를 강요한다. 가짜는 그렇게 하지 않는다. 냉엄한 사실은, 책임질 일이 많으면 많을수록 그 각본의 손아귀가 더 강하게 당신을 움켜쥔다는 것이다. 자동차 할부, 학자금 융자, 신용카드, 모기지, 위자료, 자녀들, 그리고 당신의 가장 좋은 친구인 당신의 반려견.

피닉스 시, 마리코파 카운티에 있는 동물 통제 쉼터는 중앙 도살장이라고도 알려져 있는데, 매주 수백 마리의 동물이 안락사를 당하고 있다. 가장 흔한 이유 중 하나는 죄 없는 개를 주인이 버리기 때문인데, 이 개들은 들어온 지 24시간 후에 안락사를 당한다. "우리는 얘를 키울 능력이 되지 않아요." (그렇지만 새 아이폰을 살 능력은 되고? 이 몹쓸 인간아!) 너무 많은 사람이 그 귀여운 모습에 반해서 일단 식구로 받아들이고 나면 먹이고, 훈련시키고, 미용시키고, 산책시키고, 약 먹이고, 백신 맞히고, 장난감을 사주어야 한다는 사실을 까맣게 잊어버린다. 그리하여, 사랑스럽고 멀쩡한 반려동물들이 동물 아우슈비츠에서 생을 마감한다.

내가 하고자 하는 말의 요점은 이것이다. 책임에는 비용이 따른다. 인생에서 책임질 일들을 즉흥적으로 쌓아가라. 비용에 대한 필요도 함께 따라올 것이다. 그리고 그 각본은 당신의 소비를 사랑할 것이다.

네 번째 위협 : 두려움

진정한 대오각성은 아무것도 두려워하지 않는다. 하지만 얼마나 많은 사람들이 자신이 싫어하는 일을 떠나지 못하는지 당신은 추측도 못할 것이다. 그들의 마음 저 깊은 곳에서 지배권을 휘두르는 것은 두려움이다. 미지의 것, 수치, 실패, 뒷이야기 하는 친구들에 대한 두려움. 뒤처지고, 남 보기에 위신이 서지 않는 직업을 전전하고, 최신 기기를 사용할 수 없을 것이라는 두려움. 모두 비합리적이고 과장된 두려움이지만, 우리의 손과 발을 묶기에는 충분한 힘을 발휘하는 두려움이다.

다짐과 실행으로 가는 당신의 발목을 붙잡는 두려움의 종류가 무엇이든, 스스로에게 질문을 던지라. "일어날 수 있는 최악의 일은 무엇인가?" 그리고 그 최악의 일이 벌어질 때, 당신의 세상이 종말을 고할 것인가? 그 일이 생명을 위협할 것인가? 시력을 잃거나 한쪽 다리라도 잃게 될 것인가?

공포의 저변에는 결과에 대한 쓸데없는 걱정이 깔려 있다. 부모님과 몇 달 같이 살아야 한다고 해서 뭐가 그리 나쁠 게 있단 말인가. 웬디스에서 감자를 튀긴다고 해서 사형 집행 영장이라도 나온단 말인가. 〈워킹데드(The Walking Dead)〉의 최신 에피소드를 놓친다고 해서 세상의 끝이라도 온단 말인가. 당신은 살아남을 것이다.

잠든 꿈을 깨워라

나의 잠들었던 꿈은 억센 바람이 부는 어느 쌀쌀한 날에 깨어났다. 나는 12번 국도의 갓길에서 발이 묶여 있었다. 무슨 일이 일어났는지 정확히 설명을 못 하겠다. 어쩌면 자살에 대해 생각을 했거나 더 내려갈 곳 없는 바닥을 치는 트라우마를 겪었던 것 같다.

비록 내가 몇 년에 걸쳐 기업가정신에 대해 공부했지만, 나는 기업가가 되고자 하는 열망에서 한 발도 더 나아가지 못하고 있었다. 그러다가 대오각성을 한 것이다. 관심과 열망의 단계를 넘어서 나는 다짐과 열정으로 나아갔다. 그러자 두려움이 쓸려나갔다. 그리고 평범의 안락함이 더 이상 안락하게 느껴지지 않고 고통을 안겨주었다.

마침내 대오각성이 내 눈을 뜨게 했고, 내가 패배자가 아니라 주인공으로 태어났음을 보게 되었다. 그리고 나는 깨달았다. 그 저녁에, 내 인생의 모든 상황-나의 직업, 경제 상황, 환경, 비즈니스에서의 실패들-이 내가 내린 선택이었음을. 그날 나는 내 삶에 책임을 지기로 했다.

나를 싫어하는 사람들 중 한 사람은 나에게 '꿈을 판다'라며 비난했다. 인터넷에서 익명으로 활동하며 다락방에 거처하는 천재들은 왜 그리도 지각력이 뛰어나신지! '꿈을 판다'는 말은 내가 하고 있는 일을 정말로 정확하게 표현한다.

대부분의 사람들은 인생을 살아가면서 어두운 그림자의 추격을 받는다. 그 그림자는 죽은 꿈의 썩어가는 시체다. 그 그림자는 인생의 초기에 형태가 갖추어지는데, 보통은 학교 선생님들, 부모, 혹은 누구든지 당신에게 '그건 현실성이 없어'라고 말한 직후 형성되기 시작한다. 그리고 젊음의 꿈은 서서히 썩으면서 요정 이야기로 변질되어 간다.

왜 다들 그렇게 비참한지 알고 싶은가? 답은 간단하다. 그들은 포기했다. "그는 꿈을 팔고 있습니다"라고 비난하는 사람들은 적당주의 외에는 달리 내세울 것이 없다.

그렇다. 죽은 꿈의 드넓은 공동묘지는 적당주의라는 간판을 내걸고 더 많은 좌절을 만든다. 그것은 언론, 카지노, 주정부의 복권 금고도 마찬가지다. 이 바보들이 알지 못하는 것은 꿈의 추구 자체가 가치 있는 꿈이라는 사실이다. 꿈은 과정이다. 실패와 시도와 시련. 꿈을 좇는 과정에서 일어나는 실패와 시도와 시련을 통해 우리는 자기 성장, 자기 인식, 자기 발견을 이룩한다. 꿈을 판다는 것은 당신의 꿈을 깨우는 것을 의미한다. 그리고 꿈이 살아나면 당신이 살아난다.

세상의 가장 위대한 기업가, 발명가, 혁신가 중 어떤 이들은 각본에서 벗어난 꿈을 이루어낸다. 열정으로 세상을 쟁기질해가는 사람들로는 엘론 머스크, 빌 게이츠, 아놀드 슈워제네거, 실베스터 스탤론이 있다. 역사적 인물들로는 벤저민 프랭클린, 헨리 포드, 샘 월튼, 레이 크록이 있다. 심지어는 예수 그리스도도 각본에서 탈출한 인물이라고 말할 수 있을 것이다. 이 사람들의 공통점은 당대의 규칙들을 깨뜨렸다는 것이다. 그들은 그 각본에 얽매이거나 문화적 규범과 그 규범을 앞세우는 기득권 앞에서 굴복하지 않았다.

하지만 이 유명한 이름들과 그들의 초월적인 전기 앞에서 기죽지 말라. 각본탈출을 위해 당신은 종교를 창시할 필요도 없고 지구상에서 가장 큰 부자가 될 필요도 없다. 일단 그 공식을 갖게 되면 각본탈출은 그 무엇이든 될 수 있다. 각본화된 운영체계가 전투에서 덩치 크고 사나운 곰이라면, 우리에게는 승산을 바꾸어놓을 비밀 무기가 있다. 각본에서 탈출한 기업가적 기본틀(TUNEF; The UNSCRIPTED Entrepreneurial Framework)이 그것이다. 자, 우리 이제 결과를 바꾸어놓을 변화를 실행하러 가자.

PART

4

각본에서 탈출한
기업가적 기본틀

제4부 저술 목표
Author's Objective

실행
EXECUTION

책의 내용을 대표하는 큰 목표로서,
각본탈출을 실행하는 데
필요한 기업가적 청사진을 제시하고자 한다.
그 청사진은 내적(정신적), 외적(행위적) 과정들을
상세히 설명해줄 것이다.

CHAPTER 15

각본에서 탈출한
기업가적 기본틀

살아 있는 것 같지 않으리만큼 조심스럽게 산다면야 모를까, 한 번도 실패하지 않는 삶은 없다. 그리고 그런 삶 같지 않은 삶은 그 자체가 실패다.
-J.K. 롤링(작가)

성공을 원하는가? 실패를 연구하라!

2007년, 두 번째 회사 매각을 코앞에 두고 있을 때 나는 '진짜' 기업가정신에 초점을 둔 기업가 포럼을 시작했다. 여기서 '진짜'라는 말은 혁신과 창조의 비즈니스를 뜻한다.

그러고는 7년 동안 나는 적당주의, 나태함을 깨부수는 데 나의 은퇴생활이라는 것을 바쳤다. 이 시기에 나는 수천만, 혹은 수백만의 기업가를 꿈꾸는 사람들이 오고 가는 것을 보았다. 그들 대부분은 평일 아홉 시에서 다섯 시까지의 족쇄 근무로부터 벗어나겠노라고 희열에 차서 선언한 뒤 스물네 시간 후에 사라지곤 한다. 그들은 안락한 사무실이나 핫한 비디오게임이나 유명인 뒷이야기로 돌아갔음이 분명하다.

어떤 이들은 몇 년을 포럼에 머물면서, 말하는 대로 실천하는 것처럼 보인다. 스스로 만들어낸 망상에 대해 깊은 신심을 품은 채 그들은 비즈니스나 최신의 동기부여 비디오나 최신의 기업공개 이야기에 대해 횡설수설 지껄인다. 그러나 그들은 실제 아무것도 하지 않는다.

그렇지만 우리 포럼에는 용감한 영혼들도 있다. 그들은 행동하고, 실패를 기록하고, 커뮤니티에 위대한 선물을 안겨준다. 우리는 그들의 실패로부터 배우고, 그 결과 우리의 학습 곡선에 탄력이 붙는다.

나는 매주 수천 명의 기업가들과 (그리고 기업가를 꿈꾸는 사람들과) 교류한다. 그래서 그들의 생각을 잘 안다. 무엇보다도 그들이 '어떤 식으로 사고하지 않는지'를 안다. 성공과 더불어 이것은 매우 중요하다. 생존자 편향(survivor bias)이란 것이 정말로 강력하기 때문이다. 성공을 연구하는 것은 큰 도움이 되지 않는다. 우리는 실패를 연구해야 한다. '패러다임 전환'에도 불구하고 대부분의 사람들은 길을 잃었다고 느낀다. 어디서 시작해야 할까? 무엇을 해야 할까? 무엇을 배워야 할까? 어떻게 아이디어를 찾아낼 수 있을까? 이것은? 저것은?

내가 기본적 청사진을 그려낼 수 있다면, 기업가들에게 삶, 자유, 기업가정신의 확연한 혜택을 안겨줄 수 있는 그 무엇을 만들어낼 수 있다면, 그것은 어떤 모습일까? 각본화된 세상과 우리 포럼에서 보낸 세월을 바탕으로 나는 각본탈출과 극소수의 사람들이 꿈꾸는 경이로운 인생을 창조하는 데 결정적인 영향을 미치는 다섯 가지 핵심 과정을 파악하게 되었다. 그 결과로 각본에서 탈출한 기업가적 기본틀을 소개하고자 한다. (※'각본에서 탈출한 기업가적 기본틀' 도식(p.442)참고)

각본에서 탈출한 기업가적 기본틀

지난 25년 동안 면밀한 노력을 기울이면서 나는 수많은 기업가의 성공과 실패를 복기해 보았다.

스티븐 밴코원버그(Steven VanCauwenbergh)의 사례로 시작해보자. 홀어머니 밑에서 자란 스티븐의 꿈은 단순했다. 침실이 하나밖에 없는 낡은 아파트를 벗어나는 것이 그의 꿈이었다. 시대착오적인 학교 제도는 그에게 많은 어려움을 안겨주었고, 대학에 갈 만큼 똑똑하지 않았던 그에게 억지로 상업을 가르쳤다. 가까스로 대학 문턱을 넘어선 스티븐이었지만, 기업가정신은 그를 자퇴로 이끌었다. 몇 년 동안 그는 여러 회사를 전전하다가 우연히 『부의 추월차선』을 읽고 나서 그의 삶이 완전히 뒤바뀌었다. 스티븐은 진입장벽이 높은 비즈니스에 초점을 두고 행동에 돌입했고 임대 부동산으로 5백만 달러를 벌고 125개에 이르는 임대 부동산을 갖게 되었다. 그는 사업체 두 곳을 매각했는데, 둘 다 수십만 달러의 가치로 평가되었다. 그는 백만장자의 대열에 들어섰고, 더욱 큰 열정이 이끄는 곳으로 나아가고 있다. 코칭, 재활치료, 작가의 길로 들어선 것이다.

또 다른 대전환의 사례를 들자면 데이브 해피(Dave Happe)가 있다. 『부의 추월차선』을 읽을 때 그는 막 사업에서 참패를 당한 터였다. 적대적 기업인수를 당했던 것이다. 그때 데이브에게 떠오른 아이디어는 시간을 크게 잡아먹지 않는 확장성을 갖춘 비즈니스를 구축할 수만 있다면 공간적 제약을 받지 않는 것은 물론이고 무엇이든 원하는 것을 할 수 있겠구나 하는 생각이었다. 데이브는 '돈을 벌기 위한 시간'이 더 이상 요구되지 않는 지속가능한 수입의 흐름을 구축했다. 그리고 5년이 채 지나기도 전에 데이브의 보안 사업은 폭발적으로 성장했다. 독점적 권리가 보장된 제품들에 초점을 맞추면서, 2015년 즈음 데이브와 그의 가족은 공간의 제약도 없고 재무적으로도 자유로우며 각본화된 삶으로부터도 해방된 삶을 누리게 되었다.

앨 리바이(Al Levi)는 『일곱 가지 힘을 가진 계약자(The 7-Power Contractor)』의 저자다. 그는 자신의 사업을 체계화하여 알아서 굴러가게끔 만든 뒤 48세에 은퇴했다. 앨은 자신의 웹사이트에 대해 다음과 같은 꿈을 꾼다고 털어놓았다.

> 요즈음 나는 한 해의 대부분을 햇살 가득한 피닉스에서 보냅니다. 골프장이 내려다보이는 경관 좋은 곳이지요. 그리고 애리조나 주의 날씨가 너무 더워지면 뉴욕에 있는 집으로 향합니다. 아름다운 대서양 해변에 있는 집입니다. 간단히 말하자면, 아내와 저는 꿈을 살고 있습니다. 서로에게 한 약속을 지킨 셈입니다. 50이 되기 전에 비즈니스의 분주함으로부터 물러나기로 한 약속, 또 그렇게 할 수 있도록 서로 돕겠다는 약속을요.

유명인이건 아니건, 이 이야기들에 등장하는 사람들은 공통적으로 각본에서 탈출해 인생을 즐길 뿐 인생에 끌려 다니지 않는다.

저명한 심리학자인 에이브러햄 매슬로(Abraham Maslow)에 따르면, 자아실현은 모든 인간이 열망하는 목표다. 각본에서 탈출하면 자신의 진정한 목표를 찾게 되고, 진정한 목표 찾기에 필요한 자유, 시간, 돈을 가져다줄 수 있다. 솔직히 말해서, 당신이 원하는 것은, 그것이 무엇이든, 여기서 말하는 진정한 목표가 될 수 있다. 나에게 있어서 그것은 글쓰기였다. 당신에게는 그것이 자선활동 혹은 지속적인 기업가정신일 수도 있을 것이다.

인생이 바뀌는 곳 : 기업가적 각성

나는 나의 기업가적 각성의 순간을 어제 일처럼 생생하게 기억한다. 나는 막 스물일곱 살이 되었고, 그날 하루는 내 인생에서 가장 행복한 날 중 하나였다. 나는 조그마한 원룸에서 가난한 삶을 이어가고 있었다. 당시 나의 사업은 커나가고 있었다. 나는 한창 수요가 많은 분야의 웹 서비스 회사를 차리고 마침내 고객을 유치하는 데 성공했다. 은행에 예금계좌를 개설한 뒤 나는 만족스러운 마음으로 잠시 걸음을 멈추고, 힘껏 은행 통장을 보았다. 거기에는 8천 달러가 넘는 돈이 찍혀 있었고, 나는 이렇게 큰돈을 손에 넣어본 적이 없었다. 현재 나는 8천 달러가 거액이 아니라는 것을 알고 있다. 지금의 나로서는 그 정도 돈만 남아 있다면 파산했다고 말할 것이다. 하지만 그 당시 내 인생에서 그 돈은 취직을 하지 않고 한 해를 더 보낼 수 있음을 의미했다. 그 8천 달러가 나에게 1년의 자유를 주었던 것이다. 나의 꿈과 나의 심장과 영혼에게 중요한 그 무엇을 추구할 수 있는 자유를.

진실을 말하자면, 각본탈출의 꿈은 당신이 은퇴하는 날 또는 은행에 수백만 달러의 잔고가 찍히는 날 시작되지 않는다. 당신이 기업가적 각성에 이른 그날-그 각본이 물러나고 당신이 단순히 존재하는 것을 넘어 생명력 있게 살게 되는 그날-시작된다.

미시적 과정 + 거시적 과정 = 성공

각본에서 탈출한 기업가적 기본틀을 들여다보면, 실행에 있어서 기본적인 두 가지 과정이 드러난다. 그것은 미시적 과정과 거시적 과정이다. 일반적으로, 과정이란 결과를 만들어내는 일련의 행동이다. 이를 테면, 구멍 난 타이어를 교체하는 것을 하나의 과정이라고 부를 수 있다. 이 책을 당신의 손에 넣는 것도 하나의 과정이다.

미시적 과정이 먼저 온다. 미시적 과정은 당신의 사고 패턴을 일컫는다. 당신의 신념, 편향 그리고 자기반성 능력이 여기에 포함된다. 미시적 과정은 당신이 주변의 세상을 어떻게 생각하고 느끼고 해석하는지에 관한 것이다. 예를 들어서, 당신이 돈을 어떻게 정의하고, 돈을 어떻게 벌어야 한다고 '생각'하는지, 당신이 운을 어떻게 해석하고, 운이 좋은 일이 어떻게 일어난다고 '생각'하는지, 머리에 피도 안 마른 어린 것이 페라리를 모는 것을 볼 때 당신이 무슨 '생각'을 하는지에 대한 것이다. 당신이 당신의 선택과 그로 말미암은 결과를 어떻게 바라보는지에 대한 것이다.

불행하게도, 당신의 뇌와 뇌에서 진행되는 미시적 과정의 대부분에 그 각본이 내장되어 있다. 말끔히 치료해야 할 바이러스 같은 그 각본은 당신의 인생 규칙들을 수립하고, 자율적 행위와 자동반사적 사고를 심어놓았다. 그 결과, 우리는 부모 혹은 조상들로부터 전해오던(잘못된)

신념을 굳게 믿으며 그 신념이 왜 생겨났는지에 대해서는 생각하지 않았다. 그러다 보니 관습적 지혜가 초래한 관습적 삶을 살게 된다.

각본에서 탈출한 기업가적 기본틀의 두 번째 과정은 거시적 과정이다. 거시적 과정은 반복과 수정을 거듭하는 행동이다. 예를 들어서, 빨래판 복근을 원하는가? 피트니스센터에서 운동을 해보라. 딱 한 번만. 그것만으로는 복근의 변화를 전혀 기대할 수 없다. 그런 것을 무작위적 거시적 사건이라고 부른다. 하지만 1년간 290회 운동해 보아라. 이런 것이 거시적 과정이다. 당신은 빨래판 복근을 갖게 될 것이다. 불행하게도, 비즈니스 전략에 있어서는 많은 거시적 사건(과 거시적 과정)이 역동성을 갖고 시간과 함께 바뀌어간다. 5년 전에는 먹혔던 것이 지금은 무용지물일 수도 있다. 온라인 시간은 더 빨리 흘러서 6개월이면 인터넷 산천이 변해 버린다.

예를 하나 들면, 나의 첫 책이 출간된 뒤 독자 한 명이 내가 작지만 중요한 점을 놓쳤다고 불평했다. 월 100명이던 유저의 수를 어떻게 60만으로 성장시킬 수 있었는지를 내가 설명하지 않았다는 것이었다. 나는 세부적인 모든 것들을 책에서 설명하지는 않았다. 왜냐하면 그런 세부사항들은 거시적 과정과 관련이 없기 때문이다. 진지하게 생각해 보라. 내가 룩스마트(LookSmart) 검색엔진에서 한 달에 4천 달러를 쓴다는 것을 당신이 안다고 해서 당신에게 무슨 도움이 되겠는가? 이 검색엔진은 더 이상 존재하지도 않는다. 내가 내 회사를 첫 매각 후 다시 사들일 때 '소셜 미디어'는 개념조차 존재하지 않았다. 그때는 마크 저크버그가 고등학교에서 닌텐도를 가지고 놀던 시절이었다. 규칙은 바뀐다. 운동장도 진화한다. 그래서 많은 '비법'을 말해주는 책들이 효과적이지 않고 대개 시간 낭비만 낳고 마는 것이다.

은제 탄환(Silver Bullet) 신드롬

자기 개선에 있어서 가장 엉터리 모조품 중 하나는 '은제 탄환(민담에 의하면 은으로 주조한 총알로 늑대인간, 마녀 등을 죽일 수 있음. 오늘날 만병통치약의 의미로 쓰임. 흔히 실버불렛으로 칭함)'이라는 개념이다. 오류도 없고, 실패도 없는 그 '하나의 비법'을 사람들은 바란다. 내 책에 대한 나쁜 서평들을 훑어보라. 그러면 당신은 은제 탄환 신드롬을 희구하는 갖가지 반응을 보게 될 것이다. "엠제이는 비법을 주지 않았다!", "엠제이는 구체적인 행동 강령을 전혀 알려주지 않았다!", "엠제이는 정확히 무엇을 어떻게 어디서 해야 할지를 말해주지 않았다!" 등등.

현실을 말하자면, 이런 사람들은 대부분 실패한다. 그들의 실패는 올바른 거시적 과정의 결여가 아닌 올바른 미시적 과정의 결여 때문이다. 그릇된 미시적 과정은 미숙한 거시적 과정으로 세상에서 실현된다. 다시 말해서 거시적 과정까지 못 가고 거시적 사건에서 그치게 되어, 습관을 구축하거나 변화를 일으키는 데 아무런 효과를 내지 못한다.

예컨대, 당신이 돈은 악한 것이고 모든 부자들은 거짓말과 사기로 부를 이뤘다고 믿는다면 당신의 행동에는 그와 같이 삐딱한 생각이 반영될 것이며, 당신은 실천하지 않거나 결과를 낼 수 없을 것이다.

미시적 과정들을 재정립하면 진짜 변화가 일어나고, 거시적 과정들이 따라올 수 있다. 둘 다 필요하며, 각본에서 탈출한 기업가적 기본틀에는 이 두 가지가 다 들어 있다. 추가적으로, 나는 이 책에 담긴 이 모든 과정이 시간이 지나도 유효하도록 노력했는데, 내 말인즉슨, 그 과정들이 오늘날 내는 효과가 지금으로부터 10년 후에도 그대로 유지될 것이다.

당신이 대오각성 뒤에 내딛는 각본탈출 발걸음은 당신의 미시적 과정들을 손보는 것이다. 우리는 다음 장에서 당신의 3B-Beliefs(신념), Biases(편향), Bullshit(허튼소리)-를 잡고 씨름을 좀 해볼 것이다. 당신의 머리를 바꿔라. 그렇게 하면 당신의 결과가 바뀔 것이다.

CHAPTER 16

자기를 가두는 3B 감방

사람들은 운명이 아닌 자신의 마음이라는 감옥에 갇힌 죄수들이다. -프랭클린 루즈벨트(미국 대통령)

틀린 지도 고치기

거의 40년이라는 세월이 흘렀지만 초등학교 3학년 때 내가 했던 쇼앤텔(show and tell 자기 물건을 가져와 사람들 앞에서 설명하는 형식의 발표)이 지금도 기억에 생생하다. 나는 신이 나서 교실 앞으로 깡충깡충 뛰어갔다. 나의 두 손에는 리모컨으로 조종되고 커다란 트레드 타이어가 달려 있으며 뒷문에 귀여운 깃발이 꽂혀 있는 모래언덕용 자동차가 들려 있었다. 나는 나의 멋진 장난감이 산타클로스의 선물이라고 말하며 진지한 태도로 발표를 시작했다.

이런! 큰 실수였다! 교실 전체가 나를 비웃는 웃음소리로 가득 찼다. 산타클로스는 실재가 아니었다. 그리고 나의 남은 3학년 생활은 꼬이기 시작했다.

여기서 보다시피, 잘못된 신념, 한 방향으로 치우침(편향), 허튼소리는 나쁜 결과를 가져오고, 그것은 여덟 살 어린아이도 비켜갈 수 없다. 각본에서 탈출한 기업가적 기본틀에서 3B는 당신의 개인적 탈바꿈을 이끌고 가는―혹은 길에서 벗어나게 만드는―마음의 지도다.

그것들은 다음과 같이 설명될 수 있다.

- 신념(Beliefs) : 당신이 옳다고 생각하는 것. 반드시 옳은 것은 아니다.
- 편향(Biases) : 당신이 자동적으로 작동하는 과정들. 당신의 신념을 재확인해주거나 방어해준다.
- 허튼소리(Bullshit) : 왜 세상이 그런지에 대한 당신의 내면화된 이야기. 단순히 당신이 스스로에게 해대는 헛소리다.

많은 이들은 인생길에서 이리저리 방황하면서도 자신의 의지를 굳

건히 다지고 나름대로 목적을 가지고 독특하고 멋진 삶을 살아간다고 생각한다. 그러나 진실은 다르다. 커튼을 젖히고 보면 우리의 뇌는 충동적이고 자동반사적인 행동들의 사이클을 돌리고 있고, 그 사이클은 이미 프로그래밍이 되어버린 우리의 3B에 기초하고 있다. 이런 신념과 편향과 허튼소리들은 각본화된 운영체계를 떠받치면서 우리에게 어떻게 생각하고 무엇을 말하고 무엇을 해야 하는지를 명령한다. 쳇바퀴를 도는 인생이다.

내부의 적 : 당신의 뇌

기업가를 꿈꾸는 사람들과 대화를 나누다 보면 그들 중 많은 이들이 뇌의 능력을 무시하고 있음을 느끼게 된다. 내가 신념에 대해 언급하는 부분을 건너뛰는 독자들이 많다. "음, 이건 중요하지 않아. 그냥 돈 버는 법이나 말해줘. 정확히 뭘 어떻게 해야 하는지 한 걸음 한 걸음을 알려달라고!"

검증된 신념은 진실을 드러내고, 진실은 최고의 의사결정 기반이다. 한편, 거짓된 신념은 정반대다. 헛된 신념은 아무런 행동을 낳지 않거나 잘못된 행동을 불러온다. 자립(self-help) 서클들은 이런 거짓 신념을 일컬을 때 '제한적 신념'이라고 친절한 말로 표현하지만, 정신질환 진단 기준에서는 '망상'이라는 적나라한 용어가 사용된다.

예를 들어, 당신이 내가 그랬던 것처럼 산타클로스의 존재를 믿는다면 크리스마스이브에 당신은 그 할아버지를 위해 쿠키를 남겨 놓고 당신이 나쁜 아이 명단에 이름이 올라가 있지 않기를 바랄 것이다. '당신이 좋아하는 것을 하라'는 것이 성공의 비법이라고 조언하는 그 파산한 블로거의 말을 믿는다면 당신은 사업을 열두 번도 더 말아먹을 수도 있다.

망상적 신념은 문제투성이의 행동을 낳는다. '기업가정신은 위험하다'라는 신념을 가지고 있는 사람은 사업을 시작하지 않을 것이다. '웨이트 트레이닝을 하면 덩치가 커진다'라고 믿는 여자는 웨이트 트레이닝을 피할 것이다. 내가 하려는 말의 요지는, 망상적 신념이 잘못된 행동으로 이어지면서 엄청난 후폭풍을 불러일으킨다는 것이다. 그리고 미안하지만, 인생은 책이 아닌지라 책장을 넘기는 것만으로는 되는 일이 없고 그 결과는 고스란히 당신이 겪게 될 것이다.

불행하게도, 당신은 각본탈출 탐험의 여정 중에 많은 음모꾼들을 만나게 될 것이고, 그들은 당신의 망상을 응원하고 당신이 각본화된 3B에서 벗어나지 못하게 막으려 들 것이다. 그들을 처리하지 않으면 변화는 요원하다. 간단히 말해서, '환골탈태' 여정의 첫 걸음은 당신을 잘못된 길로 이끄는 것들을 바로잡는 것이다.

잘못된 전제는 잘못된 결과를 낳는다. 다른 결과를 낳으려면 다른 전제가 필요하다.

CHAPTER 17

우리가 믿는 거짓말들 :
신념 관련 여덟 가지 속임수

오케스트라를 지휘하고자 하는 자는 객석을 향해 등을 돌려야만 한다. -맥스 루카도(성직자 겸 저술가)

삼인성호(三人成虎)

사람 셋이 입을 맞추면 호랑이도 만든다는 뜻의 사자성어인 삼인성호는 부정확하거나 어처구니없거나 거짓되고 무관한 정보라도 많은 사람들이 반복해서 말하면 진실인 것처럼 받아들이게 됨을 말한다. 사실, 군중은 당신에게 어떻게 생각할지를 (그리고 어떻게 살아야 하는지를) 말해주고, 이로써 비판적 사고는 슬쩍 옆으로 밀려나고 만다.

당신 인생이 현재 처한 상황을 들여다보면서 자문해 보아라. '사람 셋'이 당신을 여기로 몰고 왔는가? '사람 셋'이 당신을 빚의 구렁텅이로 떨어뜨렸는가? '사람 셋'이 당신에게 이들의 자유를 위해 닷새를 포기하라고 요구했는가? 당신은 각본에 굴복하고는 이제 와서야 '고작 이게 다란 말인가?'라며 황당해하고 있는가?

보편적인 아이디어들은 다수에 의해 되풀이되면서 생명을 이어가는 반면, 의혹의 도마에 오르는 일은 극히 드물다. 잠시 멈추어서 '왜 우리가 지금처럼 생각하고 행하는지'를 자문해 본 사람 있는가? 관행이라서? 선생님들이 그렇게 말씀하시니까? 페이스북에서 그것이 유행하고 있으니까?

왜 우리는 우리의 아이들에게 실패가 보장된, 우리가 걸어온 길을 걸으라고 주문하는가? 왜 사람들은 돈과 시간을 교환하는 것을 돈을 버는 유일한 길이라고 생각하는가? 왜 부모들은 자녀들에게 언제 사라질지도 모르는 직업을 갖기 바라며 공부하느라 빚을 지도록 만드는가? 왜 연인들은 관계의 깊이가 아닌 나이에 맞추어 서둘러 결혼하는가? 왜 당신의 뇌는 정당, 종교, 뉴스매체, 블로그, 라디오 방송국, 페이스북 그룹의 통제하에 있는가?

비슷한 부류의 집단이 당신의 생각을 좌우하도록 방치하는 순간 당신의 자유로운 사고는 조금씩 중독되어 간다. 예를 들어, 나의 독자 중 많은 이들은 이미 나를 어떤 틀에 가두어 버렸다. "엠제이는 총포류를 쌓아둔 자유주의적 폭한이야!", "엠제이는 협동조합주의자야!" 엠제이는 이거야, 엠제이는 저거야! 진실을 말하자면, 내가 격론의 중심에 있는 사안들—종교, 동성 결혼, 환경주의—에 대한 나의 견해를 밝힌다면 당신은 눈이 튀어나갈 것이다. 왜냐하면 나를 가둘 틀이 없을 것이기 때문이다. 어쩌면 그래서 나는 '독립적'인지도 모르겠다.

신념은 우리가 진실이라고 간주하는 개념과 생각에 불과하다. 그리고 당신이 어떤 신념을 가졌든, 동일한 신념을 가진 사람들이 있게 마런이다. 9.11은 정부의 음모였다고 믿는다고? 그건 당신 혼자만의 생각이 아니다. 우리들 중에 외계인이 섞여 살고 있다고 믿는다고? 그 역시 당신 혼자만의 생각이 아니다. 우리에게는 자신의 신념에 대해 의혹을 제기하고 검증할 자유가 있지만, 그렇게 하는 사람은 거의 없다. 그 대신에 우리는 집단적인 사고를 통해 우리의 신념을 확인받으려 든다. 그리고 그 결과, 우리의 신념은 비판을 비켜나가고 세월을 초월하여 존재하면서 같은 결과를 거듭거듭 초래한다. 많은 경우에, 이런 신념은 우리 자신의 생각이 아니라 나팔수들이 심어놓은 신조의 복사본이거나 우리가 동일시하는 군중으로부터 나온 생각일 수 있다. 또 어떤 경우에는, 여러 세대를 통해 전수된 조상의 유산이기도 하다.

"취직 좀 해라, 애야!" 우리 어머니께서는 2층을 향해 악을 쓰며 부르짖곤 했다. 그것도 유리창을 박살낼 듯한 목소리로. 나는 대학 졸업 후 계속 어머니에게 거머리처럼 들러붙어 살면서 기업가로서의 길을 찾기 위해 고군분투 중이었다. 뼛속까지 구식이었던 우리 어머니는 시시때때로 '취직해라'라는 각본화된 노래를 불러대곤 하셨다. 어머니에게 있어서 성공이란 월요일부터 금요일까지 매일 오전 아홉 시에서 오후 다섯 시 사이의 시간에 만들어 낼 수 있는 것이었다.

어린아이일 때 우리는 주변 사람들의 신념을 우리의 것으로 내면화한다. 만일 당신이 3대째 군인 가족 출신이라면 당신은 아마도 군대식 사고방식으로 무장하고 있을 것이다. 만일 당신의 부모님이 특정 종교를 믿는다면 당신도 그 종교를 믿을 가능성이 크다. 우리 포럼에는 셀 수 없이 많은 아시아계 청년들이 있는데, 그들은 자녀들이 기술자나 의사가 되어야 한다고 고집하는 부모에 대해 불평을 한다. 그 부모들의 마음속에는 그 각본이 돌에 새겨지듯 확고하게 각인되어 있을지도 모른다.

부모를 통한 조건화 외에도 신념을 각인시키는 나팔수들은 많다. 권위 있는 인물들과 공동체 연합들(예컨대 정당이나 후원단체들)이 그 예다. 만일 당신이 좋아하는 배우가 특정 정치인을 지지한다거나 돌고래 구조를 위한 고상한 노력에 동참한다면 당신도 그 유사한 신념을 선택할 가능성이 커진다.

끝으로, 신념을 주입하여 사람들의 마음을 통제하는 최악의 나팔수인 언론이 있다. 선택적 검열과 선정적 제목 뽑기를 통해 언론은 당신에게 정확히 언제 어디서 어떤 생각을 해야 할지를 말해준다. '총기류 개인 소지를 반대하는 캘리포니아 주 상원의원이 범죄 조직들을 위해 총기 밀반입을 했다더라' 이것은 실제 사건이지만 중요하지 않으므로 60초만 생각하게 하자. '마일리 사이러스(가수이며 영화배우)의 타이츠가 궁둥이에 끼었다더라' 5분을 부여하고 갈무리해둔다.

미국 언론은 6개 거대 언론사에 장악되었다. 30년 전만 해도 수십 개의 언론사들이 다양한 목소리를 냈다. 오늘날은 수백만 명을 위한 미디어를 통제하는 것은 소수의 힘 있는 언론사 중역들이다.

평범한 99퍼센트의 생각이 비범한 1퍼센트의 결과를 낳는 것이 아니다. 당신이 해야 할 생각을 스스로 하지 않고 군중들이 대신 하도록 하면 당신은 군중의 일부로서 군중의 믿음을 갖게 되고 그리고 불행하게도 군중이 얻는 결과를 당신의 결과로 얻을 것이다. 이런 체계적인 세뇌는 평범한 인생 전체에 걸쳐 일어난다.

오래된 신념은 반드시 의혹의 도마에 올려야 한다. 그렇게 해서 마음의 콩깍지를 제거해야 한다. 의심의 눈으로 각본화된 오래된 생각과 사고 과정들을 리셋하고 그것들을 새로운 깨달음과 새로운 아이디어로 바꾸어 새로운 행동을 하라.

각본화된 운영체계를 수정하는 구체적인 첫 걸음은 대립하는 신념 이분법을 잘 드러내는 것이다. 이는 곧 이분법에서 저울의 추를, 각본을 탈출한 신념 쪽으로 옮긴다는 의미이다. 이를 테면, 세상이 하얗다고 할 때 까맣다고 생각한다. 세상이 매수라고 말할 때 당신은 매각이라고 말한다. 이것은 영원한 패자, 그 99퍼센트의 사람들의 팀에서 영원한 승자, 그 1퍼센트의 사람들의 팀으로 옮겨가는 것이다.

각본화된 하이퍼 리얼리티처럼, 신념 이분법은 본질적으로 기만적이다. 사실 나는 그것들을 냉혹한 속임수라고 비난한다. 보편적으로 은근슬쩍 강매되는 이 신념의 속임수들은 각본화된 인생길들(인도·서행차선)을 의례화하여 아무도 갈망하지 않는 99퍼센트의 결과를 생산한다. 그 신념 이분법을 있는 그대로 드러내라. 그러면 홀연히 1퍼센트의 왕국에서 당신의 성과가 맺히는 것을 보게 될 것이다.

CHAPTER 18

신념 ❶ 지름길 속임수 :
평범은 비범의 아버지가 아니다

작은 행동은 작은 씨앗과 같아서 자라서 꽃을 피우기도 하고 잡초가 되기도 한다. -대니얼 D. 파머(카이로프랙틱 의술의 창시자)

이분법 : 결과(99%) VS. 과정(1%)

2015년 어느 잠 못 이루던 밤, 나는 마침내 워즈위드프렌즈(Words with Friends)라는 인기 보드게임을 다운로드했다. 나는 말로 먹고 사는 사람인지라 이 게임을 쉽게 생각했다. 쓰라린 대패를 연속으로 당해보고 나서야 나는 썩은 냄새를 맡을 수 있었다. 나의 적수들은 유전학과 분자생물학의 용어들에 능통하고 원예학도 박사 수준으로 통달하고 있었다. 그들은 '무사분열(無絲分裂 생물세포에서 나타나는 핵 분열의 한 형태)'이라든지 '옥신(auxin 식물 호르몬의 일종)'이라든지 '조에아(zoea 갑각류가 거치는 유생 단계들 중 하나)'와 같은 용어들을 써서 나를 궁지로 몰아넣었다. 나는 잽싸게 인터넷 검색을 해보았고, 그 악취의 진원지를 발견할 수 있었다. 그 게임에서는 속임수가 판을 치고 있었다.

간단히 말하면 게이머들에게 주어진 모든 선택사항 중 최상의 단어를 제공하는 사이트들이 있었던 것이다. 이런 부정행위를 알게 된 나는 머리를 절레절레 흔들었다.

내가 이 이야기를 하는 까닭은 이 이야기가 사회를 병들게 하는 정신적 · 신체적 게으름의 전형을 보여주기 때문이다. 이 이야기는 지름길 속임수가 어떻게 평범한 인생이 계속 평범함에 머물게 하면서 성취와 개인적 성공을 제약하는지 적나라하게 보여준다. 이 지름길 속임수는 비밀통로나 기적의 무기를 발견함으로써 비범한 결과를 달성할 수 있고, 그런 비법은 실제적으로 비범한 결과를 내놓는 진정한 수고를 하지 않도록 해준다는 아이디어에 기초한다.

인포머셜(정보성 광고)이 좋은 예인데, 대부분의 인포머셜은 지름길 속임수에 입각하고 있다.

"왜 코르셋으로 스스로를 괴롭히십니까? 엑스라지 960 지방 분해 약이 여기 있습니다! 그 어떤 것을 아무리 많이 먹어도 이 엑스라지 960 지방 분해 약만 있으면 절대 살이 찌지 않습니다!" 젠장, 이 제품이 좋다고 엄지를 척 들어준 사람이 의사라니!

그리고 우리가 이 주제를 다루고 있으니 내친 김에 한마디하자면, 수십 년간 생각 없이 먹어댄 결과를 마법적으로 되돌려서 몇 주 만에 슈퍼모델로 만들어줄 수 있다는 다이어트 전문가들이 매년 등장한다. 그리고 이런 비법이 효과가 없는 것으로 판명되면 유행은 사그라지고, 그 다음해에는 다른 비법이 등장한다. 커피콩, 가르시니아 캄보지아, 기린 오줌 등등 참으로 다양하다.

나의 워즈위드프렌즈 이야기로 돌아가자면, 지름길 속임수가 시사하는 바는 분명하다. 나의 경쟁자들은 게임 스킬이나 어휘나 시각적 인지(과정)를 향상시키는 데는 관심이 없었다. 대신에, 지름길 속임수가 그들이 부정행위 프로그램을 설치하도록 유혹해서 노력 없이 승리만을 쟁취하게 했다. 동시에 그들이 똑똑한 것으로 잘못 비쳐지는 기만적 결과까지 낳았다.

우리는 빠른 결과를 요구하는 전자레인지 문화에 살고 있다. 다음 주도 늦고, 내일도 늦고, 아침 식사 후도 늦고, 지금 당장이어야 한다. 우리는 모든 것을 빠르고 쉽게 손에 넣기를 원한다.

이 책을 읽는 독자들 역시 지름길을 찾고 있을 것이다. 하지만 지름길은 고사하고 수고로움과 밤늦도록 고생하는 날들이 요구된다는 것을 알게 되면 그들은 고작 17명밖에 되지 않는 자신의 트위터 팔로워들에게 이 책은 쓰레기라는 트윗을 날릴 것이다. "엠제이, 순식간에 '부의 추월차선'으로 갈아타는 버튼 같은 걸 알려달라고!"

요점만 말하자면, 지름길은 존재하지 않는다.

결과 중심주의 : 실망으로 가는 길

인생에서 모든 것은 '과정-결과' 모델로 분석될 수 있다. 예를 들어서, 당신이 수플레를 굽는다고 하면, 레시피와 재료들을 시간과 공을 들여 섞는 것은 과정이다. 완성된 수플레의 먹음직한 모습과 냄새는 결과다. 올림픽에서 수많은 금메달을 따고는 광고모델로 수백만 달러를 벌어들인 수영선수가 있다. 맞다, 마이클 펠프스다. 세상은 그의 승리들만 기억한다. 그러나 그 승리들 뒤에 있었던 역경의 과정은 대체로 무시된다. 그는 지칠 줄 모르고 엄격한 훈련을 겪어내며 여러 해 동안 각고의 노력을 기울였을 것이다. 결과를 만들어내는 것은 매일 반복되는 꾸준한 노력이다.

"새벽 네 시에 일어나서 텅 빈 수영장으로 뛰어 들어가 수없이 레인을 오가라고? 칫, 싫거든!" 결과만 기대하고 훈련을 등한시한 사람의 뇌는 위대한 결과의 모태가 되는 과정을 묵살하고 거기에 큰 흥미를 느끼지 못한다. 게다가 그 결과들은 헤드라인을 장식하고, 사람들의 이목을 집중시키며, 휴게실에서 재잘재잘 울리는 찬사를 불러온다. "금메달을 그렇게 많이 땄대. 광고모델로 수백만 달러를 벌어들인다며? 진짜 대박 유전자야, 부럽다!"

각본에서 탈출한 사람들은 불편한 과정이 있어야 진보가 있고, 진보가 있어야 결과가 만들어진다는 것을 이해한다. 어려운 과정을 겪어내지 않고는 진보를 이룩할 수 없고, 진보 없이는 성공도 없다. 그리고 그런 과정을 비켜가려고 할 때마다 당신은 조급한 마음에 지름길만 모색하게 된다. 그리고 지름길들은 당신에게 지름신을 내려 돈을 뜯는다.

다이어트 약을 예로 들어보자. 다이어트 전문가가 팍팍 미는 최신 다이어트 열풍에 밀려 당신이 구매한 다이어트 약에 대해 생각해 보라. 변명은 집어치우고 당신이 하고 있는 짓이 무엇인지 인정하라. 당신은 건강해 보이는 몸매(결과)를 갖는 과정을 가속화하거나 돈으로 사려고 한다. 운동하는 고통과 식단 변화의 괴로움(과정)을 이겨내기를 거부한다.

당신이 돈이 없어서 72개월 할부로 BMW를 뽑는다면(결과), 당신은 성공을 힘들여 버는 것(과정)이 아니라 성공의 모양새를 돈을 주고 사는 것이다.

할리우드의 수많은 로맨틱 영화들—〈오만과 편견〉외 9만 편의 영화—을 본 브라이드질라(bridezilla; bride+godzilla 결혼을 앞두고 과욕과 심술을 부리는 예비신부)에게는 결혼식이 당신과 당신의 파트너가 영원히 행복하게 서로에게 선물 같은 존재가 될 것임을 선언한다. 페이스북과 마찬가지로, 이런 영화들은 결혼의 좋은 면만을 보여준다. 걸러내고 치워버린 것은 결혼식 이후 반드시 찾아오게 마련인 진짜 과정이다. 즉, 서로 양보하고 타협하며 함께 늙어가고 결혼이 당연히 두 사람에 요구하게 마련인 수고로운 과정은 보여주지 않는다.

'그 후로 영원히 행복하게'의 결과만을 기억하고, 그것에 이르는 과정엔 관심이 없다. 결혼식을 위해 집안 기둥까지 뽑는 스무 살의 브라이드질라들이 결혼식은 몇 시간 만에 끝나고 마는 결과고 결혼생활에는 평생이 걸려 있다는 사실을 알겠는가?

진짜 변화를 일으키기 위해 행동하는 것이 아니라 과정에 대해 자신을 잠시 속임으로써 '좋은 기분'이 들도록 행동을 취하는 것을 나는 '액션페이킹(action-faking)'이라 칭한다. 액션페이킹은 사소한 잡무, 데이터 리서치, 독서 등 많은 형태로 나타날 수 있는데, 공통점은 발전에 도움이 되지 않는다는 것이다. 아마도 한두 번은 실제 행동을 하긴 하는데 그 행동들이 계기판의 바늘을 움직이는 데 아무런 기여를 하지 못한다. 단지 우리의 뇌에 자극을 주어 순간적으로 도파민이 많이 나오게 해서 우리가 앞으로 나아가고 있다는 거짓된 환상을 갖게 하면서, 실제로는 시간만 낭비시키는 것이다.

부자가 되고, 스스로의 보스가 되고 싶고 등등의 이유로 기업가를 꿈꾸는 사람이 명함부터 주문하고 본다면, 그것은 '액션페이킹'이다.

게다가 명함에 떡 하니 'CEO'라고 새겨놓았다! 어머나! 무수익, 무고객, 무자산 회사의 우두머리시군요!

그것은 첫 고객을 맞이하기도 전에 책상과 비품에 큰돈을 쓰는 것이다. "와우, 이 마호가니 책상들 좀 봐요! 거기서 계약들을 척척 해낼 것을 상상해 보라구요!" 이것은 액션페이킹에 불과하다.

1월이면 피트니스센터는 갈 곳이 못 된다. 매년 1월만 되면 새로운 얼굴들로 인산인해를 이루기 때문이다. 그들은 결과 중심주의에 젖은 '액션페이커'들로서 올해만은 다르기로 새해 다짐을 단단히 하고는 체형을 바로잡고, 체중을 줄이고, 몸짱이 되겠노라며 피트니스센터로 몰려든다. 그리고 피시식, 새해 다짐에서 바람이 빠지면서 3주 후 피트니스센터는 평온을 되찾는다. 고전적인 액션페이킹의 사례다. 작심삼일 또는 작심삼주로는 생활의 일부를 구성하는 습관이 형성될 수 없다.

진정한 변화는 지름길로부터 오지 않는다. 그것은 자동적이고 거의 본능적이기까지 한 삶이라는 직물에 직조되어 들어가는 매일의 엄격한 과정으로부터 온다.

성과 중심 기업가정신 : 과정의 실패

불행하게도, 정도에서 벗어난 성과 중심적 기업가들은 예외적인 소수가 아니라 규칙을 이룰 만큼의 대다수다. 이 책과 나의 이전 책에 대한, 아니 어떤 책이든 돈과 기업가정신과 관련된 책에 대한 악평들을 읽어보라. 가장 흔한 주제는 밥상을 차려 와서 입에 떠 넣어 주지 않는다는 내용일 것이다. 그리고 길 잃은 기업가 지망생들은 그 탐색을 지칠 줄 모르게 계속하다가 다음 일자리를 찾을 때가 되면 탐색을 접을 것이다.

> 기업가 지망생 : 강 건너 아름답게 피는 저 장미를 갖고 싶습니다. 내가 강을 건널 수 있도록 도와주시겠습니까?
>
> 엠제이 : 그럼요. 그런데 저 강을 건너는 법을 배우기란 쉽지 않습니다. 시간도 많이 걸리죠.
>
> 기업가 지망생 : 배운다고요? 그냥 저에게 저 장미를 가져다줄 수는 없나요?
>
> 엠제이 : 뭐라고요?
>
> 기업가 지망생 : 당신은 이미 저 강을 건너보았잖아요. 그냥 제게 당신의 큰 배를 주세요. 아니, 그것보다는 저 장미를 제게 가져다주세요.
>
> 엠제이 : 음, 물고기를 주기보다는 물고기 잡는 법을 가르치라는 말 들어본 적 없습니까?
>
> 기업가 지망생 : 물고기 잡는 법요? 강 건너는 법이라고요? 전 그런 데는 관심이 없습니다. 저의 초점은 오직 저 장미예요. 인스타그램에서 사람들은 자신의 장미를 자랑합니다. 나도 장미를 갖고 싶어요, 그것도 빨리. 어떤 전문가 웹세미나에 들어가야 정확히 무엇을 해야 할지 알려줄까요?
>
> 엠제이 : 에휴~ 저 장미를 원하신다면 직접 강을 건너는 법을 배워야 합니다. 지름길이란 없어요. 강을 건너는 법에 대한 청사진을 제시해

줄 순 있지만 망치, 나무, 못, 각종 기타 도구들이 필요할 겁니다. 그래야만 스스로 강을 건너기 위한 배를 만들 수 있습니다. 이런 도구들을 찾고 그 사용법을 익히는 데 시간이 좀 걸릴지도 모르지만, 제 말을 믿으세요, 일단 강을 건너고 보면 그 장미는 믿을 수 없을 만큼 아름다울 것입니다! 노력한 보람을 느낄 거예요.

기업가 지망생 : 그건 전혀 재밌거나 쉬워 보이질 않네요. 그런 것에는 아무런 열정을 느낄 수 없어요. 나는 내가 사랑하는 것을 합니다. 내가 먹고 있는 이 아이스크림, 어떻습니까? 나는 그것을 사랑하고 그것에 대한 열정이 있어요. 아이스크림으로 제 배를 채우는 게 저 장미를 얻는 데 도움이 될까요?

엠제이 : 그 아이스크림이 저 장미와 또 당신이 저 장미를 얻는 데 방해가 되는 저 강과 무슨 관련이 있습니까?

기업가 지망생 : 어, 하지만 제가 이 아이스크림을 사랑하거든요.

엠제이 : [미간을 찡그린다] 내가 지금 한 말들을 듣기나 한 게요?

기업가 지망생 : [아이스크림을 바라보다 아이스크림에 얼굴을 파묻는다] 그래서, 당신 배를 내게 내줄 수 있다는 거지요?

이 이야기는 결과 중심주의에 젖은 사람들의 눈을 뜨게 해주려고 노력할 때 내가 느끼는 좌절의 형태를 보여준다.

이 이야기에서 강 건너 장미는 결과(성공)를, 도도하게 흐르는 강은 장애, 즉 희생, 투쟁, 실패로 점철되는 과정을 나타낸다. 조언(도구들)을 들으니 그 실행이 쉽거나 재미있거나 빠를 것 같지 않다. 그래서 많은 기업가 지망생들이 관련성이 없는 것들에 초점을 맞춘다. 즉, 맛있는 결과 중심의 지름길(배를 주세요, 장미를 주세요)을 계속해서 찾아 헤매는데, 그것에 대해 애정과 열정이 느껴지기 때문이다. 그리고 끝으로 아이스크림을 먹는 액션페이킹으로 좋은 기분만 느끼는 것으로 끝낸다. 그것은 아무런 도움도 되지 않고 몇 분 후면 사라져버리는 무익한 행동이다.

과정 중시의 원칙

나의 첫 책을 저술하는 데 꼬박 3년이 걸렸다. 이 책도 마찬가지로 거의 3년에 걸쳐 쓰고 있다. 두 경우 모두, 나는 당장이라도 때려치우고 싶은 욕구를 여러 차례 느꼈다. 한 번에 여섯 장(章)을 쓰고, 읽고, 문서파쇄기로 갈아버리곤 한다. 양팔을 도리깨질하듯 흔들며 어린아이처럼 칭얼거린다. 나의 완벽주의 때문이다. 나의 좌절감을 우리 포럼에서 털어놓을 때도 있는데, 그럴 때면 사람들은 과정이라는 것이 쉽지 않음을 보게 된다. 그리고 고뇌가 끓어오를 때마다 나는 "애초에 쉬웠다면 노력할 가치가 있었겠어?"라고 말하며 스스로에게 확신을 다시 불어넣는다.

이런 일은 당신이 결과 중심주의를 마음에서 비워내고 과정 중시 원칙을 들여놓을 때 생기는 일이다. 좌절과 고뇌는 느껴지지만 결국은 극복한다. 난관은 예견되지만 극복된다. 그리고 무엇보다도 일이, 빨리는 아니더라도, 되어간다. 여기에 결과–과정 이분법에서의 과정 측면을 향해 나아가는 데 도움을 주는 아홉 단계가 있다.

1. 지적 인식

2. 기대치 수정 및 난이도 조정

3. 변화 목표의 결정 및 시각화

4. 목표의 정량화

5. 목표의 세분화

6. 위협의 파악

7. 올바른 전투지 파악

8. 불편을 이용한 나쁜 습관 제거

9. 반향이 올 때까지 행동

제1단계 : 지적 인식

슬픈 진실은 당신의 뇌가 과정이 아닌 결과 위주의 효율성만 찾는다는 것이다. 그리고 당신의 뇌가 사랑하는 가정(假定)들은 온통 기억이나 과거의 어떤 기준점에 그 기반을 두고 있다. 우리의 뇌에서 최적화 기능이 사라져버린다면, 우리는 본능에 따라 헤엄치는 금붕어보다 나을 게 없을 것이다.

그러나 이 신경계의 효율성에는 단점이 있다. 예를 들어, 마술은 온전히 주의 집중과 분산을 활용하는 것인데, 우리의 나태한 뇌와 인지 알고리즘을 이용해서 우리의 눈을 속인다. 불행하게도, 마술사들에게 힘이 되어 주는 바로 이 신경과학이 그 각본에게도 힘을 실어주어서, 결과 중심 사고로 당신을 몰고 가서 영원한 패자의 팀에 소속시킨다. 이 신경학적 인식은 과정 중심적 사고방식을 향한 첫 걸음이다.

건강만큼 과정 모델을 잘 보여주는 것도 없다. 강철 같은 팔뚝의 알

통과 초콜릿 복근을 자랑하는 해변의 멋진 남자에겐 분명 '과정'이 있었다. 매일 운동하고 엄격한 식이요법을 하면서 엄청난 노력의 대가로 그런 멋진 몸을 갖게 된 것이다. 눈에 보이는 잘빠지고 건강한 몸은 '결과'일 뿐이다.

다음에 마트에 쇼핑을 가면 다른 사람들의 쇼핑 카트를 훔쳐보라. 정상 범주를 벗어나는 아웃라이어들(비만이거나 몸이 아주 좋은 사람들)에 주목하라. 그들의 카트에 담긴 식료품과 그들의 체형을 연결지어 보라. 이것을 통해 당신은 매우 특별한 능력-과정이 일어나기 전에 과정을 미리 목도하는 능력-을 갖게 될 것이다. 체형이 좋은 남자를 골라서 따라가 보라. 그는 살코기, 채소 등 가공하지 않고 '자연에 가까운' 식료품을 선택할 것이다. 이번에는 작은 카누쯤 너끈히 가라앉힐 것 같은 사람을 골라서 따라가 보라. 그는 가공도가 높고 달달한 식료품을 선택할 것이다. 쿠키, 사이다, 과자 등등 당장의 '좋은 기분'을 약속하는 것들이 그의 카트에 담길 것이다. 비만은 과정 포기의 결과이고, 건강은 과정 이행의 증거다. 건강에는 지름길이 없다. 건강은 돈을 주고 살 수 없고, 남의 건강을 훔쳐 오거나, 속여서 빼앗아 오거나, 뇌물로 취득할 수 없고, 주사로 주입될 수도 없다. 그것은 노력으로 달성되어야 한다. 사실, 우리 모두는 결과-과정 이분법의 살아 있는 증거이자 걸어 다니는 광고판이다.

제2단계 : 기대치 수정 및 난이도 조정

비범한 결과는 비범한 노력을 요한다. 이 말의 의미는 유령 좇기를 중단하고 지름길 모색을 그만두라는 것이다. 진짜 어려운 일은 지름길이 없다는 사실을 받아들이는 것이다.

사람들은 과정을 무시함으로써 목표를 이루어내는 데 어려움을 겪는다. 지름길을 찾기 위해 메뚜기처럼 뛰어다니면서 겪는 그들의 어려움은 과정이 아니라 실재하지 않는 지름길을 찾아 헤매기 때문에 오는 것이다.

성공은 당신이 생각하는 것보다 간단하다. 지름길의 환상을 떨쳐내고, 과정을 중시하고, 해야 할 일을 하라. 다이어트 약들을 쓰레기통에 쏟아 버리고, 압박 거들을 내다 버리고, 변덕스러운 유행 좇기를 그만두어라. 스물한 번의 식사 중 적어도 스무 번은 적절한 식단을 고수하고, 무거운 엉덩이를 들어 올려 피트니스센터로 향하라. 제발 부탁하건대, 몸을 움직여라. 그러면 분명 성공할 수 있다.

제3단계 : 변화 목표의 결정 및 시각화

당신이 원하는 것이 정확히 무엇인가? 지금으로부터 1년 후 송년회 자리에 있는 자기 자신의 모습을 마음속으로 그려보라. 모든 것이 좋은 방향으로 바뀐 한 해를 뒤돌아보며 자축하는 자신의 모습을 상상해 보라. 잠시 자축할 성과들에 대해 묵상해 보라. 피트니스 목표를 달성했는가? 새로운 사업을 시작하여 소득을 두 배로 증대했는가? 1년 후 그 자리에서 정확하게 어떤 모습으로 어떤 감정을 느끼고 싶은지 생각해 보라. 목적지를 정하지 않으면 그곳으로 가는 길을 찾을 수 없다.

제4단계 : 목표의 정량화

내년의 새해맞이가 얼마나 행복할지 머릿속으로 그려본 뒤 당신의 목표에 숫자를 붙여라. '살빼기'가 목표라면 '5킬로그램 빼기'라든지 '체지방 12퍼센트 달성'과 같이 구체화하라. 이와 비슷하게, 당신의 목표가 '사업 시작'이라면 매출이랄지 이윤이랄지 고객 수와 같은 구체적인 숫자를 가지고 목표를 정량화하라.

이렇게 목표에 숫자의 옷을 입히는 것은 지극히 중요하다. 막연한 이정표는 측정 불가이고 심지어는 액션페이킹의 전주곡이 될 수도 있다. 예를 들어, 내가 다니는 피트니스센터는 일부 회원들의 목표를 내다 걸어서 공개한 적이 있는데, 그 목표라는 것들이 '건강해지기'라든지 '더 나은 느낌'처럼 모호했다. 애매한 진술문은 목표의 윤곽을 잡아줄지는 몰라도 귀환회로의 합선을 유발하고 만다. 목표 달성 수준을 측정할 수 없기 때문이다. 그리고 결승선이 어디인지도 땅에 묻혀서 보이지 않게 된다.

제5단계 : 목표의 세분화

목표를 결정하고 정량화한 뒤에 할 일은 목표를 내가 '일일 목표'라고 부르는 핵심적 '행동' 요소로 나누는 것이다. 무엇을 매일 꾸준히 실천하면 목표 지점에 도달할 수 있을까? 예를 들어, 당신의 목표가 장편소설 집필이라면 당신의 일일 목표는 하루에 20장 집필하기 혹은 하루에 최소 두 시간 집필하기가 될 것이다. 만일 당신의 목표가 체지방을 12퍼센트로 낮추는 것이라면 당신의 일일 목표는 매일 운동하고 하루에 2,000칼로리 이상 먹지 않는 것이 될 것이다. 여기서 중요한 것은 습관을 구축하는 거시적 과정을 분리해 내는 것이다. 목표 자체가 측정이 곤란한 것이라면 일일 회계(會計)를 시행하라. 이게 무슨 말인가

하면, 당신의 목표가 이를 테면 '더 똑똑해지기'라면 일일 목표는 하루에 한 가지 새로운 것을 익히기가 될 수 있을 것이다.

 모든 유의미한 것의 시작은 시시하다. 아마존은 한 줄의 코드로 시작되었고, 해리포터는 하나의 문장으로 시작되었다. 맥도날드의 출발은 햄버거 하나였다.

제6단계 : 위협의 파악

당신의 일일 목표를 위협하는 것으로는 어떤 것들이 있는가? 목표를 달성하려면 그 성취를 막는 것들을 파악해야 한다. 무엇이 성공을 가로막고 진짜 변화를 방해하는가? 성공은 무엇을 시작하기에 대한 것이기보다는 무엇을 그만두기에 대한 것일 때도 많다. 하루에 다섯 시간을 최신 게임을 하느라 시간을 보내는가? 초점이 명확한 행동이나 계획 없이 이 아이디어에서 저 아이디어로 변덕이 죽 끓듯 하는가? 과정 중시 원칙의 가장 어려운 부분은 반복이다. 위대함은 많은 작은 것들을 매일 실천하는 데 있다.

제7단계 : 올바른 전투지 파악

대부분의 사람들은 잘못된 전쟁터에서 싸움을 한다. 그 결과는 연이은 패배일 뿐이다. 어디서 싸워야 할지를 알기만 하면 바라는 변화를 일으킬 수 있는 전투 기회를 얻을 수 있다. 살빼기를 원한다면 어디서 싸움에서 이기고 지는지를 정확히 집어내야 한다. 대부분은 싸움터가 부엌이라고 생각한다. 부엌으로 걸어들어 가면서 전투를 벌인다.

- 이런, 저 아이스크림을 먹으면 안 돼! 다른 걸 집어 들어!
- 음, 지금 당장 시원한 콜라 한 잔 마시고 싶은데……. 그렇지만 그래선 안 돼.
- 저 치토스가 나를 부르네. 그렇지만 셀러리를 먹어야 해.

미안하지만, 부엌으로 들어가는 순간 당신은 이미 패배했다. 진짜 전투는 부엌이 아니라 식료품점에서 치러졌다. 그 쓰레기들을 쇼핑 카트에 담는 순간 당신은 전쟁에서 졌다. 이와 비슷하게, 당신이 몇 시간이고 생각 없이 리얼리티 TV 채널을 시청한다면 전쟁은 리모컨을 들고 소파에서 벌이는 것이 아니다. 그것은 전화에서 벌어져야 한다. 전화 수화기를 집어 들고 케이블 TV를 해약하라.

제8단계 : 불편을 이용한 나쁜 습관 제거

일단 전투지가 파악되면 당신은 나쁜 습관들을 제거해야 한다. 어떻게? 당신의 자연스러운 인간 본능을 지렛대 삼아 고치기 쉬운 나쁜 습관부터 하나씩 골칫거리로 전환시킴으로써 지름길 속임수를 구석 쪽으로 몰아라. 그것들을 방해물로 만들어라. 불편할 것이다. 그리고 지름길 같은 것은 찾을 수 없을 것이다.

비디오게임 중독에서 벗어나려면 엑스박스 콘솔을 포장하여 팔아 버려라. 아니면 다락방에 던져 넣어라. 이제 게임을 하고 싶을 때면 천장 사다리를 기어올라 먼지 낀 다락으로 기어들어가 콘솔을 상자에서 꺼내고 연결해야만 할 것이다.

제9단계 : 반향이 올 때까지 행동

과정 중심 모드의 마지막 단계는 행동을 습관으로 굳히는 것이다. 당신의 목표가 무엇이든 반향이 올 때까지 행동하라. 귀환회로에 발동이 걸릴 때까지 규율 있는 행동을 계속 취하라. 첫 반향이 발생할 때까지 노력하고, 그때에야, 오직 그때에야 다음 단계를 결정하겠노라고 맹세하라. 계속할까? 조정할까? 아니면 그만둘까?

오래 전, 나의 대학생 시절 연인이 나를 버리고 고급 정장에 매끄러운 말을 쏟아내던 광고계의 어떤 거물급 중역에게로 갔다. 그 당시 나는 갈 길을 몰라 헤매고 있었고 그녀가 배를 옮겨 탄 것은 나무랄 일이 못 된다. 어쨌든, 슬픔을 달래기 위해 나는 내 인생 처음으로 피트니스 센터라는 곳엘 갔다. 그곳은 나의 비통한 마음을 치료해 주었다. 처음에는 그녀에 대한 생각을 잠시라도 떨쳐내 볼 요량으로 운동하는 척(액션페이킹)만 했지만 그것은 차츰 하나의 과정으로 변모해 갔다. 이별의 상처를 극복했을 즈음 나는 나의 첫 귀환회로 반향을 경험했다. 나는 기분이 좋아졌고 나의 비썩 마른 팔에는 알통이 생겼다. 사람들은 나의 작은 변화를 보고 한마디씩 칭찬의 말을 던지기 시작했다. 이 반향은 운동을 더 열심히 하게 해서 그것을 주의 전환을 위한 일시적 소일거리에서 하나의 습관으로 바꾸어 놓았다. 당신의 노력이 메아리를 불러올 때 당신의 행동은 강화되어, 양치질처럼 습관이 된다.

여기서 요점은, 목표가 무엇이든지 간에 첫 반향이 돌아올 때까지 노력하라는 것이다. 그리고 첫 반향을 음미하라. 첫 반향이 있은 후엔 발길을 돌리는 일이 흔치 않다. 그 결과가 대단한 것은 아닐지라도 당신에게 앞으로 나아갈 힘을 준다.

나는 최근에 이것에 대한 훌륭한 비유를 게리 켈러(Gary Keller)의 저서 『원씽(The ONE Thing)』에서 발견했다. 과정 중시 원칙과 그 원칙의 반향은 한 줄로 이어진 도미노로 시각화해볼 수 있다. 이 도미노에서 도미노 패는 점점 더 커진다. 가장 먼저 넘어지는 첫 도미노 패는 믿을 수 없을 정도로 작다. 그것이 넘어질 때 아무 진동도 느껴지지 않고 아무 소리도 들리지 않는다. 하지만 그 운동량은 다음의 도미노 패를 넘어뜨릴 만큼은 되는데, 두 번째 도미노 패는 첫 번째 것보다 약간 더 크다. 이렇게 점진적으로 도미노가 진행되면서 점점 더 큰 도미노 패가 연쇄적으로 넘어지게 된다. 도미노 패가 커지면서 넘어질 때 생기는 진동이 점점 커진다. 그것은 음악 같아서 앞으로 나아가도록 동기를 부여한다. 이 과정은 마지막 도미노 패가 넘어질 때까지 계속되는데, 그 큼지막한 도미노 패는 당신의 목표-피트니스 콘테스트에 출전하기, 백만 달러 저축하기, 빚 청산하기-를 상징한다. 그리고 이 모든 것이 자그마하고 시시한 도미노 패에서 시작되어서 믿을 수 없는 변화의 운동량을 만들어냈다. 점차 커지는 도미노 패들은 왜 결과 중심주의자들이 실패할 수밖에 없는지를 확신하게 보여준다. 그들은 가장 큰 도미노 패에서 시작하려 드는데, 그것을 움직이게 할 충분한 힘을 갖고 있지 못하다. 그들이 작은 것에서 큰 것이 나온다는 진리를 알 수만 있다면 좋으련만…….

CHAPTER **19**

신념 ❷ 영재 속임수 :
"난 그걸 별로 잘하지 못해요"

내게 있어 품격 있는 인간의 소임과 의무는 자신의 잠재력을 성실하고 정직하게 계발하는 것이다. -이소룡(무술인)

이분법 : 고정(99%) VS. 성장(1%)

2004년에 스물일곱 살이었던 조시 웨이츠킨(Josh Waitzkin)은 태극권 세계 챔피언이 되었다. 그는 거기서 멈추지 않고 국내 챔피언십에서도 13회나 승리했다. 나중에 조시는 챔피언십 코치가 되어서 팀이 세계 타이틀을 여러 번 거머쥘 수 있도록 도왔다. 그뿐 아니라 그는 브라질 주짓수에서 검은 띠를 획득하기도 했다. 이전에 웨이츠킨과 그에 대해 들어본 적이 없는 사람은 단순히 그가 천부적 재능을 타고났거나 어린 시절부터 무술을 연마했을 것이라고 추측할 것이다.

둘 다 아니다. 조시가 받은 상들은 정말로 인상적이다. 하지만 더욱더 인상적인 것은 그가 스물한 살이 되어서야 무술을 연마하기 시작했다는 것이다. 그리고 그 이전에 그는 운동선수 타입이라기보다는 샌님 타입이었다. 그의 이야기는 할리우드 영화 〈바비 피셔를 찾아서(Finding Bobby Fischer)〉의 소재가 되었다. 그럴 만도 한 것이, 그는 각종 국내 체스 챔피언십에서 연속적으로 우승을 거머쥔 유일한 사람이었기 때문이다. 즉, 그는 내셔널 프라이머리, 엘리멘터리, 주니어 하이, 하이 스쿨 챔피언십에서 차례로 우승하고 US 커뎃 챔피언십과 US 클로우스트 주니어스 챔피언십도 연달아 제패했다.

조시는 어린 시절 '꼬마 천재'라고 불렸고, 사람들은 그가 실제 천재였다고 믿을 것이다. 하지만 조시 본인의 말에 따르면, 그에게 일어난 가장 위대한 일은 그가 첫 전미 체스 챔피언십에서 패배한 것이었다. 그 패배는 그에게 한정적이고 고정된 꼬리표들—이를 테면 '너는 특별해'라든지 '너는 천재야'—이 파놓는 심리적 함정들에 대해 알게 해주었다. 그리고 그런 꼬리표들이, 노력은 소나기처럼 몰아서 하거나 안 해도 되는 것이라는 잘못된 인식을 심어준다는 것에 대해서도 알게 되었다.

그가 한 말을 빌리자면, "나는 내가 죽을 수밖에 없는 유한한 존재임을 느꼈습니다". 그러고 나서 돌파구가 열렸고, 그는 그 후 8년 동안 학생 체스 챔피언십에서 연승 행진을 기록했다.

이 이야기의 골자는 영재 속임수가 얼마나 위험한지를 보여준다. 그것은 세계 최상급 성취자들조차 넘어뜨릴 수 있을 만큼 위험한 속임수다. 영재 속임수는 너는 이미 훌륭하기 때문에 수고롭게 노력하지 않아도 된다고(즉, 노력은 선택사항이라고) 말하거나, 아무리 노력해도 기량 연마가 불가능하므로 수고로운 노력은 쓸모없다고(즉, 노력은 무용지물이라고) 말한다. 영재 속임수에 넘어간 사람들은 '나는 훌륭해. 훈련은 더 이상 필요가 없어'라거나 '나는 저런 재능을 타고나지 않았어'라고 말한다. 영재 속임수는 둘 중 어떤 경우든 성장을 위한 몸부림을 회피하는 것을 정당화해 준다.

그들은 편견에 사로잡힌 사람들(부모, 형제, 친구들)이 쏟아 부은 거짓되고 과도한 칭찬을 그대로 믿는다. 그리고 당신은 그 다음에 어떤 일이 벌어지는지 이미 알고 있다.

영재 속임수의 저변에는 우리의 꿈을 파괴하는 가장 무시무시한 힘이 퍼져 있다. 그것은 고정관념이다. 고정관념을 가진 사람들은 오직 재능만이 성공을 가져올 수 있고 지능, 체력, 그리고 심지어는 리듬감과 같은 기초적 자질들이 변화 또는 발전할 수 없는 고정된 특징이라고 믿는다.

대학 때 나의 기숙사 룸메이트는 푸에르토리코에서 온 친구였는데, 이 녀석은 힙합댄스를 누구 못지않게 잘 추었다. 그가 힙합댄스 동작들을 선보일 때면 댄스 플로어가 홍해처럼 갈라지고 즉각적으로 〈더 티댄싱(Dirty Dancing)〉이 눈앞에서 펼쳐졌다. 나는 그 친구와 어울리기 시작했고, 함께 클럽도 가고 대규모 댄스파티에도 갔다. 천천히 그의 스킬들이 내 몸에 붙기 시작했다. 그는 그것을 알아채고 나를 도와주기 시작했다. 몇 달 사이에 나는 그처럼 춤을 추게 되었고, 댄스플로어가 홍해처럼 갈라지기 시작했다. 당신이 아직 시큰둥한 반응을 보이고 있다면, 이 말을 들어보라. 나는 샌님이었고, 눈과 손과 발이 따로 노는 촌놈이었다. 머지않아 우리는 시카고 시내에서 춤을 추고 있었고 왕중왕을 가리는 배틀에 참가하곤 했다. 어쨌든, 나의 힙합 이야기의 요점은 재능이나 지능의 현 수준과 무관하게 새로운 스킬을 익힐 수 있다는 것이다. 내가 만일 고정관념에 굴복했다면 '내가 무슨 춤을' 하며 춤추기를 포기하고 말았을 것이다.

캐롤 드웩(Carol Dweck) 박사는 스탠퍼드 대학교에서 동기부여 분야를 이끄는 수석 연구원으로서 고정관념의 이면을 캐는 데 있어서 선구자다. 그녀의 책 『마인드셋(Mindset: New Psychology of Success)』은 고정관념이 개인의 성장 및 성공, 심지어는 어린이의 발달에까지 얼마나 위험한 영향을 미치는지를 잘 보여준다.

드웩 박사가 동료들과 함께 실시한 어느 연구에서, 그들은 비언어적 IQ 테스트에서 쉬운 문제 10문항을 뽑아서 5학년 학생들에게 풀어보도록 했다. 문제를 다 푼 뒤 아이들은 두 가지 종류의 칭찬 중 한 가지를 들었다. 어떤 아이들에게는 지능 위주의 칭찬이었다. 즉, '정말로 점수가 좋구나. 넌 똑똑한 아이임이 분명해'와 같은 칭찬이었다. 다른 아이들은 성장과 노력에 대한 칭찬을 들었다. 예를 들어, '정말로 점수가 좋구나. 넌 정말 열심히 공부하나 보다'와 같은 칭찬이었다.

나중에 그 실험에서 이 아이들에게 두 가지 테스트 중에 하나를 선택해서 치를 수 있는 기회를 주었다. 하나는 쉬운 테스트라고 아이들에게 말해주었고, 다른 하나는 까다로운 테스트라고 설명해 주었다. 아이들의 테스트 선택 패턴은 앞서 받은 칭찬의 유형에 밀접한 연관성을 보였다. 지능 위주의 칭찬을 받은 아이들 중 67퍼센트가 쉽다는 테스트를 선택한 반면, 노력에 대한 칭찬을 받은 아이들 중 92퍼센트는 어렵다는 테스트를 선택했다.

드웩 박사는 거기서 한 발 더 나아가 지능 위주의 칭찬이 학생들로 하여금 지능을 증명해 보여야 한다는 부담감을 느끼게 하는 동시에 모험이나 도전을 회피하게 한다는 점을 설명한다. "고정관념에 따른 칭찬의 결과로서, 그들은 고정관념에 빠져서 미래의 안전을 도모하고 재능의 성장을 스스로 제약합니다."

시간이 더 흐른 뒤 그 학생들은 누구나 실패할 수밖에 없는 무척 어려운 테스트를 치르게 되었다. 또 다시 지능 위주의 학생 집단은 노력에 대해 칭찬을 받은 학생 집단보다 통계적으로 수행 점수가 낮았는데, 그들은 쉽게 좌절하고 금방 포기했다. 그리고 마지막으로, 각 집단에게 첫 번째 테스트처럼 쉬운 마지막 테스트를 치르게 했다. 그 결과, 지능 위주의 칭찬을 받은 학생 집단은 평균 점수가 20퍼센트 이상 낮아졌다. 반면, 노력 위주의 칭찬을 받은 학생 집단은 평균 점수가 50퍼센트나 높아졌다. 두 집단의 점수 차이가 크게 벌어진 셈이다.

추가적인 테스트들 역시 가슴 아픈 결과를 낳았는데, 지능 위주의 칭찬을 들은 아이들은 불완전함을 부끄러워했고, 거짓말을 해서라도 그런 수치스러운 상황을 모면하려 했다. 드웩 박사는 이렇게 이야기한다. "정말로 놀라운 것은 우리가 보통 아이들을 거짓말쟁이로 만든다는 것입니다. 단지 그 아이들에게 똑똑하다고 말함으로써 말입니다."

이런 결과들은 너무도 명확하여 여섯 번의 추가 검증을 거쳤지만 그럴 때마다 동일한 결과가 나왔다. 더욱이 참여했다는 것만으로 트로피를 거머쥐고 '너는 특별해'라는 인정을 받는 학생들은 그 후 학업이나 인생이 그리 잘 풀리지 못했다. 도전에 대한 그들의 반응 역시 동일하게 실망스럽다. 그들은 공부보다는 즉각적으로 부정행위를 선택한다. 실패 뒤에는 스스로 더 낫다는 느낌을 받기 위해 자기보다 못한 사람을 찾아 나선다. 그리고 수없이 많은 연구들이 그들이 어려움을 회피

한다고 보고하고 있다.

영재 속임수에 빠진 사람들은 자신을 개선하거나 계발하기 위해 시간을 쓰지 않는다. 대신 자신들의 재능이나 지능을 증명하고 찾고 문서화하는 데 혈안이 된다. 그리고 워즈위드프렌즈를 하면서 내가 겪은 경우와 같이, 자신들의 재능이나 지능의 결여를 숨긴다. 사실, 잘못된 영재 속임수에 빠지게 되면 그들의 뇌 활동은 거의 죽은 것이나 마찬가지인 반면, 도전으로 도약하는 자들의 뇌는 불타오른다.

개선의 원칙

고백할 것이 하나 있다. 나는 명성이나 스포트라이트에는 관심이 없다. 나는 군중 앞에서 말하기를 기피하며 인터뷰든 뭐든 공적인 무대에 오르는 것을 싫어한다. 나는 모든 면에서 아주 내성적이다. 그런데 공적 활동들에 대한 타고난 '거리낌'에도 불구하고 나는 여전히 그런 공적인 활동들을 수행한다. 왜일까? 그 까닭은 내가 그것들을 잘하지 못하기 때문이다. 그리고 그것들을 더 잘하기 위해서 나는 그것들을 해야만 하는 것이다. 여기에는 성장형 사고(思考)가 개입하고 있다.

수많은 팟캐스트를 하는 것이 나를 외향적으로 만들어주지는 않지만, 적어도 나의 내향성을 개선은 해준다. 외향성과 내향성은 유전적인 것으로 판명되었다. 하지만 자신의 타고난 성향에 대해 사람이 어떻게 반응하느냐는 마음먹기 나름이다.

세상은 이미 당신의 것이지만, 그것을 손에 넣는 것은 당신의 몫이다.

> 인터넷은 저렴한 학습 기관들로 넘쳐난다. (예. Udemy, Code Academy, Lynda, Stanford Online) 거기서 새로운 스킬들을 배우는 데 요구되는 것은 돈이 아니라 성장 사고와 개선을 위한 다짐이다.

성장형 사고는 조시 웨이츠킨이 어떻게 체스 챔피언에서 무술 챔피언이 되었는지에 대해 말해준다. 성장형 사고는 내가 어떻게 프로그래밍에 대한 무지렁이에서 웹 애플리케이션의 코더가 되었는지에 대해서도 설명해 준다. 성장형 사고는 어디에 도전이 있는지 알고 개선의 원칙(도요타의 과정 중시 원칙으로, 흔히 카이젠 원칙이라고 함)을 구조의 일부로서 받아들인다.

개선의 원칙이란 성과보다는 통달을 목표로 매일의 삶에서 작지만 꾸준한 개선을 이루는 한편 (영감의 원천이 되는 외적 비교를 제외한 모든) 외적 비교를 거부하는 것이다. 여기에는 ① 작고 꾸준한 개선들 ② 성과보다는 통달 ③ 외적 비교 거부라는 세 가지 핵심적인 구성 요소가 있다.

첫째, 당신은 오늘 개선이 필요한 일을 위해 크든 작든 무엇인가를 했는가?

둘째, 성과보다는 통달을 목표로 한다. 어떤 일에 있어서 당신이 될 수 있는 최상이 되라. 이것은 백 퍼센트 당신 지향적인 것이다(즉, 당신의 잠재력이 기준이다). 통달은 오직 당신이 지금의 당신보다 '더 나아지는 것'에 관한 것이지 남보다 '더 나은 것'을 의미하지 않는다.

셋째, 당신을 남과 비교하는 것을 자제하라. 특히 당신의 분야에서 제일 잘나가는 사람들과의 비교를 삼가라. 비교는 한없는 비참함으로

가는 길이다. 언제나 더 잘 살거나 더 빠르거나 더 핫하거나 더 건강한 사람이 있게 마련이다. 그리고 페이스북을 멀리할 것을 권한다. 제발 거기 가서 다른 사람들의 쇼윈도를 보고, 당신의 궁상맞은 일상과 비교하지 말라.

그리고 마지막으로, 당신에 대해 남이 하는 말을 지나치게 신뢰하지 말라. 나는 고맙다는 이메일을 수도 없이 받는다. "제 삶을 바꿔주셨어요, 돈을 많이 벌고 있어요, 패러다임을 때려 부수었어요." 이런 찬사들로 내 사무실을 도배할 수도 있겠지만, 이 모든 것이 아첨이며 고정관념으로의 초대장이다. 코치가 드루 브리스(Drew Brees 전설적 미식축구 선수) 이래로 당신이 최고의 쿼터백이라고 칭찬할 때 감사하다고 말하고 미소 지으며 물어라. "어떻게 하면 더 잘할 수 있을까요?"라고.

캐롤 드웩 박사는 그의 역사적 연구를 통해 고정관념에 대해 우리 스스로를 방어하는 한편 그것과 반대되는 것, 즉 성장을 촉진하는 방법을 선사해주었다. 재능이나 능력을 절대로 칭찬하지 말라. 당신 자신에게도 말고 자녀에게도 말라. 그 대신 과정을 칭찬하라. 개선과 습관과 성장과 노력을 칭찬하라. 얼마나 발전해 왔는지를 칭찬하라. 그러면 어느 날 그 성과를 칭찬할 날이 오고 말리라.

CHAPTER 20

신념 ❸ 소비주의 속임수 :
그것이 얼마나 많은 시간을 잡아먹었는가?

노동자를 기만하는 비대한 정부가 있는 한 사회는 결코 번창할 수 없다.
-토마스 소웰(경제학자)

이분법 : 소비자(99%) VS. 생산자(1%)

쓰레기 매립지에 들렀다가 나는 고물 더미 앞에 트럭을 주차하고는 뚫어지게 쳐다보았다. 아파트 건물만큼 높이 쌓인 쓰레기 더미를 바라보다 문득 이 거대한 덩어리를 이루는 것들이 한때는 모두 새것이었을 때가 있었다는 깨달음에 머리를 한 대 얻어맞았다. 신상. 원하는 물건. 거기에는 바비큐 석쇠도 있었고, 자전거도 있었고, 장난감도 있었고, 정원용 가구도 있었고, 스토브도 있었고, 액자틀도 있었고, 와인 랙도 있었다. 그곳은 지나간 욕구들의 공동묘지였고 과잉소비로 만든 쓰레기 더미였다. 나는 생각했다. 누군가 한때는 지갑을 열고 신용카드를 꺼내 이 물건을 샀겠지. 그리고 지금 그 물건은 무가치한 고물이 되어 이곳에 누워 있고, 그 신용카드 빚은 어쩌면 아직도 미상환 상태일지도 모른다.

소비주의 속임수는 어린아이 때부터 시작된다. 아장아장 걸을 때부터 우리는 소비를 재미나 행복 같은 정서와 연결짓도록 프로그래밍된다. 그렇게 세월이 흘러가면서 우리는 부모님을 졸라서 장난감과 갖가지 즐거운 것들을 소비한다. '소비'가 긍정적 감정을 불러일으키고 그 대가가 어떤 부정적 결과를 만들어 내는지는 알지 못한다. 그리고 부모가 돈을 내기 때문에 소비와 생산의 상관관계를 고민하는 기회를 놓치고 만다.

〈크리스마스 스토리(A Christmas Story)〉라는 오래된 영화에서 꼬마 랄피는 레드 라이더 비비총에 광적으로 집착한다. 랄피에게 있어서 이 총은 많은 것을 상징했다. 행복, 성취, 책임이 따르는 어른이 되는 시기, 심지어는 권위에 대한 항거. 비비총에 대한 랄피의 갈망처럼, 어른들에게도 비합리적인 열망의 대상들이 있다. 나는 자동차를 구매하면 '해냈어!'라는 느낌을 받는다. 자동차라는 상징물은 나를 부유하고 세련되고 고급스럽다고 느끼게 해준다. 아르마니로 치장하고 포르쉐 자동차를 몰고 싶다고 열망하는 것이 잘못은 아니지만, 이런 것들을 소유하기 위해 치르는 대가가 있다. 그것은 무엇일까?

어번 인스티튜트(Urban Institute 경제 사회 정책 연구소)가 수행한 한 연구에 따르면, 미국인의 35퍼센트가 상환기일을 넘긴 부채를 하나쯤은 안고 있다. 적어도 세 사람 중에 한 사람은 빚쟁이일 뿐만 아니라 연체자이기까지 한 것이다. 크레딧카드닷컴(CreditCards.com)이 실시한 조사에 따르면, 빚쟁이의 18퍼센트가 넘는 사람이 상환 완료는 기대조차 못 한다고 한다. 그들은 죽어서 땅에 묻힐 때 빚을 안고 갈 것이다.

당신의 10년 묵은 낡은 자동차 곁을 날렵한 무스탕이 날아가듯 지나갈 때 기죽지 마시라. 그 운전자가 당신이 생각하는 것만큼 스타일리시하거나 똑똑하지 않을 수 있으니까. 길에 굴러다니는 자동차의 거의 85퍼센트가 할부 금융을 통해 구매한 것이다. 그렇다. 저 아우디는 터무니없는 금액의 할부가 아직 남아 있다. 그것뿐만이 아니다. 보통 융자의 상환 기간을 이제는 65개월 넘게 늘릴 수 있다. 무슨 뜻이냐고? 대부분의 사람들이 분수에 넘치는 자동차를 산다는 얘기다. 다음에 길에서 신차들에 둘러싸여 있을 때 기죽지 말고 이 숫자들을 기억하라. 85퍼센트와 65개월. 그 사람들은 인생의 빅터(victor 승리자)가 아니라 소비주의 빅팀(victim 희생자)이다.

월요일 아침 일곱 시면 고속도로가 교통체증에 걸린다. 소비주의 속임수 때문이다. 그것 때문에 사람들에게는 선택의 여지가 없다. 그리고 그것 때문에 사람들이 죽을 때까지-혹은 적어도 소비주의에서 생산주의로 돌아서기까지-노예로 살아간다.

소비주의 속임수가 가장 크게 영향력을 발휘하는 곳은 각본화된 운영체계 내에 뻗어 있는 인도(人道)다. 소비와 생산의 뒤틀린 관계 때문에 어떤 사람들은(심지어는 부유해 보이는 사람들까지) 한 발짝만 잘못 디디면 파산할 지경까지 이른다. 칸예 웨스트(Kanye West 미국 랩퍼 겸 기업가)는 5천3백만 달러의 빚이 있다고 전해지는데, 마크 저크버그에게 트위팅을 하여 지원금을 요청했다. 랩퍼인 피프티 센트(50Cent 미국 랩퍼 겸 배우이자 사업가)는 파산 신청을 했다. 이 돈 잘 버는 유명인들이 도대체 어떻게 파산에 이르는 것일까? 소비가 소득을 앞지르게 하는 소비주의 속임수 때문이다. 엄청난 보수와 어마어마한 사업이익으로도 흥청망청한 소비를 감당할 수는 없는 것이다. 벌어들인 마지막 한 푼까지 소진하고 신용이 너덜너덜해질 때까지 돈을 끌어 쓰고야 잔치의 끝이 오는 것이다.

이런 식으로 생각하라. 빚은 버는 것보다 더 쓰는 것이고 생산보다 큰 소비다. 빚은 갚아야 할 돈일 뿐 아니라 생산에 있어서의 적자(赤字)다.

빚 = 생산 〈 소비

만일 당신의 총 자산이 마이너스 50만 달러라면 당신은 생산한 것보다 50만 달러어치를 더 소비한 셈이다. 당신은 채권자에게 빚에 상응하는 미래의 생산을 갖다 바치겠노라고 약속하는 것이다. 그래서 대학에서 수십만 달러의 학자금 융자를 받으면 그것이 당신의 발목을 위태로운 곳에 잡아 묶는 것이다. 당신이 일감이나 일자리를 찾든 못 찾든 빚은 미래의 노동을 강제한다.

예를 들면, 앤트완 워커(Antoine Walker)는 10년의 선수생활 동안 1억1천만 달러가 넘는 돈을 벌어들인 NBA 농구 선수다. 하지만 그런 눈부신 생산 활동은 그의 주체할 수 없는 소비 활동 앞에서는 모든 빛을 잃었다. 야후 파이낸스에 올라온 이야기에 따르면, 앤트완은 가족들을 위한 고급 부동산, 외제 자동차들(여러 대의 벤틀리, 마이바흐, BMW), 수행단을 위한 사치스러운 선물, 최상의 디자이너 의상을 구매하느라 수백만 달러를 썼다. 무분별한 소비행태를 보인 그는 같은 맞춤 정장을 두 번 입는 법이 없었다고 한다. 부동산 시장이 폭락하면서 그의 부동산 투자는 된서리를 맞았고 그의 소비 잔치도 막을 내렸다. 아무런 안전망도 없었던 앤트완은 2010년에 파산신청을 했다. '물건'에 1억1천만 달러가 넘는 돈을 탕진한 그의 마지막 잔고는 마이너스 8백만 달러로, 과소비의 쓰라린 끝이 어떤 것인지 잘 보여준다.

이런 말해서 미안하지만, 앤트완은 (각본에서 탈출한) 1퍼센트처럼 벌었지만 (각본화된) 99퍼센트처럼 소비했다. 그는 엔터테인먼트 방면에서 노련한 노력을 통해 굉장한 수요를 창출하며 돈을 긁어모았지만 채워지지 않는 소비욕 탓에 그의 생산이 소비에게 잡아먹혀 버렸던 것이다. 결국 그의 소비는 그의 NBA 챔피언십 반지까지 내놓게 만들었고, 영원히 각본에서 탈출한 삶을 살아갈 능력까지 내려놓게 만들었다.

 과소비로 파산하는 복권 당첨자들과 운동선수들은 소비에 덫을 내린 각본화된 관념이라는 기지의 문제를 드러낸다.

우리는 단순히 존재하고 호흡함으로써 기초적인 소비를 유발한다. 이 진리를 부인하는 것은 우리가 성인임을 부인하는 것과 같다. 모든 성인은 반드시 생산과 소비 사이에 벌어지는 전쟁에서 싸워야 한다.

생산주의

소비주의 속임수와 빚이 당신의 인생을 어떤 꼴로 만들어 놓았는가? 당신은 직장을 때려치우고 꿈을 좇을 수 있는가? 매일의 과로가 당신의 건강에 부정적 영향을 미치지는 않았는가? 앤트완 워커처럼

'하루아침에 쫄딱 망한' 사람의 이야기를 들을 때면 소비주의-생산주의 이분법이라는 안경을 통해 그 이야기를 들여다보라. 소비와 생산의 끝없는 시소놀이를 주의 깊게 살펴보라.

나는 인생의 자유를 만끽하며 한 가지 진실에 내가 빚지고 있음을 깨닫게 된다. 나는 소비주의를 배격했고 생산주의(producerism)를 통해 생산을 존중함으로써 기업가적 각성에 도달했다. 그 덕에 나는 빚이 없다. 그 덕에 나는 내 집을 온전히 소유하고 있다. 그리고 그 덕에 나의 가장 소중한 것, 즉 나의 시간을 완전한 내 것으로 만끽한다. 나는 소비주의 덕분에 상당한 수준의 사치도 누린다. 원하는 외제차도 구매하고, 멋진 식당에서 식사도 하고, 비싼 서커스 티켓도 사고, 퍼스트클래스로 여행도 한다. 나의 인생은 「머니(Money)」 같은 잡지에서 퍼뜨리는 내핍이라는 아이디어와는 거리가 멀다.

잘살기 원한다면 잘 생산해야 한다. 당신이 더 많은 생산 가치를 사회에 보탤수록 당신의 집은 더 커지고, 차의 엔진은 더 강력해지고, 당신의 스테이크는 더 맛있을 것이다. 달리 말해서, 취하려 들지 말고 보태고자 하라.

생산자로서 방향을 재정립하려면 저울추를 각본에서 탈출한 신념 쪽으로 옮겨야 한다.

첫째, 기업가적 노력을 통한 생산이 소비보다 훨씬 더 커야 한다. 이것을 어떻게 하는지 뒤에서 자세히 보여주겠다.

둘째, 소비자에서 생산자로의 전환은 생산자로서 행위하는 것을 의미한다. 그 뜻은 다음과 같다.

- 무리를 좇지 말고 이끌어라.
- 다져진 길을 가지 말고 새 길을 내라.
- 가맹 사업권(프랜차이즈)을 사지 말고 만들어 팔아라.
- 임대료나 로열티를 내지 말고 받아라.
- 빌리지 말고 빌려줘라.
- 브랜드를 사지 말고 만들어 팔아라.
- 사원이 되지 말고 사원들을 고용하라.
- 홈쇼핑을 통해 물건을 사지 말고 팔아라.
- 블랙 프라이데이에 사지 말고 팔아라.

생산자가 되면 모든 것이 뒤바뀐다. 생산자들은 최신 유행에 돈을 쓰지 않는다. 생산자들은 새로운 상품으로 불길을 일으키고 그것으로부터 수익을 낸다. 그리고 마지막으로, 생산자가 되면 당신은 끊임없이 사업체 소유주의 입장에서 생각하게 된다. 예를 들어, 인포머셜을 시청할 때면 아이디어에서 시제품을 거쳐서 방영하게 되기까지의 과정에 대해 생각해 보라. 그 광고가 당신을 구매로 이끌었는가? 당신을 짜증나게 만들었는가? 내게 저 상품만 있으면 삶이 달라질 것이라는 느낌을 받았는가? 다음에 무엇이든 구매를 할 때면 왜 당신이 그것을 사는지 주의 깊게 분석해 보라. 희소성을 강조하는 광고 카피 때문인가? 사진 때문인가? 매우 좋았다는 후기들 때문인가? 훌륭한 고객 서비스 때문인가? 상품 구매 전 샘플을 받아보고 그 가치를 느껴서 구매했는가?

당신의 망상활성계의 시그널을 다른 사람들은 볼 수 없는 것에 맞추어라. 그러면 당신은 곧 다른 사람들이 할 수 없는 것을 하고 있을 것이다.

 효과적인 생산주의는 시간으로 돈을 사는 것에서부터 진화하는 경우가 극히 드물며, 대신에 확장 가능한 비즈니스 시스템에 자신의 시간을 투자하는 것에서부터 그 모습을 드러낸다.

CHAPTER 21

신념 ❹ 돈 사냥 속임수 : 부자가 되기를 바라면 부자가 될 수 있다

어떤 사람의 가치는 그 사람이 무엇을 받을 수 있는지가 아니라 그 사람이 무엇을 주는지를 보면 알 수 있다. -알버트 아인슈타인(물리학자)

이분법 : 돈(99%) VS. 가치(1%)

파산은 고통스럽다. 내가 안다. 20대 초반의 세월 대부분을 그런 상태로 지냈기 때문이다. 친구들이 새 차를 뽑고 브랜드 옷을 입을 때 나는 덜컹거리는 차를 몰고 벼룩시장에서 산 옷을 걸치고 다녔다.

내가 겪던 돈의 결핍이 노력 부족 때문만은 아니다. 나는 의욕에 불타올랐고, 투지가 넘쳤으며, 괴로울 만큼 집착했다.

안타깝게도, 나는 잘못된 대상에 집착했다. 돈에 집착했던 것이다. 나에게 있어서는 돈이 모든 것이었다. 돈은 자유(직업의 자유)와 인정(자기 가치를 드러내고, 사회적으로 수용되는 것)을 상징했다. 그런데 돈에 대한 집착에도 불구하고 나는 사실 돈이 어떻게 움직이고 획득되는지에 대해 전혀 몰랐다.

돈 사냥꾼들은 소파에서 뒹굴며 몽상에 젖어 소일하기를 즐긴다. 이 사람들은 해변에서 텐트를 치고 웃음 짓는 백만장자들이 등장하는 '돈을 벌고 싶습니까?' 종류의 인포머셜에서 희망을 찾는데, 그 까닭은 거기에서만이 모든 백만장자들이 첫 타석에서 홈런을 친다고 말해주기 때문이다. 다음과 같은 시시한 질문을 던지면서 '온라인에서 돈 벌기' 포럼에 등장하는 돈 사냥꾼들도 있다.

- 15달러로 시작하기에 좋은 사업으로 어떤 것이 있을까요?
- 아마존에서 까만색 스테이플러를 팔면 얼마를 벌 수 있을까요?
- 앞으로 6개월 동안 백만 달러를 벌려면 어떻게 해야 할까요?
- 외환시장 거래를 통해 돈을 벌 수 있을까요?
- 중국에서 수입하기 쉬운 상품으로 어떤 것이 있나요?

이런 질문들 속에서 길 잃은 기업가는 돈을 사냥감으로 보고 스스로는 사냥꾼이 된다.

돈 사냥은 불행하게도 기업가적 하위문화에서 흔한 풍경이다. 기업가 지망생들에게 왜 기업가정신을 추구하는지 물어보면 많은 이들이 돈, 수동적 소득, 세계 여행에 대해 말할 것이다. 나는 하루에도 몇 번이나 이런 고백의 목격자가 된다.

우리 포럼의 등록과정에서 마지막 단계는 다음 질문에 답하는 것이다. "왜 우리 포럼에 가입하려고 하십니까?" 이 질문은 경고와 함께 제시된다. "당신의 답은 평가될 것이고, 대충 얼버무린 답변은 가입 거부라는 결과를 낳을 것이다." 이렇게 분명한 설명에도 불구하고 가장 흔한 답변은 그저 '돈'이다. 그 다음으로 흔한 답변은 '부자가 되거나 부자가 되려고 노력하다가 죽어가기,' '람보르기니 소유하기,' '여행'이고, 그 외의 각종 시시껄렁한 무가치한 답변들이 쏟아진다. 이런 답변들은 그들이 기업가가 아닌 돈 사냥이라는 꿈에 젖은 몽상가임을 폭로하는데, 이런 기업가 지망생들은 사업을 시작하는 것이 한 손에는 솜사탕을, 다른 한 손에는 슬러시 한 잔을 들고 대관람차를 타는 것과 같다는 착각에 빠져 있다.

돈 사냥에서 결여된 것은 돈의 진정한 본성에 대한 이해다.

가치증표 원칙

돈 사냥에서 손을 떼고 가치 사냥에 나서라. 돈은 사냥감이 아니다. '돈'을 당신의 사전에서 잠시 지워버려라. 그 단어를 입 밖에 내지 않겠다고 맹세하라. 생산자로서 '돈'을 가치의 증표로 생각하라.

당신의 목표가 천만 달러라면, 새로운 목표는 천만 달러의 가치를 창출하는 것이다. 그리고 그 천만 달러에 해당하는 가치를 창출하려면 돈의 진정한 본성을 알아야 한다.

서글프게도, 대부분은 돈에 집착하면서 왜 돈을 못 버는지 모른다. 두 개의 자석을 함께 두면 그들은 어떻게 반응하는가? 그들은 서로 당기거나 밀어낸다. 돈을 열심히 쫓아가다 보면 실제로는 돈을 밀어내 버리게 된다. 하지만 자석의 방향을 바꾸고 돈에 대해 잊어버리고 가치에 집중하게 되면 자석들이 서로를 끌어당길 것이다.

다시 우리 포럼으로 돌아가서 등록과정에 대해 이야기해 보겠다.

나는 최근에 왜 포럼에 들어오려고 하느냐는 등록 질문에 잘 갖추어진 답변과 맞닥뜨렸다. '가치'와 같은 표현-문제해결, 남을 돕는 것-을 언급한 등록자들이다. 그들이 얼마나 많을지 추측해 보라. 1,000명당 14명이 그와 같은 응답을 했고, 그들은 주로 나의 첫 책의 학습자들이다. 우연히도, 이것을 계산해 보면 1퍼센트다. 나머지 99퍼센트는? 그들은 돈이나 기타 이기적인 동기를 언급한다. 부자가 되기, 빠른 차와 빠른 삶, 자유, 여행, 그리고 고전적인 몽업가들의 헛소리. 진실로, 돈 사냥 속임수에 사로잡히면 당신은 돈 사냥에서 썩은 도끼자루가 되고, 결국 부자가 되지 못하고 부자가 되려는 노력만 하다가 죽게 될 것이다.

CHAPTER 22

신념 ❺ 제로섬 속임수 :
당신이 부자라서 내가 가난하다

타인의 삶에 미치는 영향만이 인생에서 유의미하다. -재키 로빈슨(야구선수)

이분법 : 이기적(99%) VS. 이타적(1%)

제로섬 속임수는 당신이 파산한 것은 누군가가 부자이기 때문이라는 신념이다. 부자들이 (혹은 기업이) 무조건적으로 이기적이거나 탐욕스럽거나 신뢰할 수 없다는 신념이다. 부자들이 약은꾀나 속임수로 부를 획득했다는 가정을 그 자체에 담고 있다.

앞서 보였던 것처럼, 가치증표들은 실제 가치가 아닌 인지가치를 통해 움직인다. 다이어트 약이 6주 안에 식스팩 복근을 선사하겠다는 실현되지 않을 약속을 할 때 실제 가치가 아닌 인지가치가 판매된다.

예를 들어서, 20세기 초 빅터 러스티크(Victor Lustig 에펠탑을 두 번이나 팔아먹은 것으로 유명세를 떨친 국제적 사기꾼)는 자기가 판매하는 '돈 인쇄 기계'라는 것이 여섯 시간마다 완벽한 백 달러 지폐를 만들어낼 수 있다고 주장했다. 기계의 생산성이 다소 떨어지긴 했지만, 러스티그의 돈 만드는 기계에는 그 시대로 치면 매우 높은-3만 달러를 넘는-가격이 매겨졌다. 여기서 우리는 인지가치의 본질과 속임수들이 어떻게 작동하는지를 찾아볼 수 있다. 러스티그의 기계는 정말로 백 달러짜리 지폐들을 만들어냈지만, 그 중 딱 두 장만 진짜 지폐였다. 그런데 그것은 러스티그가 넣어둔 것이었다. 그 진짜 지폐 두 장이 나온 뒤에는 백지가 나왔다. 피해자가 그 사실을 알게 될 즈음 러스티그는 3만 달러와 함께 사라진 뒤였다. 지각된 가치의 평형점은 3만 달러였고, 실제 가치는 2백 달러였다.

'브로마케팅(BRO-Marketing)'은 인터넷 마케팅을 통한 부정한 돈벌이를 지칭하기 위해 내가 만들어낸 신조어(Boiler-Room Operations의 약자)다. 오늘날 우리에게는 무용지물인 PDF와 마케팅 비법들, 가짜 후기가 있고, 매진임박을 카운트다운하며 브로마케팅으로 기업가정신을 부패시키고 있다.

많은 '기업가들'이 영혼을 도덕적, 윤리적으로 무디게 하면서 돈만 된다면 무가치한 제품을 판매해도 괜찮다고 스스로를 설득하고 있다. 거래의 일반적 도구들 즉, 유혹하는 카피, 낚시성 제목, 가짜 후기, 세일즈 퍼널(sales funnel 잠재고객을 제품 구매까지 이끄는 영업 또는 수익창출의 과정을 보여주는 역삼각형 모양의 모델) 등에 집중하면서 자신들의 타락이 돈벌이에 도움이 될 것이라고 믿지만, 장기적으로 낮은 재구매율, 악평 후기, 높은 환불 비율은 내다보지 못한다.

여기에 예가 하나 더 있다. 그 예는 개인적으로 내게 큰 의미를 갖는다. 2014년 여름, 우리 포럼은 방문자 트래픽과 수익과 이용자 수에서 기록을 세웠다. 내가 행복했을까? 아니다. 우리 포럼은 성장하고 있었지만 잘못된 기업가들을 불러들이고 있었다. 브로마케팅을 하고 실제 가치에는 관심도 없고 오직 인지가치만을 챙기는 사기꾼들이 몰려들고 있었던 것이다. 이 친구들이 우리 포럼을 침략해 들어오자 매일의 논의가 어리석은 출시 계획이라든지 번지르르한 카피라이팅 전략이라든지 거의 사기에 가까운 광고로 변질되어 갔다. 실제 가치를 전달하는 제품에 대한 논의도 사라져버렸고, 탁월하고 공익적인 고객 서비스에 대한 토의도 없어졌다.

같은 해 8월, 나는 이런 사기꾼들을 우리 포럼에서 추방했고 그 추종자들은 줄줄이 빠져나갔다. 방문 트래픽이 땅이 꺼지듯 내려갔지만 나의 도덕성은 그렇지 않았다. 각본에서 탈출한 사람들에게 있어서 인지가치와 실제 가치는 일치한다. 그렇다. 마케팅과 카피라이팅은 밸류 체인에서 절대적 중요성을 갖는다.

악당 이야기 : 할리우드, 정치 그리고 기업들

할리우드가 최고로 좋아하는 전형적 인물상이 사악한 부자라는 것을 알고 있는가? 돈 많은 거물은 악당의 역할을 완벽하게 만족시킨다. 보통 사람들을 약탈하는 데 광분한 과대망상증 환자로 그려지는 이 인물 유형은 할리우드 영화에 자주 등장한다.

제임스 본드의 〈다이아몬드는 영원히〉에서는 과대망상증 환자가 세계를 정복하려 든다. 〈스파이더맨〉에서는 그린 고블린으로 그려진 괴짜 백만장자가 도시를 둘러싸고 싸움을 벌임으로써 혼란과 파괴를 불러온다. 〈멋진 인생(It's a Wonderful Life)〉에서는 뒤틀리고 좌절에 빠진 늙은이 포터가 베드포드 폴즈를 작은 라스베이거스로 만들고 싶어 한다. 그들은 모두 돈과 권력을 거머쥐려는 목적을 갖고 있다.

버지니아에 본사를 둔 미디어 리서치 센터의 연구자들이 주요 방송사들(ABC, NBC, CBS, FOX)을 통해 방영되었던 무려 863편의 시트콤과 드라마와 텔레비전 영화를 시청한 후에 '경영인들은 부패하고 비양심적인 것으로 그려지는 경향이 있다'라고 보고하고 있다.

〈에일리언〉, 〈레지던트 이블〉, 〈아바타〉, 〈네트워크〉는 모두 부도덕한 기업들 혹은 악행을 저지르는 그들의 심복이 등장하는 영화들이다. 영화 평론가 넬 미나우(Nell Minow 영화 평론가, 영화뿐 아니라 기업지배구조 등에 대한 저술가 및 연사로 유명)는 기업 및 그 경영자들을 영화에서 악당으로 그린다는 연구 결과에 동의한다. 그녀의 설명에 따르면, "스토리들에 등장하는 나쁜 놈으로서의 기업의 역사는 실제 기업의 역사만큼 깁니다. 문학에서 가장 잘 알려진 인물들 중 하나는 찰스 디킨스의 에버니저 스쿠르지(Ebenezer Scrooge)로서, 그는 친절이나 인정이라고는 눈곱만큼도 없는 수전노 사채업자입니다". 그럼에도 어떤 기업가의 진짜 페르소나가 심술궂은 포터 씨(Mr. Potter 〈멋진 인생〉에 등장하는 못된 사업가)가 아니라 어쩌면 조지 베일리(George Bailey 〈멋진 인생〉의 주인공으로서 선한 은행가)일 수도 있다는 생각을 해본 사람은 없는가?

악당 이야기가 확인되는 또 다른 곳은 자본주의 악당으로 그려지는 상장 기업들이다. 개인적으로 나는 몬산토, 컴캐스트, 맥도날드를 비롯하여 고객의 건강을 개의치 않는 것으로 보이는 거대 기업들을 좋아하지 않는다. 기업이 일단 상장되고 나면 종종 나쁜 일들이 벌어지고 만다. 즉, 우선순위가 뒤바뀌고 밸류체인이 뒤집히면서 기업은 악당으로 변신한다. 고객은 더 이상 기업의 최우선 고려 대상자가 아니고, 주주들에게 자리를 내주게 된다. 주주들이 원하는 것이 무엇이겠는가? 수익을 올려서 주가를 올리는 것이다.

갑자기 가치 창출과 고객 행복이 사라지고 만다. 주범은 돈에 대한 갈구다. 벽에 붙여 놓은 듣기 좋은 기업 사명 선언문은 어떤가? 그것은 사실 '우리 조직의 사명은 고객들로부터 마지막 1달러까지 쥐어짜내 월스트리트가 내놓은 수익 추정치를 달성하거나 초과함으로써 주주들에게 알랑거리는 것이다'라는 선언문으로 변화되고 만다.

기업의 비리와 이해 당사자들의 방종을 부인하는 것은 아니지만 이런 나쁜 이야기만 있는 것은 아니다. 당신이 들어보지 못한 긍정적인 이야기가 또 한편에 숨겨져 있다.

진실은 이렇다. 돈은 대단한 것들을 만들어 낸다. 돈을 벌기 위한 움직임은 대단한 가치를 창출해 낸다. 이것이 사람들을 부자로 만든다. 부(富) 없이는 당신은 암흑시대로 돌아가야 할 것이고, 그 시대로 돌아간다면 당신은 옥외 화장실에서 볼일을 보고, 촛불로 방을 밝히며, 시골에 계시는 할머니께 편지를 보낼 때면 비둘기를 날려야 할 것이다.

청지기 원칙

이런 세상을 한번 상상해 보라. 당신이 양동이에다가 볼일을 봐야 하고, 그것을 밖으로 끌고 나와 숲속으로 가져간 뒤 일주일 전에 파놓은 구덩이에 버려야 하는 세상. 또 이런 세상은 어떤가. 똑같은 양동이를 씻은 뒤 빗물을 받아 '맑은' 식수를 얻는 세상.

당신이 지금 어디에 있든지, 주변을 한번 둘러보아라. 나는 지금 스타벅스에 앉아 있다. 커피 향이 주변을 가득 채우고, 크리스마스를 반기는 노랫소리가 흥을 돋운다. 바깥 기온은 10도 안팎인데, 애리조나주 기준으로 본다면 다른 곳의 영하 18도에 해당하는 추운 날씨다. 나는 모카라떼를 마시면서 6년 된 노트북으로 타이핑을 하고 있다. 실내 온도는 24도 정도로 훈훈하다. 나의 아이폰은 가까운 곳에 누워서 지금 시각이 오후 3시 43분임을 알려주는데, 그것이 내가 17분 내로 이 장(章)을 끝내고 운동하러 가야 한다는 뜻이다. 그런데 나는 스스로 정한 데드라인을 무시하고 잠시 집필을 멈춘다.

완벽한 편안함과 편리함을 만끽하며 주변을 둘러보면서 나는 감사와 겸손의 감상에 젖어든다. 그 대상은 단지 신이든지 우주이든지 이 모든 것의 배후에 있는 그 어떤 절대자만이 아니다. 부자들에게도 나는 고마움을 느끼고 그 앞에서 겸손해진다.

아니! 뭐라고? 조심스럽게 묵상해보면 우리의 몸을 낮추게 하는 진리 하나를 깨닫게 된다. 당신의 인생에 있어서 모든 것 하나하나가 누군가에 의해 발명되고 창조되었다. 그렇다. 당신이 지금 누리고 있는 모든 편안함, 편리함, 기능성이 한때는 누군가의 아이디어였다. 누군가의 일이었거나 꿈이었거나 열정이었다. 그리고 지금 당신은 그 결과물이 주는 혜택을 누리고 있다.

- 아직도 놀랍도록 잘 작동하는 나의 오래된 노트북 : 빌 게이츠와 마이크로소프트에서 한 배를 탔던 백만장자들
- 구글 검색을 이용한 나의 리서치 : 세르게이 브린, 래리 페이지를

비롯한 부자들
- 내가 스케줄에 따라 잘 조직화된 삶을 살 수 있도록 도와주는 나의 아이폰 : 스티브 잡스를 비롯한 부자들
- 나의 페이스북 뉴스피드 : 마크 저크버그를 비롯한 부자들
- 나의 맛있는 커피와 집필 중의 편안한 휴식 : 하워드 슐츠와 스타벅스 공동 창업자들, 제리 볼드윈, 제브 시글, 고든 바우커
- 커피 그라인더, 조명, 난방을 통해 안락함을 선사하는 전기 : 토마스 에디슨, 조지 웨스팅하우스, 니콜라 테슬라
- 주변의 위대한 것들을 볼 수 있도록 해주는 나의 다초점 안경 : 벤저민 프랭클린과 그 뒤를 이은 오윈 애비스와 칼 자이스
- 나의 편안하고 내구성이 뛰어난 청바지 : 레비 스트라우스
- 피트니스센터에서 곧 하게 될 나의 운동 : 바람 아크라디
- 곧 하게 될 운동을 위해 15분 동안 하게 될 운전(걸으면 두 시간, 자전거로는 20분이 걸릴 거리) : 자동차를 발명하고 특허를 딴 조지 셀던, 자동차를 대중화시킨 포드 일가
- 나의 귀를 즐겁게 해주는 크리스마스 분위기의 배경음악 : 조시 그로번

어디를 가든 나는 나의 삶을 안전하고 편안하게 만들어 주고 학습과 오락으로 풍성하게 만들어주는 이 예술가와 발명가와 기업가들에게 감사함을 느낀다. 이 모든 사람들은 부자가 될 자격이 있다.

만일 당신이 설사로 변기에 앉아서 힘을 쓰고는 비참한 악취를 고민할 때 레버 하나를 누름으로써 기적처럼 사라지게 만들어줄 누군가

가 그 편리함 덕분에 부자가 되어 있다는 사실에 감사해야 한다. 그래서 다음에 당신이 피자를 주문하여 배달 받았는데 피자 상자를 떠받혀주는 작은 플라스틱 삼각대 덕분에 상자가 흐늘거리며 치즈를 덮치지 않은 것을 본다면 카멜라 비탈리가 피자 세이버를 발명한 사실에 감격하고, 그래서 카멜라가 부자가 된 것에 기뻐하라. 사실을 말하자면, 이 사람들과 그들의 기업은 사람의 삶에 편리와 즐거움을 더해주는 것들을 만들어냄으로써 사회의 진보를 위한 청지기 역할을 수행한 것이다.

그리고 여기에 제로섬 속임수를 뒤집는 청지기 원칙—우리가 각본에서 탈출한 기업가들로서 이기적인 자들을 이타적으로 섬기겠노라는 결단—이 있다. 이것은 가시밭길임이 분명하다. 인간으로서 우리는 이기적으로 태어나고, 그런 이기심은 인간 본성이다. 인간 본성을 거스르는 어려움은 가치를 제공하는 데 성공하는 사람들이 왜 극소수인지를 설명해준다. 우리는 우리가 원하는 것에만 골몰한 나머지 남들이 무엇을 원하는지는 보지 못한다.

예컨대, 이기심에 눈이 멀어서 기회를 보지 못한다는 사실을 부여주는 오랜 설화가 있다.

> 옛날 옛날에 한 노인이 살았습니다. 그 노인에게는 소원이 하나 있었습니다. 그는 신에게 죽기 전에 하늘과 지옥의 차이를 볼 수 있는 기회를 갖게 해달라고 기도했습니다. 어느 밤 노인의 침대 곁에 천사가 나

타나서 소원을 들어주겠노라고 말했습니다. 천사는 노인의 눈을 가리개로 가린 뒤 말했습니다. "먼저 당신은 지옥을 보게 될 것이오."

노인은 순간적으로 무중력 상태를 느꼈고 그 뒤에 천사가 눈가리개를 벗겨주었습니다. 노인은 금으로 장식된 크고 둥근 테이블들로 채워진 끝없이 큰 식당에 서 있었습니다. 테이블마다 세상에서 제일 맛있는 음식들이 높게 쌓여 있었습니다. 과일, 채소, 빵, 치즈, 고기, 디저트. 상상할 수 있는 모든 음식이 아름답고 먹음직스럽게 준비되어 있었습니다. 맛있는 냄새에 노인은 군침을 흘렸습니다.

하지만 식탁에 자리한 사람들은 모두 좌절감에 젖은 퀭한 얼굴을 하고 있다는 사실을 노인은 곧 알아차렸습니다. 그들에게는 아주 긴 숟가락만이 주어졌던 것이지요. 숟가락들은 너무도 길어서 1미터도 넘어 보였습니다. 지옥에 가도록 저주를 받은 사람들은 맛있는 음식이 차려져 있어도 숟가락이 너무 길어서 막상 자신들의 입에 음식을 넣지 못하고 있었습니다. 지옥의 거주자들은 맛있는 것을 눈앞에 두고도 끝없는 괴로움 속에서 굶주리고 있었습니다. 식은땀을 흘리며 노인은 외쳤습니다. "제발 그만. 나를 천국으로 데려가 주오!"

그러자 천사는 노인의 눈을 다시 가리개로 가렸습니다. "이제 당신은 천국을 보게 될 것이오." 좀 전과 같이 무중력 상태를 잠시 느낀 뒤 눈가리개가 벗겨졌습니다. 노인은 혼란에 빠졌습니다. 왜냐하면 그는 똑같은 장소에 있는 것 같았기 때문입니다. 엄청나게 큰 식당에 똑같이 둥근 테이블들이 있고 그 위에는 진수성찬이 차려져 있었습니다. 그리고 지옥에서처럼 사람들은 스스로 음식을 먹기에는 너무도 긴 숟가락을 가지고 있었습니다. 하지만 좀 더 자세히 살펴보니 테이블에 둘러앉은 사람들이 포동포동 살이 올라 있었고 생기가 넘치는 미소를 띠고 있었습니다. 웃음소리와 서로를 격려하는 소리가 식당을 한 가득 채웠습니다. 식당을 둘러보고 노인은 지옥과 천국의 차이를 마침내 깨달았습니다. 천국에서는 사람들이 긴 숟가락으로 서로를 먹여주고 있었습니다.

이기심을 던져버리고 타인의 필요에 집중할 때마다 우리는 청지기가 되고, 긴 숟가락의 가치가 분명해진다. 청지기로서, 사회적 자산이 되기로 결심하고 사회의 편의성과 즐거움을 진작한다. 당신이 대접받기 원하는 것처럼 남을 대접하라.

위대한 가치에 위대한 부가 뒤따라온다. 수백만 달러를 벌고 싶으면 수백만 명의 삶에 선한 영향력을 미쳐라. 무가치함에서 벗어나 동료 인류에게 가치 있는 청지기가 되어라.

 이기심을 어떻게 관리하느냐에 따라 우리의 비즈니스를 가치 제공이라는 파란 하늘 아래에서 운영할지, 아니면 가치 사기라는 암흑 지대에서 운영할지가 결정된다.

CHAPTER 23

신념 ❻ 행운아 속임수 :
게임을 뛰지 않으면 승리도 없다

나는 운을 믿는다. 운이 아니라면 꼴 보기 싫은 사람들의 성공을 설명할 길이 없기 때문이다. -장 콕토(영화감독)

이분법 : 운(99%) VS. 확률(1%)

나는 나를 싫어하는 사람들에게 별 신경을 쓰지 않지만 그들의 철없는 소리가 자주 귀에 들리는 것은 어쩔 수 없다. 인도(人道)에서조차 낙오한 그들은 비이성적인 의견들을 내놓는데, 그 공통된 주제는 운이다. "엠제이는 행운아야!" 이것 아는가? 그들의 말이 옳다.

사실, 나는 이 이상한 '운'을 지난 20년 동안 경험해 왔다.

예를 들자면, 나는 운이 좋아서 내 또래 친구들처럼 주말이면 술과 약에 절어 지내지 않고 대학에 들어가서 힘들게 공부하기로 선택했다. 나는 운이 좋아서 대학 졸업 후 취직을 하지 않는 대신에 기업가정신에 초점을 맞추기로 선택했다. 나는 운이 좋아서 영양보충제 사업, 장신구 사업, 모기지 사업을 시작하기로 선택했고 또 거기서 실패했다. 나는 운이 좋아서 네 가지 네트워크 마케팅을 시작하기로 선택했고 또 거기서 실패했다. 그 후로 세 번이나 사업을 말아먹었지만 나는 운이 좋아서 나의 기업가적 꿈들을 붙잡고 나아가기로 선택했다. 나는 운이 좋아서 나의 자존심을 버리고 고등학교 중퇴자에게나 걸맞은 직업들을 받아들이기로 선택했고, 그런 일을 하면서 있는 고생 없는 고생 다 해보았다.

내가 피자나 꽃이나 신문을 배달하는 동안 내 친구들은 취직해서 수월한 나날을 보내고 있었다. 나는 운이 좋아서 리무진 운전사로 일하기로 선택했는데, 그것은, 그냥 어쩌면, 내가 언젠가는 리무진 사업체를 운영하기 원해서였을 것이다. 나는 운이 좋아서 공항, 결혼식장, 술집 밖에서 죽치고 기다리면서 새롭게 부상하는 인터넷 기술에 대해 매일 책을 읽기로 선택했다. 나는 운이 좋아서 리무진 사업에서의 새로운 필요를 발견하고는 무엇인가를 시작하기로 선택했다.

나는 운이 좋아서 여기저기 파티에 다니거나 드라마 재방송에 빠져 지내지 않고 하루도 빠짐없이 내가 시작한 사업에 열중하기로 선택했다. 나는 운이 좋아서 프리미엄 도메인들이 수십만에서 수백만 달러의 가격에 팔려나갈 때 훌륭한 도메인 URL을 두고 벌인 협상에서 승리했다. 나는 운이 좋아서 2001년에 어느 실리콘밸리 스타트업에게 내 회사를 팔기로 선택했다. 나는 운이 좋아서 닷컴 붕괴 시절에 나의 회사를 헐값으로 재매입하기로 선택했는데, 시장을 질식시키고 있던 비합리적인 공포에 움츠리기보다는 그 회사의 재무 상태에서 희망이 보인다는 이성적 판단을 내렸기 때문이었다. 나는 운이 좋아서 닷컴 붕괴에서 단순히 살아남는 것이 아니라 그것을 번창의 발판으로 삼기로 선택했다.

책과 투자 결정과 건강 관련 선택들을 비롯하여 여러 가지로 수백만 달러의 판매고를 올렸는데 그것을 모두 적으려면 다섯 면(面)은 더 써내려가야 할 것이다. 나는 당신이 나의 말 속에서 어떤 경향을 발견했기를 바란다. 나는 줄곧 운이 좋았던 것이 아니다. 내가 선택을 하자 운이 좋았고, 나는 선택에 머물지 않고 행동했다. 그리고 나는 계속 행동을 이어갔다.

당신이 운이 없다고 믿는다면 나는 의심 없이 말할 수 있다, 당신은 운이 없다고. 당신에게 유리한 쪽으로 확률을 이동시키지 않으면 당신은 계속해서 운이 없을 것이다. '반드시 확률을 이동시켜야 한다!'

내가 '운'이라고 말할 때 내가 지칭하는 것은 '나쁜 패'를 가지고 태어난 사람들이 아니다. 당신이 스스로 그렇다고 생각한다면, 미안하다. 아마도 그건 아닐 것이다. 교육, 위생, 깨끗한 식수가 부족한 제3세계 국가에서 태어났다면 나쁜 패를 가지고 태어났다고 말할 수 있을 것이다. 이 책을 읽는다는 이유만으로 노동수용소에 보내지는 압제의 땅에 태어났다면 그렇게 말할 수 있을 것이다. 슬픈 사실은 세상에서 가장 좋은 패를 쥐고 태어난 대부분의 사람들이 나쁜 패를 가지고 태어났다고 생각한다는 것이다.

당신이 이 책을 읽고 있다면 당신은 전 세계적 기준으로 보아 상대적으로 부유한 사람이다. 당신은 아마도 신발도 여러 켤레 있을 것이며 다음주를 셔츠 한 장으로 버텨야 하는 사람도 아닐 것이다. 당신에게는 선택의 자유가 있다. 당신은 보고 읽고 서핑할 수 있다. 그리고 궁극적으로 당신이 책을 통해 자아실현을 추구하는 것을 보니 굶주리거나 거처할 곳이 없는 사람도 아니다. 보아라. 당신은 행운아다, 나처럼.

운의 검증

운에 그림자를 드리우는 먹구름을 흩어버리기 위해 다음 실험을 해보아라. 동전을 위로 던져 동전의 어느 면이 나올지 예견해 보라. 준비되었는가?

(((((((((((휙)))))))))))

뒷면이다. 맞추었는가? 그렇다면 잠시 당신의 정확한 예측에 대해 생각해 보라. 이제 당신에게 '행운아'라는 이름표를 붙여줄 수 있는가? 당신의 예견이 틀렸다면 갑자기 스스로를 불운하다고 여길 것인가? 아마도 둘 다 아닐 것이다. 왜냐하면 당신은 확률이란 것을 알기 때문이다. 동전 던지기에서 이기고 질 확률은 50 대 50으로 동일하다.

이제 기어를 한 단 올려보자. 만일 어떤 동전 면이 나올지를 맞추면 천만 달러의 상금을 받게 된다고 가정해보자. 그 결과의 중요성이 커지면서 느닷없이 그 결과가 단순한 운으로 여겨진다. 그렇지만 어떤 동전 면이 나올 확률은 결코 변하지 않는다. 무엇이 변하는가? 당신의 인식이 바뀐다. 이것이 확률의 순수한 본질이다.

영국 하트퍼드셔 대학교의 심리학 교수이자 나의 추천도서 『59초(59 Seconds)』의 저자이며 또한 '행운학교(luck school)'의 설립자인 리처드 와이즈맨(Richard Wiseman)은 오랜 세월 운이라는 것을 연구해 왔다. 그는 말한다. "운이 없는 사람들은 행운과 불운의 진짜 원인에 대한 통찰이 거의 전무합니다. 사람들이 운의 많은 부분이 자신의 생각과 행동에 기인한다는 사실을 모르는 것이지요." 그리고 부연한다. "운은-행운이든 불운이든-인간이 가능성과 의식적 상호작용을 한 결과물에 사람들이 붙인 이름이고, 다른 사람들보다 가능성과 상호작용을 더 잘하는 사람들이 있을 뿐입니다." 그렇다면 확률을 움직이려면 어떻게 해야 하는가?

확률의 원칙

확률의 원칙에 따라 당신은 다섯 가지 행동 수정을 통해 운을 바꿀 수 있다. 첫 번째 행동 수정 강령은 바로 이것이다. 당신의 우주를 바꾸어라. 더 나은 확률과 수익률 게임을 하는 동시에 더 큰 리스크는 피하라. 당신의 커리어, 라이프스타일, 반복적 행동들이 당신의 우주를 결정한다.

예를 들어, 여기에 형과 동생이 있다. 형과 동생은 같은 회사에서 배관공으로 일한다. 하루 일과를 마친 뒤 형은 텔레비전을 시청하고, 비디오게임을 하며 값싼 맥주를 들이킨다. 취미로 카지노에 가서 시간을 쓰고 주급을 몽땅 걸 때도 있다.

동생네 집에는 텔레비전이 없다. 그 대신에 그는 기업가가 되고 싶은 열망에 열심히 책을 읽고, 코딩을 배우고, 아마존에서 자신의 아이디어나 상품을 판매한다. 취미로 훌루(Hulu 미국 VOD 서비스 업체)에서 〈샤크 탱크(Shark Tank 미국 리얼리티 텔레비전 시리즈로서 제품 아이디어를 평가하는 쇼)〉를 보거나, 산업박람회에 가거나, 웹상의 세미나에 참가한다.

이제 형과 동생의 미래가 어떤 모습일지 머릿속에 그려보라.

두 번째 행동 수정 강령은 행동에 관한 것이다. 확률 수정을 위해서는 반드시 노력! 수고! 행동이 필요하다. 행동하지 않으면 아무것도 달라지지 않는다.

세 번째 행동 수정 강령은 앞서 언급한 심리학자 리처드 와이즈맨이 제안한 것이다. 그는 여러 실험들을 바탕으로 우리의 행동이 운을 바꿀 수 있다는 결론에 도달했다. 그에 따르면, 운을 바꾸려면 운이 좋은 사람들과 연관된 특징을 흉내 내면서 운이 나쁜 사람들의 특징을 제거해 가야 한다. 이 세 가지 특징은 직관, 꾸준한 일상, 긍정성이다.

와이즈맨의 연구에 따르면, 직관은 운에 결정적인 영향을 미친다. 자신의 육감과 본능을 신뢰하는 사람들은 그것을 무시하는 사람들보다 운이 좋다. 그와 같은 '느낌'은 알람 역할을 하는데, 불운한 사람들은 직관을 무시하는 경향이 있다. 그들은 매사에 지나치게 이성적으로 생각한다. 다음 예에서, 겉보기에 합리적으로 보이는 과거의 두 가지 일에 대해 나의 육감은 아니라고 말한다.

- 우리 사촌이 작년에 거치식 대출을 받아서 부동산 투자를 했는데, 10만 달러를 벌었대. 나도 해봐야겠어! (근데 너희 사촌, 버스 운전기사 아니야?)
- 이 라스베이거스 식당이 좋은 투자 대상이라네. 그 유명한 아무개가 투자했대. 누구랑 누구도 투자했고. 너도 해봐! (투자수익에 대한 리스크가 매우 큰 것 같은데?)

네 번째 행동 수정 강령은 규칙적으로 반복되는 일상(日常)에 대한 것이거나 일상의 틀을 깨는 것에 관한 것이다.

삶이 이미 나 있는 길을 따라 진행되는 경우들을 생각해 보자. 그 길을 사람들이 닦고 통행한 데는 다 이유가 있다. 당신의 안락한 안전 구역을 한 걸음만 벗어나도 확률이 바뀐다. 「텔레그래프(Telegraph.co.uk)」에 실린 어느 기사에서 와이즈맨은 불운한 사람들이 일상적 틀에 갇히는 경향이 있다고 설명한다. 그들은 같은 부류의 사람들과 이야기를 나누고, 같은 직업 행로를 걷는다. 반면에 운이 좋은 사람들은 자신의 삶에 다양성을 불어넣는다. 행운을 바라는가? 변화를 주고, 색다른 것을 하고, 바퀴를 돌려라!

마지막 행동 수정 강령은 긍정성(肯定性)에 관한 것이다. 잔이 반이나 비어 있다고 보지 말고 반이나 차 있다고 보아라. 지리적으로 좋은 곳에 태어나서 깨끗한 물, 따뜻한 잠자리, 온수 샤워를 누릴 수 있다는 점에 대해 감사하라. 고난의 시간이 찾아올 때면 밝은 면을 보고, 더 나쁠 수도 있었음을 생각하라.

2003년, 나는 바이퍼(수제 스포츠카 브랜드)를 구매했다. 몇 주 지나지 않아서 차에 불이 났고, 차는 내가 탄 상태에서 야자나무 한 그루를 불길로 휘감아 버렸다. 다행히 나는 다치지 않고 걸어 나왔는데, 그 순간은 생사가 걸린 동전 던지기에 비견되는 순간이었다. 나는 이 사고에 대해 '불운'이라고 생각해 본 적이 없다. 몇 분도 안 되는 짧은 시간에 9만 달러짜리 자동차가 불타고 향후 7년 동안 높은 보험요율을 적용받게 되었는데도 말이다. 나는 운이 좋았다. 내가 죽거나 남을 죽일 뻔하지 않았는가! 불운이라고? 절대 아니다. 인생에서 일어나는 사건들의 해석은 당신이 선택할 수 있고, 그 해석에 따라 어떻게 행동할지도 당신이 선택할 수 있다.

내가 선택했듯이 당신도 선택하라. 그와 같은 권한을 가지고, 당신은 운을 바꿀 수 있다. 당신의 우주를 바꾸어라. 당신의 운을 바꾸어라. 당신의 삶을 바꾸어라.

돈과 달리, 운에게는 뇌가 없고, 운은 불만이나 편견도 품지 않는다. 운은 적용된 자극의 수학적 확률에만 반응할 뿐이다.

오늘 당신의 인생에서 어떤 행동, 또는 생각이 확률들을 결딴내고 당신의 운을 억누르고 있는가?

CHAPTER 24

신념 ❼ 자린고비 속임수 :
돈 아끼며 살다가 돈 쥐고 죽는다

어리석은 사람들을 그들이 숭배하는 사슬로부터 해방시키는 일은 쉽지 않다.-볼테르(철학자)

이분법 : 방어(99%) VS. 공격(1%)

자린고비 속임수는 강박적으로 지출을 절감하고 풍부한 경험의 기회를 뒤로 미루고 한 푼 두 푼 아끼고 모으면 언젠가는 풍성한 인생 경험, 자유, 풍요로움이 찾아올 것이라는 신념을 주입한다. 자린고비 속임수는 머리를 잘라낸 뒤 앞으로는 절대 편두통을 앓지 않을 것이라고 자랑하는 것에 비유된다.

귀중한 일요일을 쿠폰이나 자르며 보내라. 부업을 뛰어라. 외식을 중단하라. 영화관을 그만 다녀라. 돈 드는 해외여행을 떠나지 말라. 궁핍하게 살아라. 그래야 돈을 쥐고 죽을 수 있다.

미안한데, 커피 값 몇 푼 아낀다고 당신이 부자가 되지는 않는다. 그런 절약은 단지 지금의 삶에서 풍요로움을 떼어내고 '진짜로 살아 있는 삶'을 사는 것을 미래로 미루게 할 뿐이다.

물론, 자린고비 속임수의 문제는 짠내 나는 근검절약 자체가 아니다. 문제는 그것의 수비적 자세에 있다. 경비 혹은 지출에만 지나치게 초점이 맞추어져 있다.

각본화된 운영체계 안에서 부의 창출을 약속하는 것은 무자비할 정도로 허리를 졸라매는 것인데, 이것은 옳지 못하다. 진지하게 말하건대, 그런 절약을 실천하다 보면 당신은 강박적 구두쇠가 되어서 그야말로 한 푼에 벌벌 떨며 궁상을 떨게 된다.

상당한 소득이 없다면 구두쇠로 살아도 된다. 니켈(5센트짜리 동전)에서 다임(10센트짜리 동전)을 쥐어짜낼 수는 없는 노릇이니까!

통제가능 무한 레버리지(CUL; Controllable Unlimited Leverage)

매일 빠르게 부를 축적하는 사람들이 있다. '빠른 부의 축적' 이야기의 이면에서 당신은 두 가지 결정적인 사항을 발견할 것이다. 당신의 기업가적 모험은 확률의 증대를 통해 레버리지를 갖게 된다. 달리 말하자면, 이것은 당신의 소득 한계가 아예 없거나 높다는 뜻이다. 올해는 매달 4천 달러를 벌다가 내년에는 월 4천만 달러의 소득을 올릴 수도 있다는 뜻이다. 통제가능 무한 레버리지의 원칙은 당신의 소득 또는 자산이 너무나 급격하게 불어서 당신의 소비가 그 뒤를 도저히 따라가지 못하는 상황이 되는 순가치 방정식의 소득—생산 측면을 가리킨다.

예컨대, 당신이 소프트웨어 서비스 회사 소유주라면, 유저 기반을 1,000퍼센트 성장시킴으로써 그만큼 소득을 증대하는 상황을 가정해

볼 수 있다. 당신이 메인 스트리트와 엘름 스트리트 사이의 모퉁이에 있는 신발 가게의 소유주라면 그런 소득 증대를 기대할 수 없다. 사업의 규모가 지리적 영역에 따른 제한을 받기 때문이다.

종종 우리 포럼에 통제가능 무한 레버리지와 관련된 "기가 막히는" 경험을 포스팅하는 기업가들이 있는데, 그들은 전년 대비 소득이 400에서 500퍼센트나 증대했다는 식의 보고를 한다.

'빠른 부의 축적'을 가능하게 하는 또 다른 요소는 내재적 가치를 키우거나 '돈을 벌기 위해 들이는 시간'을 줄이는 것이다. 내재적 가치라는 것은 직업적 노력을 기울임에 있어서 당신의 시간이 갖는 가치다. 당신이 마트에서 매대를 채우는 일을 한다면 당신의 내재적 가치는 시간당 약 12달러쯤 될 것이다. 당신이 의사라면 당신의 내재적 가치는 연간 20만 달러일 수 있을 것이다. 어떤 직업을 가졌든 소득에는 상한이 있고 평생 일할 수 있는 연수(年數) 혹은 하루에 근로 가능한 시간에 따른 제한이 있다. 빨리 큰돈을 벌려면 이런 관계가 해체되어야 한다.

기어를 몇 번 바꾸어 속력이 붙고 나면 (그리고 '빠른 부의 축적'이 확률을 좀 부추기고 나면) 돈을 저축하는 것이 쉬워질 뿐만 아니라 고통스럽게 느껴지지도 않는다. 예를 들어, 지난 15년간의 순소득에서 비용을 제하여 계산한 내 저축률을 보면 50퍼센트가 넘는데, 때로는 70퍼센트까지 치솟기도 했다. 월급의 10퍼센트만 저축하고 있는가? 내가 소득의 큰 부분을 저축할 수 있는 이유는 나의 생산주의가 통제가능 무한 레버리지를 갖는 벤처에 초점을 두고 있기 때문이다. 공격적인 마음가짐으로, 나는 돈을 위해 시간을 포기하지 않고 나의 시간을 가지고 통제가능한 무한 레버리지를 갖는 벤처들을 만들고 키운다.

이런 가정을 해보자. 1년에 4만 달러를 버는 대신 당신은 이제 한 달에 4만 달러를 번다. 그 소득을 가지고 당신은 소비를 안 하거나 최소한으로 유지할 수 있는가? 아니면 소비주의 속임수에 넘어가서 흥청망청 돈을 낭비할 것인가? 그리고 더욱 중요한 것은, 한 달에 4만 달러를 벌면 당신은 버는 것의 50퍼센트를 저축할 수 있는가? 그리고 몇 주 내로 모든 빚을 청산할 것인가?

앞서 보았던 소비-생산 이분법에서, 나는 앤트완 워커 선수를 언급했다. 그는 선수 생활을 하면서 1억1천만 달러를 벌었다. 얼마나 놀라운 공격력인가? 그러나 그는 방어력이 빵점인 사람이었다. 뛰어난 공격력 덕분에 그는 몇 년 간 최고의 즐거움을 누리며 살았다. 고급스럽고 사치스러운 삶을 살았다. 그러나 마침내, 방어가 전혀 없었던 까닭에 그의 삶은 나락으로 나뒹굴고 말았다.

한 달에 수만 혹은 수십만 달러를 벌어들이게 되면, 백만장자가 되는 데 수십 혹은 수백 년이 걸리지 않는다. 단 몇 년, 때로는 단 몇 달이면 충분하다. 특출한 삶은 공격을 통해 쟁취되고 방어를 통해 유지된다 공격적 계획(1년에 수천 달러가 아닌 한 달에 수천 달러의 수익을 올린다는 계획)을 가지고 있으면 시간은 더 이상 방해물이 아니다. 일단 각본에서 탈출한 생산주의를 통한 폭발적 소득을 목도하고 나면, 주식시장의 기적을 바라며 50년을 기다리는 것이 미련하게 느껴질 것이다. 당신의 자유를 쟁취하기 위한 경주에서 승리하는 것은 공격적 종마이지 방어적인 노새가 아니다.

CHAPTER 25

신념 ❽ 복리 속임수 :
월스트리트는 당신을 부자로 만들어주지 않는다

주식시장의 주요 목적은 되도록 많은 사람들을 바보로 만드는 것이다. - 버나드 버룩(경영인)

이분법 : 부(99%) VS. 소득(1%)

복리 속임수는 주식시장이 언젠가는 보통 사람인 당신을 드문 부자로 만들어 줄 것이라는 속임수다. 자린고비 속임수의 옹호 속에 당신의 목구멍으로 꾸역꾸역 밀어 넣어진 이 금융 이데올로기는 지독한 저축, 투자, 인내를 부르짖고, 되도록 긴 기대수명을 요구한다.

하지만 복리에 대한 신념은 가장 중요한 것을 놓치고 있다. 그것은 젊음과 풍요로움이다. 역사가 기록된 이래, S&P500에 투자해서 10년 만에 10달러에서 5천만 달러로 재산을 늘린 사람은 아무도 없다. 당신은 쿠폰을 잘라 모으고 뮤추얼 펀드에 투자하여 서른 살에 억만장자가 된 사람의 이야기를 들어본 적이 있는가? 아니, 나도 들어본 적이 없다. 하지만 월스트리트에는 서른 살도 되기 전에 수백만 달러 혹은 수십억 달러를 벌어들인 사람들이 수두룩하고, 이것은 기업가들의 세계에서도 마찬가지다. 18세에 백만장자의 대열에 합류한 기업가도 있다. 그렇지만 쿠폰을 잘라 모으고 구두쇠 짓을 해가면서 주식시장에 투자하여 백만장자가 된 18세 청년은 없다.

복리 환상의 실체를 폭로하라

복리와 그것의 유토피안 그래프의 이면에 기하급수적 성장을 추동하는 수학적 진실이 있는 것이 사실이다. 예를 들어서, 당신이 백 달러에서 시작하여 50년 동안 연 10퍼센트의 복리로 돈을 불리다 보면 최종적으로 1만1천 달러를 손에 쥐게 된다. 50년 동안 같은 이율로 매달 백 달러씩을 저축한다면, 최종적으로 1백만4천 달러를 거머쥐게 된다. 인상적이다. 너무나 인상적이다. 그리고 이런 복리 계산은 추정이 아니라 '1 더하기 1은 2'와 같은 수학적 계산이다. 실로 복리는 강력하다.

그런데 불행하게도, 수학적 계산과 인간의 현실은 서로 들어맞지 않는다. 복리에 대한 기대는 가라앉는 타이타닉 호에서 살아남으려고 안간힘을 쓰는 것에 비유될 수 있다. 당신은 그 배가 두 시간 내로 완전히 침몰할 것이며, 구명선이 없으면 당신이 죽을 것임을 안다. 그런데도 복리 치어리더들은 당신을 세뇌하여 다른 이야기를 믿게 만든다. 그들은 인내심을 가지고 여덟 시간 동안 기다리면 구명선이 와서 당신을 구해줄 것이라고 말한다. 가라앉는 죽음의 배 위에서 우리는 여덟 시간을 가만히 기다려서는 안 된다.

그럼에도 불구하고 나는 복리가 강력한 개념임에는 동의한다. 진지하게 말하건대, 만일 내가 5년이나 걸려서 딴 재무학위가 내게 가르친 것이 하나 있다면 그것이리라. 하지만 강력한 것이 또 있다. 그것은 재무의 트라이사이클(TRIcycle 세발자전거를 뜻하는 tricycle에 빗댄 조어)이다.

- 시간(Time)
- 현실(Reality)
- 인플레이션(Inflation)

시간(T), 현실(R), 인플레이션(I)이라는 바퀴가 달린 이 재무의 트라이사이클은 복리의 실체를 까발려서 그것이 왜 당신을 부자로 만들어 줄 수 없는지 알려준다. 수학적으로 말해서 복리는 우사인 볼트처럼 지구상에서 가장 빠른 사람이다. 그는 걸리적거리는 것만 없다면 강력하다. 하지만 시간, 현실, 인플레이션이라는 바퀴가 달린 세발자전거에 태워 놓으면 그는 갑자기 무능력해지고 굼뜨게 된다. 그것은 마치 제프 고든(Jeff Gordon 미국 상용차 경주 챔피언)을 스쿨버스에 앉혀놓고는 800마력을 기대하는 것과 같다. 유토피안 그래프들은 휘황한 약속들로 번쩍이지만 믿을 것이 못된다. 왜냐하면 그것들은 시간, 현실, 인플레이션이 존재하지 않는 진공상태에서 사후분석에 기초하여 그려졌기 때문이다. 이제부터 재무의 트라이사이클이 어떻게 믿음직한 부의 창출자로서의 복리의 가면을 벗겨내는지 보자.

─진실 1. 시간(Time)

전형적 유토피안 그래프는 50년에 걸친 명목적 투자 성장을 보여주는데, 보통 18세를 시작점으로 잡는다. 당신은 어떨지 확실히 알 수 없지만, 나로 말하자면 18세에 저축 같은 것은 시작하지도 못했다. 저축은커녕 돈을 쓰기만 하면서 빚을 쌓아갔다.

대부분의 사람들은 30대가 되어서야 저축을 시작한다. 뱅크레잇닷컴(BankRate.com)의 연구조사에 따르면 미국인의 27퍼센트는 저축 잔고가 전혀 없고, 76퍼센트는 6개월을 버틸 수 있는 저축 잔고만을 가지고 월급날만 기다리며 살고 있다고 한다.

인터넷에서 가져온 다음 글을 보자.

워렌 버핏이 말해주는 40달러로 천만 달러 만드는 법

몇 년 전 버크셔 해서웨이(Berkshire Hathaway 미국의 다국적 주주회사)의 CEO겸 회장인 워렌 버핏이 그가 가장 좋아하는 기업들 중 하나인 코카콜라를 언급하면서, 코카콜라 사가 1919년에 상장할 때 그 회사 주식을 고작 50달러어치 매입한 사람이라면 배당, 주식분할과 꾸준한 재투자를 거쳐 지금쯤 5백만 달러 이상을 보유하고 있을 것이라고 말했다. 2012년 4월, 그 사랑받는 음료의 제조업체의 주식분할을 이사회가 제안했을 때 그 금액이 새롭게 계산되었는데, 코카콜라 사에 따르면 상장시의 40달러어치의 주식은 현재 980만 달러의 가치를 가질 것이라고 한다.

그렇다면 1919년에 50달러를 투자하여 오늘날 현금 더미에서 구르

고 있는 이 마법적인 그 인간은 과연 누구인가? 밝혀진 바 그 사람의 이름은 '아무도'이다. 1919년에 당신이 열여섯 살이었다면(그러니까 1903년에 태어났다면) 그리고 어떤 방식이 되었든 50달러의 돈—지금으로 환산하면 1,000달러 정도 되는 돈—을 손에 넣을 수 있었다면 당신은 지금 113세일 것이다. 달리 말해서, 당신은 죽은 백만장자일 것이다. 미래의 부에 대한 약속을 받고 현재의 부를 넘겨주는 것은 신체 일부를 넘겨주는 것과 같다.

― 진실 2. 현실(Reality)

유토피안 그래프는 마법 같은 이율이나 성장률을 말하는데, 그런 이율이나 성장률은 현실적으로 불가능한 것들이다. 전형적인 유토피안 그래프는 성장률을 보통 8이나 10, 혹은 12로 잡고, 과거의 실적에서 몇 가지 위험 자산군을 골라낸 뒤 맞추어진 성장률이다.

- 10년 전에 금에 만 달러를 투자했다면 지금 X달러의 가치를 지닐 것입니다!
- S&P500에 2008년 시장붕괴 직후에 투자했더라면 그때의 만 달러가 지금은 X달러로 성장해 있을 것입니다.
- 1999년에 애플사(Apple Inc.)의 주식을 100주 매입했더라면 지금 그 가치는 X달러에 이를 것입니다.

다시 말하건대, 이 수익률들은 과거 실적을 가지고 역산한 것이므로 리스크가 연루될 리 만무하다.

– 진실 3. 인플레이션(Inflation)

앞서 했던 복리 계산으로 돌아가 보자. 한 달에 100달러씩을 투자하여 '50년 후에' 150만 달러로 불렸다고 할 때 그 돈으로 그때 가서 할 수 있는 것이라곤 쉐보레를 한 대 뽑는 게 전부일지도 모른다. 어쩌면 오늘날의 5만 달러의 가치에 해당할지도 모르고, 그 돈으로는 풍요롭게는 고사하고 입에 풀칠이나 제대로 할 수 있을지 걱정스럽다.

인플레이션의 진실은 이전의 진실들보다 더 차가운 현실을 보여준다. 백 년 전에는 25센트로 빵을 몇 덩이나 사거나, 커피를 한 캔 사거나, 혹은 스테이크용 등심을 450그램 정도 살 수 있었다. 내가 어렸을 때는 25센트로 껌을 한 통 사거나 팩맨(Pac-Man 아케이드 게임)을 10분 동안 즐길 수 있었다. 오늘날에는 25센트로는 아무것도 살 수 없다. 1913년에서 1940년까지, 총 인플레이션은 43.8퍼센트(또는 연평균 1.6퍼센트)로서 무시할 만했지만, 1940년에서 2013년까지의 총 인플레이션은 무려 2,000퍼센트에 달했다. 바꾸어 말하면, 그 편재한 유토피안 그래프가 2,000퍼센트의 성장을 보여주지 않는 한 인플레이션의 효과를 상쇄할 수 없다는 뜻이다!

인플레이션의 고삐가 잡혔다는 언론의 주장에도 불구하고, 미국의 가정들은 다른 현실을 절감한다. 2000년 2월부터 2014년 4월까지, 생활비는 천정부지로 치솟았다. 전기, 가스, 상하수도 등의 공공요금은 81퍼센트가, 자동차 보험료는 69퍼센트가, 의료기기와 약품 가격은 60퍼센트가, 냉장고를 채울 식료품 가격은 43퍼센트가, 차량용 연료는 70퍼센트가 올랐다. 반면에 임금은 그런 가파른 상승세를 따라가지 못했다. 퓨 리서치 센터(Pew Research Center 사회적 이슈, 여론 등에 대한 정보를 제공하는 두뇌집단)에 따르면, 평균 임금은 40년 전에 한 시간에 약 4달러로 절정에 이르렀는데, 그 돈이 그 당시에 갖던 구매력은 오늘날의 22달러에 해당한다.

출처를 확인하라

〈비즈니스 인사이더(Business Insider 미국 뉴스 웹사이트로 금융, 언론, 기술 등 산업 뉴스를 다룸)〉는 최근에 다음과 같이 입맛 당기는 헤드라인을 내걸었다.

"25세라면 누구나 이 차트를 보아야……."

물론, 이 유토피안 그래프는 진부한 복리 이야기를 논한다. 내가 또 다른 헤드라인으로 그것에 딴지를 걸어본다면, 그것은 다음과 같이 읽힐 것이다.

"25세라면 누구나 정신 바짝 차리고 누가 이 차트를 내걸었는지 알아보아야……."

이와 같이 곱상한 수학적 분석을 창출한 자는 누구인가? 다름 아닌 JP모간자산운용(JP Morgan Asset Management)이다. 그런 이야기를 덥석 받아먹지 말고, 과연 누가 당신이 그 이야기를 믿기 원하는지 질문을 던져 보아야 한다. 반드시 출처를 확인해야 한다. 당신이 그것을 믿을 때 누가 이익을 보게 되는지 생각해 보아야 한다. 이익을 볼 백만장자들은 어디에 있는가?

정부의 증권 규제 기관인 증권거래위원회 산하의 인베스터(Investor.gov)에서 나는 다양한 자료와 도구를 발견했는데, 그 중에는 복리 계산기도 있다. 이상하게도 그 계산기에는 인플레이션을 넣을 수 있는 필드가 없다. 사실, 인베스터에는 인플레이션, 생활비, 기타 등등을 고려하는 계산기 같은 것은 없다. 그리고 연방정부의 적자가 20조 달러에 달한다는 사실도 언급하지 않는다.

워렌 버핏은 주식을 산 뒤 그것이 오르기를 '희망'하는 짓을 하지 않는다. 대신에 워렌 버핏 같은 활동가들은 시장을 움직일 수 있고, 의결권을 획득할 수 있고, 이사회 구성원들을 임명할 수 있는 큰 포지션을 취한다. 활동가 투자자들은 통제권을 행사하고 기업 정책에 영향을 미친다. 이것이 활동가인 워렌 버핏이 당신과 나 같은 보통사람들과 결정적으로 다른 점 중 하나다.

자본 원칙

당신은 아마도 내가 월스트리트를 혐오한다고 생각할 것이다. 또는 내가 주식이나 뮤추얼 펀드나 일체의 금융 상품을 보유하고 있지 않다고 생각할지도 모른다. 두 가지 다 틀렸다. 사실, 월스트리트에 대한 나의 접근법은 라스베이거스에 대한 나의 접근법과 동일하다. 라스베이거스가 승자보다는 패자를 더 많이 만들어낸다는 것을 안다고 해서 내가 라스베이거스에 가지 않는 것은 아니다.

월스트리트나 라스베이거스를 볼 때 나는 그것이 무엇일 수 있는가가 아니라 그것이 무엇인가에 초점을 둔다. 라스베이거스에 당도하면 나는 내가 큰돈을 왕창 따거나 확률을 거스를 것이라고 기대하지 않는다. 나는 그곳에 그냥 놀러 간다. 나는 10달러 혹은 25달러씩 돈을 걸면서 도박을 오락의 수준으로만 즐긴다.

이와 비슷하게, 월스트리트로 갈 때 나는 금융회사들이 마케팅하는대로가 아니라 금융시장의 실제 내용―소득(이자) 혹은 자산(평가)의 거래를 위해 자본을 사고파는 것―에 따라 이용한다. 인베스토피아(Investopia 투자 용어들의 의미를 알려주는 웹사이트)가 제공하는 공식 정의에 따르면, 자본시장은 '예금과 투자가 자본의 공급자(개인 및 기관 투자자)들과 자본의 이용자(기업, 정부, 개인)들 사이에 흐르게' 해준다. 이 정의가 부자 되기에 대해서는 침묵하고 있음에 유의하라.

47장에서 자본 원칙에 대해 세세하게 다루겠지만, 자본 원칙은 금융 시장이 소득, 자본 배분, 유동성, 자산 투자를 위해 이용되어야 한다는 것이다. 그리고 당신에게 배분할 자본이 많이 있다면 복리는 효과적인 도구가 되어서, 완전한 수동적 소득을 창출해 준다.

예컨대, 나의 순 가치 중 많은 것이 채권―지방정부(비과세), 기업, 신흥시장, 폐쇄형 펀드―에 투자되어 있다. 기타 투자들은 리츠(REITs; Real Estate Investment Trusts 부동산투자신탁)의 적절한 할당, 홀리 에너지, 서던 컴퍼니(미국 가스 및 전력 생산회사) 등의 배당주식에 대한 것이다. 나는 월스트리트를 싫어하지 않는다. 월스트리트는 나의 돈이 1년 365일 쉬지 않고 나를 위해 일하도록 만들어주기 때문이다. 그 순 효과로서, 복리는 스스로 알아서 돈을 벌어들여 매달 나에게 갖다 바치고, 그것은 내 수입의 상당 부분을 차지한다. 그렇지만 그런 일은 오직 복리가 효과적인 성장 승수로서 작동하기 시작하는 임계점을 넘어서야만 가능하다.

지방채에 붙는 3.5퍼센트의 쥐꼬리만 한 투자수익을 예로 들어 보자. 비과세인 덕에 유효수익은 사실상 7퍼센트에 가깝다. 매월 붙는 수동적 수익을 두 가지 다른 투자 금액에 대해 계산해서 비교해 보면 다음과 같다.

- 1,000달러 투자 → 월 2.91달러의 수익
- 400만 달러 투자 → 월 11,666.66달러의 수익

월 만 달러 이상이 비과세로, 절대적으로 손가락 하나 꼼짝하는 일 없이, 쥐꼬리만큼 작은 이율을 통해 불어나는 것이다. 그 기쁨을 상상해 보라. 그 자유를 상상해 보라. 그저 상상만 해보라. 그런데 나는 상상만 할 필요가 없다. 그것이 나의 현실이기 때문이다. 당신은 수백만 달러를 빠르게 벌고 저축할 수만 있다면 복리의 놀라운 힘을 누릴 수 있다. 하지만 복리 속임수가 꼬드기는 것처럼 한 푼 두 푼 모아서 차곡차곡 재산을 불리는 용도로는 복리의 강력한 힘을 제대로 활용할 수 없다. 각본에서 탈출한 기업가적 기본틀을 통해 생산주의를 레버리지로 사용함으로써 부를 폭발적으로 증대시킬 수 있다. 그러면 복리는 남은 평생 동안 당신과 함께하며 돈을 만들어줄 것이다.

자본 원칙은 또 한편 인플레이션을 무찌르는 도구로 쓰일 수 있다. 돈의 가치가 하락하는 꼴을 보고 싶으면 돈을 은행에 맡기거나 매트리스 아래 보관하며 한세월을 보내 보아라. 돈은 잘못된 곳에 있으면 잠을 잔다. 나는 자본 시장들을 이용하여 나의 돈이 인플레이션보다 빨리 달음박질할 수 있도록 한다. 그것은 외환일 수도 있고, 단기채권일 수도 있고, 한두 개의 뮤추얼 펀드일 수도 있다.

끝으로, 금융 시장의 으뜸가는 용도는 무엇일까? 그것은 유동성이다. 기업가가 IPO를 통해 회사를 상장하는 것은 슈퍼볼에서의 우승에

비견될 수 있다. 간접적이든 직접적이든, 금융 시장은 유동성을 상장하는 소유주(설립자와 초기 종자돈을 투자한 자본가)들로부터 대중(투자자들과 투기꾼들)에게로 이전시킨다.

결국, 월스트리트는 부를 키우는 곳이 아니라 자산 투자와 이익창출과 자본 배치의 장소인 것이다. 그렇다. 일찍 그리고 자주 저축하라. 하지만 복리의 파도를 타고 약속의 땅으로 항해해 갈 수 있을 것이라고는 언감생심 꿈도 꾸지 말라. 부의 창출에 있어서 효과를 보려면 애초에 수백만 달러를 모아서 시작해야 한다. 그리고 나서야 그것의 강력한 힘을 누릴 수 있다.

CHAPTER 26

편향 :
뇌의 망상

사려 깊은 사람의 뇌는 한쪽으로 치우치지 않는다. -벤저민 헤이든(화가)

진정한 당신 VS. 당신의 뇌

우리의 내면에서는 영혼의 욕망과 뇌의 자동반사적 충동 사이의 전투가 벌어지고 있다. 한쪽 코너에는 진정한 당신이 있어서 성공과 행복을 위해 고군분투한다. 다른 한쪽 코너에는 당신의 충동적인 뇌가 있는데, 감정적이고 완고한 기계인 뇌는 변화를 증오하고 각본화된 주인공들―예측가능성, 지름길, 안정―을 사랑한다.

당신의 뇌가 전쟁터에서 쓰는 공격무기는 한쪽으로 치우치는 편향이다. 경솔한 판단과 세상의 간섭을 허용하고, 이 과정은 때때로 비논리적인 방식으로 진행된다. 다른 방해꾼들은 그릇된 정보를 통해 시간과 노력을 낚아채가면서 우리를 잘못된 길로 나아가게 한다.

이런 방해꾼들과 오도된 정보들을 가려내는 방법은 감정에서 논리로 의식적으로 전환하는 것이다. 뇌의 말을 듣는 쪽에서 뇌를 지켜보는 쪽으로 모드를 전환하여, 뇌가 마치 별개의 개체이기라도 한 양 관찰해야 한다. 달리 말해서 당신이 어떻게 생각하는지에 대해서 생각하라.

각본에서 탈출한 기업가적 기본틀을 이용하여 각본탈출을 추구할 때, 다음의 일곱 가지 주요 전쟁이 벌어진다.

1. 변화 거부 : 변화 거부는 왜 탁월성 거부인가

변화 거부의 첫 번째 위협은 행동 변화를 좌절시키는 것이다. 우리는 익숙하고 일상적인 행동을 선호한다. 당신이 어떤 상황에 처하든, 당신의 뇌는 불편이나 고통 혹은 상실처럼 부정적으로 느껴지는 변화의 기준선을 정하고 그 이상의 변화는 거부한다.

예를 들어, 나는 25년 동안이나 웨이트트레이닝을 해왔다. 하지만 나는 꾸준한 노력이 결과를 내지 못하는 정체기가 있음을 인정하지 않을 수 없다. 그럴 때 나는 나의 뇌에서 걸어 나와서 '꾸준히 해오던 것'에 변화를 주어야 할 때가 왔음을—식단, 운동 구성 등등 무언가 크게 바뀌어야 할 때가 왔음을—인식시킨다. 나의 경우에, 신체적으로 가장 큰 개선은 오후 운동을 새벽 4시의 공복 운동으로 대체했을 때 찾아왔다. 올빼미형인 나에게 이것은 정말 크나큰 변화였고, 그 결과도 크나컸다. 나의 복근들이—중년 남자의 것치고는—대단해졌다!

변화 없이 변화 없다! 이것이 성공을 위한 위대한 비법임을 당신은 믿을 수 있겠는가? 별 새로울 것 없는 선언이라고? 글쎄, 정말 그럴까? 변화는 불편한 선택이다. 그렇기 때문에 사람들은 변화 없이 변화를 이루려는 시도를 한다. 누구나 긍정적인 결과들을 원하지만 아무도 기존에 선택한 것을 바꾸고 싶어 하지 않는다.

위대한 이야기마다 그 배경에는 선택으로 주도되는 위대한 변화의 이야기가 있고, 이것은 우리에게 과정 중시 원칙을 상기시킨다. 현재의 직무나 볼품없는 성과가 마음에 들지 않는다고? 그렇다면 변화를 선택하고 행동하라, 노력의 메아리가 울릴 때까지.

변화 거부의 두 번째 위협은 우리가 어떻게 변화에 반응하는가와 관련이 있다. 내가 재산을 일군 것은 검색 행위에 있어서의 변화를 알아채고 그것을 이용했기 때문이다. 어떤 사람들은 우버(Uber)와 넷플릭스(Netflix)의 경우처럼 사람들이 기술을 이용하는 방법에서 변화를 감지하고 기회를 잡아서 재산을 일군다. 모바일 게임, 자가 출간, 태양열을 비롯하여 수백의 산업들이 변화하고 있고, 그런 까닭에 많은 이들이 재산을 일구고 있다. 당신이 한 가지 변화를 놓친다 해도 걱정하지 말라. 또 다른 변화가 곧 일어날 것이다.

동전의 다른 면을 보자면, 라디오샥(RadioShack)이라는 전자제품 소매업체는 2015년에 파산 신청을 하면서 변화에 저항하는 조직의 고전적 사례가 되었다. ('라디오 오두막'을 뜻하는 이름 자체가 '타자기 상점'이라고 이름 붙여도 별 차이가 없을 정도로 고리타분한 분위기를 강하게 풍기고 있다.) 라디오는 20세기 중반의 기술이고, 라디오샥이 브랜드 및 조직 변경을 거부했을 때 그 회사는 이미 스스로의 운명을 결정한 셈이다. 블록버스터 비디오(Blockbuster Video 홈 비디오 및 비디오게임 렌탈 서비스 제공업체, 2014년 파산)를 기억하는가? 그들은 변화를 거부했지만 넷플릭스는 온디맨드(on-demand) 영화라는 미래를 보았다. 블록버스터 비디오가 변화의 해일 속에 침몰하고 있음을 자각했을 때는 이미 늦었다.

우리는 스스로를 변화시킴으로써 승리자의 편에 설 수 있게 된다. 빈부(貧富)를 가르는 갈림길의 이름은 '변화'다. 자, 이제 어느 쪽으로 나아갈지 당신이 선택하라.

2. 자기 옳음 : 왜 부자가 되기보다는 옳다고 인정받기를 바라는가?

헛질문쟁이! 조언을 열심히 구하면서 정작 말은 듣지 않는 사람을 일컫는 신조어다. 헛질문쟁이는 조언을 들은 뒤 딴죽을 걸거나 조언을 아예 완전히 무시해버린다. 우리 포럼에도 헛질문쟁이들이 적지 않다. 그들은 완고하다기보다는 자기 의지가 강하다. 헛질문쟁이들은 자신의 편향적 사고를 지지하는 것만을 보고 들으려는 성향이 강해서 다른 의견이나 증거 등은 평가절하거나 무시하거나 비판한다.

예를 들어서, 당신이 좌편향 마르크스주의자로서 마오쩌둥과 차베스가 전기 발명 이래 가장 위대한 지도자들이라고 믿는 사람이라면, 당신은 아마도 뉴스를 MSNBC를 통해 들을 것이다. 이와 비슷하게, 당신이 오바마 전 대통령이 케냐에서 태어났고 살라트(Salat 무슬림의 기도 의식)를 위해 하루에 다섯 번 기도한다고 믿는 사람이라면, 당신은 아마도 폭스뉴스 채널(Fox News Channel)에 채널을 고정시키고 있을 것이다. 위의 두 가지 추측은 사실 우스꽝스럽지만, 나는 당신이 MSNBC와 폭스뉴스 채널 둘 중 하나는 좋아하고 나머지 하나는 싫어할 것이라고 확신한다. 내 말의 골자는 이렇다. 당신은 당신의 신념을 강화하고 격리시켜서 반대되는 신념의 침입을 막아보려고 노력할 것이며, 당신의 신념에 도전하거나 갈등을 일으킬 만한 사고의 패턴들을 만나면 그저 고개는 끄덕여줄지 몰라도, 정신적 에너지를 소비하면서 숙고해 보지는 않을 것이다.

심리학적으로 증명된 사실 하나를 소개하자면, 우리의 확신은 갈등적 증거를 만났을 때 오히려 더욱 강화되는 경향이 있다. 그래서 페이스북에서 벌어지는 정치적 논쟁이 쓸모가 없는 것이다. 아무리 많은 차트, 그래프, 데이터를 들이밀어도 소용없기는 마찬가지다.

어찌 되었든, 자기 옳음은 변화 거부와 함께 손잡고 다닌다. (자신의 편향적 사고를 확고히 하면서) 자기 옳음은 미래의 승리를 향한 당신의 의지를 종종 짓밟고 만다. 우리 포럼의 헛질문쟁이들은 어떠냐고? 그들에게는 지금 당장 스스로 옳다고 느끼는 것이 나중에 성공하고 돈을 버는 것보다 중요하다.

자기 옳음의 또 다른 위험은 그것이 우리의 눈이 경고의 빨간 깃발을 못 보게 하는 데 있다. 예를 들어 보자. 우리 포럼에 어떤 젊은이가 있는데, 그는 어느 모로 보나 자신의 꿈의 직업에 종사하고 있는 사람이다. 그는 북미에서 가장 큰 비디오게임 개발회사에서 비디오게임을 설계한다. 보수도 높고 많은 이들이 선망하는 일자리로, 자리가 빌 때마다 이력서들이 쏟아져 들어오고, 사무실 빌딩을 두르고도 남을 정도로 지원자들의 줄이 늘어선다. 처음에 그는 꿈의 일자리를 얻은 것을 온 마음으로 믿었다. 수백 명의 다른 지원자들을 물리치고 그 꿈의 일자리를 쟁취했을 때 그는 흥분했지만 그 신바람은 곧 잦아들었다. 시간이 지나면서 그의 확증 편향(confirmation bias 새로운 증거가 자신의 기존 신념이나 이론을 확증하는 것으로 해석하려는 경향)이 영혼의 속삭임이 들리지 않게 만들었다. 그는 행복하지 않았다. 그의 취미는 미술이었지만 그는 더 이상 그것을 위해 시간을 낼 수도 없었고 열정을 자아낼 수도 없었다. 근무시간은 길었고 주말이면 녹초가 되어 있었다. 사람들과의 관계도 서먹서먹해졌다. 그렇지만 '이것이 너의 꿈의 일자리야'라고 스스로를 거듭 확신시키는 자기 옳음이 그를 수 년 동안 그 일자리에 붙들어 두었다.

두둑한 보수를 받을 때마다 그는 몇 시간이고 미소를 띠며 생각했을 것이다. '내가 이 돈을 벌었어!' 충성스러운 한 해에 대한 보상으로 임금 인상을 받을 때마다 그는 스스로를 토닥이며 정당화했을 것이다. '내가 잘할 수 있는 일을 하는 게 옳아.' 그리고 수천 명의 대학 졸업생들이 그의 일자리를 선망하지만 얻을 수 없다는 말을 들을 때마다 그는 생각했으리라. '나는 운이 좋아, 수천 명이 원하는 직업에 종사하잖아.'

한편, 그의 영혼은 다른 말을 하고 있었다. '이것은 너의 꿈의 일자리가 아니라 죽음을 부르는 일자리야.' 그리고 재갈이 물린 그의 마음의 목소리는 더 이상 들리지 않았다. 자기 생각이 틀렸다는 것을 깨달을 때까지 많은 시간을 보내야 했다.

자기 옳음의 문제는 각본화된 사고의 강화다. 편향적 허풍 앞에서 충동적으로 사고하는 사람들은 흥분하여 트위터에서 손가락을 놀리기 바쁘다. 그런 치우치고 과장된 헛소리의 전형적 예를 들자면, 돈 많은 사람들은 이기적이고 탐욕스러우며 그들의 기업은 사악하다는 개념이 있다. 당신이 그런 개념을 가지고 있다면 당신의 뇌는 그것의 옳음을 확증하기 위해 열심히 증거를 찾을 것이다. 기업의 부정행위에 대한 이야기가 헤드라인을 장식할 때마다 당신은 레딧(Reddit 소셜 미디어의 하나)에서 해당 포스팅의 좋아요 수에 기여할 것이다. "이것 봐요. 컴캐스트(Comcast Corporation 미국에 본사를 둔 세계적 텔레콤 복합기업)가 고객을 뭣같이 다루고 있어요!", "어머 세상에, 버라이즌이 사용도 하지 않은 데이터에 대해 연세가 아흔둘이나 되는 할머니에게 1만5천 달러를 청구했다네요!" 이와 비슷하게, 어느 부자가 범죄 행위 의혹을 받고 있거나 범죄 행위 중에 적발되었다는 소식을 읽을 때마다 당신의 소셜 미디어 계정은 폭발 직전까지 간다. "조지 소로스가 세상을 정복할 거래!", "그 배후가 콕 형제(Koch Brothers 콕 가문은 미국에서 두 번째로 큰 개인 소유회사인 콕 인더스트리의 지배권을 갖고 있음)래!"

그래, 지금 당신이 무슨 말을 하고 있는지 나는 안다. 그런 일들은 실제로 일어난다. 탐욕스러운 사람들이 기업을 운영하고 소유한다. 그런데 탐욕스러운 부자들이 있는 것처럼 탐욕스러운 빈자들도 있다. 부자들만이 탐욕이나 사악함을 독점하는 것은 아니다. 인류라는 종족 전체가 탐욕과 이기심으로 물들어 있다. 문제는 당신의 눈에는 당신이 보고 싶은 것만 보인다는 점이다.

3. 대립적 난국 : 질식해 죽어가는 자가 공기의 질을 탓해서는 안 된다

만일 재무적 자유와 자율이 당신의 목표라면 당신의 신념도 그 목표에 맞추어 정렬되어야만 한다. 그렇지 못할 때 당신은 스스로에게 거짓말을 하거나 당신의 노력을 무용지물로 만들어버릴 것이다.

부자들에 대해 앞서 언급한 사례에서 당신이 돈 많은 사람들이 사악하고 탐욕스럽다고 믿는다고 가정해 보자. 그런데도 당신은 부자가 되기를 원한다. 문제가 보이는가? 당신은 탐욕스럽기를 열망하는가? 혹은 사악해지기를 희구하는가? 물론 아닐 것이다. 그렇다면 어떻게 부자 되기가 당신의 목표가 될 수 있는가? 잠재의식에서 불화가 일어날 것은 불 보듯 뻔하다. 부자가 사악하고 탐욕스럽다는 믿음을 가진 이상 당신은 사악한 부자가 될 것인가 선량한 빈자가 될 것인가 갈등해야 하고, 부자가 되기로 결심하면 당신은 자신과의 타협의 자리로 내몰리게 된다. 180도 반대되는 두 가지 신념은 전쟁을 벌인다. 이 정신적 전투, 즉 대립적 난국은 우리의 의식 속에서 모순되는 두 개의 가치나 신념이 서로 얽힐 때 벌어진다. 이런 내면적 양극화는 냉담, 스트레스, 사보타주, 지적 부정직을 낳기까지 한다.

그런 까닭에 부자가 탐욕스럽고 사악하다는 신념은 목표를 포기하게 만들 수 있다. "나는 사악한 자본주의자가 되고 싶지 않아!" 또는 그 신념은 비윤리적인 행동들을 정당화할 수도 있다. "누구나 기만적인 마케팅을 해. 그러니 나도 해야겠어."

이와 비슷하게, 대립적 난국의 가장 흔한 용도는 변화 거부를 위한 부정직한 변명으로 이용되는 것이다.

누군가가 당신에게 "당신 때문에 상처받았어요"라고 말한다면 그것은 대개의 경우 당신이 외면하고 싶은 진실을 방금 전에 폭로했기 때문이다. 나의 글에 감정이 상하는 사람들이 분명히 있을 것이다. 당신은 왜 그들이 마음에 상처를 입는지 아는가? 왜냐하면 그들은 내가 자신에 대해 말하고 있음을 알기 때문이다.

질식해 죽어가면서 공기의 질을 탓하는 것은 바보나 하는 짓이다. 당신의 대립적 난국을 바라보라. 당신은 도덕적이고 윤리적인 동시에 부자일 수 있다. 당신은 맵시 좋고 건강한 여성인 동시에 여전히 자녀를 사랑하고 그들과 시간을 보내는 엄마가 될 수 있다. 당신의 뇌가 제멋대로 구는 것을 더 이상 방치하지 말고 당신이 어떻게 생각하는지에 대해 생각하라.

4. 제멜워싱 : 비관습에 대한 관습의 반응

1847년에 이그나츠 제멜바이스(Ignaz Semmelweis 독일계 헝가리 의사로 무균수술의 초기 개척자)는 의학(특히 산과학)에 있어서 전설적인 발견을 했다. 그는 의사들이 클로르 석회수로 손을 씻으면 그 당시 흔한 질병이었던 산욕열을 획기적으로 줄일 수 있을 것이라는 당시로서는 획기적인 제안을 했다. 그의 동료 의사들이 그를 인정해주고 찬사를 보냈을 것이라고 생각하는가?

아쉽게도 아니다. 제멜바이스의 발견은 관습적 의학 지식과 상충했다. 그 당시 주류 의학계는 그의 주장을 강력하게 반박하면서 터무니없는 소리로 치부했다. 어떤 이들은 당시의 과학적 추론에 기초하여 그의 발견과 그것을 뒷받침하는 데이터를 무시했고, 또 어떤 이들은 상류 사회의 신사인 의사의 손이 더러울 수 있다고 가정하는 것 자체가 부도덕하다며 그의 발견을 일축했다.

동료들의 조롱에도 불구하고 제멜바이스는 오랜 세월 자신의 신념을 굽히지 않았다. 종국에는 의료계의 합의에 반대하는 그를 동료들은 돌팔이라는 오명을 씌우며 의료계에서 추방했다. 1865년 제멜바이스는 정신병원으로 보내졌고 거기서 삶을 마감했다.

수십 년 뒤 루이 파스퇴르(Louis Pasteur)가 세균 이론에 있어서 커다란 의학적 진보를 이룩함으로써 제멜바이스의 명예는 복원되었고 그의 가설이 인정을 받게 되었다. 관습에 대한 도전을 한 제멜바이스의 저항은 그를 따돌림과 죽음으로 몰고 갔지만 시간은 그를 전설적 인물로 우뚝 세워주었다. 많은 전설적 인물들이 그렇듯이, 그의 이름은 결국 대학교의 이름이 되었다.

이 이야기는 각본에서 탈출한 길에서 당신이 만나게 될 편향을 보여준다. 제멜워싱(Semmelwashing 비관습이 관습과 충돌할 때 발생하는 마찰)이 그것이다. 전통적인 패러다임을 반대하거나 의문시하는 메시지는 공격받는다. 그리고 그 메시지를 전하는 메신저도 공격을 피할 수 없다.

예를 들어서, 부모님에게 빚더미에 오르느니 차라리 대학을 가지 않겠다고 선언하려 한다면 제멜워싱을 맞이할 각오를 하는 것이 좋다. 우울한 직장 생활을 때려치우고 보람 있는 일을 하려 한다는 글을 페이스북에 게재하려 한다면 제멜워싱의 폭풍을 각오하는 것이 좋다. 트렌디한 친구들이 자신은 새 차를 뽑아서 폼 나게 몰 때 왜 당신은 10년 묵은 캠리를 굴리고 다니는지 이해하지 못할 때 제멜워싱의 연속 잽을 각오하는 것이 좋다. 관습을 거스르고 사람의 발길이 드문 길로 가려고 할 때라면 언제나 관습을 요구하며 당신의 등짝을 후려치는 보통 사람들이 있을 것임을 명심하는 것이 좋다.

서글프게도, 뇌의 많은 함정이 그러하듯, 제멜워싱에 대해서는 자각 외에 다른 방어책이 없다. 당신이 각본화된 길에서 벗어날 때 충돌이 올 것임을 명심하라. 특히 가장 가까운 사람들과의 충돌을 피하기 힘들 것이다. 심지어 '미쳤다'거나 '괴짜'라고 부르며 당신을 피고석에 앉히고 심문할 것이다. 예를 들어서, 이 책과 나는 제멜워싱을 면할 수 없을 것이다. "아니, 저 사람이 지금 복리가 사기라고 말한 거야?", "대학에 안 가는 걸 옹호한다는 거지?" 영혼을 관습에 팔아치웠거나 기꺼이 영혼을 팔아서 월급을 받는 사람이라면 내 책을 벽난로에 집어 던지고 말 것이다.

5. 우상 중독 : 왜 다른 사람의 펜으로 당신의 이야기를 쓸 수 없는가?

나의 메일 수신함에는 '우상 중독 약을 달라는 요청이 거의 매일 들어온다. 그런 이메일은 한결같이 인생을 바꿀 결정적인 한방의 조언을 요청하는데, 그들은 마치 내가 답을 알고 있을 것이라고 믿는 것 같다.

- 직장을 그만두고 사업을 시작할까요?
- 5년 뒤에는 군에서 예편해야 할까요?
- 대학을 중퇴해야 하나요?
- 우리 마누라는 서행차선 운전자의 전형이에요. 이혼할까요?

내가 이 말은 꼭 해줘야겠다. 당신은 지구 반대편에 있는 낯선 사람인 나에게 45초 동안 타이핑한 짧은 글에 기초해서 당신의 인생에서 가장 중요한 결정을 대신 내려주기를 바라는 건가? 우습기 그지없다. 그런데도 이런 일이 매일 벌어진다.

우상 중독의 결과는 무시무시하다. 우상 중독자는 다른 누군가의 이야기를 자신의 이야기 위로 전사(傳寫)할 수 있다고 생각한다. 그리고는 'X가 그 사람에게 효과가 있었으니까, 나의 경우에도 먹힐 거야'라고 믿는다. 이런 생각의 연장선상에서 등장하는 첫 번째 문제는 시간과 환경과 상황의 무시다.

예를 들어 보자. 20년 전에 내가 회사를 시작할 때 밟았던 구체적인 방법들은 오늘날 완전히 무용지물이다. 그때는 소셜 미디어라는 건 아예 존재조차 하지 않았었다. 그 당시에 나는 무거운 엉덩이를 끌고 공공 도서관으로 가서 전국 전화번호부를 샅샅이 뒤져서 잠재적 유료 고객들을 찾아내야 했다. 요즘에 책으로 엮인 전화번호부라는 것이 존재하기라도 하는가? 이와 비슷하게, 2007년에 추월차선 포럼을 시작할 때 내가 사용했던 전략과 전술들은 오늘날의 것들과 크게 다르다. 내 말의 요지는 이것이다. 당신과 나는 같은 시간의 배를 타고 있다. 당신이 새로운 프로젝트를 시작하여 성공하기 원한다면, 나는 당신이 생각하는 것만큼 우위에 있지 않다. 새로운 성공은 옛 길로 통과하지 않고 새로운 길을 닦는다.

우상 중독과 숭상의 또 다른 문제는 사람들이 모두 같다고 전제하는 데 있다. 사실상 우리는 무한한 변수들에 따라 각각이 유일무이한 존재들이다. 유전자 조합, 성격, 학교교육, 가정교육, 경험, 관리 스타일, 리더십 스타일, 재원(財源), 인맥, 문화 등은 그 무한한 변수들 중 일부에 불과하고, 이렇게 우리가 서로 다른 까닭에 남의 전략과 전술에서 마음에 드는 것만 골라 모아 적용하는 것은 사실상 쓸모가 없다.

나는 스티브 잡스의 기업가로서의 성취를 높이 우러러 본다. 그럼에도, 많은 면에서, 스티브 잡스는 둘째가라면 서러울 정도로 밥맛없는 사람이었다. 사원들에게 면박을 주고, 뜻하는 대로 일이 풀리지 않으면 성질을 부리곤 했다. 이런 부정적인 특징들 중 그 어떤 것이라도 만인이 우러르는 그의 성공에 기여했다고 할 수 있을까? 그리고 만일 그러했다면, 우리가 지금, 애플 같은 전설적인 회사를 일구는 데 그런 특징들이 기여했을 것이라고 간주하면서, 그렇게 밥맛 떨어지는 인간이 되기를 열망해야 하는 것일까? 나는 그렇지 않길 바란다.

우리는 모두 불완전하다. 우리의 영웅들도 마찬가지다. X, Y, Z를 행하는 것이 스티브 잡스에게는 도움이 되었을지 몰라도 당신에게는 효과가 없을 수도 있다. 우리 각자는 불완전한 인간을 우상으로 숭상하는 것을 멈추고, 스스로가 영웅이 되도록 힘써야 한다. 당신의 배우자, 자녀를 비롯한 가족에게 영웅이 되어라.

6. 생존자 부각 : 패자는 말이 없다

생존자 부각은 우상 중독과 유사하다. 어떤 과정의 생존자들(혹은 승자들)에게는 스포트라이트가 비추어지고, 그 과정의 실패자들(혹은 패자들)은 눈에 잘 띄지 않는다. 그래서 당신은 생존자들에게만 집중하고 실패자들은 등한시한 나머지 부정확한 결론에 도달하게 된다.

생존자 부각의 이면에는 논리적 오류가 있다. 바로 생존자 편향(survivor bias 선택 과정에서 선택된 것에 집중하고 탈락된 것은 무시하는 논리적 오류)이다.

제2차 세계대전 중에 월드 아브라함(Wald Ábrahám 헝가리 수학자)과 그의 동료들은 정부의 의뢰를 받아 장거리 폭격기를 연구했는데, 장거리 폭격은 당시에 조종사들 사이에서는 매우 위험한 일로 꼽혔다. 연구의 초점은 어떻게 하면 더 많은 폭격기와 조종사들이 하늘에서 살아남도록 할 것인가에 맞추어져 있었다.

연구는 단순한 관찰로부터 출발했다. 적진에서 살아 돌아오는 폭격기의 손상 부위를 면밀히 관찰했다. 귀환하는 각 폭격기에 대한 데이터를 가지고 그래프를 그렸다. 얼마간 시간이 지나자 어떤 패턴이 나타나기 시작했다. 주로 손상되는 부위들은 꼬리 쪽 사수 자리, 중앙 하부 그리고 날개였다. 파편에 찢기고 총알에 뚫린 자국들을 보면서 연구자들은 그 부위들이 비행기에서 가장 취약하다는 결론을 내렸다. 귀환한 비행기들은 앞과 뒤의 하부에는 손상을 거의 또는 전혀 입지 않았기 때문에, 그 부위들을 바꿀 필요가 없다고 추론했다. 수학자인 월드는 이런 집단적 사고에 이의를 제기하며 반대의 이론을 펼쳤다. 왜 그런지 알겠는가?

월드는 손상 부위는 비행기의 약한 곳이 아니라 강한 곳이라고 주장했다. 그래서 그 비행기들이 총상을 입고도 귀환할 수 있었다는 것이 그의 논리였다. 그는 거기에다 덧붙여서 비행기의 가장 취약한 부위는 귀환한 비행기들이 전혀 손상을 입지 않은 부위라고 주장했다. 하늘에서 그 부위를 공격당한 비행기들은 추락하여 귀환하지 못했을 것이므로 바로 그런 부위들을 강화해야 한다고 그는 추론했다. 해군은 그의 말을 경청했고 무손상 부위들을 강화했다. 결과적으로 더 많은 조종사들이 생존할 수 있었다. 이때 생존자 편향이라는 개념이 세상에 태어났다.

여기에 복리의 생존자 편향을 증거하는 또 다른 이야기가 있다. 나는 최근에 「비즈니스 인사이더」의 전면을 장식한 이야기를 한 편 읽었는데, 그 기사는 핍절과 절약의 전략을 통해 서행차선에서 성공을 거두고 있는 서른 살의 백만장자의 기적적인 이야기를 들려주었다. 그 기사는 나의 추월차선 전략 역시 언급하면서 그것은 허튼소리라고 에 둘러 말했다. 이 불쌍한 사람이 서행차선에서 성공을 거두고 있다면서. 이 사람은 그의 기막힌 이야기가 「뉴욕 타임스」와 「비즈니스 인사이더」 외에도 여러 매체에 실렸다고도 말했다.

당신도 그렇게 생각하는가? 이런 결과들은 극히 드물고, 그런 까닭에 기적적이라고 불리는 것이며, 그래서 정상범주를 벗어나는 '아웃라이어'의 이야기가 되어서 뉴스로서의 가치를 인정받고 국제적인 신문의 여러 면에 걸쳐서 실리는 것이다.

사회연구를 위한 뉴 스쿨(New School for Social Research)의 경제학 교수인 테레사 길라두치(Teresa Ghilarducci)에 따르면, 2010년에 은퇴 연령에 도달하는 미국인들의 75퍼센트가 은퇴계좌에 3만 달러 미만의 잔고를 가지고 있다고 한다. 75퍼센트나 되다니 놀랍지 않은가! 만일 75퍼센트가 긁어모아 투자한 돈이 3만 달러에 미치지 못한다면, 나머지 25퍼센트는 얼마를 모았다는 걸까? 그들은 모두 백만장자란 말인가?

물론 아니다. 나머지 25퍼센트의 잔고 중간 값은 고작 5만5천 달러다. 평균은 11만 달러가 조금 안 된다. 복리와 저축과 절약으로 큰돈을 모은 사람들은 아마도 전체의 1퍼센트가 못 될 것이다.

7. 관성적 마비 : 진보 없는 움직임

'죽은 물고기는 물살을 거스르지 않는다'는 말을 들은 적이 있을 것이다. 이런 말은 다음에 살펴볼 각본에서 탈출한 전투의 대상을 적절하게 설명해 준다. 그것은 관성적 마비다. 관성적 마비는 움직임이 없는 것을 뜻하지 않는다. 현재의 행로를 벗어나지 못하는 것을 뜻한다. 관성적 마비는 관성에 따라 혹은 세월의 흐름에 몸을 내맡기고 살던 대로 살아가려고 하는 경향을 가리킨다. 그러는 가운데 고통이나 불편이 따라올 수도 있지만 미래를 위해 더 나은 전향적인 결정을 내려서 변화를 꾀하는 것은 거부된다.

관성적 마비는 왜 사람들이 주식시장에서 재산을 날리는지를 설명해 준다. 당신이 잘나가는 주식을 주당 100달러를 주고 샀고, 그 회사가 이토이즈닷컴(eToys.com)이라고 하자. 그런데 주가가 하락하여 80달러까지 떨어졌다. 아니, 이런! 당신이 어떻게 옳지 않은 결정을 내릴 수 있었겠는가? 그렇지 않은가?! 그래서 당신은 주당 80달러에 주식을 더 산다. 그리고 나서도 주가는 하락세를 멈추지 않고 주당 50달러까지 떨어진다. 이때도 당신은 더 산다. 그리고 당신은 이 미친 짓을 주가가 0달러가 될 때까지 멈추지 않는다. 주범은 당신의 완고함이 아니다. 자기 옳음을 확증하고자 하는 욕구와 큰 수익을 올릴 수 있는 기회를 놓치고 싶지 않은 욕심이 돌이킬 수 없는 관성이 되어 당신을 몰고 간 것이다.

관성적 마비와 매몰 비용은 기업가 지망생들을 계속 지망생으로 남게 만들기도 한다.

우리가 과거에 내린 결정들은 정서적 집착으로 깊게 새겨져 있다. 그리고 정서적 집착—수년 동안의 학교교육, 훈련 등에 대한 집착—이 강하면 강할수록 포기는 어렵고, 그래서 미래를 위한 최상의 결정을 내리기보다는 과거의 투자가 낭비되는 꼴을 보고 싶지 않다는 욕구만을 충족시키려 든다. 결국, 관성적 마비는 상실을 회피하고자 하는 비논리적인 반응이다.

CHAPTER 27

헛소리꾼들의 허튼소리들 :
목발, 상투어, 광신집단

가장 흔한 거짓말은 자신에게 하는 거짓말이다. 타인에게 하는 거짓말은 그에 비하면 약과다. -프리드리히 니체(철학자)

허튼소리의 세 가지 버전

피트니스센터에서 시간을 보내다 보면 '레그 데이(leg day 극심한 고통을 참으며 하체 운동을 하는 날)'를 빼먹는 남자들에 대해 잘 알게 된다. 레그 데이에 모습을 드러내지 않는 사람들 대다수는 다리는 젓가락처럼 가늘지만 상체 근육은 울뚝불뚝 잘 발달해 있다. 이런 사람들은 레그 데이를 간혹 건너뛰는 것이 아니라 아예 깡그리 생략한다. 그들은 다리 운동에 시간을 쓰는 대신에 쫙 달라붙는 티셔츠를 입고 울근불근한 상체를 뽐내는 데 열을 올린다. 눈에 잘 띄는 신체 부위의 잘 발달한 근육은 여성들의 눈길을 사로잡는다. 하체 운동을 등한시하는 사람을 붙잡고 왜 프레스와 스쿼트를 하지 않는지 물어보라. 그러면 다음과 같은 허튼소리를 들려줄 것이다. "무릎이 안 좋아서요.", "양쪽 발목이 다 망가졌어요". 어떻게 그렇게 잘 아냐고? 하하! 한때 내가 하던 소리이기 때문이다. 그렇다. 내가 둘러대곤 했던 핑계들이다. 야구를 하다 부상을 입고 오토바이 사고를 겪었으므로 말도 안 되는 핑계는 아니었다. 하지만 둘 다 허술한 변명이었다. 스쿼트 랙(역도 연습 기구의 일종)이 주는 통증을 피하기 위한 얄팍한 정당화에 불과했다. 이 이야기는 16장에서 살펴본 3B의 하나인 허튼소리(Bullshit)의 예시다.

허튼소리 버전 1.0_목발 : 대뇌 도그마(cerebral dogma)

우리 머릿속에 상주하는 허튼소리를 나는 '대뇌 도그마'라고 부른다. 대뇌 도그마는 나의 스쿼트 랙과의 씨름을 보아서 알 수 있겠지만, 불편한 것을 하지 않을 수 있도록 우리의 자아를 감싸고 보호한다.

각본화된 거짓들이 늘 그러하듯, 대뇌 도그마는 과보호적인 어머니처럼 행동하면서 자아를 치마폭에 둘러싸고 냉혹한 현실의 냉엄한 진실들로부터 보호한다.

저기 비싼 슈퍼카를 모는 청년이 보이는가? 당신의 대뇌 도그마가 논쟁을 펼친다. 그 논쟁은 '버릇없는 재벌2세로군!'이라거나 '더럽게 운 좋은 녀석!'이라는 퉁명스런 말로 요약될 수 있다. 이런 논리는 당신의 실패를 정당화해주고, 당신의 자아가 수면 아래의 진실을 대면하지 않아도 되게끔 만들어준다. 그러나 그것 아는가? 스쿼트 랙을 하지 못하게 당신을 가로막는 것이 사실은 당신의 약한 발목이 아니라는 것을.

또 어떤 때는 대뇌 도그마가 당신에게 당신의 약점과 결점들과 참담한 환경을 끊임없이 상기시켜 준다. 예를 들어서, 각본에서 탈출하기로 다짐할라치면 당신의 대뇌 도그마는 변명으로 일관하며 당신을 말릴 것이다. '내가 무슨 돈이 있다고…….', '난 너무 늙었어.', '부양할 가족이 있는데…….', '요구되는 학위도 없잖아.', '기댈 인맥이 없어.', '그일이 만만치 않다고들 하던데.', '직장 일로 너무 바쁜데…….'

또 어떤 경우에는, 대뇌 도그마가 인생의 암초 같은 말들을 읊조린다. '아, 나는 시카고에 살기 싫어. 그런데 이사를 갈 수가 없어. 가족이 다 여기 사는 걸.', '우리는 매년 휴가를 떠나지. 돈이 없다고 가족의 전통을 깰 수는 없으니까.', '최상의 직업들은 죄다 실리콘밸리에 있다니까. 다른 곳에서는 좋은 일자리를 찾아볼 수가 없어.'

무위, 평범, 실패, 이 모든 것에는 다 그럴싸한 이유가 있다! 다리 운동? 절대 안 돼, 발목이 망가졌다고! 당신의 자아는 대뇌 도그마를 목발 삼아 몸을 기대고, 당신의 편향을 옹호한다. 당신의 어깨에 둥지를 튼 악마처럼 당신의 대뇌 도그마는 현상 유지를 옹호한다. 우리의 생각을 곰곰이 들여다보기 시작할 때까지, 우리의 뇌는 위험하고 독자적인 삶을 고집하며 주변을 어슬렁거린다.

허튼소리 버전 2.0_상투어 : 각본명제와 프랑켄프레이즈

적당주의를 부추기는 입에 착 달라붙는 주문과 영리한 상투어들을 조심하라. 허튼소리 버전 2.0은 입에 착착 달라붙는 새콤달콤한 각본명제들로서, 누구나 입에 거듭 올리기는 좋아하지만 속뜻을 곱씹어보기는 거절한다. 쓰라린 비판은 거부하고 달콤한 헛소리는 수용한다. 각본명제를 받아들일 때마다 당신은 과정 중시 원칙을 왜곡하는 상투어를 허용한다.

- 돈이 돈을 번다 : 나는 파산 상태이고 늘 그럴 거예요. 이길 수 없는 싸움을 하는 것이 무슨 의미가 있겠어요.

- 좋은 일은 기다리다 보면 찾아온다 : 나는 그냥 여기 앉아서 손가락이나 빨면서 '좋은 일'이 찾아오기를 기다릴 거예요. 그런 일이 생기면, 아마도 제 손에는 10만 달러짜리 수표가 들려 있겠죠.

- 저지르고 후회하느니 가만히 있는 게 낫다 : 어딘가에는 리스크가 전혀 따르지 않는 기회가 분명히 있을 거예요. 그때까지 안전하게 가만히 있으려고요.

- 성공의 80퍼센트는 출석만 해도 찾아온다 : 일단 젠더학(gender studies)을 공부하고 학위를 따고 나면 취직은 따놓은 당상일 거예요. 좋은 학위를 가진 좋은 사람이니 고용주들이 얼씨구나 하고 반겨주겠죠. 적어도 연봉 25만 달러는 될 것이라고 자신합니다.

- 지식보다 인맥이다 : 성공에는 인맥이 중요하지요. 그러니 굳이 고생스럽게 기량을 연마할 필요가 있겠어요? 제프 베조스(Jeff Bezos 미국 기술 및 소매 기업가, 투자가, 독지가)에게 전화 한 통만 걸면 저의 멘토가 되어 주실 테고, 또 두 팔 벌려 받아주실 겁니다.

- 돈으로 행복을 살 수 없다 : 돈이 없어도 행복할 수 있어요(돈 때문에 아내랑 싸우는 것만 빼면요). 게다가 그 어떤 것도 나를 그 시건방진

227

부자들 중의 한 명으로 만들 수 없을 겁니다!

내가 자주 공격하는 각본명제는 '돈으로 행복을 살 수 없다'이다. 파산도 해보고 큰돈도 벌어 본 내가 한마디하자면, 돈이 있고 없고의 차이는 캔에 든 스팸을 먹는 것과 5성급 스테이크하우스에서 칼질을 하는 것의 차이에 비견될 수 있다. 그 어떤 연구가 그 어떤 결론을 내리든, '돈으로 행복을 살 수 없다'라는 말은 진실하지 못하다. 왜냐하면 그런 연구들은 결코 돈의 '용처' 즉, 소비를 위해 돈이 쓰이느냐 아니면 자유를 극대화하는 데 쓰이느냐를 고려하지 않기 때문이다.

돈을 자유를 사는 데 쓴다면 당신은 돈으로 행복을 사는 것이다.

— 프랑켄프레이즈(Frankenphrase)

기업가정신에 대한 상투어와 만트라(주문)도 만만치 않게 많다. 나는 이런 캐치프레이즈들을 프랑켄프레이즈라고 칭한다. 그 유명한 좀비인 프랑켄슈타인과 같이 프랑켄프레이즈는 기업가 지망생들을 떠버리 앵무새들로 만들어 놓는다. 프랑켄프레이즈는 입에 착착 달라붙는 유행어의 형태를 띠면서 비즈니스 영역으로 파고든다. 예를 들자면, '페일 패스트(Fail fast 실패를 앞당기라)'라든지 '비 애자일(Be agile 유연하고 민첩하라)'라든지 '비 린(Be lean 군살 없이 날렵하라)'라든지 '스타트업(startup)'과 같은 캐치프레이즈를 예로 들 수 있다. 나의 어록에도 말하고 듣기에 산뜻하고 시원시원한 표현들이 들어와 있다. '추월차선(fastlane)'이 그 예다.

이런 프랑켄프레이즈의 문제는 그것들이 효과적인 과정에 걸림돌이 될 수 있다는 데 있다. 프랑켄프레이즈의 장점을 무시하려는 것은 아니다. 문제는 기업가나 기업가 지망생들이 무슨 말을 하는지 잘 알지도 못하면서 이런 쌈박한 표현들을 앵무새처럼 입에 올릴 때 발생한다. 이런 현상은 우리 포럼에서도 나타나는데, 우리 포럼은 대뇌 도그마나 프랑켄프레이즈에 대한 면역력을 갖추고 있지 못하다.

"이것이 추월차선인가요?"라는 질문은 지난 몇 년간 수도 없이 우리 포럼에 등장했다. 추월차선? 질문자는 그 말의 뜻이 무언인지 알기라도 하고 입에 올리는 것일까? 300쪽이 넘는 그 책을 읽어보기나 한 것일까? 그 책에 등장하는 5계명을 알고 있는 것일까? 아니, 아니다. 그렇지만 그것은 왠지 빠르게 부자가 되는 길일 것만 같다.

거의 매주 반복되는 시나리오가 하나 있는데, 예를 들어 쉽게 설명하자면 이런 식이다.

> 나는 알리바바에서 단 10분 만에 찾은 상품을 광고할 목적으로 90초 만에 뚝딱 만들어낸 홈페이지로 트래픽을 유도하기 위해 단돈 10달러의 돈을 페이스북에 썼습니다. 방문자의 구매자 전환 비율은 0을 기록했고, 100퍼센트가 홈페이지에 왔다가 그냥 가버렸으며, 평균 체류 시간은 방문당 3초였습니다. 빨리 실패로 결론짓고 무언가 다른 것을 시도해 보아야 할까요?

더욱더 가관인 것은 '스타트업'이라는 표현과 함께 벌어지는데, 요즘 이 단어는 직무와 관련된 것이면 무엇에든지 쓰이고 있음이 분명하다.

말하자면 이렇다. 반짝이로 떡칠을 한 우편물을 보내도 '스타트업,' 레모네이드 노점을 열어도 '스타트업,' 워드프레스를 설치하고 28달러짜리 테마를 구매해도, 와, 너 '스타트업' 했구나! 당신의 모든 모험적 시도를 '스타트업'이라고 부른다고 해서 당신의 첫 고객, 첫 수익, 첫 구매 전환이 가까워지는 것은 아니다.

내 말의 요지는 몹쓸 프랑켄프레이즈들과 거리를 두라는 것이다. 어떤 것이 '추월차선'인지 '스타트업'인지 아니면 '군살 없이 날렵함인지' 그만 질문하고, 첫 고객을 얻기 위해 무엇을 해야 할지를 질문하라는 것이다.

허튼소리 버전 3.0_광신집단 : 선물을 주는 선생을 경계하라

대부분의 구루들에 대해서 내가 문제 삼는 것은 '실천 패러독스'다.

실천 패러독스는 자신이 실제로 사용하지 않거나 자신이 부를 일구는 데 기여하지 않은 전략을 판매하는 것을 가리킨다. 남에게는 하라고 가르치면서 자신은 실천하지 않는다. 자신은 부동산을 전혀 소유하고 있지 않으면서 부동산에 대한 책을 저술하여 판매한다. 기업가정신을 들먹이며 돈을 벌지만 사실은 수익이 나는 기업을 구축해 본 적이 없다. 맵시 있는 건강을 강조하며 장사를 하지만 자신은 살이 늘어지도록 쪘다. 부자가 되는 법에 대한 책을 저술하여 판매하지만 정작 본인은 부자가 아니다.

우리 포럼의 회원 한 사람이 한 번은 불만의 글을 올렸고, 그 글에는 줄줄이 댓글이 달렸다. 그는 '구루를 자처하는 사람들의 책이 인도하는 길을 따라가다 보면 아무것도 없다'라고 썼다.

구루들에 관한 한 그리고 공인들에 관한 한 우리는 질문해 보아야 한다. 이 사람의 말이 그의 마음으로부터 나오는가, 아니면 그의 금전등록기로부터 나오는가? 조언을 해주면서 큰돈을 버는 그 사람이 자기 말대로 행하는가? 구루의 신뢰성에 대한 유일한 검증 기준은 진정성이다.

진정성은 언행일치로 드러난다. 진실은 거짓을 이긴다. 자신의 가르침대로 행하라. 진정성이 저술하는 책은 인생을 바꾼다. 순진한 독자를 참가비가 비싼 세미나, 커미션을 챙기는 금융상품이나 값비싼 코칭 프로그램으로 엮어 넣지 않는다. 진정성은 진실을 말하고, 기분을 상하게 하거나 책의 매출이 떨어질 것을 두려워한 나머지 꼭 해주어야 하는 말을 걸러내지 않는다.

나는 지금까지 워렌 버핏에 대하여 비판적인 말들을 했지만 그렇다고 해서 내가 그의 어마어마한 성공에 의문을 제기하는 것은 아니다. 내가 꼬집고 싶은 것은 진정성이다. 그는 자신을 개미 군단의 일원으로 그린다. 마치 자신이 그 날의 다섯 번째 코카콜라를 마시면서 당신과 나처럼 주식을 매입하는 사람인 척 말한다. 그는 매입과 보유를 통해 재산을 일구지 않았다. 그는 기업가로서의 활동과 기업적 영향력을 행사함으로써 투자물의 가치를 증대하여 부를 축적했다. 워렌 버핏은 새로운 지분 투자를 입에 올리는 것만으로서 시장을 움직일 수 있는 궁극적 생산자다. 그리고 각본화된 개미들이 월스트리트 카지노에 걸어 들어가서 월스트리트의 시스템에 따라 투자할 때 그 시스템은 넘쳐나는 새로운 돈으로 돌아가고, 주가까지 올라주면 금상첨화인 것이다.

허튼소리 매몰하기 : 세 대의 불도저

1번 불도저 : 소크라테스식 질문법

허튼소리를 땅에 묻어버리려면 어려운 질문을 던져야 한다. 각본화된 운영체계에서 빠져나오길 원한다면 자기 자신을 호출하라. 효과적인 '호출'을 위한 열쇠는 소크라테스식 질문법이다. 소크라테스식 질문법은 사고의 트랙(연속적 사고)을 대상으로 실시하는 진지하고 체계적인 질문이다. 이 사고의 트랙들을 그 심연까지 들여다봄으로써 편향과 가정과 진보의 단계들을 캐낼 수 있다.

예를 들어 보자. 슈퍼카를 몰고 가는 젊은이가 당신의 눈에 들어온다. 당신은 자동적으로 그에게 '버릇없는 재벌2세'이라는 딱지를 붙인다. 그러고는 소크라테스식 질문이 다음과 같이 진행될 수 있다.

- 당신은 왜 그 청년이 버릇없는 재벌2세이라는 결론을 내렸습니까?

왜냐하면 그는 젊고, 젊은 녀석이 어디서 돈이 나서 그런 차를 산단 말입니까?

- 이 결론의 뒷받침하는 증거가 있습니까?

그런 증거는 없지만, BMW 3 시리즈를 모는 녀석을 하나 알고 있는데, 그걸 생일 선물로 받았다고 합니다.

- 이 상황에서 그것이 직접적인 증거가 될 수 있습니까? 사실이 될 수 있습니까?

아뇨, 그런 것 같지는 않네요.

- 당신의 생각이 틀렸고 그 젊은이는 자수성가한 사람이라는 것이 증명된다면 당신은 어떤 느낌이 들까요?

그렇다면 내가 부족하다는 느낌이 들고 질투가 날 수도 있겠네요.

- 왜 당신은 그렇게 느끼게 될까요?

아마도 내 인생에서 아직 이룬 것도 없고 여전히 부모님에게 얹혀살기 때문이겠죠.

- 왜 당신은 왜 그런 생각을 하게 될까요? 그것은 정당화될 수 있는 건가요?

그도 그럴 것이, 나는 비디오게임을 많이 하고 아직 좋은 일자리를 구하지 못했습니다. 제가 마지막으로 책을 읽은 건 고등학교 때예요. 『앵무새 죽이기』라는 책이었죠.

- 당신의 가정이 옳을 것이라고 생각하거나 믿으면 어떤 효과가 발생합니까?

내가 지금 하고 있고 괜찮다고 느끼는 것을 계속해도 된다는 좋은 이유가 생기는 것 아닐까요?

- 이 가정을 당신이 더 이상 붙들고 있지 않다면 어떤 변화가 생길까요?

뭐든지 가능하겠죠, 심지어 나 같은 사람에게도 말이죠. 음, 제가 열심히 일하고 운이 좀 따라준다면요.

소크라테스식 질문법은 정신적 방어벽에 구멍을 뚫는다. 가정들을 탐색하고 증거를 요구한다. 기저의 입장을 깊게 파고 들어가고 자신의 생각을 정직하게 뜯어보다 보면, 당신의 뇌가 당신의 이야기 편향을 보호하고 있다는 것을 (또 다시) 발견하게 될 것이다.

2번 불도저 : 암의 앎

암. 아마도 이만큼 강력한 단어도 드물 것이다. 의사의 입에서 당신이 암이라는 말을 듣는 순간 당신은 무너져 내릴 것이다. 사랑하는 사람이 암이라는 진단을 받는 순간도 현실로 받아들이기 어렵다. 그리고 나는 당신이 그런 일을 겪지 않기를 기도한다. 하지만 만일 암에게도 긍정적인 측면이 조금이라도 있다면 그것은 아마도 암이 가져다주는 앎―생명의 소중함에 대한 새삼스런 각성과 삶을 향한 더할 나위 없이 강렬한 절실함―일 것이다. 나는 이 암이 가져다주는 절실한 앎을 '암의 앎'이라고 부르고자 한다. 이 암의 앎은 뇌의 허튼소리를 드러내고 박멸하는 가상적 삼단논법이다. 의도적으로 이용될 때 암의 앎은 변명들의 무가치함을 드러낸다. 당신의 대뇌 도그마가 입을 열어 당신이 너무 어리다느니 너무 늙었다느니 너무 가난하다느니 너무 이렇다느니 너무 저렇다느니 떠들어대기 시작할 때마다 암의 앎은 그 패턴을 부수어버린다.

내가 이런 가슴 아프도록 치명적인 질병을 예로 드는 것에 대해 먼저 사과를 하는 바이다. 이해를 돕기 위한 것이므로 양해해주기 바란다. 예컨대, 당신이 암 진단을 받았고, 여생이 몇 달에 불과하다는 선고를 받았다고 하자. 그런데 당신의 암을 치료할 약도 존재한다고 하자. 그 치료약은 조 블로우라고 하는 사람이 만든 것으로서, 가격이 5천 달러다. 당신은 그것을 사고자 한다.

그런데 지갑을 열어 현금을 조 블로우에게 건네주기 전에 당신은 조 블로우의 개인적 특징이나 동기 같은 것을 고려하거나 그런 것에 대해 질문을 던지겠는가? 예를 들어서, 조 블로우가 고작 19살이라는 것을 당신이 알게 되었다면 어떻게 할 것인가? 당신은 그래도 여전히 그 치료제를 손에 넣고 싶어 할 것인가? 그가 여든세 살이라면 어떨까?

보다시피, 당신이 절실히 원하거나 필요로 하는 것을 누군가가 가지고 있다면 그 사람의 배경은 우선순위가 아니다. 그리고 인종, 교육, 이혼, 결혼, 외모, 이것, 저것 등등 모든 것이 의미가 없어진다. 이것을 뒤집어 생각해 보면, 다른 사람들이 절실히 원하거나 필요로 하는 것을 당신이 가지고 있다면 그 사람들은 당신의 환경, 이유, 동기, 학위, 개인사 등에 아무런 신경을 쓰지 않을 것이다! 돈의 흐름을 결정하는 것은 바로 이 간단한 질문이다. 당신은 내가 원하는 것을 가졌는가? 그렇다면 나는 얼마의 대가를 지불해야 그것을 가질 수 있는가?

3번 불도저 : 정체성 대변혁

우리 어머니는 젊어서 담배를 피셨다. 어머니는 오랜 세월 끊으려고 노력했지만 금연은 어려웠다. 어느 날 어머니는 텔레비전에서 공익광고를 보았는데, 그 광고는 만성 흡연자의 검게 그을린 폐를 보여주었다. 그 당시에 어머니는 나를 임신 중이었고, 불에 탄 것 같은 폐의 모습에 큰 충격을 받았다. 내가 내 폐에 이런 짓을 하고 있단 말인가? 그리고 내 뱃속의 아이에게는? 즉각적으로 모든 것이 변했고, 어머니의 정체성 자체가 바뀌었다. 그 순간에 어머니는 '금연 노력을 기울이는 흡연자'에서 '비흡연자'로 정체성의 대변혁을 이루었다. 어머니는 그 후로 담배에는 손도 대지 않았고, 오늘날 그때를 회상하며 '끊기 정말 쉬웠다'라고 말하곤 한다.

보다시피, 되고 싶은 사람이 정말로 되면서 정체성의 변혁이 일어날 때 행동들이 정체성 유지를 위한 전투를 시작한다. 누군가가 나에게 담배를 건네면서 한 대 피우겠냐고 묻는다면 나는 그 질문에 대해 무슨 답을 해야 할지 궁리조차 해보지 않고 본능적이고 즉각적으로 '노땡큐'라고 대답할 터인데, 그 까닭인즉슨 나의 정체성이 '나는 비흡연자'이기 때문이다. (이 책을 포함하는) 대부분의 책들은 변화를 일으키는 데 비효과적일 수밖에 없는데, 독자들이 의지력만으로 행동을 추동해 가기 때문이다.

진짜 변화는 정체성(identity)과 자기(self)로부터 온다. 책이나 유튜브의 반복시청을 통해 시동이 걸리는 외부 동기부여로부터 오는 것이 아니다. 기본적으로, 당신은 먼저 당신이 되고 싶은 사람이 되어야 한다. 그러면 행동이 따라온다. 그것에 대해 말하지 말고 그것이 되어라. 그러면 소유하게 될 것이다.

예를 들어보겠다. 당신이 '기업가 지망생'으로 분류된다면, 그것은 당신의 정체성이 기업가로서 충분히 숙성되지 않았기 때문일 것이다. '나는 대기업의 사원인데, 언젠가 직장을 그만두고 내 사업을 시작하고 싶다'와 같은 생각을 하는 사람일 것이다. 당신은 정체성의 대변혁을 경험한 비흡연자가 아니다. 당신은 끊으려고 시도만 하는 흡연자일 뿐이고, 안타깝게도, 평생을 그렇게 살다 갈지도 모른다.

나의 정체성은 내가 10대 때 람보르기니를 본 순간 바뀌었다. 그날 이후로 나의 정체성은 100퍼센트 기업가였고, 나의 행동이 언제나 기업가다웠던 것은 아니지만, 그 정체성은 나를 그 트랙을 벗어나지 않게 해주었다. 빚을 지고 5년 동안 대학에서 취준생으로서의 준비를 했고, 힘한 직업을 전전했다. 나의 기업가로서의 정체성(됨)은 10년의 고생(행함) 뒤에야 걸맞은 성과(소유)를 보았다. 정체성의 힘은 그런 것이다.

그렇다면 정체성 변혁은 어떻게 이룰 수 있을까? 첫째, 당신이 되고 싶은 것이 무엇인지 파악하고 스스로를 그렇다고 여겨라. 불행하게도, 이것은 쉽지 않다. 혁명적 전환이 필요하다. 이것은 앞서 논의했던 열받고 대오각성하여 환골탈태하는 사건과 겹친다. 나에게 있어서는 그 하얀색 람보르기니가, 우리 어머니에게 있어서는 검게 그을린 상처투성이의 폐 사진이 그런 정서적 사건을 일으켰다. 당신에게는 어쩌면 직장에서 상사가 당신의 공을 가로챌 때 그와 같은 정서적 충격이 발생할 수 있을 것이다. 그 사건이 어떤 것이든 그때의 감정들이 정체성의 변혁을 추동한다.

둘째, 당신의 정체성을 강화하고 확인하라. 이것을 위해 꾸준한 행동이 필요한데, 행동의 크고 작음은 상관없다. 만일 당신이 뇌졸중을 겪은 후 건강관리를 열심히 하는 사람이 되겠다고 결심했다면, 피자 할인 같은 것에 '노'라고 말하는 작은 행동을 꾸준히 취할 수 있을 것이다.

우리 어머니의 정체성 대변혁과 같은 것이 순간적으로 일어날 개연성은 그리 높지 않다. 갑작스럽고 즉각적이고 완전하며 영구적인 변화는 쉽게 찾아오지 않는다. 우리는 그런 것 대신에 과정 중시 원칙에 따라 매일의 행동과 개선을 통해 정체성의 변혁을 이루어야 한다. 나의 추천도서 『습관을 변혁하라(Transform Your Habits)』의 저자 제임스 클리어(James Clear)는 매일 당신의 '정체성을 증명해 보이라'고 권면한다. 이것은 작은 승리와 사소한 개선들을 통해 일어난다.

당신의 새로운 정체성이 '나는 작가다'라면 매일 몇 문단씩 글을 쓰라. 이전의 노력을 헛되게 만들지 말고 노력 위에 노력을 쌓아가라. 그렇게 노력의 상승곡선을 그려가라. 내가 과정 중시 원칙에서 언급했듯이, 일단 피드백의 메아리가 울려 퍼지기 시작하면—축하한다!—모든 것이 쉬워지고, 좋은 습관이 자리 잡고, 다른 사람들도 변화를 눈치 채게 될 것이다. 새 정체성을 증명해 보임에 있어서 매일 1퍼센트의 전진을 이룩하면서 1년을 보내고 나면 당신은 새 사람이 되어 있을 것이며 과거에 자기가 어떤 사람이었는지조차 기억하지 못할 것이다.

기업가정신은 당신의 머릿속에서 살고 죽는다

삶, 자유 그리고 기업가정신의 추구는 당신의 머릿속에서 살고 죽는다. 당신의 머릿속에서 신념이 뒤바뀌고, 편향이 바로잡히고, 허튼소리가 반대의 목소리를 만난다. 기업가정신은 험하지만 보람 있는 스포츠다. 그러나 그것은 시도되는 것이 아니라 삶을 통해 구현되어야 한다. 3B를 마스터했다면 축하한다. 이제 책의 갈피끈을 옮겨서 각본에서 탈출한 기업가적 기본틀의 중심부로 들어가자.

CHAPTER 28

꺾을 수 없는
승리에의 의지

필승을 위해 꼭 필요한 것은 명확한 목표다. 성공하려면 자신이 무엇을 원하는지 알고 그것을 쟁취하고자 하는 불타는 열망을 가져야 한다. -나폴레온 힐 (작가)

동기부여 사이클 : 위대한 일을 성취하는 법

위대한 결과는 위대한 헌신을 요구한다. 헌신은 과정 중시 원칙의 연료와 같아서 습관이 삶의 방식으로 자리 잡게 하고, 삶의 방식이 승리의 결과를 낳게 한다. 모두 잠든 시간에 그 발레리나는 스튜디오에서 연습하고 있다. 모두 피자를 주문할 때 그 피트니스 경쟁자는 샐러드를 주문한다. 모두 파티를 즐길 때 그 기업가는 지하방에 틀어박혀 아이디어를 갈고 닦았다.

그렇다면 이런 종류의 헌신은 어디서 나오는가? 헌신에 점화 플러그가 있다면 그것은 목적과 의미일 것이다. 목적과 의미는 역경과 비난과 실패에도 불구하고 그리고 목표 달성이 요원해 보이는 상황에서도 행동하고 또 행동하는 핵심적인 이유가 된다.

의미와 목적은 무대공포증을 떨치고 연단에 올라 말을 할 수 있게 해준다. 당신을 미쳤다고 힐난하며, 심지어는 앞선 아홉 번의 실패를 들먹이기까지 하면서 의심의 화살을 쏘아대는 가족이 있음에도 불구하고 당신이 최근에 새로운 사업을 시작할 수 있게 해준 것도 의미와 목적이다. 3B를 새롭게 하여 출발의 영감을 얻는다면 의미와 목적과 동기부여 사이클은 마무리를 위한 영감을 불어넣는다.

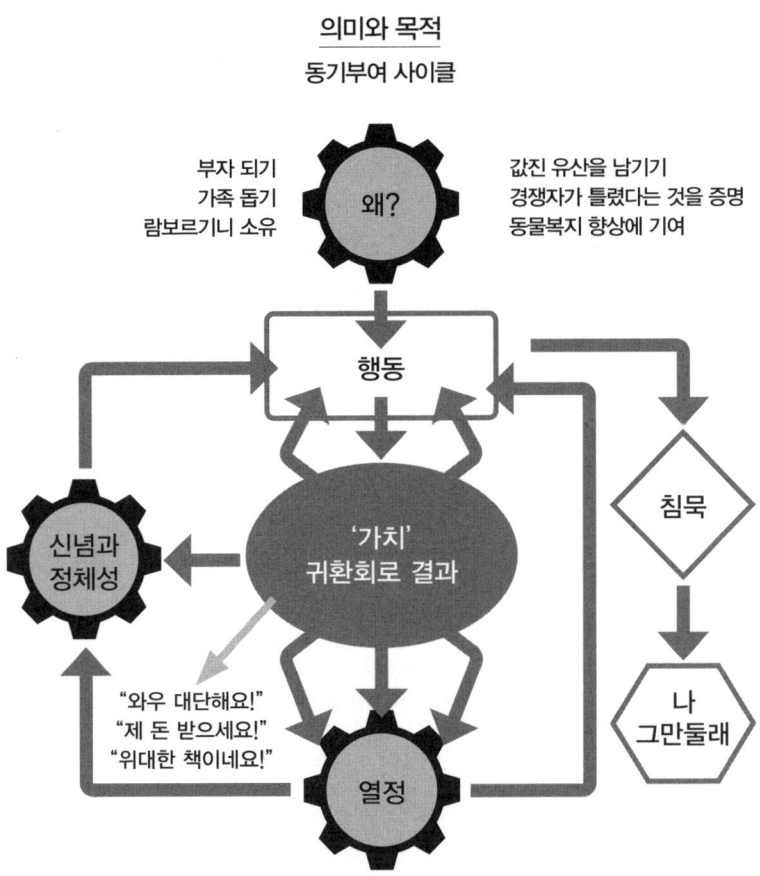

왜 하는가? : 당신의 핵심적 추동력

나는 친구들과 복도에 서서 이야기를 나누고 있었다. 며칠 후면 졸업이었고, 내 친구들과 나는 졸업 후 취업에 대해 이야기를 나누고 있었다. 내가 나의 직업과 관련한 미래 계획을 말하면서-사실 나로 말하자면 무계획이 계획이었다-나는 내가 기업가이기 때문에 면접 같은 것은 보지 않겠다고 말했다. (나의 정체성이 드러나는 것을 보라!) 한 친구는 킥킥거리더니 거만하게 거들먹거리며 말했다. "그래, 그래. 그거 너한테 딱이다. 잘 풀릴 거야." 그러고는 그는 '빅3' 회사 중 하나인 회사의 회계부서에 사원으로 입사하게 되었다고 떠들어댔다. 그러면서 몇 년 내로 수십만 달러의 연봉을 받게 될 것이라고 허풍을 떨었다. 나는 똑같은 거만함으로 되받아쳐주었다. "와우 대단하다. 그런데 언젠가 나는 널 고용하게 될 거야."

이 대화는 몇 분 만에 끝난 짧은 공방이었다. 그럼에도, 어떤 불가해한 이유로 인해 내 마음에 깊이 각인되었다. 그 대화는 나를 열받게 하고 힘을 내게 해주었고, 내 확신을 더 굳건하게 만들어주었다. 그 친구를 그 뒤로 다시는 보지 못했지만, 그의 빈정거림은 나를 오랜 세월 떠나지 않으면서 나를 움직이는 많은 이유 중 하나가 되었다.

잘난 척하던 그 친구와는 별개로, 당시 나를 움직였던 추동적 이유들을 열거해 보면 다음과 같다.

- 나는 정장이 싫다. 정장을 입는 생각만 해도 견딜 수가 없다.
- 람보르기니를 갖고 싶다.
- 싱글맘인 어머니의 짐을 덜어드리고 싶다.

- 일찍 은퇴하여 조기 은퇴에 대한 책을 쓰고 싶다.
- 결혼 생활을 파괴할 수 있는 '돈 문제'로 시달리고 싶지 않다.

당신의 추동적 이유가 무엇이든, 그것은 강박과의 경계선상에 서서 행동을 불러일으킬 만큼 충분히 강력해야만 한다. 친구들이 파티를 즐기는 토요일 밤에 계속 일하도록 동기를 부여할 '추동적 이유'들로는 어떤 것이 있을까? 불같이 뜨거운 추동적 이유들은 약해지는 의지력을 되살리고 꺼져가는 열정에 불을 붙인다. 미지근한 추동적 이유들은 의미나 목적으로 발전하지 못하고 액션페이킹으로 변화되어 나타난다. 확고한 추동적 이유가 없다면 노력의 배는 첫 태풍을 만날 때 침몰하고 만다.

예를 들어 보자. 기업가로 첫발을 내디딘 사람이 직면하는 가장 흔한 태풍의 이름은 사막의 모래바람이다. 사막의 모래바람은 아이디어에서 첫 매출까지 걸리는 기간에 불어온다. 동기부여 사이클에서 (그리고 과정 중시 원칙에 있어서) 귀환회로가 공백인 상태로 몇 달(어쩌면 몇 년)이 흘러간다. 우리 포럼의 어떤 기업가는 고급 선글라스 제품을 기획했는데, 아이디어에서 제품 제작을 거쳐 첫 매출을 올릴 때까지 거의 2년이 소모되었다. 피드백이 전혀 없는 가운데 많은 활동을 전개해야 했던 이 2년의 세월은 메마른 사막과도 같았다. 신념에 대한 증거 없이 버텨내기란 쉽지 않다. 포기는 정말로 쉽다. 삶 자체가 걸림돌이 된다. 직장, 자녀들, 좋은 기회의 유혹 등등. 의지력이 아닌 의미와 목적이 이 사막을 건너기 위해 필요한 낙타다.

몇 년 전, 어느 젊은이가 스물다섯이 되기 전에 백만장자가 되겠다는 선언을 우리 포럼에 개재했다. 안타깝게도, 그의 길고 긴 선언문에는 알맹이가 부족해 보였고, 포럼의 회원들은 그를 비웃었다. 하지만 세월이 흐르고 수많은 실패 속에서 나는 범상치 않은 무언가를 눈치챘다. 공개적인 비웃음에도 불구하고 이 젊은 사업가는 끈질겼고, 활기차게 움직이며 다양한 시도를 했으며, 세상을 자신의 노력으로 채워가고 있었다. 그가 갑자기 부자가 되겠다면서 한번 들어왔다가 둘러보고는 쓱 떠나버리는 보통 사람들과 달라 보였다. 나는 그가 몇 년 전에 올렸던 선언문을 다시 읽어 보았다. 처음에 대충 훑어볼 때는 눈에 들어오지 않았던 것이 찬찬히 읽으면서 눈에 들어왔다. 그는 가난에서 어머니를 해방시키겠다는 목표를 분명히 밝히고 있었다. 즉각적으로 나는 그를 믿게 되었다. 그가 실패했더라도, 그리고 또 실패하더라도, 결국 그는 큰돈을 만지게 될 것이다. 산의 정상은 그의 것이리라. 왜냐하면 그는 의미와 목적이라는 위대한 추동력을 가지고 산에 오르고 있기 때문이다. 그것은 '넌 미쳤어'라고 말하는 훼방꾼들을 부찌를 무기다.

 지난 여덟 해 동안 나는 외야석에 앉아서 기업가들을 (그리고 실패한 기업가들을) 세세히 관찰했다. 간혹 필드로 내려가 수비수로서 경기에 직접 참여하여 결과에 영향을 주기도 하는데, 그것은 나의 기쁨이다. 그리고 내가 아무리 열심히 해도 탁월한 결과들을 보통의 노력으로 키우고 지켜낼 수 있다고 생각하는 기업가 지망생들은 늘 있게 마련인데, 그것은 나의 슬픔이다. 소파에 앉아서 리모컨으로 성공을 일구어낼 수 있다고 생각하는 사람들로 세상은 넘쳐난다. 그들은 인생이 줄 수 있는 모든 좋은 것을 원하고, 그것도 안락한 조화로움 속에서 그것들을 향유하길 원한다. 어머니를 가난으로부터 건져내고자 하는 절실함으로 필사적 노력을 기울였던 이 젊은이는 어떤가? 그는 영혼 없는 돌격대원 사이에서 두드러지는 강력한 전투력으로 무장한 제다이 기사다. 시간이 흐르면서 그는 폭발적인 성장을 보여주고 있다.

누구나 완벽한 배우자를 갖기 원한다. 그렇지만 완벽한 배우자가 되기 위해 노력하는 사람은 거의 없다. 누구나 튼튼한 근육질의 몸이나 건강하고 맵시 있는 몸매를 원한다. 그러나 휴게실에서 벌어지는 피자 타임에 '고맙지만 사양'하겠다고 말하고 매일 운동하기를 원하는 사람은 거의 없다. 누구나 은행계좌의 잔고가 두둑하고 수동적 소득을 보장하는 사업을 원하지만 거기에 따르는 리스크와 긴 시간, 그 기간 동안의 불안정한 소득을 원하는 사람은 거의 없다. 충분한 추동적 이유 없이는, 당신은 '누구나'보다 나은 사람이 되지 못하는데, '누구나'는 열망의 계급이 아니다. '누구나' 갖는 추동력으로는 '누군가'가 될 수 없다.

사실, 이것은 나이 지긋한 은퇴자들에게는 드문 일이 아니다. 평생을 회사원으로 지내다가 마침내 직장에서 은퇴하고, 곧 인생에서도 은퇴를 하게 된다. 직업도 없고 사회에 기여한다는 보람도 사라진 뒤 목적과 의미가 그들에게서 박리되어 버린다. 인생의 정글을 헤쳐 나가려면 키 큰 잡초들을 걷어낼 서슬 퍼런 긴 낫이 필요한데, 의미와 목적은 그 낫을 갈아주는 숫돌이다.

CHAPTER 29

조심하라,
고약한 쌍둥이 조언을!

세상에는 단 한 가지 열정만이 있을 뿐이다. 행복을 향한 열정. -데니스 디드로(철학자)

빛 좋은 개살구 : '사랑하는 것을 하라'와 '열정을 따르라'

2005년 스티브 잡스가 스탠퍼드 대학교에서 한 졸업 축사는 전설이 되었다. 그의 말은 온 세상에 메아리쳤다. "당신이 하는 일을 사랑하라(Love what you do)". 이 유명한 말은 새콤달콤한 모습으로 변질되었다. "사랑하는 것을 하라(Do what you love)".

보편적인 금언으로 널리 수용된 스티브 잡스의 말은 잘못 해석되어 많은 젊은이를 착각에 빠지게 했다. '사랑하는 것을 하라'는 조언에는 쌍둥이 형제가 있다. '열정을 따르라'라는 간결한 경구가 그것이다.

누구에게나 열정의 대상이 있게 마련이다. 문제는 아무도 열정적인 실패자들을 인터뷰하지 않는다는 데 있다. 〈아메리칸 아이돌(American

Idol》의 승자들이 노래에 대해 열정적인가? 물론 그렇다. 노래에 대한 열정이 없이 오디션에서 노래를 부르는 게 말이 되겠는가? 그러므로 오디션을 보고 떨어져서 좌절에 빠진 19만 명의 탈락자들도 노래에 대한 열정이 있었다고 말할 수 있다. 당신은 그들에 대한 소식을 들어본 적이 있는가? 없다.

나는 나의 초기 사업 실패들에 대해 이 고약한 쌍둥이 조언에게 귀책사유가 있음을 발견했다. 나는 나의 관심과 열정을 좇으면서 시장의 필요와 시장화가 가능한 가치 명제들을 무시했다. 비타민에서 자동차 오디오까지, 내가 시도한 모든 것은 시장에 고유한 가치를 제공하거나 소통하지 못했다. 니즈도 없었다. 다른 사람의 문제를 해결해주지 못하는 열정은 청구서를 해결해주지 못한다.

우리 포럼에서 어떤 회원이 쓰라린 경험을 통해 배우고는 다음과 같이 말했다.

> "오, 당신이 스노보드를 좋아한다고요? 그렇다면 스노보드 사업을 시작해보지 그래요?" 정신 차려라. 당신의 열정은 사업을 시작할 이유가 못 된다. 나는 8개월 동안 매출이 전무한 상태로 '나의 열정 따라가기'를 시도했다. 당시에 나는 그 특정 시장에서 어떻게 가치를 부가할지에 대해서는 아무것도 알지 못했다.

열정을 따라가다가 제로(0) 매출을 올린 스노보드 사업가는 어떻게 되었을까? 그는 거기서 포기하지 않고 반려동물 산업으로 옮겨갔고, 성공적으로 사업체를 세우고 운영하다 몇 년 후 매각했다. 작년에 그가 어떻게 지내는지 확인해 본 바에 따르면, 태국에서 3개월의 휴가를 즐기고 있었다. 그리고 이것을 알아두라. 그는 개를 키우지도 않았고 반려동물 산업에 대한 열정 또한 없었다. 나는 어땠냐고? 나는 10년 넘게 리무진 업계에 종사했지만 그 일에 가치를 부과하는 과정에 대한 열정 외에는 그 일에 대한 특별한 애정은 없었다.

'사랑'과 '열정'이 당신의 밥벌이 수단이 될 수 없는 또 다른 이유는 과잉정당화 효과다.

내가 리무진 기사 일을 시작한 것은 운전을 좋아했기 때문이었다. 내가 그 일을 그만둘 즈음에 나는 운전이 정말 싫었다. 20년의 세월이 흐른 지금은 어떨까? 나는 여전히 운전이 지긋지긋하도록 싫다.

'당신이 사랑하는 일을 하다' 보면 그 사랑이 죽을 수 있다. 똑같은 이야기가 우리 포럼에서 나왔는데, 그 사람은 나처럼 수십만 달러의 스포츠카에 대한 열정이 대단한 사람이었다. 그는 자신이 사랑하는 일을 하다가 그 사랑을 죽여버렸다. 그가 쓴 글을 읽어보자.

> 아주 어렸을 때부터 나는 자동차에 집착했다. 먹든지 자든지 무엇을 하든지 내 마음은 온통 자동차에 가 있었다. 당연히 나는 운전을 배우고 싶어서 안달했고 열일곱이 되던 해에 운전면허시험을 통과했다. 두 주 뒤에 레이싱 라이선스도 획득했다. 나는 운전이 좋았다. 첫 12개월 동

안 나는 아무런 이유도 없이 2만5천 마일이나 달렸다. 그저 즐거웠다. 레이싱 테스트를 통과한 뒤 나는 강사자격증을 획득하여 열여덟 살에 카레이서 강사가 되었다. 나는 고객들에게 드라이빙 경험을 제공하는 지역 회사 두 곳을 위해 일했다. 나는 페라리와 람보르기니를 레이싱 트랙에서 몰면서 보수를 받았다. 그렇다. 대부분의 사람들이 소유는 꿈도 꾸지 못하고 단지 그 안에 앉아보기라도 했으면 좋겠다고 생각하는 멋진 외제차들을 모는 대가로 돈을 받은 것이다. 그리고 그 수입이 짭짤했다.

첫 3년 동안 14대의 자동차를 소유했었는데, 동시에 3대까지 소유해 보았다. 내가 버는 돈은 모두 자동차를 위해 쓰였고, 내가 달려보기 원했던 레이싱 트랙이란 트랙은 다 나의 일터였다. 성공의 이야기로 들리지 않는가?

나는 그 산업에서 4년을 일했고, 떠날 때는 운전에 신물이 나 있었다. 나를 정의했던 한 가지-자동차에 대한 사랑-가 그 직업 때문에 완전히 죽어버린 것이다. 나와 함께 차를 탄 사람들은 모두 내가 세상에서 제일 좋은 직업을 가졌다고 말했고, 한동안은 나는 그 말에 동의했다. 그러나 같은 트랙을 30만 번을 돌고 나서 그만 질리고 말았다.

당신이 사랑하는 일을 하지 말라. 당신은 당신이 사랑하는 일을 해서 먹고살 수 있는 행운아인가? 오래지 않아 더 이상 그것을 사랑하지 않게 될 것이다. 당신이 창출하는 가치를 사랑해야 한다. 과정은 어렵지만 그 과정을 통해 창출되는 가치를 향한 당신의 사랑이 그 어려움을 정당화해준다.

나의 몇 안 되는 소비적 취미 중 하나는 NFL 미식축구 게임을 시청하는 것이다. 게임 중에 내 친구가 자신이 NFL 심판이라면 좋겠다고 말했다. NFL 심판들이 일주일에 하루만 일하고 떼돈―최소 수십만 달러―을 번다는 것이다. 나는 열렬한 미식축구 팬에게 있어서 그것은 끔찍한 생각이라고 말했다. 심판이 되면 미식축구를 향한 사랑이 깨지고 미식축구 게임이 보기 싫어질 것이라고 주장했다. 게임을 오락거리로 마음껏 즐기지 못하고 벌칙을 줄 목적으로 행동을 쪼개가며 관찰해야 할 것이기 때문이다. 그래서 다시는 이전과 같이 즐기면서 게임을 볼 수 없게 될 것이다. 성공의 비법은 당신이 사랑하는 것이 아닌 당신이 싫어하는 것을 하는 것이다.

결국, 고약한 쌍둥이 조언은, 사악하게도, 수고로워 보이고 불편할 것 같고 열정에 부합하지 않는 것은 무엇이든지 거절할 좋은 구실을 제공해 준다. 간단히 말하자면, 변화의 고통을 회피하면 당신은 결코 당신이 되고 싶은 사람으로 성장하지 못할 것이다.

귀환회로 : 열정과 위대한 성과의 열쇠

그러니까, 스티브 잡스의 '당신이 하는 일을 사랑하라'라는 조언이 틀렸다는 말인가? 그의 조언을 무시하는 대신에 내가 하는 조언에 귀를 기울여야 한다는 말인가? 그건 좀 심각한 폄훼가 아닌가? 다른 두 억만장자의 이야기를 들어보자. 마크 큐번(Mark Cuban 미국 비즈니스맨, 투자가, 저술가, 독지가)과 마크 앤드리슨(Marc Andreessen 미국 기업가, 투자자, 소프트웨어 엔지니어)은 우리의 고약한 쌍둥이 조언에 대해 비슷한 의견을 내놓았다. 앤드리슨은 트위터에 다음과 같은 메시지를 올렸다.

> Tweet #1 : '당신이 사랑하는 일을 하라'는 말은 경력을 위험에 빠뜨리는 파괴적인 인생 조언입니다.

앤드리슨은 그러고는 몇 번 더 생존자 편향과 '당신이 사랑하는 일을 하라'의 실패들이 어떻게 아무런 플랫폼을 갖지 못하는지에 대해 트위팅을 했다. 그리고 나서 그는 금쪽같이 귀한 어구를 남겼다.

> Tweet #5 : 더 나은 인생 조언은 아마도 '기여가 되는 일을 하라'일 것입니다. 초점이 자신만이 아닌 다른 사람들에게 도움이 되는 가치를 창출하는 데 맞추어져야 합니다.

비슷한 이야기를 또 다른 억만장자인 마크 큐번이 했는데, 그는 자신의 블로그에서 다음과 같이 진술했다.

> 이 무슨 허튼소리란 말인가. '열정을 따르라'는 말은 최악의 조언이다.

나는 스티브 잡스가 스탠퍼드 대학교 졸업식 축사에서 무슨 말을 전하고 싶었는지 알 수 있다. 그는 우리에게 고통 없는 성공 비법을 알려주려는 게 아니다. 세상이 당신의 가치를 받아들일 때 당신이 누릴 기쁨과 사랑에 대한 통찰을 이야기하고 있다.

새로운 프로젝트를 시작할 때마다 당신은 믿을 수 없도록 강렬한 열정으로 타오른다. 당신이 사막의 모래바람을 이겨내고 제품을 출시했는데 호응이 시원치 않다면 열정은 스르륵 거품처럼 꺼지게 마련이다. 블로거치고 열정 없이 블로그를 여는 사람은 없다. 하지만 포스팅을 한 편, 두 편 게재하고 나서 시장의 싸늘한 침묵을 마주하게 되면— 당신의 뛰어난 글을 아무도 읽거나 공유하지 않거나 댓글을 달지 않으면—열정은 퇴색한다.

이것은 왜 수없이 많은 블로그들이 두어 편의 글만 올린 뒤 방치되는지를 설명해 준다. 처음 올린 글이 백만 뷰를 기록하고, 500개의 댓글이 달리고, 1만2천 번 공유가 된다면 블로깅을 그만두었을까? 귀환회로는 열정이 끓어오르게 하고, 열정은 우리를 행동으로 이끌고, 행동은 결과를 낳는다.

프래거 대학교(Prager University 5분의 무료 강의 비디오들을 유튜브에 제공하는 비영리 보수 단체)가 제작한 한 편의 비디오에서 〈극한 직업(Dirty Jobs 디스커버리 채널의 리얼리티 텔레비전 프로그램)〉에 출연하여 명성을 얻은 마이크 로우(Mike Rowe)는 정화조 청소를 했던 백만장자와 나눈 대화를 회상한다. 그 백만장자는 이렇게 말했다.

> 나는 주변을 둘러보았습니다. 남들은 다 저쪽으로 가는데 저만 이쪽으로 가고 있었습니다. 그리고 저는 일에 숙련되어 갔습니다. 그리고 번창하게 되었습니다. 그러던 어느 날, 다른 사람들이 쓰레기라고 여기는 일에 제가 열정을 가지고 있음을 깨달았습니다.

스포츠 게임에서 이기고 있는 팀의 선수들은 얼굴에서 미소가 피어오르고 즐기면서 플레이를 하고 있다는 것을 눈치 챈 적이 있는가? 반면에 똑같은 팀일지라도 지고 있을 때는 심술을 부리고 장례식에 참석한 사람처럼 침울하지 않던가? 승리는 열정을 불러일으키고 패배는 열정의 불을 꺼뜨린다.

여기에 내가 최근에 읽은 또 다른 사례가 있다. 2011년에 레너드 킴(Leonard Kim)은 직장을 때려치우고 워드프레스 블로그를 시작했다. 그는 세 편의 게시물을 올렸다. 아무도 읽지 않았다. 그는 블로깅을 접었다.

나중에 그는 '해서 안 될 건 또 뭐람?' 하는 심정으로 쿼라(Quora 질의응답 사이트)를 시작했다. 첫 달에 그는 워드프레스 때보다는 조금 낫지만 비슷한 결과를 얻었다. 102뷰를 달성한 것이다. 썩 훌륭한 결과는 아니었다. 하지만 킴의 '운'은 바뀌게 된다. 어느 날 어떤 사람이 킴의 글에 감명을 받고 그것을 1,000명이 넘는 사람에게 전달했다. 그리고 이 사람들 역시 킴의 글을 좋아했고, 더 많은 사람들이 읽도록 하면서 조회수가 늘어나고 드디어 킴의 귀환회로에 시동이 걸렸다. 이것은 킴으로 하여금 더 많은 글을 쓰도록 영감을 불어넣었다. 다음달에 그의 글은 3,000이 넘는 뷰를 기록했다. 그 다음달에는 6만1천 뷰, 또 그 다음달은 16만2천 뷰. 18개월 뒤에 레너드는 8백만 뷰가 넘는 글을 쓰는 사람이 되어 있었고, 애리조나에 있는 이 사람(엠제이 드마코)을 포함하여 엄청난 수의 팬을 거느리게 되었다.

아무도 읽지 않은 첫 세 편의 블로그 글 이래로 무엇이 바뀌었는가? 정귀환회로(positive feedback loop 긍정적인 양의 피드백이 들어와서 효과가 증폭되는 회로)의 시동이 걸렸다. 이와 비슷하게, 치폴레(Chipotle Mexican Grill, Inc. 미국 패스트푸드 식당 체인)의 창업자 스티브 엘스(Steve Ells)가 원래는 멕시칸 패스트푸드 식당을 시작할 생각이 없었다는 것을 당신은 알고 있는가? 그는 치폴레를 시작할 때 거기서 돈을 벌어서 자신의 열정을 따라 고급 식당을 열 요량이었다.

하지만 시장반응은 달랐다. 고객들은 그의 패스트푸드를 사랑했고, 수익이 하늘 높은 줄 모르고 치솟았으며, 그의 귀환회로는 긍정적인 방향으로 돌기 시작했다. 홀연히 '열정을 따르라'는 조언이 의미를 상실하게 되었다. 「허핑턴 포스트」와의 인터뷰에서 스티브 엘스는 이렇게 말했다.

> 치폴레 매장을 열 때마다 약간의 죄책감이 들었던 기억이 납니다. 나의 진정한 열정을 따르고 있지 않다는 데서 오는 감정이었지요. 그러나 그 죄책감은 결국 사라지고 말았습니다. 그리고 이것이 나의 소명임을 깨달았습니다.

『부의 추월차선』에서 나는 열정이 성과 창출을 독려하는 동기부여라고 언급한 바 있다. 그런데 안타깝게도 그 말이 잘못 해석되어서 '열정을 따르라'가 되어 버렸다. 아아, 나는 확고한 의미와 목적과 추동적 이유가 두려움 없는 행동을 취하게 만든다고 말하려고 했었다.

가난한 어린 시절을 보낸 사람이 있었다. 어찌나 가난했던지 그의 가족은 눈 녹인 물로 변기 물을 대신해야 했다. 이런 빈곤의 경험들이 그에게 강력한 추동력을 만들어주었다. '나는 내 남은 생애는 절대 이렇게 살지 않을 거야!' 이와 같이 강력한 추동적 이유는 의미와 목적의 토대를 구성하면서 많은 것들을 생산해 낸다. 고집스러움, 초점, 규율, 인내 그리고 열정까지도.

나의 현재 목적–각본탈출 복음을 전파하는 것–은 행동을 불러일으킨다. 그 행동은 수고로움을 의미하고, 그 수고로움은 재미와 열정으로 충만하지 않다. 그럼에도 불구하고 일에 따르는 긍정적인 결과들은 더 큰 열정을 낳는다. 나는 이메일 수신함에 "당신이 내 인생을 바꾸었습니다!"라고 고백하는 이메일들을 볼 때마다 열정이 뜨겁게 달아오른다. 아침에 일어날 때 1,500달러가 밤새 벌렸다는 것을 깨닫는 순간 열정이 꿈틀거린다. 내 책을 300부 요청하는 도매 주문이 들어올 때 열정이 솟구친다. 그렇지만 나는 주문들을 처리하면서 보내는 30분 동안은 그 열정을 느끼지 못한다. 인터뷰를 준비하거나 연단에 서서 말하기 위해 준비할 때도 열정은 식어 있다. 열정은 그런 수고를 한 뒤에 느껴지는 것이다.

기업가에게 있어서 고통과 열정은 인생 여정의 동반자다. 노력의 긍정적 결과들–긍정적 피드백, 매출, 성공 스토리 등등–이 일단 느껴지기 시작하면 더 많은 열정이 생기고 동기부여 사이클이 활발히 돌아간다.

당신의 비전에 대해 열정을 품으라. 비전은 어떤 대가를 치르더라도 당신을 행동하게 만들 것이다.

각본에서 벗어난 일상적 활동들은 수행하기가 쉽지 않고 불편하다. 열정이 떠나고 홀로 남겨진 당신은 수고의 땀과 눈물을 흘려야 한다. 하지만 귀환회로의 시동이 켜지면 열정은 다시 돌아온다.

CHAPTER 30

목적을 점화하고
영혼을 고무하라

인생의 목적을 어렴풋하게라도 알지 못하고서는 사람은 살아갈 수 없다. 삶에서 아무런 목적을 발견하지 못하는 사람은 죽음의 불가피성에 대항하는 것으로 인생을 허비한다. -체스터 하임스(작가)

목적 찾기

자동차 운행에 비유하자면 의미와 목적은 운전석에 앉는다. 열정은 조수석이 제자리다. 의미와 목적은 당신에게 영감을 불어넣어서 남들이 꺼리는 일을 하게끔 독려한다.

무슨 짓을 해서라도 반드시 해내겠다는 각오가 있을 때 그 '무슨 짓'에 비윤리적 행위나 범죄 행위까지 포함될 수도 있기 때문이다. 예를 들어, 『위대한 개츠비(The Great Gatsby)』에서 제이 개츠비는 자수성가한 사교계의 명사로서 그의 추동적 이유는 유명한 부자가 되어 과거 연인의 관심과 사랑을 되찾는 것이다. 그런데 그는 불법적 방법을 동원하여 재산을 모았다. 그의 굶주림처럼 강한 목적이 그를 지옥의 아가리에 던져 넣으면서 그는 젊은 나이에 생을 마감한다.

그렇다면 의미와 목적에 대한 확신이 없는 사람이 그것을 찾고 확립하려면 어떻게 해야 할까? 놀랍게도, 거의 모든 것이 의미와 목적이 될 수 있다. 당신을 하품 나오게 하는 것이 어느 순간 당신을 불타오르게 할 수도 있다. 강력한 의미와 목적은 람보르기니를 보는 것과 우쭐거리며 떠들어대는 친구처럼 사소한 것에서 찾아질 수도 있다. 또는 '너는 절대 아무것도 할 수 없을 거야'라는 악담을 서슴지 않는 무정하고 무책임한 부모를 통해 의미와 목적이 찾아올 수도 있다. 많은 경우에 대오각성 사건을 통해 의미와 목적이 명료해진다.

그러고도 여전히 빈손이라면 이렇게 해보라. 당신이 십억 달러를 벌었다고 상상해 보는 것이다. 그렇게 큰돈이 수중에 들어온다면 당신은 구체적으로 무엇을 할 것인가? 나는 '세계 여행'이나 '멋진 외제차를 여러 대 구매'하기와 같은 것을 말하는 것이 아니다. 나는 당신이 그 모든 것을 하고 난 뒤에 무엇을 할 것인지 묻는 것이다. 살 것을 다 사고 볼 것을 다 보고 난 뒤에 당신은 무엇을 할 것인가? 저술? 자선사업? 영화 제작? 그것이 무엇이든, 거기에 당신의 인생에 의미와 목적을 부여하는 것이 무엇인지에 대한 실마리가 들어 있을 것이다.

그러고도 여전히 인생의 의미와 목적이 분명해지지 않는다면 삶의 이곳저곳을 쑤시고 다니는 것 외에는 달리 방법이 없을 것이다. 운동도 시작하고, 자원봉사도 하고, 해외 봉사도 떠나 보고, 밖으로 나가서 뭐든 해보아라. 대오각성 사건마냥 헌신의 가치가 있는 의미와 목적은 비극이나 고난이나 중대한 인생사 가운데 발견된다. 첫 아이가 태어난 뒤 최고의 부모가 되고 싶은 마음이 생기는 것과 15년을 충성스럽게 일한 직장에서 해고되는 것은 삶의 의미와 목적을 불러일으키는 사건의 두 가지 예다.

불행하게도 '목적 찾기'라는 구절로 구글 검색을 하면, 고약한 쌍둥이 조언을 흉내 내는 자기 중심적 이야기들이 뒤범벅된 글들을 발견하게 된다. 말하자면, 모든 10대 소년은 비디오게임을 하면서 돈을 벌기 원하고, 어린 소녀들은 조랑말이나 타면서 신데렐라를 꿈꾼다. 의미도 목적도 없다.

가치 도전 : 어쩌면 당신의 의미와 목적은 이토록 단순할지도……

아직 의미와 목적을 명확하게 찾지 못했다면 내가 '가치 도전'이라고 부르는 실험을 해보라. 일면식도 없는 낯선 이에게 그냥 웃어주는 것으로부터 실험은 시작된다. 억지로 만들어낸 미소가 아니라 몇 년 동안 외딴 섬에서 발이 묶여 있다가 처음으로 보는 사람을 향해 지을 만한 환한 미소를 지어라.

그러고는 당신의 감정을 관찰하라. 꽤 괜찮지 않은가? 축하한다. 당신은 방금 누군가의 삶에 가치를 더했다. 앞으로 사흘 동안 어떤 사람을 도와줌으로써 가치 도전을 계속하라. 딱 한 사람의 인생에 당신의 창의성, 재주, 수고를 통해 가치를 더하라. 이것을 하기 위해 새로운 기술이나 당신이 익숙하지 않은 것을 배우라. 완수될 때까지 그만두지 마라.

당신의 가치 도전은 굿윌(Goodwill 고용촉진 활동을 하는 비영리단체)에서 낡은 경대를 사서 마감을 다시 하고, 크레이그스리스트(Craigslist 미국의 항목별 광고 웹사이트)에서 그것을 재판매하는 것처럼 간단할 수도 있다. 단편소설을 써서 아마존에서 99센트에 판매할 수도 있을 것이다. 무엇을 하든 핵심은 다른 사람을 위해 가치를 창출하는 데 있는데, 여기서 또 한 가지 중요한 점은 그 일을 새롭게 배운 과정이나 스킬을 써서 해야 한다는 것이다.

여기서도 함박웃음을 지어보일 때와 같이, 가치 도전을 완수하는 순간 느껴지는 감회에 주의를 기울이라. 기분이 좋을 것이다. 흥분이 몰려올지도 모른다. 귀환회로가 가치회로로 전환되고 나면 기업가정신과 관련하여 이와 같은 감정이 느껴진다. 나는 이 경험을 '기업가정신 헤로인'이라고 부른다. 그리고 한번 그 맛을 보면 되돌아갈 길이 없다. 셀 수 없이 많은 포럼 이용자들이 그 맛의 황홀함에 대해 말해 왔고, 그 멋진 감흥은 당신의 창의적인 땀이 다른 사람을 위한 가치를 창출할 때 찾아오는 것이다. 가치회로는 첫 매출이나 첫 고객, 혹은 첫 긍정적 사용후기와 함께 확증된다.

이제 상상해 보라. 단 한 사람이 아닌 수천 명의 삶에 가치를 더했다고. 내 말의 요점은, 가치회로를 창출하고 사람들을 도우며 돈도 버는 것은 말할 수 없이 보람차다는 것이다. 그것은 마치 당신의 첫 아이가 윔블던에서 승리를 거머쥐는 것을 지켜보는 것처럼 설레고 행복한 일이다. 어쩌면 우리의 추동적 이유들 이면에 깊게 묻혀 있는 공통적 의미와 목적이 있는 것인지도 모른다. 서로의 문제를 해결해 주고 세상을 더 살기 좋은 곳으로 만든다는 것.

행복의 비밀 : 하기 싫은 것을 해야 좋아하는 것을 할 수 있다

당신의 행복을 열어줄 열쇠를 쥐고 있는 것이 무엇인지 알고 싶은가? 그걸 알고 싶어서 지금 이 책을 읽고 있는 것 아닌가? 돈? 사업 성공? 존경? 아니다. 그들 중 그 어떤 것도 아니다. 가장 위대한 행복의 비밀은 자율이다. 자유. 자기 인생에 대한 통제감을 가능케 할 능력. 선택의 폭을 넓힐 수 있는 능력. 이동성. 스스로 결정하고 승인하는 능력. 은행 앞에서 찾아왔던 나의 각본탈출 순간을 떠올려 보라. 그때 나는 적어도 1년은 취직을 하지 않아도 된다는 것을 깨달았었다. 그것은 내 인생 중 가장 행복한 순간들 중 하나인데, 내가 자율을 허락받는 순간이었기 때문이다.

우리는 돈으로 자율을 살 수도 있고, 거꾸로 돈 때문에 자율을 잃을 수도 있다. 허풍이 아니라 자율성의 영향력은 매우 커서 가난해도 자율성 있는 삶은 행복하고 부자여도 자율성 없는 삶은 불행할 수 있다.

2014년에 나는 '돈으로 행복을 살 수 없음의 증거가 된 억만장자'라는 헤드라인을 보았다. 그 낚시성 헤드라인을 클릭하기 전에 진짜 억만장자가 어떻게 이런 느낌을 받을 수 있을지 그 이유를 잠시 추측해 보았다. 몇 초 뒤 나는 자율성을 잃은 또는 무엇인가에 대한 통제권을 상실한 억만장자라면 그럴 수 있겠다는 추론에 도달했다. 예를 들어서, 지저분한 이혼 전쟁을 치른다든지, 소송에 휘말린다든지, 자녀가 끝없이 문제를 일으킨다든지. 알고 보니, 나의 이 세 가지 추측 중에 두 가지가 맞았다. 심리학자들은 부모는 가장 덜 행복한 자녀보다 결코 더 행복할 수 없다고 말한다.

『부의 추월차선』에서 나는 부(富)를 (그리고 부를 대신하는 말로 사용되곤 하는 '행복'을) 3F라고 불리는 세 가지 기여 요인을 갖는 것으로 정의했다. 3F는 자유(Freedom), 가족(Family), 건강(Fitness)이다. 3F와 행복과의 상관관계는 명확하고, 과학자들은 이구동성으로 그 근거를 앞다투어 제시한다. 예를 들어서, 다큐멘터리 〈행복(Happy)〉의 감독 로코 벨리치(Roko Belic 미국 영화 제작자 겸 감독)에 따르면, 자율성 혹은 의도에 따른 행위와 선택은 행복 지수의 40퍼센트를 결정한다고 한다. 환경은 10%를, 유전은 50%를 차지한다. 이것에 기초하여 볼 때 당신은 승리로 이끄는 선택을 하고 환경을 개선함으로써 행복의 기준치를 50퍼센트나 높일 수 있다.

또 다른 예를 들자면, 인격 및 사회심리학에 대한 학술지인 「저널 오브 퍼스낼러티 앤 소셜 사이콜러지(Journal of Personality and Social Psychology)」에 실린 어느 보고서는 '자율'을 행복에 있어서 가장 중요한 기여 인자라고 말했다. 사람들의 존경도, 입이 딱 벌어지는 외모도, 6만 명에 이르는 인스타그램 팔로워의 수도 자율만큼 행복을 좌우하지는 못한다. 심각한 교통체증 때문에 울화통이 터져서 자동차의 계기판을 주먹으로 후려치고 있을 때 당신은 자율성을 상실한 상태다. 직장이 감옥으로 느껴질 때 당신의 자율성은 감금된 채 1년에 딱 2주, 휴가라는 이름으로 주어지는 보석(保釋)만을 기다리고 있다.

로체스터 대학교의 리처드 라이언(Richard Ryan)과 에드워드 디시(Edward Deci)가 연구한 자기결정 이론은 세 가지 심리학적 필요인 자율성, 유능성, 관계성을 경험할 때 동기와 몰입이 최상의 모습—끈기와 창의성 등—으로 표현된다고 전제한다. 구체적으로 리처드 라이언과 에드워드 디시는 이런 필요들이 충족되면 자기 동기부여와 정신적 건강(웰빙)이 향상되지만, 이 심리학적 필요들이 충족되지 못하면 그 반대의 효과가 난다고 상정한다. 기본적으로, 내재적 개선과 성장, 자유(자율성), 가족(관계성)은 행복의 핵심적 구성 요소인 것이다.

그리고 더 있다. 연구에 따르면 자율성은 건강과 사기(士氣)에도 유의미한 영향을 미친다. 예일 대학교 심리학자인 주디스 로든(Judith Rodin)은 한 연구에서 요양원 환자들에게 환경 및 시설 정책을 비롯한 여러 가지 선택과 관련하여 더 많은 선택권을 행사하도록 권장했다. 그 결과 93퍼센트의 환자들이 정신이 더 초롱초롱해지고 더 활달해지고 더 행복해졌다. 수명이 늘어나기도 했다.

나의 추천 도서인『미국인의 행복감(The Sense of Well-Being in American)』의 저자인 앵거스 캠벌(Angus Campbell)이라는 연구자 역시 자율성의 중요성에 동의한다. 아니, 그 정도가 아니라 그것을 제일 먼저 깨달은 사람일 것이다. 미시건 대학교의 어느 연구에 대해서 논평하면서 앵거스 캠벌은 다음과 같이 말했다.

> 잘 살고 있다는 긍정적인 감정을 만들어주는 요인 중 우리가 지금까지 고려해 온 그 어떤 요소도 자기 인생에 대한 강력한 통제감보다 더 확실한 행복감을 주는 것은 없다.

이 연구의 많은 부분이 ① 왜 어떤 직업들은 믿기 어려울 정도로 강한 성취감을 주고 ② 왜 누구나 기업가가 될 필요는 없는지에 대해서도 설명해 준다. 만일 당신의 직업이 인생의 의미와 목적을 성취해 주는 동시에 어느 정도의 자율성·관계성·유능성의 느낌도 보장해 준다면 당신은 금맥을 캐고 있는 것이다. 커리어블리스닷컴(CareerBliss.

com)에 따르면, 가장 행복감이 큰 세 가지 직무는 학교 교장, 주방장, 대출심사 담당자라고 한다. 각 직무는 고유한 관계성과 자율성의 요소들을 갖추고 있는 한편 유능성의 느낌도 상당히 크다.

그러므로 어쩌면 행복의 비밀은 고약한 쌍둥이 조언이나 새로 산 할리 데이비슨 오토바이가 아니라, 단순히 타인과의 관계 속에서 자기 성장을 이루며 자율적으로 살아가는 데 있는 것은 아닐까? 그리고 만약 당신이 '정말 이거다'라고 생각되는 직업을 찾지 못했다면 그 심리학적 필요들–자율성, 유능성, 관계성–을 화폐화할 방도로 기업가정신만한 것이 있을까?

지금 행복한가? 그렇지 않다면 당신의 삶에서 자율성이 어떤 몰골을 하고 있을지 생각해 보라. 무엇을 선택했기에(또는 무엇을 선택하지 않았기에) 자율적으로 살아갈 능력을 이렇게 좀먹어온 것일까?

통제 소재(locus of control) : 선택이 삶을 바꾼다

'시카고'라는 말을 들으면 나는 마음이 시려온다. '시카고'라는 단어를 입에 올린 뒤 내 얼굴을 쳐다보라. 와사비를 한 숟가락 퍼먹은 것처럼 찡그린 얼굴을 보게 될 것이다. 시카고가 나쁜 도시라서 그런 것이 아니다. 그것은 단지 시카고에서 보낸 25년이라는 긴 세월이 내 인생이라는 책에서 찢어 내버리고 싶은 한 장(章)을 대변하기 때문이다. 나는 그 25년 동안 불행했다. 단순히 불행했다는 말보다는 빌딩 꼭대기에서 뛰어내리고 싶은 충동을 느꼈다고 말하는 것이 더 맞을 것이다. 아무리 노력을 해도 나는 동기부여가 되지 않았고 행복을 찾을 수도 없었다. 강력한 의미와 목적을 가졌음에도 어떤 부족한 느낌이 여전히 목을 죄고 있었다.

그때 내게 가장 부족했던 것은 햇살이었고, 나는 성공 자체보다는 햇살을 더 강렬하게 갈망했다. 그런데 여기서 더 중요한 것은 왜 햇살의 부족 때문에 의미와 목적의 목이 졸리느냐는 것이다. 나는 외적 통제 소재(locus of control)[1]에 매달려 있었다.

통제 소재란 심리학자 헨리 로터(Henry Rotter)가 처음 제안한 것으로, 당신을 둘러싼 상황과 관련된 사건들을 당신이 통제할 능력을 얼마나 부여받았다고(혹은 박탈당했다고) 느끼는지에 대한 것이다. 만일 당신이 내적 통제 소재를 가지고 있다면 당신은 주변 상황이 어떻든 당신 인생을 변화시키고 통제할 힘을 가지고 있다고 의심 없이 믿을 것이다. 삶은 게임이고 당신은 참가 선수다.

시카고의 햇살 부족은 나를 침대에 머물며 과자나 바작바작 씹어 먹게 만들었다. 나의 계절성 우울증은 실재였지만 내가 그것에 대해 아무것도 할 수 없을 것이라는 나의 인식은 허구였다.

선택할 수 있었지만 내 눈에는 보이지 않았다. 그래서 날씨 카드가

---

[1] 역자 주 : '통제 위치'라고도 번역되는 심리학 용어로, 자기 인생에서 일어나는 사건에 대한 자기의 영향력의 크기에 대한 개인적 믿음에 관한 개념이다. 외적 통제 소재를 갖는 사람이 자신의 통제 밖인 외부적 힘의 통제력이 크다는 믿음을 갖는 반면, 내적 통제 소재를 갖는 사람은 자신의 통제력에 대해 상당히 확신한다.

몇 년이고 나의 으뜸 패 역할을 했다. 나는 볕이 좋은 지역에 사는 사람들의 사진을 보면서 그들을 부러워하며 내 신세를 한탄했다. 그러면서도 그런 곳으로 이사를 가야겠다는 생각은 해본 적이 없었다. 나의 대뇌 도그마는 '나는 나쁜 날씨를 통제할 수 없어'라고 주장했고, 그렇게 몇 년이고 내 앞길에 걸림돌이 되었다.

그러다 어느 날 상황이 바뀌었다. 입이 거친 내 여자 친구가 나의 징징거리는 소리에 진절머리가 나버린 것이다. 구름 낀 날이 50일 연속 계속되었고, 나의 징징거리는 소리도 50일째 계속되고 있었는데, 그 50일째 되는 날에 여자 친구가 벼락을 친 것이다. "너, 그렇게 ××하게 비참하면 이사 가면 되잖아!" 그리고 그 순간, 나는 깨달았다. 내게는 선택권이 있었음을. 그리고 몇 달 뒤 나는 햇빛 가득한 지역으로 이사 갔다.

이 이야기의 요점은 두 가지다. 첫째, 내적 통제 소재 없이는 의미와 목적이 요정이야기에 불과하고, 당신은 복권이나 사면서 몽상에 젖어 살지도 모른다. 당신은 인생의 의미와 목적이 단순히 선택을 통해서 성취 가능하다는 것을 믿어야 한다. 월요일에는 파티를 하면 안 되고 금요일 밤에는 일을 하면 안 된다고 강제하는 법규는 없다. 아무도 당신의 이마에 '무학자'라는 도장을 찍어서 지식 획득을 금지하지도 않았다. 당신이 통제할 수 없다고 스스로 생각하는 그 모든 것들이 당신이 짜놓은 거미집이며 변명의 실크로 짠 명주 올가미다.

우리 포럼에서 심심찮게 눈에 띄는 것은 자신이 사는 도시에서 삶을 이어가는 것이 비참하다고 말하는 사람들의 신세한탄이다. 여기에는 아무런 기회가 없어요! 날씨가 후졌어요! 어쩌고저쩌고. 나는 그들의 감정을 이해한다. 그렇지만 내가 그들에게 이사를 제안하면 변명이 억수 같이 쏟아진다. 여기가 우리 고향인걸요! 우리 가족이 다 여기 있는걸요! 나는 첼시아 축구 클럽을 사랑한다고요!

당신은 그것을 원하거나 원하지 않거나, 둘 중 하나의 상태다. 그것을 하거나 계속 그것에 대해 꿈만 꾸거나, 둘 중 하나다. 당신은 행동하기로 선택하거나 불평하거나, 둘 중 하나를 선택한다. 배에 찔리는 못을 그대로 깔고 자는 개가 되지 말라. 바닥에서 튀어나와 있는 못이 배에 느껴지면 몸을 일으켜 망치를 집어 들고 못을 빼거나 새 집을 찾아 나서라.

내적 통제 소재가 중요한 두 번째 이유는 그것의 행복(구체적으로는 자율성)과의 상관관계 때문이다. 스스로 통제력을 가지고 있다고 느낄 때마다-그것이 환상이든 아니든-당신은 상황을 더 긍정적으로 평가한다. 선택의 여지가 있음을 볼 때마다 당신은 더 큰 행복을 느낀다. 그리고 이것은 기업가정신에 매력을 더하는데, 왜냐하면 기업이나 월스트리트가 아니라 당신이 당신의 운명을 통제하기 때문이다.

그렇다면 외적 통제 소재에서 내적 통제 소재로 추를 이동시키려면 어떻게 해야 할까? 여기서도 당신이 어떻게 생각하는지에 대해 생각함으로써 시작해 보자. 그리고 나는 이 말을 게임의 달인으로서가 아니라 게임의 참가자로서 말한다. 나도 당신이 씨름하는 것들과 씨름한다.

만일 당신이 행복하지 않은 상황에 머물고 있다면 구체적으로 어떤 것들을 선택했기에 당신이 그 자리에 있게 되었을까? 혹은 어떤 것들을 선택하지 않았기에 그렇게 된 것일까? 쓸데없이 변명을 늘어놓으면서 어떤 숨은 선택 사항들을 무시해 왔던 것일까? 누가 당신의 인생의 각본을 쓰고 있는가? 사회? 부모? 텔레비전 쇼? 결국 모든 것이 선택이며 당신이 상황을 어떻게 인식하느냐 하는 것도 선택이다.

당신의 힘은 선택에 있다. 단순히 행동을 선택하는 것뿐 아니라 생각을 선택하는 것도 중요하다. 선택은 의미와 목적이 생기를 띠게 하고, 자율성에 활기를 불어넣으며, 세상을 변화시킬 도구들을 당신의 손에 쥐어준다. 그리고 당신이 변화의 첫 대상이다. 당신의 삶은 당신이 이끌어야 한다. 스스로 자신의 삶을 이끌 수 있어야 다른 사람들을 이끌 수 있다.

인생에서 통제권을 양도하는 것은 자유를 양도하고 자율성과 행복을 손상시키는 것이다. 당신은 무엇을 할지 그리고 어떻게 생각할지에 대해 언제나 통제권을 행사할 수 있다.

CHAPTER 31

인생을 바꾸는
비즈니스 구축 법

영리한 사람은 작은 실수를 저지르지 않는다. -괴테(작가)

명예의 전당 헌액자들은 실패의 쓴맛을 안다

나는 사업에 일찍 발을 들여놓았다. 어릴 때 나는 동네 아이들을 손님으로 하는 마술쇼를 구상했다. 마술은 어릴 때 내 열정의 대상이었다. 그 열정에 이끌려 나는 마술 사업을 해보기로 했고, 몇 주 동안 마술쇼를 준비했다. 모든 친구들에게 그 이벤트에 대해 말했고, 광고 전단지로 동네를 도배하다시피 했다. 우편함, 공중전화, 버스 정거장. 그리고 나는 도서관에서 마술 서적을 있는 대로 빌려서 쌓아놓고 읽었다. 저축해둔 용돈은 홈쇼핑 카탈로그에 나오는 마술도구들을 구매하는 데 써버렸다.

마술쇼 당일에 나는 엄청난 관객이 나의 쇼를 보러올 것이라 기대하며 잔뜩 흥분했다. 그리고 나는 그날 현실이 날리는 주먹맛을 보았다. 이윽고 마술쇼 시작 시간이 되었고, 관중이라곤 고작 다섯 명의 어린 아이들뿐이었다. 그나마 그중 셋은 옆집 아이들이었다. 나의 친형제들조차 나타나지 않았다. 차고에서 벌인 나의 마술쇼는 지역 신문에 날 정도의 대성공을 거두지 못했다는 정도로 말해두자.

티켓 매출은 들인 돈에 비해 턱없이 작았고, 마술쇼를 준비하기 위해 소모한 시간을 보상받을 길은 더욱더 없었다. 그것은 나의 첫 사업 실패였고, 어린 마음에는 아주 크게 망신스러운 실패였다.

대학에서도 나는 또 다른 유료 이벤트를 기획했는데, 그것 역시 실패로 끝났다. 이때도 나를 이끈 것은 열정과 관심이었다. 이번에는 내가 힙합 문화에 푹 빠져 있던 때였던지라 학생회 친구와 함께 야구장에서 댄스파티를 개최하는 것이 아주 좋은 아이디어일 것이라는 데 의견일치를 보았다. 우리는 시카고의 유명한 DJ를 돈을 주고 불러서 파티의 흥을 돋우기로 했다. 준비 과정에서 우리는 캠퍼스를 전단지로 도배하고, 학생회에서 댄스파티를 홍보하고, 학생 신문에 작은 광고까지 실었다. 댄스파티 당일에 나는 실패한 마술쇼의 쓴맛을 다시 보아야 했다.

나는 설레는 마음으로 길게 줄을 서서 입장을 기다리는 관중을 떠올렸다. 그런데 문을 열자 텅 빈 운동장에는 비닐봉지가 바람에 나부끼고 있었다. 야구장 밖의 도로는 몇 대 안 되는 자동차로 썰렁했고, 보행로는 휑뎅그렁했다. 쿵쿵거리는 베이스 소리가 야구장을 뒤흔드는 동안 나는 기다리고 또 기다렸다. 학생회 회원들이 몇 명 모습을 나타냈지만, 원해서 온 것이 아니라 학생회 사회부장의 등쌀에 못 이겨 온 것이었다. 몇 분 동안 의무적 출석 시간을 채운 뒤 그들 대부분은 신속하게 야구장을 빠져나갔는데, 댄스파티의 서투름과 썰렁함에 당황한 눈치였다. 가뭄에 콩 나듯이 사람들이 왔지만 휑한 파티 장소를 보고는 곧 떠나갔고, 어떤 사람들은 환불을 요구했다.

그러던 중 DJ가 당도했다. 우리는 락커룸에서 먼저 만났다. 그가 기대에 찬 미소를 양 볼 가득히 지을 때 쿵쿵거리는 베이스 소리가 철제 락커들을 진동시켜 찰랑거리는 금속음을 만들어냈다. 쿵하고 가라앉는 가슴을 느끼며 나는 야구장으로 통하는 터널 같은 통로를 가리켰고, 그는 나보다 앞서서 레코드 상자를 끌며 나아갔다. 야외석을 지나자 갑자기 그가 멈춰 섰다. 보이지 않는 벽에 얼굴을 부딪히는 팬터마임을 보는 것 같았다. 그의 얼굴에서 미소는 온 데 간 데 없이 사라지고 쓰라린 위산이라도 올라온 표정을 지었다. 고개를 돌려 나를 보는 그의 두 눈이 이렇게 말했다. "이게 뭐요?"

머뭇거리다가 나는 더듬더듬 말했다. "더 많은 사람들이 곧 올 거예요. 걱정하지 마세요." 그는 고개를 끄덕이더니 느릿느릿 DJ 부스로 걸어가서는 레코드를 믹싱하기 시작했다. 30분 뒤 분명해졌다, 더 올 사람은 없다는 사실이.

친구와 나는 손해를 조금이라도 만회해 보고자 DJ에게 마칠 것을 요청했다. 서둘러 야구장 문들을 잠그고 그때까지 자리를 지키고 있던 몇 안 되는 피해자들에게 참가비를 되돌려주었다. 내 친구는 '댄스 취소됨'이라는 글을 써서 야구장 문마다 내걸었다. 순식간에 우리는 짐을 싸서 냉큼 튀었다. 내 평생 그렇게 빠르게 움직인 적은 없었다.

대학을 졸업한 뒤에도 실패는 이어졌다. 사실 한두 번이 아니다. 영양보충제 사업, 장신구 사업, DM 사업, 모기지 사업 등등. 여기서 자세히 설명할 수도 있겠지만 그렇게 하지 않아도 충분히 큰 그림은 전달될 줄로 믿는다. 내가 실수를 꽤 많이 저질렀다는 큰 그림이.

매년, 수천 명의 사람들이 사업을 시작하고 '사장님 되기'를 시도한다. 귀여운 길모퉁이 커피숍에서부터 2주 안에 몸짱이 된다고 약속하는 싸구려 전자책 장사에 이르기까지, 기업가 지망생의 수는 결코 모자람이 없다. 그리고 매년, 이와 같은 업체들 중 수천 곳이 재앙적인 실패로 생을 마감한다. 그들이 말하기를—'그들'이 누구인지는 모르겠지만—신생 기업들 중 90퍼센트가 창업 후 5년 내 문을 닫는다. 그 백분율이 어떻든지, 사실 그리 중요한 것은 아니다. 중요한 것은 당신도 어떤 시점에는 그 실패 비율 통계에 잡히게 된다는 사실이다.

기업가정신은 야구와 많이 닮아 있다. 헛방망이질도 많이 하고 파울볼도 먹고 스트라이크아웃도 당한다. 명예의 전당에 이름을 올린 야구선수들의 타율은 3할이고, 이 말은 그들이 전체 공 중 30퍼센트만 제대로 쳤다는 뜻이다. 전체 기회 중 70퍼센트는 실패를 맛보고도 여전히 전설로 여겨진다. 선수 생활 중 100개의 안타밖에 못 쳤다 해도, 홈런이 간절한 순간에 한 방을 크게 친 까닭에 평생 전설적 선수로 대접받을 수도 있다.

실패 통계는 단순히 기업가들이, 총 100번의 안타밖에 못 쳤다거나 타석에 100번 서면 90번은 그야말로 그냥 서 있거나 헛방망이질을 한다는 것을 알려준다. 실패는 기업가정신이라는 게임의 일부이고, 야구에서의 헛방망이질에 해당한다.

이렇게 생각해 보라. 만일 스티브 잡스가 매킨토시로 행운의 홈런을

친 뒤에 컴퓨팅을 향한 그의 예지력 넘치는 아이디어를 접었다면 어떻게 되었을까? 또는 만일 월트 디즈니가 그의 초기 실패들 중 하나인 래프오그램 스튜디오(Laugh-O-Gram Studio 단명한 영화 스튜디오. 2015년에 다시 문을 엶) 이후에 도전을 포기했더라면 어떻게 되었을까?

연속적으로 안타를 칠 확률을 높이려면 어떻게 할 수 있을까? 운동선수라면 스테로이드를 복용하겠지만 그것은 불법이다. 다행스럽게도, 기업가적 스테로이드의 사용은 불법도 속임수도 아니다. 기업가정신은 각본에서 탈출한 기업가적 기본틀 안에 있을 때 스테로이드의 섭취처럼 불공정한 우위를 얻게 되는데, 그것은 바로 추월차선 기업가정신(FE; Fastlane Entrepreneurship)이다.

기업가적 스테로이드 : 추월차선 기업가정신

지름길 속임수와 관련해 내 자신이 한 말과 모순인 것처럼 들릴 수 있을지 모르지만, 기업가정신에는 비밀 소스가 있다. 하지만 이 비밀 소스는 지름길도 프랑켄프레이즈도 아니다. 그것은 사업을 시작하고 불공정한 우위를 차지하는 데 필요한 일반적인 토대다. 다음은 도식화되어 있는 추월차선 기업가정신이다.

동그라미로 표현되는 추월차선 기업가정신은 새로워진 신념과 결합된 강력한 의미와 목적과 합치하고, 하나의 대원칙인 생산가치주의(productocracy)가 그것을 아우르는데, 그 대원칙 아래에는 다섯 가지의 핵심적 계명들이 있다. 이 핵심적 5계명을 한꺼번에 '센츠(CENTS; Control · Entry · Need · Time · Scale)'라고도 칭한다.

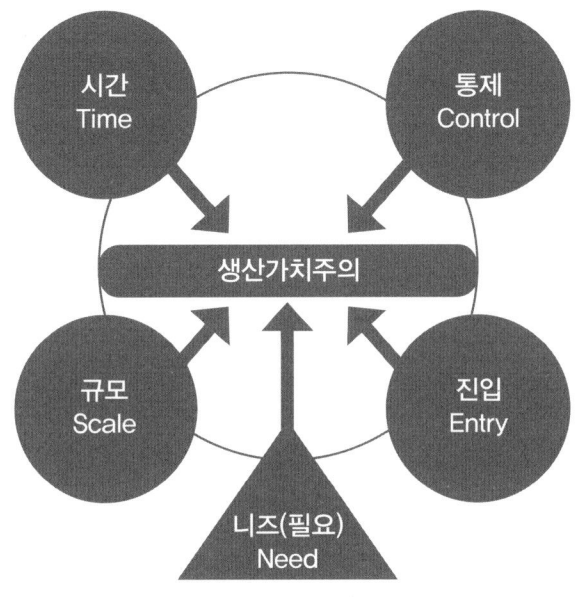

전반적으로, 그 구조에는 여섯 가지 구성 요소가 있다. 그것을 당신의 기업가적 과정에 포함시켜서 1할의 타율을 3할로 높여라. 이제 당신의 확률을 바꾸어 보자.

CHAPTER 32

추월차선 기업가정신 대원칙 : 생산가치주의 돈 찍어내고 두 다리 뻗고 잘 자는 법

더 좋은 쥐덫을 만들면 세상이 당신의 집 문앞으로 몰려올 것이다. -랄프 왈도 에머슨(시인)

광고는 실패자들을 위한 것이다

피닉스(Phoenix 애리조나 주의 주도) 지역에는 오레가노 피자 비스트로(Oregano's Pizza Bistro)라는 피자 체인이 하나 있다. 각 매장마다 서부의 투박함과 20세기 중반의 복고풍이 독특하게 결합된 인테리어를 통해 브랜드의 정체성이 드러난다. 매장에 들어서면 스포츠 게임을 보여주는 HD TV 같은 것은 눈에 띄지 않는다. 대신에 흘러간 시절의 낡은 흑백 영화들이 틀어져 있다.

안타깝게도, 오레가노즈에 갈 때면 단단히 각오를 해야 한다. 저녁 시간에 근처를 지나가다가 생각나서 들른다면, 사람들로 복작이는 대기실에서 오래도록 기다려야 한다. 그것은 성격이 느긋하거나 허기가 심하지 않아야 가능한 일이다.

오레가노즈의 무엇이 그렇게 흥미롭냐고? 나는 그들이 광고를 하는 것을 한 번도 본 적도, 들은 적도 없다. 결코, 절대. 라디오 광고도, 신문 광고도, '20% 할인'이라는 쿠폰 메일에 대해서도 들어본 적이 없다. 그들은 시장에 광고 홍수를 일으키지 않는다. 그렇게 할 필요가 없기 때문이다. 그들의 손에는 기업가정신의 성배(聖杯)가 들려 있다. 그것은 생산가치주의다.

능력주의가 숙련된 이들에게 권력을 안겨준다면, 생산가치주의는 가치 창출자들에게 돈을 안겨준다. 가치 창출자란 다른 곳에서 즉각적으로 제공받을 수 없는 차별화된 상품이나 서비스에 감동한 유저 간 추천과 단골고객들을 통해 유기적으로 성장하는 기업을 일컫는다.

궁극적으로, 생산가치주의는 평범하게 한 달 벌어 한 달 버티는 성장률 0%의 광고 의존적 기업과 확장회로 혹은 네트워크 효과를 통해 기하급수적 성장을 이룩하는 기업을 가르는 특징이다.

앞서 얘기한 오레가노의 상품과 콘셉트는 너무도 훌륭해서 만족한 고객들이 반복 방문과 추천을 통해 바이럴 확장 루프에 연료를 공급한다. 한 명의 만족 고객이 더 많은 만족 고객으로 이어지면서 성장은 가속화된다. 1 더하기 1이 3이 되는 셈이다.

생산가치주의는 돈-가치 이분법에서 논의한 바 있는 가치 증표들을 끌어 모으는 데 핵심적 역할을 하기도 한다. 생산가치주의는 외부로의 침투력이 워낙 뛰어나서 위치(목)가 좋지 않아도 극복한다.

예를 들어서, 내가 다니는 피트니스센터 근처 변화가 모퉁이는 식당하기에 딱 좋아 보이는 위치다. 오랜 세월, 여러 식당이 이 저주받은 모퉁이에서 죽어 나갔고, 그곳에서 새롭게 문을 여는 식당마다 색다른 것을 내놓지 못했다. 평범한 음식, 평범한 분위기, 평범한 경험을 제공했다. 그러고는 몇 달 후면 문을 닫았다.

그러다가 오레가노즈 매장이 그곳에 들어섰다. 그 매장은 단순히 생존만 한 것이 아니라 번창했다. 저주? 소매 매장으로서는 나쁜 자리? 앞서서 네 개의 식당이 같은 자리에서 실패했다고? 그런 저주나 과거의 실패에는 아랑곳하지 않고, 생산가치주의는 매장 소유주에게 돈을 안겨주었다. 같은 장소에서 코코스가 실패했다는 것은 그저 흘러간 옛 이야기가 되어버렸다.

생산가치주의는 서부해안의 요식업계의 대성공에도 기여했다. 그 식당의 이름은 인앤아웃 버거(In-N-Out Burger)다. 새 매장이 오픈할 때마다 줄이 몇 마일을 늘어선다. 인앤아웃 버거 역시 광고를 한다는 소리를 들어본 적이 없다.

물론, 생산가치주의의 효과는 식당에만 국한되지 않는다. 어떤 상품이나 서비스든 생산가치주의가 가져다주는 보상을 거둘 수 있다. 나의 첫 책은 수십만 부가 팔렸다. 당신이 이 책을 읽고 있을 때면 아마도 판매고가 백만 부에 가까워지고 있을 것이다. 이 성공이 광고에 수천 달러를 씀으로써 이루어진 것일까?

아니다. 나의 총 홍보비는 3천 달러에도 못 미친다. 그나마 그 적은 홍보비도 출간 첫 두 달 동안 모두 써버렸다. 더욱이 나는 페이스북 광고도 할 수 없었다. 그들이 내 책을 '일확천금'을 바라는 심리를 악용하는 사기라고 규정했기 때문이다. 나의 출판 모험의 시작은 두 발목에 시멘트 덩어리를 사슬로 묶고 수영을 하는 것과 같았다.

그런데도 책이 팔렸다. 순전히 생산가치주의 덕분에 독자들은 책을 마음에 들어 했고, 친구들, 직장동료들, 가족에게 전했다. 독자들의 이메일은 이렇게 시작하기 일쑤였다. "내 친구가 선생님의 책을 추천해서……." 많은 이메일 중에서 생산가치주의의 힘을 잘 포착한 것을 하나 소개해 보고자 한다.

> 안녕하세요?
> 저는 스물아홉 살이고 칠레의 산티아고에 삽니다. 저는 소프트웨어 공학 학위를 소지하고 있습니다. 저는 늘 자기계발, 비즈니스, 기업가 관련 서적에 관심이 많았습니다. 두어 달 전에 읽을거리를 찾던 중에 토니 로빈스(Tony Robbins)가 쓴 『머니(Money: Master the Game)』에 대한 기사를 우연히 읽게 되었습니다. 확신이 서진 않았지만 제가 곧 읽을 책인 것 같아 보였는데 …… 기사를 읽다보니 크리스라는 독자가 쓴 서평이 나왔습니다.
> 크리스는 이렇게 말했습니다. "이 책의 구매를 생각하기 전에 엠제이 드마코의 『부의 추월차선』을 한번 살펴보십시오. 제가 읽어본 중 가장 정직한 경영 서적으로 경영에 대해서 투명하고 깔끔하게 정리해 줍니다. 잡소리도 없고, 그저 정직한 목소리만 들립니다. 당신이 부자가 되기 원한다면 그 책이 출발점이 될 것입니다. 그 책을 통해 저는 경제적 자유를 획득했는데, 제 나이는 지금 일흔이 아닌 고작 서른입니다."

일사천리 입소문, 찰랑찰랑 돈 소리. 이렇게 매출고는 올라갔다.

앞에서 언급하는 서평은 다른 작가의 블로그에 어떤 낯선 이가 남긴 글로서, 이메일은 그 중 내 책에 대한 추천 부분만 소개하고 있다. 그 서평을 읽고 이메일의 발신자처럼 내 책을 구매해 읽은 사람은 얼마나 많을까? 인터넷 상에는 비슷한 평들이 얼마나 많이 퍼져 있을까? 그런 평들 하나하나가 나의 시간과 무관하게 내 책을 팔아주고 있다.

밀기(Push) VS. 당기기(Pull)

내가 한 모든 팟캐스트와 인터뷰는 자청이 아닌 요청에 의해 한 것이다. 나는 무작정 이메일을 보내 제발 인터뷰를 해달라고 빌지 않았다. 나는 해외 라이선스 계약들도 같은 방식으로 체결했다. 해외 출판업자들이 내게 연락을 취해서 내 책의 성공을 함께 나누고 싶다고 요청했다. 내 책이 알아서 한 것이지 내가 한 것이 아니다.

이런 현상은 밀기-당기기 양극성에 대한 것이다. 이것은 눈부신 성장을 이룩하는 생산가치주의 기업과 그저 생존을 위해 몸부림치는 기업을 가르는 유전자라고 할 수 있을 것이다. 광고에 목숨을 거는 기업들은 밀기(푸시 push)라는 방편에 매달리지만 잡초처럼 무성하게 잘 자라면서 창업자를 부유하게 하는 기업들은 당기기(풀 pull)의 신공을 자랑한다.

얼마 전까지만 해도 광고에 돈을 많이 쓸수록 매출이 오르곤 했다. 사람들은 변기가 새면 전화번호부를 뒤져서 가장 큼직한 광고를 낸 배관공을 찾아서 전화를 걸곤 했다. 새로운 과자를 먹었다면 그것의 텔레비전 광고를 보았거나 그것이 식료품점에서 좋은 위치에 진열되어

화려한 포장으로 당신의 눈을 사로잡아서였기 때문이었을 것이다. 상품을 많이 팔려면 기업들은 광고를 많이 해야 했다. 광고는 상품을 대중 속으로 '밀어' 넣으면서 매출을 '밀어' 올린다.

이와 반대로, 밀기–당기기에서의 '당기기'는 생산가치주의를 통해 작용하며 생산가치주의 체제 안에서는 상품이나 서비스가 당기는 힘을 갖는다. 고객들이 알아서 당신을 찾아온다. 상품이나 서비스는 이용될 때마다 더 강한 흡인력을 갖게 된다. 당기기의 본질은 입소문, 이용자 만족, 사회적 증거(다른 사람들의 행동을 보고 옳고 그름을 판단해 의사결정을 내리는 현상)이다.

만일 고객들이 당신의 상품을 소셜 미디어에서 추천하며 그 정보를 공유하고 있다면, 축하한다. 당신의 상품이 당기기를 하고 있다. 울타리의 어느 편에 당신의 기업이 자리하고 있는지는 오직 한 가지로 결정된다. 당신의 상품에 대한 시장의 반응.

나의 책을 시장에 처음 내놓았을 때 첫 매출이 언제 어떻게 일어났는지 기억이 나지 않는다. 첫 몇 달 동안 몇 부가 팔렸는지조차 모르겠다. 나는 신경 쓰지 않았다. 중요한 것은 그것이 아니었기 때문이다. 중요한 것은 생산가치주의의 당기기를 인증하는 사례들을 발견하는 것이었다.

하지만 나는 나의 책이 인생을 바꾸어 놓았다고 말하는 낯선 이로부터의 첫 이메일은 기억한다. 그리고 나서 어느 낯선 이가 내 책을 트위터에서 추천했다. 그 뒤 나는 같은 내용을 페이스북에서도 보았고, 이런 일이 반복되기 시작했다. 이런 현상들은 생산가치주의와 그것의 당기기 DNA가 존재한다는 사실을 반영한다.

불행하게도 대부분의 기업은 '밀기'를 통해 운영되면서 수백만 달러의 광고 예산에 의지해 매출을 유지하거나 간신히 버텨간다. 그런 회사의 대부분은 생산가치주의 체제로서 출발하지만 시간이 지나면서 밀기로 무게중심을 옮겨가게 되는데, 보통은 이해관계자 갈등(이 개념은 나중에 다루겠다) 때문이다.

쿠폰이 가득 든 두꺼운 봉투를 우편으로 받아본 적 있는가? 근처의 주택 리모델링 업자, 피자 체인점, 카펫 청소업자로부터 광고가 가득한 봉투를 받아본 적은? 기업들은 매주 광고를 함으로써 제품이 팔리기를 바란다. 나는 그런 것들을 믿지 않는다. 인터넷에 접속해 인근 지역 페이스북 그룹에게 질문을 하는 것이 속 편하다.

나의 이론을 검증해 보기 위해, 나는 비과학적인 연구를 하나 해보았다. 기억에 의지해, 라디오에서 광고를 쏟아내는 기업들을 적어 보았다. 기업 광고가 나올 때마다 나는 CM송을 따라 흥얼거리는데, 좋아서가 아니라 머리에서 떠나지 않기 때문이다. 그래서 몇 분 되지 않아서 나는 다섯 곳의 이름을 기억해 낼 수 있었다.

이렇게 회사 이름들을 적고 나서 나는 옐프(Yelp 유저 후기 및 추천 사이트)에 로그인해 그 회사들에 대한 후기를 찬찬히 살펴보았다. 유념할 점은 내가 이것에 대해 어떤 정식 리서치를 실시한 것은 아니라는 점이다. 나는 광고를 많이 하는 회사 중 기억나는 곳들을 적었을 뿐이다. 여기에 그 결과가 있다.

AAA 마루	후기 77편 ★☆☆☆☆
BBB 공조 및 수리	후기 22편 ★★☆☆☆

CCC 지붕	후기 18편	★★☆☆☆
DDD 해충 방제	후기 21편	★★☆☆☆
FFF 냉난방환풍기	후기 149편	★★⯪☆☆

    이 광고 회사들의 평균 옐프 평점은? 가엾게도 별 두 개에 불과하다. 거기에다가 그 많은 '비추' 후기들까지 감안한다면, 이 회사들은 별 한 개짜리라고 보아도 큰 무리는 없을 것이다. 이들 회사 중 그 어디도 생산가치주의 체제를 운영하고 있지 않다. 후기들을 읽다 보면 사기꾼이라고까지 말하는 일부 고객들도 만나게 된다. 그들은 광고 없이는 생존할 수 없는 기업들이다. 새 고객 또는 건망증이 심한 고객들이 불만 고객들을 대체해 주어야 한다. 밀기가 그들의 생존전략이다. 광고로 매출을 끌어올려야만 생존할 수 있다면, 미안하지만 상품이나 서비스에 문제가 있는 것이다.

    오늘날 광고에 기초해 구매 결정을 내리는 소비자는 거의 없다. 대신에 소셜 미디어, 개인적 추천, 비슷한 처지에 있는 유저들의 후기에 기초해 구매 결정을 내린다. 옐프, 앤지리스트, 트립어드바이저 같은 웹사이트들은 소비자들에게 목소리를 낼 수 있는 기회를 제공해 다른 사람들에게 자신이 좋아하는 기업과 싫어하는 기업에 대해 말할 수 있게 해준다. 나는 구매결정을 내리기 전에 먼저 아마존으로 가서 후기를 꼼꼼히 읽는다. 광고가 상품에 눈길이 가게 해준다면, 후기는 상품 구매로 나를 이끈다.

    이와 동일한 구매 행위가 당신의 커뮤니티에서도 일어난다. 예를 들자면, 나는 파운튼힐즈 거주자들이 지역 소식과 사건에 대해 공유하는 페이스북 그룹에 소속되어 있다. 그런데 그곳 게시물 중 절반 정도가 추천 요청이다. 최근에 올라온 몇 개의 게시물을 소개하자면 다음과 같다.

- 애리조나 비스비에서 머물 곳과 즐길 만한 것에 대해 추천 좀 해주시겠어요?
- 제 트럭의 에어컨이 고장났는데 어디 가서 고쳐야 할지 추천 부탁드려요.
- 우리 집 세탁기를 고쳐준 웨스트 어플라이언스 리페어 사원 크레이그에게 큰 찬사 보냅니다. 정말 완전 빨라요!
- 스콧데일에 새롭게 문을 연 식당인 플라워 차일드에 한번 가보세요. 목초를 먹고 자란 쇠고기를 비롯해서 GMO 프리 유기농 음식을 드디어 맛보게 되네요.
- 가까운 곳에 괜찮은 네일숍 있으면 추천 부탁드립니다.

동네 슈퍼마켓이 아닌 곳에서 최근에 구매한 다섯 가지 품목에 대해 생각해 보라. 내가 사지 않고는 배길 수 없던 최근 구매 품목은 다음과 같다.

- 퀘스트(Quest) 단백질 영양 바 (피트니스 친구가 추천)
- 소노스(Sonos) 무선 스테레오 (인터넷 상에서 수천 편의 긍정적 후기)
- 불릿프루프(Bulletproof) 커피 (여러 친구가 추천)
- 노르웨이산 훈제 연어 (코스트코의 무료 샘플 시식)

- 마요플렉스 영양보충제 (의사인 친구가 추천)

위의 구매 중 회사가 내 얼굴에 대고 광고를 흔들어 대서 일어난 것은 없다. 위의 구매 결정 중 그 어떤 것도 멋들어진 광고 메일이나 텔레마케팅 전화를 계기로 내려진 것은 없다. 상품이 좋다보니 사람들이 추천을 하고, 그러다 보니 판매는 저절로 된다.

답답하게도, 너무도 많은 기업가들이 당기기에 능숙한 기업을 구축하는 데는 관심이 없다. 대신에 그들은 '밀기' 축을 중심으로 기업을 운영하고, 문제 해결이나 가치 창출이 아닌 돈의 뒤꽁무니를 쫓아다니는 돈 사냥 그리고 가치 기만에 중점을 둔다.

고객의 얼굴에 미소가 번지게 하고 문제를 해결해 주는 제품은 따라오지 않는다. 생산가치주의는 안중에도 없고, 그럴싸한 카피라이팅과 마케팅으로 그 자리를 대신한다.

이 지점에서 당신은 내가 광고나 마케팅을 싫어하거나 그 필요성을 무시한다고 생각할지도 모르겠다. 둘 다 아니다. 광고, 마케팅은 아마도 결정적으로 중요한 생존 기술일 것이다.

광고를 두고 내가 개탄한다고 해서 광고의 필요성을 부인할 의도는 없다. 단지 광고와 생산가치주의의 당기기 능력 사이의 관계를 확실하게 보여주기 위함이다.

만일 당신이 이미 사업체를 소유하고 있다면 이런 질문을 던져보아라. '광고를 중단하면 우리 회사는 얼마나 버틸 수 있을까?' 만일 답이 몇 주 혹은 몇 달이라면 상품과 서비스에 문제가 있는 것이다. 그리고 상품과 서비스의 문제는 결국 사업 자체의 문제로 번질 것이다.

생산가치주의 체제의 엔지니어링

난생 처음 기업가의 길에 들어선 사람은 최우선 목표를 매출로 잡아서는 안 된다. 생산가치주의 체제의 확립을 중심에 두어야 한다. 생산가치주의는 기업가정신의 공격 무기다.

각본에서 탈출한 기업가적 기본틀 안에서 생산가치주의는 올바른 신념과 강력한 의미와 목적과 만난다. 당신의 생산가치주의를 엔지니어링하는 것은 단순히 훌륭한 상품과 서비스를 내놓거나 시장과 다른 무엇인가를 수행하는 것에 그치지 않는다. 그런 것들을 발판으로 해 생산가치주의는 더 멀리 도움닫기를 한다.

생산가치주의는 센츠(CENTS)라고 불리는 핵심적 5계명을 갖는다.

- 통제의 계명(Commandment of Control)
- 진입의 계명(Commandment of Entry)
- 필요의 계명(Commandment of Need)
- 시간의 계명(Commandment of Time)
- 규모의 계명(Commandment of Scale)

센츠(CENTS) 프레임워크는 생산가치주의를 위한 디딤돌인 동시에 각본에서 탈출한 노란 벽돌길(『오즈의 마법사』에 등장. 여정을 떠나기 전 반드시 찾아야 하는 길)이다. 달리 말해서, 당신의 기업이 마침내 센츠(CENTS)를 만들면, 센스(SENSE)가 통할 것이다.

CHAPTER 33

추월차선 기업가정신 ❶ 통제의 계명 : 구축하고 소유하라

기업가가 생산에 기여한 가치가 이윤으로 나타난다. -조지프 슘페터(경제학자)

상어는 먹고 잔챙이는 먹힌다

당신이 이 땅에 내려오기 전에 신이 당신의 운명을 살짝 비틀어 놓는다. 당신은 지구에서 인간이 아닌 태평양의 물고기로 살게 되었다. 신은 당신에게 선택지를 준다. 상어로 살래 아니면 잔챙이로 살래? 당신은 어떤 물고기의 삶을 선택하겠는가?

내가 당신의 답을 추측해 보겠다. 상어. 왜 그런지 이유도 추측해 보겠다. 당신은 상어의 저녁 식사 거리가 되고 싶지 않다.

100명에게 물어보면 100명 다 똑같은 선택을 하고, 다들 비슷한 이유를 댈 것이다. 나는 왕이 되고 싶어요. 내 영역의 주인이요. 사냥꾼이 아닌 사냥감이 되고 싶다고 선택하는 사람은 제정신이 아닐 것이다. 그렇지 않은가?

그런데 비즈니스의 세상에서는 그렇지 않다. 대부분의 풋내기 기업가들은 잔챙이가 되려 한다.

통제의 계명은 단순한 질문을 던지는데, 그 질문은 먹이사슬에서의 당신의 위치를 드러낸다. "한 방으로 당신의 사업을 끝장낼 수 있는 사람이나 실체가 있는가?"

통제의 계명을 위반하면 생기는 일

- 통제의 계명 위반 유형 ① 작은 가구를 만들어서 월마트에 판매한다. 월마트가 유일한 거래처다. 월마트가 판매 중단을 선언하면 매출이 60만 달러에서 0달러로 순식간에 떨어지고 만다.

- 통제의 계명 위반 유형 ② 아마존 제휴 프로그램을 이용해 온라인 전자상거래 매장을 운영하고 있다. 지금까지 사업은 순항 중이었다. 느닷없이 아마존이 해당 주(州)에서 사업을 운영하는 제휴사들과의 관계를 단절하기로 결정한다. 아마존과 주 정부 사이의 불화가 그 원인이다. 삽시간에 매장이 텅텅 비고, 은행 잔고도 비어간다.

- 통제의 계명 위반 유형 ③ A의 제품을 판매하는 제휴 마케터로서 매달 매출로 수천 달러가 움직인다. A가 난데없이 파산 신청을 하거나 종적을 감추어 버린다. 수천 명의 제휴 마케터들과 함께 쫄

딱 망한다.

- 통제의 계명 위반 유형 ④ 다단계 마케터인데, 해당 다단계 마케팅 회사 창업자가 사기죄로 기소되었다. 연방통상위원회(FTC; Federal Trade Commission)가 폐업을 명한다. 구축하는 데 수 년이 걸린 하부조직이 하루아침에 사라져 버린다.

- 통제의 계명 위반 유형 ⑤ 아직은 많이 알려지지 않았지만 성장세에 있는 프랜차이즈의 가맹점이 된다. 가맹주는 광고를 통한 성장 극대화를 꾀하는 사람이다. 가맹주가 전국 방송 프로그램에 나가 인터뷰를 하다가 돌이킬 수 없는 실언을 한다. 천인공노할 인종차별적 발언을 한 것이다. 소셜 미디어에 일대 광풍이 분다. 갑자기 프랜차이즈 전체에 따가운 시선이 쏟아진다. 흙먼지가 가라앉을 즈음 당신의 가맹점은 이미 흙바람에 날아가고 없다.

- 통제의 계명 위반 유형 ⑥ 검색엔진 최적화에만 전적으로 의지하는 지극히 평범한 상품을 판매하는 온라인 매장을 운영한다. 트래픽과 매출의 대부분이 구글 검색에 기인한다. 새로운 '판다(Panda 2011년 단행된 검색결과 랭킹 알고리즘에 대한 변화로서 추후 수차례의 업데이트 실행)' 업데이트를 통해 구글이 그들의 알고리즘을 바꾸고, 불법적인 검색엔진 최적화와 백링킹(backlinking) 전술들을 이유로 당신의 웹사이트를 '관리'하기 시작한다. 갑자기 하루 1만이던 히트 수가 100으로 감소한다.

다른 기업에 '히치하이킹'을 하면서 일방적 여행길에 오르려는 기업가들에게 아마존은 완벽하고도 위험한 기회를 제공한다. 여기서 '히치하이킹'이란 당신의 사업이 타인이 소유하고 운행하는 시스템에 공생적으로 의존하는 것을 말한다. 그리고 여기서 '타인'은 신뢰할 수도, 통제할 수도 없는 남이다. 그렇다. 당신은 남과 남이 운영하는 기업과 그가 내리는 결정들과 그의 선의에 매달릴 수밖에 없다.

아마존의 경우 수천 명의 기업가들이 아마존의 배로 뛰어들면서 아마존이 그 배를 절대 뒤집지 않을 것이라는 데 판돈을 건다.

당신은 내가 저술한 책들이 통제의 계명을 위반한다고 주장할지도 모른다. 왜냐하면 매출이 대부분 아마존에서 일어나기 때문이다. 그 주장은 일리가 있다. 아마존의 웹사이트에서 내 책들이 사라지면 나는 매출에 있어서 상당한 타격을 받을 것이다. 하지만 그렇다고 해서 내가 망하지는 않을 것이다. 여전히 수천 부는 팔릴 테니까. 왜냐고? 통제의 계명 강령중 하나가 다각화를 통한 영향력 회피라는 것이다. 나의 경우에는 아마존 말고도 다수의 도서 판매 채널이 있다. 아마존은 그 중 하나에 불과하다. 영향력으로부터의 다각화는 당신의 상품이 다수의 채널을 통해 고객을 유인한다는 뜻이다. 아마존뿐 아니라 당신의 웹사이트를 포함하는 다른 채널들이 있는 것이다. 당신의 비즈니스 모델이 한 채널만 이용하는 것은 외줄타기처럼 위험하다.

더욱 중요한 것은, 채널 다각화가, 비즈니스의 핵심 자산이 외적 영향력에 대한 통제력을 가지고 있음을 뜻한다는 사실이다. 나의 경우로 말하자면, 내가 통제할 수 있는 나의 진짜 자산들은 개인적 브랜드, 독자 명단, 플랫폼이 있다. 나는 거의 10년을 들여서 나의 메시지를 전하는 포럼을 구축했고, 그것은 나의 통제 안에 있다. 페이스북이나 링크드인이나 반스앤노블이 비즈니스 전략의 결정적 요소를 구성하고 있다는 사실은 부정할 수 없지만, 그들의 약관이 변경된다고 해서 내가 만든 자산 구조가 바뀌는 것은 아니다.

이런 식으로 한번 생각해 보자. 아마존이 제이케이 롤링(JK Rowling)의 『해리포터』의 판매를 거부한다면 롤링의 도서 매출이 수백만 달러대에서 수백 달러대로 떨어질까? 물론 아니다. 충분한 채널 다각화 덕분에 롤링은 자신의 브랜드와 플랫폼을 생산가치주의의 힘을 가지고 통제할 수 있다. 독자는 팬이고, 팬은 작가에게 충성스럽다.

통제의 최종 요소는 무엇일까? 그것은 브랜드다. 만일 당신이 리스크를 감당하고 귀중한 시간을 들여 비즈니스를 구축한다면, 반드시 다른 사람의 브랜드가 아닌 당신의 브랜드에 투자하라.

'검은 쪽지'–기업가정신의 '분홍 쪽지'

취직을 해본 적이 있는 사람이라면 그 악명 높은 '분홍 쪽지(pink slip)'를 받는 것이 '해고'당한다는 의미를 갖는다는 것쯤은 알고 있을 것이다. 분홍 쪽지를 받으면 직장도 없어지고 소득도 없어진다. 도박을 하는 기업가들은 분홍 쪽지 대신에 '검은 쪽지(black slip)'를 받는다.

예컨대, 지구상의 억만장자는 누구라 할 것 없이 모두 통제의 방법을 통해 부를 일구었다. 한 가지 공통된 방법은 회사를 차리고 그것을 상장시키는 것이다. 통제권을 갖는 지배주주들은 자본시장에 주식을 매도하고 엄청난 부를 획득한다. 당신과 나 같은 개미들은 그 주식의 매수자들이다.

페이스북, 에어비앤비, 알리바바, 우버와 같은 회사들을 생각해 보라. 이 회사들은 소유하지 않고 통제한다. 페이스북은 콘텐츠를 만들지 않고 통제한다. 에어비앤비는 아무런 부동산을 보유하고 있지 않다. 알리바바는 재고를 쌓아두지 않는다. 그저 통제할 뿐이다. 보다시피, 통제가 소유와 늘 동일한 것은 아니다.

또 다른 사례에서, 억만장자 투자가인 칼 아이칸(Carl Icahn 미국 투자자, 비즈니스계 거물)은 영향력을 행사하는 투자자다. 그는 각본화된 개미들처럼 주식을 산 뒤 그 주가가 오르기를 '희망'하지 않는다. 아이칸의 투자 철학에서 주춧돌이 되는 것은 통제다. 투자자들에게 보내는 서신에서 그는 이렇게 설명하고 있다.

> 전형적인 가치 투자자는 저평가된 증권들을 매입해 결과를 기다리지만 우리는 종종 적극적으로 표적 기업에 관여합니다. 그런 활동은 폭넓은 접근법을 활용하는데, 표적 기업의 경영진에게 영향력을 행사해 주가 향상을 위한 조치를 취하게끔 하는 것부터 표적 기업의 지배 지분이나 소유권을 인수해 사업 개선을 위해 필요한 변화들을 실행하게끔 해서 사업을 운영하고 확장하는 것까지 다양한 방법이 있습니다. 이런 활동주의는 오랜 세월에 걸쳐 매우 높은 수익을 실현해주고 있습니다.

각본에서 탈출한 의미와 목적 추구 과정에서 자신의 성과에 대해 영향력을 발휘하고 리스크를 완화하려면 통제력이 필요하다. "그런 대로 괜찮네" 수준의 수익과 "야, 거참 기가 막히네!" 수준의 폭발적 수익의 차이가 거기서 난다.

아이칸의 경우에, 그의 투자 펀드인 아이칸 엔터프라이즈(IEP; Icahn Enterprises L.P.)는 2000년 1월 1일 이래로 1,674퍼센트의 수익률을 올린 데 반해 S&P500의 수익률은 82퍼센트였다. 만일 당신이 25장에서 설명한 복리 환상과 그것의 자본 원칙을 무시하고 본때를 보여줄 요량이라면, 통제가 투자 철학의 일부를 구성하는 활동가 펀드에 투자함으로써 그렇게 할 수 있다.

결국 이것은 남을 지휘할 것인가 아니면 남의 지휘 아래 있을 것인가에 대한 결정으로 환원된다.

CHAPTER 34

추월차선 기업가정신 ❷ 진입의 계명 : 어려움은 기회다!

기회가 찾아오길 기다리는 자는 군중의 일원일 뿐이다. -에드워드 드 보노 (심리학자)

낮은 진입장벽 : 쉬운 길을 찾는다면 당신은 문제 해결사가 아니다

진입의 계명은 기회는 빈약한데 경쟁자들은 우글거리는 시장을 피할 수 있도록 도와준다. 진입의 계명은 또한 진짜 기회가 숨어 있는 곳을 볼 수 있는 통찰을 제공해준다. 진입의 계명은 이렇게 말한다. "사업이나 창업 과정에 대한 진입장벽이 약화되거나 쉬워질 때 잠재력 또한 약화된다." 어려울수록 기회가 크다.

진입장벽이 높을수록 사업 시작이 어렵다. 그렇지만 진입장벽이 높을수록 현재와 미래의 경쟁력 또한 튼실할 수 있다. 예를 들어, 아이폰과 맞장을 뜰 차세대 스마트폰을 만드는 기업가가 되고 싶은 사람이 마주해야 할 진입장벽—자본, 경험, 기술적 노하우—은 난공불락에 가까울 것이다. 노련한 기업가들조차 시도조차 하지 않을 터인데, 그 까닭은 함락이 요원할 정도로 진입장벽이 높기 때문이다. 반면 블로그는 두 시간이면 뚝딱 열 수 있다. 티셔츠 사업은 주문 인쇄 스크린 인쇄기만 있으면 몇 분이면 족하다. 물론 이런 사업들도 경험이 쌓이면 나아지게 마련이지만 수백만 달러를 벌어들이지는 못할 것이다. 쉽게 돈을 벌겠다고 창업하는 비즈니스를 몇 가지 열거하자면 다음과 같다.

- 블로깅/포럼
- 자가 출판/저술
- 티셔츠 비즈니스
- 네트워크 마케팅
- 제휴 마케팅
- 인터넷 오픈마켓

낮은 진입장벽의 최근 사례 중 하나를 출판업에서 찾아볼 수 있다. 이전에는, 책을 출간하고 싶어도 출판사의 관심을 끌지 못하면 책의 출간은 불가능했고, 당신의 작품은 빛을 보지 못한 채 원고로 남아야 했다. 오늘날에는 아마존과 인터넷과 전자책 덕택에 누구든지 책을 써서 인터넷에 올릴 수 있다. 스티븐 킹과 같은 전설적인 작가들이 갑자기 3,000단어로 30분 만에 글이랍시고 써내려가는 글쟁이들과 함께 문학의 대양에서 헤엄치게 된 것이다.

자가 출간 분야에는 잘 하고 있는 몇몇 뛰어난 저자들이 있다. 하지만 품위 있는 글쓰기라든지 저자로서의 경험 같은 데는 마음이 없고 오직 돈에만 관심이 있는 돈 사냥꾼도 많다.

시련의 기회 : 당신을 위해 만들어진 매뉴얼은 없다

기업가가 실패할 때는 여러 가지 이유가 있을 수 있다. 그 중 하나는 기업가정신의 결여다. 기업가정신이란 고객을 위한 문제해결, 편리증진, 욕구충족에 관한 것이다. 또한 그런 것을 통해 가치를 만들어내는 것이다.

"나는 기업가가 되고 싶습니다"라고 말할 때 당신은 사실 이렇게 말하는 것과 진배없다. "나는 평생 문제 해결사로 살고 싶습니다." 어떤 문제로 고통받고 있는 사람들의 입장에서 볼 때 그 문제의 해결은 가치의 창출인 것이다.

"내게 훌륭한 아이디어가 있는데…… 근데, 그게 너무 어려워!"

기업가로서 아이디어들을 저울질하고 있는가? 어려운 아이디어가 좋은 아이디어다. 어려움은 기회를 의미하기 때문이다.

'너무 어려워요'라는 진입장벽 때문에 발걸음을 돌리다가 훌륭한 아이디어를 놓칠 수 있다. 당신의 아이디어가 고급 프로그래밍을 필요로 하는데 당신이 그것을 어떻게 하는지 모를 때 당신은 다른 아이디어로 눈을 돌린다. 당신의 발명이 전기 공학과 플라스틱 금형 사출을 필요로 하는데 당신이 그 분야를 모를 때 당신은 다른 아이디어를 만지작거리기 시작한다. 아이디어가 겉돌면서 또 다른 아이디어를 찾아 헤맬 뿐이다.

여기서도 시련이 기회다. 문제 해결의 규모는 당신이 벌 수 있는 돈의 규모다. 당신을 위해 이미 준비되고 확립된 매뉴얼 같은 것은 없다. 당신을 한 발 한 발 인도해 줄 매뉴얼 같은 것은 없다.

매뉴얼 같은 것이 없음을 깨달았다면 기뻐하라. 나의 백만장자 친구들 중에 성공적인 사업체의 소유자가 있다. 그는 아마존에서 엄청난 매출을 올린다. 최근에 그 친구는 어떤 구루가 올린 '아마존에서 수백만 달러의 매출을 올리는 법'에 대한 인터넷 강좌를 면밀히 뜯어보았다. 이 강좌의 가격은 수천 달러였다. 강의 교재를 검토한 뒤 그가 어떤 의견을 내놓은 줄 아는가? 반대로 하라. 쉬운 길을 선택한 군중들과 쉬운 길을 표방하는 구루의 코칭을 보고 반대 방향으로 가라는 말이다. 왜 그래야 할까? 왜냐하면 그 헛소리를 믿고 돈 사냥에 나선 군중들은 결코 지속가능한 소득을 올릴 수 없기 때문이다.

이 아마존 매출 코칭 강좌에서 그들은 시장, 수요, 배송 난이도의 측면에서 잠재적 상품의 강점들에 대해 랭킹을 매기고 차트로 정리해서 보여준다. 그런데 그 차트에서 내 친구가 전염병이라도 되듯이 피하려고 하는 상품들이 높은 자리를 차지하고 있었다. 즉, 팔기 쉽고, 수입하기 쉽고, 배송하기 쉬운 상품들이다.

내 친구의 상품은? 아주 낮은 곳에 랭크되어 있었다. 이미 눈치 채고 있겠지만, 그의 상품은 판매가 어렵고 그 과정이 지겹기까지 하다. 그래서 경쟁자가 적다. "그들"이 추천한 상품들은 판매가 쉽다. 그리고 그와 같이 판매가 쉬운 상품들도 처음 몇 주 동안은 수익을 올려줄 수 있을지도 모른다. 그러나 당신의 삶을 바꿀 만큼 오랫동안 수익이 유지되지 않을 것이다. 쉬운 길을 선택한 기업가들이 떼거리로 몰려온다. 그리고 결국 떼돈을 버는 것은 그 떼거리가 아니라 그 코칭 프로그램을 파는 브로마케팅 구루다.

황금알을 낳는 거위를 팔거나 거저 주는 멘토는 없다.

"이윤이 큰 반려동물 제품들에 대해 알려줄 수 있는 해당 산업 유경험자를 찾고 있습니다."

이것은 실제로 우리 포럼에 올라왔던 질문이다. 순진해보이기도 하지만 생각할수록 우습기 그지없다. 어찌 보면 이 사람은 비즈니스 성공이 '자신이 찾을 수 있는 가장 수익률 좋은 사업들을 복사해서 붙이기'를 하면 된다고 주장하고 있는 셈이다.

한번 자문해 보라. 만일 당신이 마진폭이 큰 반려동물 관련 상품을 판매하는 사업체를 소유해서 재산을 잘 불려가고 있다면 당신이 애써 구축한 소중한 '매뉴얼'을 포럼의 낯선 이에게 넘겨줌으로써 당신 가족의 생계와 당신의 자유를 위험에 빠뜨리는 짓을 하겠는가? 물론 작년에 300만 달러를 벌 때 이용한 제조업자의 이름과 전화번호는 넘겨줄 수 있을지 모른다.

낮은 진입장벽으로 시도한 사업은 훗날 채무로 남는 반면 시련은 자산으로 남는다. 어려움은 문제의 깊이를 반영하고 가치의 크기를 대변한다. 그러나 더욱더 중요한 것은, 어려운 진입장벽이 천연 방어막 역할을 한다는 것이다.

장벽 강화 : 과정이 좌우한다

또 다른 진입의 계명은 과정 중시 원칙이다. 창업이나 진입은 결과가 아니라 과정이다. 그 과정은 문제 해결을 위해 필요한 집행 시간을 반영한다. 이 시간의 많은 부분은 학습 곡선으로 구성된다. 시련의 시간은 장벽을 강화하는 해자를 구축하게 하고, 경쟁 기업가들이 당신의 성에 들어오지 못하게 만든다.

2011년 4월 기업가인 샐 파올라(Sal Paola)가 우리 포럼에 게시한 것을 예로 들어보자.

저는 이 스레드(thread 인터넷상에서 하나의 글 아래 달리는 답변 전체)를 저의 추월차선 여정을 따라오기 희망하는 사람들을 위해 시작합니다. 발명과 제조의 길을 따르고자 하는 사람이라면 누구에게든 유용할 것이라고 저는 생각하고 소망합니다. 그런 분들은 제가 그 여정 중에 수행하는 모든 것과 저지르는 모든 실수로부터 배울 수 있을 것입니다. 저도 이 길은 처음입니다. 제게는 저의 현재 직업에서 필요로 하지만 아직은 현실화되지 않은 아이디어들이 있습니다. 저의 계획은 그 아이디어들 중 하나를 출발점으로 삼을 것입니다. 저는 이런 제품이 아직 왜 출시가 되지 않았는지 늘 궁금했고, 또 늘 그 출시를 기다렸습니다. 저희 사원을 비롯한 업계의 많은 사람들 역시 그런 질문을 하곤 합니다. 제 생각에 그것은 우리 업계의 사람들 모두가 원할 만한 상품이고, 그것을 구매하는 결정을 내리는 것이 생사의 결단처럼 심각하고 어렵지도 않을 것입니다. 왜냐하면 저렴하기 때문입니다. 최소한 사람들은 한번 써보기 원할 것이고, 일단 써보면 그들은 그 제품을 더 많이 원할 것임이 분명합니다.

아이디어를 처음으로 품은 때로부터 거의 1년이 지난 2012년 4월 7일, 샐은 첫 시제품을 완성했다. 그 해에 그는 매출이 전무한 시간을 견뎌내야 했지만 참으로 많은 활동을 수행했다. 그는 결코 비전을 잃지 않았다. 쉽지 않은 길이었다. 관련 서적도 없었다. 그는 설계, 구매, 실시, 특허 예비출원, 해외 제조, 수입 등등의 현안을 처리했다. 그는 내딛는 매 발걸음마다 학습을 이어갔고, 몇 가지 실수도 저질렀지만,

마침내 그가 꿈꾸던 제품을 만들어냈다.

거의 3개월 뒤인 7월 3일(아이디어를 품기 시작한 지 15개월 뒤), 그는 첫 매출을 올렸다. 2013년에 샐은 전국적 규모의 공구 및 화구 체인들과 거래를 성사시키기 시작했다. 홈 데포(Home Depot 미국의 가정용 건축자재 유통회사)도 그의 제품의 입점을 고려하고 있었다. 아이디어의 탄생으로부터 거의 3년이 흐른 시점인 2014년 4월 4일, 샐과 그의 파트너들은 전국적 텔레비전 쇼인 〈샤크 탱크(Shark Tank 미국 리얼리티 텔레비전 시리즈로서 기업가 지망생들이 '상어'라고 불리는 투자가들에게 비즈니스 프레젠테이션을 함)〉에 출연했다. 화가들이 붓과 시간과 돈을 절약할 수 있도록 해주는 붓 뚜껑인 그의 상품에 '투자자'들은 즉각적으로 환호를 보냈다. '투자자'들은 서로 투자하겠다며 줄을 섰다. 그는 상품에 지대한 열정을 쏟는 로리 그라이너(Lori Greiner)와 계약했다.

오늘날 그 상품은 세계 최상의 공구 매장들을 통해 판매되고 있다. 어느 날 나는 홈 데포 진열대에 있는 그의 상품을 보았고 사진을 찍었다. 앞쪽으로 진열된 그의 상품에 나는 자부심을 느꼈다. 샐의 인생에 이 회사가 안겨줄 경제적 성공도 성공이지만, 앞으로 그가 축적해갈 경험과 성사시킬 계획들은 무궁무진할 것이다.

우리 포럼에서 건져온 또 다른 이야기는 캐나다 기업가인 빅(Vick)에 대한 것이다. 빅은 시중에서 파는 선글라스가 마음에 들지 않던 차에 자기가 직접 만들어 봐야겠다는 생각을 하게 되었다. 아이디어에서 디자인, 제조와 수입을 거쳐 마침내 매출을 기록하는 데까지 수개월이 걸렸다. 더욱 중요한 것은 상품 생산을 하기 전에 선주문을 받아서 수요를 먼저 확인했다는 점이다. 그가 마음에 두고 있던 표적 시장은 그의 상품을 좋아했다. 비전의 실현을 다짐하고 2년이 흐른 뒤, 빅은 직장을 그만두면서 5일을 노예처럼 일해야 2일을 쉴 수 있다는 각본에게 멋지게 한 방을 먹여주었다.

몇 달 뒤, 그는 다음과 같은 글을 올렸다.

> 인정해야겠네요. 인생은 멋지다고. 우리는 요즘 거의 일을 하지 않아도 소득은 계속해서 들어옵니다. 저는 원하는 것은 뭐든지 하며 지냅니다. 매일 운동 가고, 매일 달리고, 매일 게임을 띕니다. 아내와 아이와 함께 시간을 보내고요. 아우디 R8을 몰고 다니지요.

빅의 경우에도 그를 위해 만들어져 있던 매뉴얼 같은 것은 없었다. 제조에서 판매까지 한번에 책임지는 '턴키' 유통업자 키트 같은 것도 없었다. 아이디어에서 창조를 거쳐 매출에 이르는 과정은 탐색과 학습의 마라톤이었다. 그것은 단숨에 해치우는 단거리 달리기가 아니었다. 과정 중시 원칙은 당신이 해결하고 있는 문제의 중심을 훤히 꿰뚫는 통찰을 제공한다. 과정 중시 원칙은 또한 일단 시장이 당신의 상품을 인증한 뒤에 세워지는 진입장벽을 튼튼하게 해준다.

> **?** 당신이 '너무 어려워'서 흘려보낸 기회나 아이디어를 나중에 다른 사람이 이용해 문제해결 대가로 수백만 달러를 벌어들이고 있는 것을 본 적은 없는가?

CHAPTER 35

추월차선 기업가정신 ❸ 필요의 계명 :
어떤 산업에서든 기회를 만들어내는 법

개선의 여지가 없는 것은 이 세상에 없다. -잭 벌렌티(비즈니스맨)

불완전한 세상은 완전한 기회다

- 어떻게 하면 생산가치주의를 실현할 훌륭한 비즈니스 아이디어를 찾을 수 있을까요?
- 어떻게 하면 니즈를 찾거나 가치를 창출할 수 있을까요?
- 아무리 해도 좋은 아이디어가 떠오르지 않아요!

이런 사람들은 자신이 아이디어 내는 데 소질이 없지만 변명하는 데는 소질이 있다고 자인하는 셈이다. 기업가는 문제 해결사임을 명심하라. 당신이 아이디어를 찾을 수 없다고 말할 때마다 당신은, 세상은 완벽해서 아무것도 필요로 하지 않는다고 말하고 있는 셈이다.

기회가 눈에 보이지 않는 사람들은 보아야 할 것–미지의 변수, 새로운 기술, 수고로움, 시행착오, 리스크, 실패–을 보기 싫어하기 때문이다. 대신에 그들은 존재하지 않는 것을 찾아 헤맨다. 명확한 길, 단계별 청사진, 백만장자 멘토, 벤처 캐피털의 재정적 지원, 게다가 실패에 대비해 안전망으로서의 안정된 직장. 대부분의 경우, 아이디어가 없는 것은 지극히 당연하다. 토마스 에디슨이 한 유명한 말이 있지 않은가. "대부분의 사람들이 기회를 놓치는 것은 기회가 남루한 작업복을 입고 찾아오기 때문이다."

필요의 계명은 생산가치주의 체제에 있어서 가장 중요한 계명이다. 왜냐하면 필요의 계명이 기회를 정의하기 때문이다. 센츠가 테이블이라면, 필요의 계명은 테이블 상판이고, 나머지 네 개의 계명은 테이블의 다리일 것이다. 필요의 계명은 당신이 진입 장벽이 높고 잘 통제된 기업의 소유주이고 그 기업이 상대적 가치를 제공하면서 니즈(needs 고객의 필요)나 원츠(wants 고객이 원하는 것들)를 충족시킨다면, 당신은 성장, 이윤, 그리고 어쩌면 평생에 걸친 수동적 소득을 달성할 수 있을 것이라고 말한다. 그렇게 간단한 아이디어–니즈와 원츠–는 너무도 뻔한 소리라고 당신은 생각할 것이다. 하지만 꼭 그런 것은 아니다.

예를 들어서, 아이들이 "커서 큰 부자가 될 거예요!"와 같은 꿈을 선언하는 것은 흔한 일이다. 그런데 "커서 큰 가치를 제공하는 사람이 될 거예요!"라든지 "사회를 위해 일하는 사람이 되고 싶어요!"와 같은 꿈은 흔치 않다. '부자'되기를 원하면서도 가치를 등한시하는 것은 이차방정식을 a, b, c와 같은 계수 없이 풀겠다는 것과 같다.

개인적 경험을 털어놓자면, 대학 경영 수업을 수강할 때 나는 가치,

니즈, 원츠에 대해 들어본 적이 없다. 대신에 우리는 AIDA(Attention, Interest, Desire, Action)와 같은 마케팅 전술, 4Ps(마케팅 믹스를 구성하는 네 가지 요소인 Price, Product, Promotion, Place), 상품을 움직이기 위한 기타 교과서적 전략에 관해 토론했다. 상품 생존력이라든지 필요성은 커리큘럼에 포함되기는커녕 토론의 대상도 된 적이 결코 없다! 나는 어느 기업가 클럽에도 소속되어 있었는데, 그곳에서도 니즈나 원츠는 성공의 지표로 강조된 적이 없다. 우리 포럼의 어느 젊은 기업가도 비슷한 말을 한 적이 있다. 그의 말을 들어보자.

> 나는 최근에 우리 학교의 기업가 클럽 모임에서 회의에 참석했습니다. 주제는 창업의 기본적 단계였습니다. 나는 의도적으로 침묵하면서 다른 사람들의 생각에 귀를 기울였습니다. 놀랍게도, 아무도 문제에 대한 해결책을 찾는 것에 대한 발언은 하지 않았습니다. 파트너 찾기, 돈벌이가 될 만한 것, 충분한 자본 확충의 필요성, 마케팅 같은 것이 논의되었습니다. 누군가가 실제로 필요로 하는 상품이나 서비스를 창출하겠다고 말한 사람이 없다는 사실에 저는 충격을 받았습니다.

가치와 필요 만들기

'가치'라는 단어를 사전에서 찾아보라. '상대적 값어치, 쓸모, 혹은 중요성'이라는 정의를 찾을 수 있을 것이다. 여기서 핵심적인 구절은

'상대적 값어치' 혹은 '상대적 가치'라는 말이다.

큰 부자들이 부자인 까닭은 그들이 단순한 가치를 창출하거나 통제하거나 관리하기 때문이 아니라, 이미 존재하는 것에 대한 상대적 가치 창출, 통제 혹은 관리하기 때문이다.

당신네 가게의 피자가 정말로 맛있을 수도 있겠지만 상대적 가치는 존재하지 않는다. 왜냐하면 십중팔구, 몇몇 피자 체인점들 역시 정말로 맛있는 피자를 이미 팔고 있을 테니까. 사하라 사막에서 모래를 팔려고 해보라. 모래 바람만 맞을 것이다. 홍수에 대비하는 계곡에서라면? 가치를 인정받을 것이다. 모래는 어느 시장에서 파느냐에 따라 무가치할 수도 있고, 가격이 천정부지로 치솟을 수도 있다. 가치는 언제나 상대적이다.

여기서 질문 하나. 만일 내가 당신에게 회사를 설립하고 30일 내에 최소한 천억 달러의 매출에 도전해 보라고 한다면 당신은 해보겠는가? 나라면 할 수 있을 것 같다. 그리고 나는 30일도 필요 없을 것 같다. 다시 한 번 질문을 생각해 보라. 질문에 속임수가 있다.

이 도전을 내가 할 수 있을 것이라고 말할 때, 나는 내가 링크드인 연줄을 이용하겠다든지 비즈니스 요령을 활용해 보겠다는 속셈은 없다. 질문 내용을 잘 살펴보면 이윤이 아닌 매출로 천억 달러를 달성하는 것임에 주목하게 될 것이다. 이 도전을 수락하고 승리하기 위해 필요한 것은 웹사이트에 주문이 홍수처럼 밀려오도록 손쉬운 가치를 만들어서 제공하면 되는 것이다. 손쉬운 가치 만들기 명제로는 어떤 것이 있을 수 있을까?

백 달러짜리 수표를 50달러에 판매하는 것이 예가 될 수 있다. 이

거래가 사기가 아니라는 말이 퍼지자마자 매출은 폭발할 것이다. 고객들은 주문하고, 주문하고, 또 주문할 것이다.

생산가치주의 : 가치 만들기와 가치경쟁

2016년 2월 연례 추월차선 정상회의에서 나는 150명의 기업가들 앞에서 연설을 하면서 이런 제안을 했다. 나는 50달러짜리 지폐를 치켜들고 거의 거저 주는 가격을 불렀다. 단돈 1달러. 방에 있는 사람들 반이 손을 들면서 구매 의사를 표현했다. 나머지 반은 혼란에 빠진 채 침묵을 지켰다. 나는 목소리를 높이고 제안을 반복했다. "아니, 이 분들 지금 뭐하시는 거예요? 이런 좋은 제안 앞에서. 단돈 1달러에 50달러 지폐를 사실 분 없으세요?" 즉각적으로 열 번째 줄에 앉아 있던 사내가 앞으로 뛰어나와 내 얼굴에 1달러를 디밀었다.

"팔렸습니다!" 나는 그의 1달러 지폐를 받아들고 나의 50달러 지폐를 내주었다. 자, 보라. 나는 방금 1달러의 매출을 생성했다! 그러고는 나는 다른 제안을 했다. 이번에는 내 지갑에 있던 지폐를 모두 꺼내들었다. 1,000달러가 넘었다. 너나할 것 없이 모두 손을 들었다. 몇몇 사람들은 용수철처럼 일어나기까지 했다. "잠깐만!" 내가 말했다. "제 손을 가득 채운 이 현금을 역시 1달러에 판매하겠습니다. 단, 이번에는 조건이 하나 있습니다." 모두 조바심을 내며 귀를 쫑긋 세웠다. "1달러와 이 현금을 교환하기 전에" 나는 말했다. "이 회의장을 벌거벗고 돌아야 합니다." 갑자기 모든 손이 내려갔다. 나서는 매수자가 없었.

첫 제안에서의 가치경쟁에는 뒤틀기가 없었다. 아쉽게도 실제 시장의 거래에서는 가치경쟁이 그렇게 명확하지 않다. 내가 추월차선 정상

회의에서 누드 달리기라는 '조건'을 부가했을 때 갑자기 가치비교가 복잡해져 버렸다. 잠재적 구매자들은 가능한 결과에 대해 생각해 본다. 창피를 당할 테고, 체포될 수도 있고, 유튜브에 공개되어 세계적으로 공개적 망신을 당할 수도 있고 등등 여러 가지를 가치 저울에 올려놓는다. 번쩍 쳐들렸던 손들이 하나같이 내려간다. 순구매력에 있어서의 이득이 다른 문제를 만들지도 모른다고 생각하기 때문이다.

당신이 구매 여부를 고려할 때마다 가치경쟁 게임이 당신의 머릿속에서 펼쳐진다. 브랜드 Y가 아닌 브랜드 X를 선택할 때 브랜드 X는 가치경쟁 게임에서 승리한 것이다. 이 가치 저울질 게임에서, 당신은 각 구매 제안에 대해 다수의 속성들을 분석하고 거기 어떤 가치가 있는지를 판단한다. 가치 만들기는 가치경쟁에서의 승자가 누구인지를

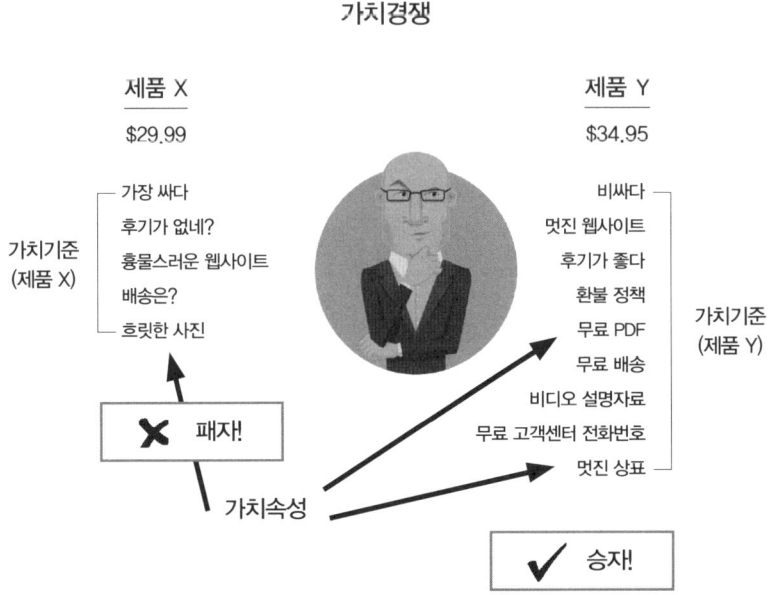

305

결정한다.

예를 들어서, 당신은 브랜드 X의 제품을 구매하기를 원한다. 브랜드 X는 값이 가장 싸다. 하지만 다른 몇 가지가 눈에 들어오기 시작한다. 브랜드 X에는 이상하게도 후기가 없다. 웹사이트는 1999년에 디자인된 것처럼 보인다. 게다가 사진들은 흐릿하고, 회사 소개도 없다. 글씨체도 애들 장난 같다. 환불정책은 눈 씻고 찾아봐도 없고, 전화번호는 물론 배송비에 대한 정보도 없다.

반면에 가격이 22퍼센트 더 비싼 브랜드 Y는 세련된 웹사이트가 있고, 사진도 깨끗하다. 회사 소개 페이지도 있다. 읽어보니 내용이 흥미롭다. 환불정책이 명확하고, 무료 상담 전화번호도 있으며, 인상 깊고 긍정적인 후기도 많다. 브랜드 Y는 배송비도 무료다.

브랜드 X 대 브랜드 Y의 가치경쟁에서, 속성의 중요도에 따라 가중치를 주면서 상대적 가치를 잘 저울질한 뒤 당신은 구매 결정을 내린다. 브랜드 X의 싼 가격에 만족할 수도 있고, 브랜드 X의 형편없는 이미지에 실망할 수도 있다. 기준은 사람마다 다르다.

돈은 어떻게 움직이는가 : 가치기준과 가치속성

가치기준은 "예, 이것을 사기 원해요" 혹은 "아니요, 다른 곳을 좀 둘러보려고요"의 차이를 결정하게 만든다. 당신은 누군가를 구매 혹은 비구매로 이끄는 가치기준의 결정적 속성이 무엇인지 짐작할 수 없다.

여기에 잠재 고객의 마음에 당신의 제안을 끼워 넣을 틀을 구성하는 가치속성을 몇 가지 제시하자면 다음과 같다.

가격	프로페셔널리즘
가격 모호성	호소력 강한 이야기
주문 편의성	레이블/패키지 디자인
웹사이트 디자인	제휴 혹은 협력사
정갈함	고객 서비스
보증	산뜻하고 깔끔한 사진
환불 정책	진짜 후기
상품 옵션	유명인 인증
분위기	안락감
상품 특질	보안
지불 옵션	배송 시간 또는 비용
유저 인터페이스	청탁 후기
사원 사진	웹사이트 최근 업데이트

가치 만들기는 필요라는 수레를 끌고 간다. 가치를 명확하고도 압도적인 방식으로 만들면, 그 수레에 현금이 가득 실릴 것이다. 가치 만들기는 생산가치주의의 실현을 가능케 하는 원동력이다. 가치를 만들지 못하는 기업은 필요의 계명을 충족시키지 못하며, 생존하기 어렵다.

가치 만들기로 경쟁자를 압도하라

나의 가상의 '돈 파는 회사'를 기억하는가? 50달러에 100달러 지폐들을 판다고 했던. 이제 그 거래 과정에 우편 송달이 관여된다고 가정해 보자. 즉, 당신이 50달러 수표를 넣어서 우편으로 사서함을 통해 내게 보낸 뒤 2주 뒤에 100달러 수표를 받는 것이다. 여기는 세 가지 지배적인 속성을 갖는 가치기준이 연루된다. 바로 ① 금전적 가치 ② 편의성 ③ 리스크다.

이 거래는 50달러를 지출하고, 명확하게 정의된 화폐적 가치로 50달러를 더 받는 것이다. 물론, 가치속성이란 보통 명확하지 않게 마련이지만 신속하고 주관적인 해석을 동반한다. 이 경우에, 편의성과 리스크가 속성으로 편입된다. 첫째, 주문 과정이 불편하다. 알지 못하는 사서함으로 수표를 써야 하는데, 이것은 참으로 미심쩍은 과정으로, 거래에 리스크가 생긴다. 일단 소통된 인지가치(50달러로 100달러를 산다!)가 인도(引渡)된 가치로 바뀌면서 입소문이 퍼지고, 매출이 증가한다. 만일 약속이 지켜지지 않으면 역시 입소문이 퍼지면서 매출은 감소한다.

자, 이 거래가 합법적인 거래라고 가정해 보자. 그리고 또 다른 '돈 파는 회사'가 등장해 경쟁자로 부상하고 있다고 가정해 보자. 그들도 50달러를 받고 100달러를 주는 장사를 한다. 그런데 이 경쟁사는 우편을 이용해 사서함으로 수표를 보낼 것을 요구하지 않는다. 그들은 즉각적인 온라인 처리를 제공한다. 고객은 그들에게 페이팔(PayPal 온라인 전자결제 서비스)을 이용해 50달러를 부치고 10분 후에 페이팔로 100달러를 받는다. 두 회사 모두 완전히 동일한 금전적 가치를 갖는 제품을 판매하지만 한 회사는 더 빠르게 성장을 달성한다. 둘 중 어떤 회사이겠는가?

말할 것도 없이 새롭게 등장한 회사다. 새 회사가 옛 회사보다 많이 팔고 더 크게 성장한다. 신규 회사는 가치기준을 분석하고는 가치를 두 가지 거래 속성 측면에서 생산적으로 만들었다. 더 작은 리스크로 더 빠른 처리를 가능케 했다. 완전히 똑같은 제품을 제공하면서도 가치경쟁에서 승리한 것이다.

어떤 회사가 기하급수적 성장을 이룩할 때마다 그 회사의 가치기준과 그 속성들을 들여다보라. 얼마나 많은 가치속성을 생산적으로 만들었는가? 기하급수적 성장은 단순히 싼 가격으로 성취되는 것이 아니다. 다수의 가치속성이 생산적으로 만들어졌을 때 가능하다.

우버(Uber 모바일 차량 예약 서비스)를 예로 들어 보자. 그들은 지상 대중교통 산업을 뒤흔들어 놓고 있다. 특히 택시 업계의 타격이 크다. 나 자신이 지상 대중교통 업계 출신이다 보니, 그쪽의 가치기준에 대해 잘 알고 있다. 처음으로 우버 서비스를 이용했을 때 나는 어떻게 우버라는 브랜드가 이토록 빨리 성장할 수 있었는지 금방 알아차릴 수 있었다. 각 가치속성이 우호적으로 만들어져 있었다. 한두 개가 아니라 모든 가치속성이. 우리는 다음과 같이 몇 가지 주요 가치속성들로 이루어진 가치기준을 상정해 볼 수 있다.

속도 및 정시성	비용 명확성
신뢰	안락함과 정갈함
책임감	선택의 기회
지불 용이성	비용

우버와 비교해 볼 때 기존 택시 업계가 어떤 문제에 봉착하고 있는지 보이는가?

- 속도 및 정시성 : 일반 택시는 도착 시간을 알 수 없는 반면 우버는 언제 도착할지 고객이 알고 있다.
- 비용 명확성 : 일반 택시는 요금이 얼마가 나올지 알 수 없는 반면 우버는 알 수 있다.
- 신뢰 : 일반 택시를 부를 때 콜센터에서는 '10분'이라고 말하곤 하는데, 그 10분이 사실은 1시간이 되기도 한다.
- 안락함과 정갈함 : 일반 택시에 탈 때 청결상태를 알 수 없지만, 우버는 대개 깔끔할 것이라고 기대할 수 있다.
- 책임감 : 일반 택시 기사들은 승객들에 대한 책임감이 없다. 우버 기사들은 업무 수행을 제대로 하지 않으면 나쁜 평을 받게 되고 그런 기사들은 퇴출될 가능성이 커진다.
- 선택의 기회 : 일반 택시는 누가 나올지 결코 알 수 없다. 우버에서는 손님이 택시를 선택할 수 있다.
- 지불 용이성 : 일반 택시를 타고 내릴 때는 호주머니나 지갑을 뒤져 현금이나 신용카드를 찾아야 하지만 우버 택시에서 내릴 때는 사전 등록된 신용카드로 지불하면 된다.
- 비용 : 우버는 이런 다양한 혜택에도 불구하고 일반 택시보다 대개 저렴하다.

몇 년 만에 매출이 0달러에서 수십억 달러로 성장하는 기업을 보면 가치 만들기로 추동되는 생산가치주의가 작동하고 있음을 알 수 있다. 이것은 단순히 좋은 가격을 제시하는 것만으로는 설명이 되지 않는다. 다수의 가치속성들을 멋지게 장착한 결과다. 반면에 가치 만들기에 실패한 기업은 사멸하게 된다.

최근에 내린 당신의 구매 결정에 대해 생각해 보라. 어떤 회사의 것은 걸러내고 어떤 회사의 것은 선택했을 것이다. 궁극적으로, 가치속성 또는 가치속성의 기준은 당신의 지갑이 열리게도 할 수 있지만 계속 닫혀 있도록 만들기도 한다. 나의 경우에 지갑을 닫게 만드는 가치속성들의 목록을 만들어보면 다음과 같다.

- 제품 레이블이 MS 그림판으로 디자인한 것처럼 볼품없다.
- 회사의 배경이 되는 이야기가 없다.
- 회사의 광고에서 브로마케팅 냄새가 난다.
- 후기들을 읽어보니 야합의 냄새가 난다. (예. "후기를 쓰는 대가로 할인을 받았습니다.")
- 제품에 원치 않는 성분이 들어 있다. 예를 들어서, 아스파탐(aspartame 합성감미료의 일종), 레드40(Red40 석유증류물 또는 콜타르 유래 식용 색소) 등.
- 비닐/플라스틱으로 포장되어 있다.
- 시용 전에 신용카드를 요구한다.
- 유저 인터페이스가 투박하다.

각각의 경우에, 사지 않고는 배길 수 없을 만큼 충분히 매력적으로 가치가 매만져지지 못했다. 나는 이런 회사에는 돈을 지불하지 않는다.

가치 만들기

시장을 지배하고 매출을 증대시키려면 가치 만들기를 해야 한다. 그 출발점은 가치기준과 그 속성들을 파악하는 것이다. 그 방법을 살펴보자.

첫째, 당신의 제품과 해당 산업을 찬찬히 뜯어보면서 모든 가치속성을 파악해 보라. 사소해 보이는 것들까지 챙기도록 한다. 당신은 고객에게 무엇이 중요할지 알 수 없다는 것을 명심하라. 하나하나 브레인스토밍을 해보는 것이 최선의 방책이다.

주된 속성들을 첫 번째 기준으로 삼아라. 상품 그 자체를 그 핵심 구성 요소로 해체적으로 들여다본다. 개선의 여지가 있는 구성 요소나 성분은 없는가?

칼을 예로 들어 보자. 매우 간단한 제품처럼 보이지 않는가? 그런데 꼭 그런 것은 아니다. 해체적 시각으로 들여다볼 때 칼은 다양한 주된 속성들을 가지고 있다. 포인트(point 칼끝), 에지(edge 칼날의 배), 스파인(spine 칼날의 등줄기), 핸들(handle 손잡이) 등등. 각 구성 요소는 가치 만들기 기회를 제공할 수 있다. "우리 칼의 팁 에지는 순금입니다!", "우리 칼의 핸들은 인체공학적으로 만들어졌습니다."

식품이나 개인 용품을 판매하는 사람이라면 각 성분에서 가치 만들기 기회를 포착할 수 있다. 내 친구 하나는 개인 스타일링 회사를 이런 방식에 기초해 설립했다. 그는 남자들을 위한 어떤 포럼에서 흔히 등장하는 상품에 대한 불평들을 읽고 기회를 포착한 것이다.

이제 부차적인 속성들로 두 번째 속성 집단을 구성해 보라. 이 집단에는 제품의 마케팅과 배송에 관한 속성들이 들어간다. 웹사이트 디자인, 주문 처리, 제품 사진, 회사 이야기, 고객 서비스, 배송, 환불 정책,

전화번호, 광고 카피, 후기, 소셜 미디어 게시물 등이 이에 속할 수 있는데, 매출을 일으키는 데 도움이 되거나 방해가 되는 모든 속성들을 포함시킬 수 있다.

가치속성 만들기를 통한 시장 확장

나는 좀처럼 영화관엘 가지 않는다. 낯선 사람들과 더럽고 불편한 좌석을 놓고 다투는 것도 싫고, 복작거리는 통로도 진절머리 나고, 영화관에서의 전반적인 경험 자체가 불쾌하다. 하지만 최근에 우리 동네 영화관이 큰 변화를 시도했다. 통로를 넓히고 더러운 좌석들을 넓은 자동 등받이의자로 교체한 것이다. 이 모든 것에 더해 온라인 좌석 예약 서비스까지 제공하기 시작했다. 이 각각의 개선-더 큰 편의성과 안락함에 더 좋은 주문 체계-은 가치 만들기로서 1년에 한 번 영화관을 갈까 말까 하던 나를 한 달에 몇 번씩이나 영화관으로 발걸음을 옮기게 만들었다.

여기서 알 수 있다시피, 당신이 할 일은 가치생성 기회를 발견하겠다는 명확한 의도를 가지고 각 가치속성을 파악하되, 우물 안 개구리의 안목이 아닌 전 세계적인 안목으로 그 과제를 실행하는 것이다. 다른 속성 가치들(예를 들어, 가격)에 대한 간섭을 일으키지 않으면서 되도록 많은 속성에 가치를 더하면 생산적으로 만들수록 더 많은 매출을 올릴 수 있을 것이다.

이를 테면, 나는 프리 짐(Pre Jym)이라고 하는 운동 전 영양 보충 음료를 마시곤 했었다. 여러 해에 걸쳐 나는 그 회사에 상당한 매출을 올려 주었다. 나의 매출 기여는 수천 달러까지는 아니더라도 수백 달러는 족히 될 것이다. 하지만 2015년 말에 나는 그 제품을 끊었다. 왜 그랬냐고? 그 제품이 수크랄로스(인공 감미료의 일종)를 포함하고 있으며 레드40이라는 식용 색소로 색을 내는 것을 알았기 때문이다. 인공 감미료와 색소는 나의 가치 기준이 절대로 용납하지 않는 두 가지 속성이다. 나는 구매를 그만두었다.

하지만 프리 짐의 제조업자가 이 책을 읽게 된다면 그는 가치를 긍정적으로 만들 기회를 얻게 될 것이다. 사탕무 주스는 인공 색소인 레드40의 훌륭한 대체물이 되어줄 것이고, 그런 대체가 제품의 효과나 비용에 아무런 영향을 주지 않을 것이다. 이 변화만으로도 훌륭한 가치 만들기가 탄생하고 신규 구매자들을 끌어들일 것이다. 그리고 이제 그 제품은 '無 인공색소'라는 주장을 할 수 있고, 이 주장은 새로운 구매자들을 매혹할 수 있는 가치 만들기다.

가치 만들기의 여섯 가지 오류

1. 시장 간과의 오류

첫 번째는 시장 간과의 오류다. 사업주가 상대적 가치를 무시하고 주관적 가치에 집착할 때 시장 간과의 오류에 빠진다. '자신이 사랑하는 것을 한다'면서 스타벅스 맞은편에 커피숍을 열고는 독특하거나 더 나은 것을 제공하지 못하는 앞날이 뻔한 아마추어 사업가를 예로 들 수 있다. 실패하는 사업가들은 시장이 원하는 것이 아닌 자기가 원하는 것을 추구한다. 시장을 간과하는 것은 최악의 실수로, 결코 기회를 잡을 수 없다.

2. 속성 고립의 오류

두 번째는 가장 흔한 헛발질로서, 속성 고립의 오류라는 것인데, 한 가지 속성에만 집착하는 것을 말한다. 비즈니스에서의 기타 속성의 간과는 하나의 변수인 가격에 대해서만 가치와 기회를 부여하는 실수에 해당한다. 이를 비유적으로 표현하자면, 기관총에 총알을 단 한 발만 넣고서 전쟁에 나서는 것과 같다.

속성 고립의 오류에서 빠져 나오려면 한 사람의 기업가로서 당신은 반드시 그리고 언제나 자문해 보아야 한다. '시장에서 나의 존재가치는?' '나는 어떤 가치를 제공하고 있는가?' '내가 시장에서 사라지면 아쉬워할 고객이 있는가?'

3. 큰 것 한 방의 오류

가치 만들기와 관련된 세 번째 헛발질은 큰 것 한 방의 오류다. 큰 것 한 방의 오류에 사로잡히게 되면 당신은 '시장이 한 번도 본 적이 없는 독특한 제품', '아무도 하지 않는 무언가'를 찾아내야 한다고 생각한다.

큰 것 한 방의 오류는 시장에서 최초이기만 하면 경쟁은 없을 것이라는 논리에 기초한다. 경쟁만 없으면 시장과 마진을 멋대로 주무르며 수백만 달러를 벌어들일 수 있을 것만 같다. 애석하게도, 시장에서의 최초라는 타이틀은 그럭저럭 중간가는 패도 못 된다. 그것은 프렌드스터(Friendster), 넷스케이프(Netscape), 팜(Palm), 티보(TiVo), 베타맥스(Betamax)를 시작한 사람들에게 물어보기만 해도 알 수 있다.

큰 것 한 방의 오류에 사로잡히면 당신은 절대 아무것도 할 수 없다. 왜냐하면 전설적 아이디어의 번개가 당신의 머리를 내려치는 일은 없을 것이기 때문이다. 결국 '좋은 아이디어가 없으므로 아무것도 하지 않을 거야'가 당신의 변명이 되고 만다.

4. 붐비는 방의 오류

붐비는 방의 오류에 따르면 당신의 아이디어는 훌륭하지 않다. 왜냐하면 이미 누군가가 그것을 현실화했기 때문이다. 처음에는 새롭고 기발한 전설적 아이디어라고 여겨졌는데, 나중에 알고 보니 그렇지 못한 것이다. 그 아이디어에 대해 검색해 보니 이미 그 아이디어를 실행하고 있는 회사가 몇 곳 발견되고, 당신은 "아 이런, 누가 벌써 하고 있네!"라고 혼잣말을 중얼거린다.

대부분의 아이디어는 이렇게 사라진다. 그래서 가치 만들기가 중요한 것이다. 가치속성을 파악해 냄으로써 당신은 그 방 안에 당당하게 들어갈 수 있다. 생각해 보라. 구글 전에 알타비스타가 있었고, 페이스북 전에 마이스페이스가, 마이스페이스 전에 프렌드스터가 있었다. 붐비는 방이라 할지라도 전형적인 사고방식에서 벗어나 가치 만들기의 관점에서 바라보면 빈자리가 보인다.

시장 참여자가 백 명이고 각각의 시장 참여자가 동일한 시장점유율(1.00%)을 갖고 있는 시장에 당신이 새롭게 진출한다고 가정할 때, 각 시장 참여자로부터 전체 시장 대비 0.02%(즉, 각 참여자 점유율의 2%)만 빼앗아오면, 당신은 너끈히 시장의 정상에 서게 될 것이다. 당신의 시장 점유율은 2.00%가 되고, 나머지 시장 참여자들의 시장 점유율은 각각이 0.98%가 될 테니까. 생산적으로 만들어볼 가치가 있다면 비집고 들어갈 공간은 언제나 있다.

5. 텅 빈 방의 오류

또 다른 가치 만들기에 대한 잘못된 염려는 붐비는 방의 오류 저 반대편에 있다. 그것은 텅 빈 방의 오류다. 텅 빈 방의 오류는 "누군가 이미 집행하고 있어"와는 반대되는 것이 발견될 때 "아무도 안 하네"라고 중얼거리며 발걸음을 돌리게 한다.

방이 텅 비어 있는 것을 본 기업가는 자신의 아이디어를 평가절하하게 된다. "이런, 이 아이디어를 위한 시장이 없네"라거나 "이게 돈이 안 되는 것임에 분명해"라는 논리가 작용한다. 텅 빈 방의 오류에 사로잡히면 그렇게 고대하던 전설적 아이디어까지도 쓰레기통에 던져 넣게 된다. 붐비는 방의 오류와 텅 빈 방의 오류는 합세해서 당신을 무위(無爲)의 기업가로 만든다. 이 두 가지 방의 오류는 당신의 무위를 더욱 더 강력하게 정당화할 뿐이다. 결과적으로, 그 어떤 아이디어도 가치를 만들어내지 못하게 된다.

6. 유저 기업가의 오류

나는 10년을 리무진 비즈니스에서 보냈다. 내가 리무진을 렌트한 횟수를 아는가? 딱 한 번이다. 내 친구는 사냥 관련 사업을 한다. 그가 얼마나 자주 사냥을 하는지 아는가? 그는 결코 사냥에 나서는 법이 없다. 또 한 명의 친구는 반려동물 사업을 하지만 실제 반려동물과 함께 살지는 않는다. 보다시피, 기업가 규칙 그 어디에도 당신이 판매하는 상품의 열렬한 사용자이어야 그 상품을 취급할 수 있다는 구절은 없다. 당신은 당연히 당신이 판매하는 상품과 그것의 우수성에 대한 확신이 있어야만 한다. 그것이 세상에 제공하는 가치에 대한 열렬한 팬이어야 한다. 하지만 당신 자신이 그 상품의 이용자이어야 하는가? 유저 기업가의 오류는 기업가 자신에게 개인적으로 가치 있는 것만을 취급할 수 있다고 주장하지만 꼭 그렇지만은 않다.

기회는 편견을 품지 않는다. 당신이 업계를 사랑하든 말든, 당신이 상품을 사용하든 말든, 문제가 해결되고 필요가 충족되는 것이 중요하다. 여자가 남성용품을 팔 수도 있고, 남성이 여성용품을 팔 수도 있다.

13가지 '추월차선' 아이디어 발견법

'추월차선' 아이디어의 발견과 가치 창출의 원천은 다음 두 가지다.

1. 혁신 : 새 길을 내고, 새로운 것을 한다.
2. 개선 : 기존의 길을 걸으면서, 가치 만들기를 활용해 이미 실행되고 있는 것을 더 좋게 만든다.

추월차선 아이디어 발견법 1. 언어(불평에서 기회 발견하기)

그렇다면 어떻게 시장이 요구하는 것이 무엇이며 시장이 가진 문제가 무엇인지 파악할 수 있을까?

그것은 시장의 언어를 습득하면 된다. 시장은 부정적이고 이기적인 언어를 구사한다. 시장은 불평하고, 징징거리고, 원망한다. 그리고 거기에서 우리는 기회를 발견할 수 있다.

여기에 기회를 암시하는 몇 가지 키워드가 있다.

- 이건 형편없어요.
- 나는 질렸어요.
- ……이면 얼마나 좋을까요.
- 정말 답답하고 짜증나요.
- 내가 왜 ……해야 하나요?
- 이것은 왜 …… 위험한가요, 건강에 안 좋은가요, 어려운가요? 등

이런 툴툴거리는 소리들은 우리의 귀에 익숙하다. 왜냐하면 어딜 가든 들을 수 있기 때문이다. 이것들을 키워드로 해 트위터나 페이스북에서 검색해 보라. 잠재적 아이디어의 보물함을 발견할 것이다. 이런 검색을 할 때마다 나는 몇 초 안 걸려서 잠재적 기회들을 발견하곤 한다. 트위터에서 포장하는 것이 싫다고 불평하는 사람을 보았는데, 분명히 이것은 앞으로의 기회를 말해준다. 또 어떤 사람은 자동차극장이 옛날처럼 인기가 많으면 좋겠다는 소원을 피력했다. 베이비 모니터 상품들이 상세한 데이터 분석을 제공하면 좋겠다고 희망하는 사람도 있었다. 나는 35초 만에 세 가지의 잠재적 아이디어를 발견했다. 당신이 진지하게 한 시간 동안 검색을 한다면 무엇을 발견할 수 있을까?

내 친구 한 명은 거기서 한 발 더 나아간다. 그는 아마존을 검색해서 매출은 높지만 후기가 부정적인 제품들을 찾아낸다. 그러고는 그 불평들을 면밀히 검토하면서 제조 단계에서 자신이 해결할 수 있는 불평들을 찾아낸다. 그런 것이 발견되면 상품 개발에 활용한다.

불평과 괴로움은 기회다. 한 시간 전에 나도 말라버린 베이컨 기름으로 끈적거리는 프라이팬을 닦으면서 툴툴거렸다. "난 이게 싫어!" 당신이 싫어하는 것에 주의를 기울여라. 별 것 아닌 것 같거나 멍청한 소리로 들리더라도 그냥 넘겨버리지 말라. 더 편리한 것을 바라는가? 덜 괴로운 것을 바라는가? 바로 거기에 추월차선 아이디어가 있다.

추월차선 아이디어 발견법 2. 편의성 증대(불편 해결을 통해 가치 만들기)

불편한 것은 무엇이든지 기회다. 불편은 그 자체로서 상품이 될 수도 있고 상품을 둘러싼 과정이 될 수도 있다. 예를 들어, 우리의 가상의 '돈 파는 회사'의 경우에, 한 회사의 영업 과정은 재래식 우편을 이용했지만, 다른 회사는 주문을 온라인으로 처리했다. 같은 상품일지라도 편리한 서비스를 제공하는 회사를 불편한 서비스를 제공하는 회사가 이길 수는 없는 법이다.

불편을 개선해 편리성을 더할 수도 있다. 논란이 일고 있는 혈액 검사 회사인 테라노스(Theranos)는 혈액 검사를 간편하게 만드는 상품을 출시했다. 과거에 혈액 검사는 보통 의사와 약속을 미리 잡아야 가능했다. 하지만 테라노스는 알약 크기의 채혈용기에 혈액 몇 방울을 채취함으로써 70여 가지의 질병을 진단할 수 있는 기술을 개발해 엄청난 돈을 벌었다. 불편이 더 나은 과정이나 더 새로운 기술을 통해서 혹은 기기를 개선함으로써 해결될 때마다 긍정적 가치 만들기가 되는 것이다.

추월차선 아이디어 발견법 3. 단순화와 용이화(복잡하고 어려운 것은 단순화하기)

단순화가 필요한 것은 무엇이든지 기회다. 예를 들어, 나의 첫 책을 출간했을 때, 이펍(ePub 전자책 파일 포맷의 일종) 제작은 정말로 까다로운 과정이었다. 나는 이때 그곳에서 기회의 손짓을 보았다.

어떤 사람들은 석유 및 가스야말로 지구상에서 제일 큰 산업이라고 말한다. 나는 아니라고 주장하련다. 나는 수월함의 산업이 가장 크다고 말하고 싶다. 사람들은 쉬운 것을 좋아한다. 지름길 속임수를 기억하는가? 수월함은 다수의 산업이 앞으로 나아가게 하는 원동력이다. 제약, 보충제, 잡화, 자기계발, 기업가정신 등등.

수월함은 쉽게 팔린다. 턴키 비즈니스 기회들, 네트워크 마케팅, '가입만 하면 사장님이 되십니다' 종류의 판매는 간단하다. 진짜 비즈니스가 요구하는 수고로운 일(상품 제조, 유통, 영업, 운영관리 등)은 다른 사람이 대신 해준다.

추월차선 아이디어 발견법 4. 원츠(필요와 무관하게 원하는 것)

가장 애매한 형태의 필요(need)가 욕구(want)라는 것이다. 당신은 필요한 것에 대해 욕구를 가질 수도 있지만, 필요하지 않은 것을 욕망할 수도 있다. 당신이 무엇인가를 원할 때 효용이나 기능성은 부차적이다. 나는 람보르기니도 콜벳도 바이퍼도 소유해 보았다. 그것들을 필요로 하지 않았다. 하지만 그것들을 갖기 원했다. 나는 자아, 성취, 신나는 경험을 상징하기 위해 그 자동차들에 돈을 썼다. 이와 비슷하게, 최신 아이폰, 최신 비디오게임, 크리스찬 루부탱 구두는 모두 원츠—욕구와 충동을 구성하는 모든 것—를 충족시키기 위해 구매된다. 대부분의 원츠는 허영, 사치, 오락, 패션 분야에 해당한다. 그런 분야에서는 효용이 부차적인 요소다. 원츠의 기회들은 풍성하다. 왜냐하면 수요가 마케팅에 좌지우지되기 때문이다.

추월차선 아이디어 발견법 5. 서비스 간극(서비스가 나쁜 곳에 좋은 서비스 제공)

허술한 고객 서비스는 기회다. 아무도 함부로 취급되는 것을 좋아하지 않지만, 기업의 입장에서는 그런 서비스를 표준으로 삼고 있다. 그런 땅에 걸어 들어가서, 완전히 동일한 상품이나 서비스를 제공하면서 고객들을 왕처럼 떠받들면 생산적인 가치 만들기가 형성된다. 특출한 고객 서비스는 내가 경쟁사들을 제칠 수 있도록 도와준 가치 만들기 중 일등공신이다. 나는 요즘에도 이 기법을 사용한다. 우리 포럼은 매년 성장한다. 그 이유는 내가 하루도 빠짐없이 그곳에 가서 글을 기고하고 독자들과 상호작용을 하기 때문이다. 책을 몇 백만 권 이상 판매한 저자로부터 그런 종류의 관심을 받는 것을 사람들은 행운이라고 여긴다.

추월차선 아이디어 발견법 6. 지리적 차익거래(노는 연못 옮기기)

지리적 차익거래 또는 연못 옮기기는 당신의 지역에서 흔한 것을 취해 그것의 공급이 원활치 못한 곳에서 리포지셔닝을 하는 기법이다. 제이 레노는 자신이 진행하는 토크 쇼에서 이베이에서 판매되는 우스꽝스러운 것들을 찾아내서 희화화한 적이 있다. 그 물건들 중에는 텀블위드(tumbleweed)라는 잡초가 있었다. 유타에 사는 어떤 사람이 유타 지역에서는 흔해 빠져서 그야말로 바람에 굴러다니는 텀블위드를 판매하면 재미있겠다고 생각했다. 그래서 그는 웹사이트를 열어서 텀블위드를 팔기 시작했다. 그는 처음에는 '설마 누가 이런 걸 사겠어?' 하는 심정으로 지켜보았다. 그의 생각과 다르게 시장이 응답했다. 사람들이 텀블위드를 구매한 것이다. 결국 그와 그의 아내는 직장을 때려치웠다. 그리고 이제 그의 사업은 창고를 포함해 갖출 것은 다 갖춘 기업의 모양새를 띠고 있다.

숲속을 거닐면서 어떤 좋은 것을 발견할 수 있을까? 솔방울? 당신은 솔방울이 인터넷에서 판매되고 있다는 사실을 아는가? 당신이 태평양 북서부에 산다면 한번 시도해 보는 것도 괜찮지 않을까? 물건은 완전히 공짜로 얻을 수 있을 것이다.

지리적 차익거래에서 당신은 거주 지역에서 쉽게 구할 수 있는 것을 온라인 마켓플레이스(이베이, 아마존, 엣시 등)를 통해 전 세계적으로 매출을 올릴 수 있다. 물론 지리적 차액거래는 지속가능성이 약한 편이지만, 제품이 언제 어디서 어떻게 팔리느냐에 따라 상대적 가치가 바뀔 수 있음을 잘 보여준다. 또한 지리적 차액거래는 경험과 자본이 둘 다 필요한 경우 훌륭한 자립 수단이 될 수 있다. 가치 부가의 경험은 어떤 것이든 반가운 경험이다.

추월차선 아이디어 발견법 7. 군중 먹거리를 제공하라(진입 계명의 예외 조항)

군중을 먹이라. 그러면 당신은 결코 굶어죽지 않을 것이다. 군중 먹이기는 진입의 계명으로부터 나오는 것이다. 진입의 계명이 위반되는 곳엔 기회가 있다. 왜 그럴까? 모험적 사업을 향해 난 문 중 잠기지 않은 문은 언제나 붐비게 마련이고, 북적대는 군중은 먹을 것과 살 곳과 서비스를 필요로 하기 때문이다. 골드러시가 절정을 이룰 때는 삽을 팔아야 돈이 되는 법이다.

정부의 식당창업 지원정책으로, 보조금으로 겨우 버티고 있는 식당으로 가득한 가상의 소도시를 상상해보자. 그 도시에서 지미라는 사람이 기업가가 되기를 열망한다. 이미 『언스크립티드』를 읽은 지미는 식당창업 지원금이 상당함에도 불구하고 식당 사업이 좋은 아이디어가 아니라는 것을 알아챈다. 지미는 영리하게도 흥미로운 현상에 주목한다. 빌과 밥과 벌린더가 그 소도시에서 가장 큰 부자들인데, 이 세 사람 중 그 누구도 식당을 하지 않았다. 빌은 식당들이 입주한 부동산의 소유주이고, 밥은 향신료, 과일, 채소를 수입하며, 그 소도시의 기업가 중 황제 격인 벌린더는 식품을 제외하고 식당에서 필요로 하는 모든 것을 공급하는 업체를 운영한다. 최상의 기회는 군중의 일원이 되는 것이 아니라 군중을 먹이고 재우고 섬기는 데서 온다.

출판을 시작했을 때 나는 무진장한 기회 앞에서 어리둥절할 지경이었다. 작가 지망생들과 출판사를 열고 싶어 하는 사람들을 고객으로 만들 기회가 도처에 널려 있었기 때문이다. 이런 패턴은 모든 산업과 그 시대의 트렌드에서 드러난다. 여기에 과거의 트렌드와 그에 따른 기회들을 보여주는 차트가 있다.

인기 추세	군중 먹이기 기회
웹사이트(1997~2001)	웹 디벨로퍼, 웹사이트 호스팅, 광고
블로깅(2004~2010)	블로그 플랫폼, 워드프레스 템플릿 플러그인
전자상거래(2008~2011)	쇼피라이(Shopify), 빅커머스(BigCommerce)
앱(2010~2013)	제휴 또는 협력
소셜 미디어(2009~2014)	광고, 데이터 분석, 메트릭스
출판(2010~2015)	편집 서비스, 표지 디자인, 책

| 팟캐스트(2013~2016) | 팟캐스트 강좌, 툴, 도서 |
| 아마존(2014~201?) | 아마존 강좌, 관리 툴 |

여기서 우리 포럼에 올라온 군중 먹이기에 대한 이야기 한 편을 소개하겠다. 글쓴이는 앞서 길을 걸어간 많은 선배들처럼 출판으로 크게 한 건 하고 싶었다. (좋게 얘기해서) 가까스로 성공을 거둔 뒤, 그는 책의 표지들을 개선하고자 노력했다. 그는 다양한 표지들을 가지고 다양한 오디언스를 대상으로 테스트를 하고 싶었지만 어떻게 해야 할지 알 수가 없었다. 그러다가 '어머나, 이게 엠제이가 늘 말하던 '필요'라는 건가 봐!' 하는 생각이 들었다. (맞는 생각이었다.) 그래서 그는 그런 문제를 다루어주는 웹사이트를 구축했다. 몇 주 되지 않아 그의 표지 평가 서비스 사업은 광고도 없이 폭발적으로 성장했다. 그가 필요로 했던 바로 그것을 군중도 필요로 하고 있었던 것이다. 그는 글쓰기를 접고 엄청난 대기수요가 있는 그 사업에 전격적으로 뛰어들었다. 엄청난 트래픽과 피드백 덕택에 그는 글쓰기보다 표지 평가 서비스를 더 '사랑'하게 되었다.

추월차선 아이디어 발견법 8. 가치 차익거래(수리해 비싸게 되팔기)

가치 차익거래는 가치 창출을 향한 직접적이고 군더더기 없는 접근법으로서, 기회를 발견하는 또 다른 길이다. 가치 차익거래에서 1+1+1+1은 4가 아니라 5이다. 여기서 발생하는 차액이 당신의 이윤이다. 가치 차익거래에서 부분의 합은 전체와 같지 않다.

가치 차익거래의 메커니즘은 단순히 가치를 더하는 것이다. 예를 들어서, 어느 주택 투자자가 낡은 집을 사서 리모델링을 한다고 가정해

보자. 카펫을 새로 깔고, 주방에 수납공간들을 설치하고, 칠을 하고, 정원을 새롭게 가꾼다. 가치가 부가된 부분들은 어우러지면서 그 단순합을 넘는 전체 가치를 만들어낸다.

이와 유사한 사례가 있다. 내 친구 중에 한 명은 마케팅도 안 하고 디자인도 형편없는 웹사이트들을 사들인다. 그는 웹사이트를 인수한 후 툴링(tooling)과 디자인을 다시 해서 순익을 증대시킨다. 일단 순익이 발생하기 시작하면 그는 상당한 이윤을 붙여서 웹사이트를 되판다.

가치 차익거래는 가치가 꾸준히 증가하는 모든 거래에 해당한다. 재활용품점은 손과 두뇌 쓰기를 두려워하지 않는 사람들에게는 기회의 보고(寶庫)다. 페인트가 벗겨지고 다리가 부러진 낡은 서랍장? 다리를 고치고 칠을 벗기고 마감을 다시 하고 나면 갑자기 10달러짜리 서랍장의 가치가 90달러로 올라간다.

추월차선 아이디어 발견법 9. 용도 변경(용도 변경을 통한 가치 부가)

차고를 청소하다가 한 무더기의 자투리 목재와 사용하지 않은 카펫을 발견했다. 내게는 아무 소용없는 물건들이었지만 버리자니 아까운 마음이 들었다. 보통 사람들의 눈에는 쓰레기로 보일 이 물건들의 잠재적 가치가 내 눈에는 보였기 때문이다. 목재와 카펫을 결합하면 비싼 캣타워를 만들 수 있을 터였다. 일전에 우리 고양이를 위해 캣타워를 하나 샀었는데, 백 달러짜리 지폐를 몇 장 건네주어야 했다. 이 여분의 물건들은 캣타워 네 개를 만들고도 남을 넉넉할 분량이었다. 그 무가치해 보이는 쓰레기더미는 실은 무가치하지 않았다.

이 이야기의 교훈은 캣타워를 만들어서 큰 재산을 일구는 것에 대한 것은 아니다. 핵심은 목적 재정립의 기회를 알아보는 눈이다. 내가 돈 없는 젊은이였다면 나는 며칠이 걸려서라도 그 쓸모없는 자투리들에 새로운 용도를 부여해 소용 있는 물건들로 만들어냈을 것이다. 나는 그것들을 쓰레기로 처리하는 대신에 오픈마켓에 올려서 필요한 사람이 무료로 가져갈 수 있도록 했다.

용도 변경은 다양한 물건을 소재로 해서 새로운 용도의 물건을 만들어내는 것이다. 그런 새로운 용도는 쉽게 간파되지 않을 수 있다. 예를 들어서, 아무도 원치 않는 오래된 청바지가 공업적 용도로 쓰일 수 있다는 것을 알고 있는가? 파랑에서 초록으로 운동(BtG; Blue-to-Green Initiative)은 안 입는 청바지를 200톤 넘게 수거해 환경 친화적인 주택용 단열재를 만들었다. 집을 따뜻하게 하는 데 유리섬유 대신에 오래된 청바지를 쓸 수 있는 것이다! 이와 비슷한 맥락에서, 독일 베를린에서 활동하는 기업가인 루크레시아 로페라(Lucrecia Lovera)는 오래된 비디오테이프를 이용해 지갑을 만들어 자신의 웹사이트(retape.de)에서 판매한다.

용도 변경 아이디어가 언제 어디서 튀어나올지는 알 수 없는 법이다. 나는 장거리 여행을 할 때 자유로운 상상을 한다. 캘리포니아에서 여름을 보내고 인터스테이트 10 도로를 따라 집으로 운전해서 오다가 나는 두 가지 용도 변경 아이디어를 포착했다. 도로마다 파손된 타이어의 잔해가 굴러다니고 있었다. 나는 '큰 문제로구나'라고 생각했다. 미국 고속도로교통안전국의 안전 관련 통계에 따르면, 타이어 잔해에 기인한 사고 건수가 2만5천을 넘고, 그중 치명적인 사고가 800건을 넘는다고 한다. 왜 이런 것을 싹 쓸어가는 사람이 없는지 궁금했다. 연방정부나 주정부가 사람을 고용해 고속도로 청소를 일임한다면 엄청난 비용과 희생이 따르는 사고를 줄일 수 있지 않겠는가?

이렇게 타이어 잔해 아이디어와 관련해 생각이 꼬리에 꼬리를 물다가 문득 머리를 스치는 것이 있었다. 나는 도로의 파손된 타이어에서 돈을 보았다. 몇 주 전에, 나는 랜드스케이프 멀치(landscape mulch) 덮개로 뒷마당을 장식했는데, 제법 큰돈이 들었다. 그 덮개가 무엇으로 만들어졌는지 아는가? 용도 변경된 오래된 파쇄 타이어다.

1파운드당 50센트를 받을 수 있는 파쇄 타이어 조각들이 고속도로에 흩어져 있는 것이다. 그것은 바람에 쓸려 다니는 돈 조각들인 셈이다.

문제를 보고 그 문제를 기회로 만드는 기업가는 놀라운 가치 명제를 내세우는 위대한 사업을 하게 될 것이다. 그 명제는 3R의 명제다. 즉 수거하고(Reclaim), 재활용하고(Recycle), 용도를 변경하라(Repurpose)! "여러분, 앞에서 언급한 두 가지 기회를 모두 결합하면 좋은 게 나올 겁니다!"

추월차선 아이디어 발견법 10. 마케팅 차익거래

만에 하나 내가 우리 포럼을 매각한다면 새 주인장은 정말로 횡재하는 것이다. 마케팅 관점에서 볼 때 우리 포럼은 돈벌이에 최적화되어 있지 않다. 그 대신에 나는 우리 포럼을 나의 메시지를 전파하는 플랫폼으로 사용하고 있다. 나의 최대 미션은 이용자들로부터 마지막 1달러까지 쥐어짜내는 것이 아니라 단순히 교육하는 것이다. 그것도 억지스럽지 않고 자연스럽게 교육하는 것이다.

방문자와 이용자들의 수가 수천을 헤아리지만, 나는 좀처럼 업데이트하거나 뉴스레터 등을 보내 회원들을 귀찮게 하지 않는다. 나는 최적화도 하지 않고, 스플릿 테스트(split test 웹사이트 지표 개선을 위해 실시하는 테스트로서 A/B 테스트라고도 함)도 실시하지 않고, 광고도 싣지 않는다. 마케팅적 표현을 빌리자면, 나는 수천 달러를 테이블 위에 고스란히 놓아두고 있다. 내가 우리 포럼을 매각한다면 마케팅 차익거래의 기회가 존재하게 된다.

마케팅 차익거래는 노출되지 않았거나 이용이 충분히 되지 않은 자산을 취해 더 효과적으로 이용하는 것을 뜻한다. 예를 들어, 마케팅 차익거래는 웹사이트를 사고파는 내 친구를 위한 툴박스 안에 든 하나의 도구다. 그 친구로 말하자면, 광고 채널을 검토해 가장 효과적인 오디언스 채널들을 골라낸다. 그렇지 않은 경우 오디언스 설정을 재실시함으로써 채널을 최적화해 마케팅 차익거래를 실현한다.

여기 우리 포럼에 게시된 이야기가 한 편 있다.

> 꾸준히 팔리는 상품들을 판매하는 소규모 사업에 대한 이야기를 읽었습니다. 그 회사는 월 매출이 수백 달러 수준이었는데 나중에 5천 달러에 매각되었습니다. 새 사업주는 웹사이트를 바꾸고, 상품을 추가하고, 사진을 더 나은 것으로 올리고, 포장을 개선하고, 배송약속을 더 잘 지키고, 가격도 변경했습니다. 그렇게 해 6개월 만에 월매출을 10만 달러까지 증대했습니다.

이윤 증대의 잠재력을 지닌 수천의 상품들이 제대로 된 마케팅의 손

길을 기다리고 있다. 아파트도 이런 범주에 든다는 사실을 믿을 수 있겠는가? 존 휘틀리(Jon Wheatley)는 라스베이거스의 한 아파트를 구매해 에어비앤비에 임대했다. 그는 연 이윤으로 1만3천 달러를 보고했다. 그것만으로는 하루아침에 큰 재산을 일굴 수 없지만 용도 변경을 통한 차익거래의 좋은 사례다. 그는 4년이 채 흐르기 전에 아파트 투자 원금을 회수했다.

다른 사례에서, 어느 영리한 마케터가 잘 알려지지 않은 가정용 소형기기를 유머러스하게 광고했다. 그 소형기기의 등록상표 명은 HandJob!('핸드잡'은 영어의 금기어로서 수음을 뜻하기도 하고 제품의 용도도 설명해줌)이다. 핸드잡은 잘 열리지 않는 병뚜껑을 돌려서 여는 데 도움을 주는 고무 디스크다. 나도 이것을 몇 년째 쓰고 있는데, 쓸 때마다 참 기발하다는 생각을 했다. 이전에는 아무도 그 제품을 대중을 상대로 참신하고 흥미롭게 마케팅할 생각을 못했다는 것이 의아할 정도다. 핸드잡!을 운영하는 사람들은 중의적 브랜드명을 붙이고, 포장을 잘 한 뒤 바이럴 비디오를 이용해 제대로 마케팅을 했다. 그러자 짠! 확장 가능 자산이 탄생했다.

지구상에서 가장 훌륭한 제품을 만들어 놓아도, 형편없는 마케팅은 사람들이 그 제품을 지나쳐 버리게 만든다. 구매와 사용을 위한 홍보나 동기부여 없이는 성공할 수 없다. 그런 곳에 마케팅 차액거래라는 기회가 있다.

추월차선 아이디어 발견법 11. 과도한 자본주의

오해는 마시길! 나는 자본주의자다. 그런데 '기회가 되는 대로 타인을 이용해 먹고' 그 과정에서 자연을 파괴하는 것을 '자본주의'와 혼동해서는 안 된다. 각본에서 탈출한 기업가로서 우리는 자본주의자이기 이전에 청지기다. 고객의 이익을 우리의 이익 앞에 두어야 한다. 약속한 가치를 제공해야 한다. 세상을 더 살기 좋은 곳으로 만들라. 그러면 돈이 따라 오리라.

자본주의에는 과도한 자본주의라는 함정이 있다. 그리고 그것은 당신과 나에게 크나큰 기회를 안겨준다.

과도한 자본주의(overcapitalism)는 원래의 가치 창출 사명을 저버리고 이윤을 우선순위로 삼는 비즈니스 조직에서 확연하게 나타난다. 그렇다. 벽에 붙여놓은 그 달콤한 사명 선언문은 무시된다. 사명 선언문이 설파하는 정직, 도덕성, 품질 따위는 모두 헛소리로 취급된다. 과도한 자본주의는 청지기직을 외면한다.

젖은 수건만큼 이 상황을 잘 그려주는 것도 없을 것이다. 수건이 상품과 그 내재적 가치를 상징한다면, 그것을 적신 물은 수건에서 '쥐어짜'낼 수 있는 잠재적 이윤을 의미한다. 수건과 그것의 개선에 초점을 맞추는 대신에 이윤 중심적 기업은 '쥐어짜기'에 집중한다. 즉, 비용 절감, 품질 저하, 가치 증대 없는 가격 인상을 통해 고객으로부터 조직적이고도 악날하게 돈을 빼내간다.

음식, 케이블, 보험, 전기 회사들에 대해 생각해 보라. 기업이 '쥐어짜기' 신공을 펼칠 때 보통 '소중한 고객님께'와 같은 구절로 시작하는 변명의 서신이 날아든다. 아니면 16온스 박스에 담기던 시리얼 제품이 어느 날 갑자기 13온스 박스에 담겨서 매대에 앉아 있는데, 기가 막히게도 가격은 그대로다. 그러면 당신은 '지구상의 기업은 다 이 모양이야라고 생각할 것이다. 글쎄, 꼭 그런 것은 아니지만 그 비율이 큰 것은 사실이다.

농산물과 식품 비즈니스 업계는 과도한 자본주의가 판을 치는 곳이다. 유전자조작식품(GMO), 인공 감미료, 색소, 필러(filler 식품의 무게를 늘리기 위해 사용되는 첨가물을 뜻함), 슈퍼 슈거(super-sugar 건강에 유익하다는 천연당으로서 식품과 제약업계에서 제품 생산에 활용) 등 각종 의심스러운 성분들을 이용해 그들은 우리를 서서히 당에 중독된 좀비로 만들어가고 있다. 몬산토(Monsanto)라는 회사 이름을 들으면 마음이 훈훈해지고 푸근해지는가? '건강에 좋다'는 레이블이 붙고 『전쟁과 평화(War and Peace)』처럼 길고 긴 성분 목록을 가진 그래놀라 바는 어떤가?

내가 사랑하는 자연식품 회사들 중에서 몇몇은 과도한 자본주의 덕분에 탄생하고 성장했다. 예를 들어서, 인간적인 방법으로 놓아기른 닭들이 낳은 달걀을 사먹기 위해 나는 비싼 값을 치른다. 대량생산된 보통의 달걀은 눈물 없이는 볼 수 없는 비인간적 방법으로 과도한 자본주의의 논리에 따라 생산된다.

나는 '무항생제' 사기에 속아 넘어가지 않는다. 3평 정도의 땅에 백 마리의 닭을 몰아넣고서 키우면서 닭장 없이 놓아기른다고 말할 수 있는가 말이다. 아침식사로 달걀을 즐겨 먹는 사람이라면 넓은 땅에 놓아기른 닭이 낳는 자연방사란과 비좁은 곳에서 갇혀서 사는 닭이 낳는 일반 달걀을 눈으로 직접 비교해 보라. 행복한 닭이 낳는 달걀은 맑고 비단결처럼 매끈하다. 과도한 자본주의에 착취당하는 닭이 낳는 달걀은 우윳빛으로 진득거린다. 내 말의 요점은 이것이다. 고객에게 가장 좋은 것이 무엇인지는 그들의 안중에 없기 때문에 그것이 우리에게 새로운 기회가 된다.

　유기농식품 및 자연식품 산업의 규모가 수십억 달러에 달하는 것은 기업들이 열심히 쥐어짜기를 해댄 결과다. 소비자들은 쓰레기 같은 성분에 질리고 분통이 터진 나머지 건강에 좋은 자연식품을 요구하고 나서게 되었다. 물론, 과도한 자본주의가 식품 및 농업 관련 산업에서만 발견되는 것은 아니다. 확고한 기반을 닦은 기업이 진정한 목적을 잃고 헤맬 때 어디서든지 그 모습을 드러낸다.

추월차선 아이디어 발견법 12. 이해관계자의 강등

　과도한 자본주의와 그 기회들로 가는 위험천만한 길은 이해관계자의 강등으로 시작된다. 예를 들어, 당신이 애플 컴퓨터를 한 대 소유하고 있다면 당신은 애플사의 이해관계자다. 마찬가지로, 만일 당신이 애플사의 주주이거나 사원이라 해도 당신은 애플사의 이해관계자다. 사업체에는 다수의 이해관계자들이 있고, 그들의 우선순위에 따라 과도한 자본주의가 팽배해질지, 새로운 기회들을 만들어 낼지 새로운 경쟁자들을 만나게 될지 결정된다.

　이 책의 독자인 당신은 내게 최고로 중요한 이해관계자다. 나는 이 책을 다름 아닌 당신을 위해 집필했다. 나의 주된 이해관계자는 내가 잘보여야 할 서적 판매업자도 아니고, 은행도 아니며, 새 람보르기니를 사고 싶다는 나의 이기적인 욕구도 아니다. 당신이 나의 이해관계자 피라미드의 정점에 있다.

　그런데 가슴 아프게도 기업들은 성장하면서 그런 마음가짐을 저버린다. 일단 고객을 왕처럼 섬기던 기업이 상장을 하게 되면 그 회사는 더 이상 고객을 최고의 존재로 여길 수 없게 된다. 이윤, 투자수익률, 주주가치를 비롯해 수건에서 마지막 한 방울의 현금까지 짜낼 모든 방법을 찾아야 한다.

그렇다고 모든 것이 상실되는 것은 아니다. 주주를 첫째로 섬기는 기업은 당신(고객을 왕으로 모시는 기업가) 앞에서 취약할 수밖에 없다. 그리고 시장에서 이것이 의미하는 바는, 이해관계자를 강등하는 상장기업(외부 자금에 크게 의지하는 기업)은 더 작고 더 민첩한 회사에게 시장 점유율을 뺏길 위치에 있게 된다는 것이다.

이것은 수천 가지의 새로운 기회와 가능성을 의미한다. 당신이 천억 달러 규모의 산업에 진출해 시장의 0.01퍼센트를 차지한다면, 작지만 백만 달러 규모의 쓸 만한 회사를 구축한 셈이다. 기업가가 "좋은 아이디어가 없어요?"라고 말하는 것이 얼마나 우스운 것인지 지금쯤은 당신이 알았기를 바란다.

 이해관계자의 강등은 보통 기업이 외부의 재정적 도움을 받으면서 시작되는데, 고객 만족이 투자자 만족(투자수익률)보다 뒷전으로 밀리게 되기 때문이다.

추월차선 아이디어 발견법 13. 개선과 제거

토마스 에디슨이 전구를 발명하지 않았다는 사실을 아는 사람은 거의 없다. 그는 단지 탄화한 대나무 필라멘트를 이용함으로써 전구의 수명을 늘리는 개선을 이뤘을 뿐이다. 그런데 이 개선 덕분에 전구의 상용화가 가능해졌다.

새라 블레이클리(Sara Blakely 억만장자인 비즈니스우먼)는 판매직으로 일할 때 뜨거운 플로리다의 햇볕 아래 팬티스타킹을 입을 것을 요구받자 편안함과 기능성을 개선하기 위해 스타킹의 발가락을 제거했다. 몇 년 후 그녀는 세계 최연소 여성 억만장자로 이름을 알리게 되었다.

자신의 파일들과 빈틈없이 통합되는 저장 솔루션을 찾을 수 없었던 드루 허스턴(Drew Houston)은 드롭박스(Dropbox)를 설립했다.

이런 개선은 화학 박사나 부자 삼촌만 할 수 있는 것이 아니다. 당신도 끈기와 비전을 가지고 작은 변화로 사람들이 원하는 상품을 만들어낼 수 있다.

개선도 할 수 있지만 제거도 할 수 있다. 제거는 상품에서 무엇인가를 빼서 가치를 더하는 것이다. 예를 들어 보자. 나는 몸 관리를 위해 수년 동안 운동을 하고 영양보충제를 복용하고 있다. 대부분의 보충제에는 인공색소와 향—수크랄로스, 아스파탐, 레드40, 캔서80(Cancer80 그런 것을 먹다가는 암에 걸릴 것이라고 조롱하는 조어), 무엇이든지 달고 맛있게 만드는 것들—이 들어 있다. 천연 당류와 색소가 들었으면서 분필 같은 맛이 나지 않는 피트니스 보충제를 만드는 것은 거의 불가능한 일인가 보다. 제거는 이 문제를 해결해준다. 인공 성분들을 없애면 되는 것이다. 특질, 성분, 번거로운 요소 등을 제거하는 기회는 경쟁 우위를 획득하는 기회다.

소비자 선호는 세월이 흐르면서 바뀌므로 소비자에게 귀를 기울이다 보면 제거를 통한 기회를 잡을 수 있을 것이다. 소비자들은 더 많은 것을 요구하기도 하지만 '유전자변형생물이 들어 있지 않은' 식품, '파라벤이 들어 있어 있지 않은' 스킨 컨디셔너, '동물 실험을 하지 않은' 화장품처럼 무엇인가가 들어 있지 않은 것(더 적은 것)을 요구하기도 한다.

니즈 파악을 위한 최선의 투자

뛰어난 아이디어를 발견하고 각본에서 탈출할 때 필요한 것은 아이디어 단계를 넘어 발로 뛰고 손을 움직이며 '실제로 일을 하는 것'이다.

쓸만한 아이디어들을 찾는 데 있어서 가장 큰 장애물은 당신의 니즈와 원츠의 개념에 대한 둔감함이 아니라, 인생과 일터 모두에서의 경험 부족이다. 사실 대부분의 신생기업들은 창업자의 현장 경험을 모태로 해서 탄생한다. 현장 경험이 풍부하다는 것은 당신이 어떤 활동이나 업계에 대해 잘 알고 있음을 뜻한다.

예를 들어서, 당신이 매트리스 매장의 관리인으로 5년간 일해 왔다면 당신은 침구 산업에 상당한 현장 경험을 가지고 있을 것이다. 당신이 주말마다 빠지지 않고 강이나 바다로 가서 낚시나 항해를 한다면 당신은 그 영역에 대한 현장 경험을 쌓게 된다. 마찬가지로, 나는 리무진 회사에서 몇 년 동안 근무했는데, 그러는 사이에 그 업계이 속사정과 미묘한 부분들까지 속속들이 알게 되었다. 그 현장 경험은 향후 10년을 책임질 대단한 기회로 나를 이끌어주었다. 그리고 나는 현재 출판사를 소유하고 트래픽이 많은 포럼을 운영하고 있다. 이런 경험은 그 분야의 숨겨진 기회를 발견하는 능력을 만들어준다.

성공한 기업가들의 뒷이야기를 살펴보면 한 가지 공통점이 있는데, 그것은 그들이 직접 현장에서 발로 뛰는 가운데 사원이나 고객이 무엇을 필요로 하는지를 발견했다는 것이다. 성공한 기업가들은 어떤 문제로 고통받고 있는 사원이나 시장의 채워지지 않은 니즈를 발견하고는 그것을 해결한다. 성공은 늘 같은 출발선상에서 시작된다.

안타깝게도, 많은 기업가 지망생들이 그저 기업가가 되겠다는 열망만을 품은 채 현실에서는 한 발도 떼지 못한다. 그 이유는 간단하다. 그들은 현장 경험 쌓기를 거부한다. 즉, 실무 경험이 싫은 것이다. 그들은 스스로를 현실의 기회로부터 박리시키고 몽상에 빠져서 산다. 집에서 나와 삶과 직접 부딪치지 않으면 당신은 인생의 문제들과 맞닥뜨리지 못할 것이다.

해결책 거래 : 현장 경험 건너뛰기

종종 우리 포럼에 스쳐지나가는 이용자들이 이런 뻔한 질문을 던지곤 한다. "당신의 비즈니스에서 가장 필요한 것은 무엇입니까?"

이런 질문은 마음을 불편하게 한다. 왜냐하면 우리 포럼의 기업가들은 왜 그런 질문이 던져지는지 알기 때문이다. 질문자는 현장 경험을 쌓으며 문제들을 탐색하는 것을 건너뛰고, 손쉽게 기회를 찾으려 하고 있다. 이런 관행—즉 청중에게 그들의 문제가 무엇이냐고 묻는 것—을 해결책 거래라고 부른다.

해결책 거래는 많은 기업가정신 학원에서 횡행하는 것이다. 해결책 거래에는 특정 산업의 전문가들에게 뜬금없이 연락을 취해서 그들의 문제가 무엇인지를 묻는 활동이 포함된다. 예를 들어서, 50명의 치과의사에게 "치과 운영 중에 어떤 문제나 답답한 상황을 가장 자주 겪습니까?"라고 물어보는 식이다. 그런 질문을 출발점으로 해서 답변으로 얻은 문제(응답자들이 표현한 문제)를 위한 해결책들을 평가한다. 혹은 특정 업계의 전시 컨벤션에 참가해 눈을 크게 뜨고 귀를 쫑긋 세워서 기회를 염탐할 수도 있다.

해결책 거래는 업계의 니즈를 파악하는 지름길 역할을 하는 동시에 진짜 현장 경험이라는 바이올린 곡을 제1주자는 아닐지라도 제2주자로서 연주해 볼 수 있게 해준다. 인터넷 기업 운영의 경험을 10년 동안 쌓아오면서 나는 경쟁자들이 새롭게 부상할 때 누가 현장 경험이 있고 없는지를 금방 알 수 있었다. 업계 내부의 현장 경험이 없는 사람들에게는 고생이 예약되어 있다. 현장 경험을 쌓을 시간이 없다고? 그렇다면 현장 경험이 풍부한 사람들의 자문을 구하라.

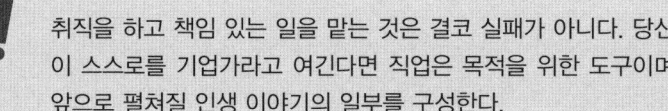

취직을 하고 책임 있는 일을 맡는 것은 결코 실패가 아니다. 당신이 스스로를 기업가라고 여긴다면 직업은 목적을 위한 도구이며 앞으로 펼쳐질 인생 이야기의 일부를 구성한다.

CHAPTER 36

추월차선 기업가정신 ❹ 시간의 계명 : 돈만 벌지 말고 시간을 벌라

침대에서 돈을 벌 수 있다면 모를까, 침대에 드러누워 있는 이유를 모르겠다. -조지 번스(코미디언)

수동적 소득을 원하는가? 70억 명의 다른 사람들도 원한다

시간의 계명은 두 가지 요건을 갖는다. 첫째 요건은 당신이 창출한 가치는 반드시 당신으로부터 독립적이어야 한다는 뜻이다. 예컨대, 이 책은 일단 출간되고 나면 나와 상관없이 존재한다. 반면에, 당신이 컨설팅을 업으로 한다면 당신이 컨설팅을 멈출 때 가치 창출이 멈추고 소득도 멈춘다. 그런 경우는 시간의 계명이 지켜지지 못한 것이다.

둘째 요건은 분리성이다. 당신의 사업이 진화해 나감에 따라, 그 사업에 얽매여 있던 당신의 시간과 삶을 자유롭게 풀어주어야 한다. 이것이 성취되고 나면 당신은 1년 365일 하루 24시간 돈을 벌 수 있는 능력이 생기는데, 그것은 어떤 시간의 구획 안에(IN time) 돈을 버는 것이 아니라 세월의 흐름과 함께 계속해서(THROUGH time) 돈을 버는 것이다. 그렇게 당신은 아침에 깨어서 모닝커피를 내리기도 전에 하루의 임금을 번다.

시간의 계명을 지키려면 (그리고 지속가능하고 인생을 바꿀 수준의 수동적 소득 지점까지 이르려면) 몇 달 혹은 몇 년에 걸친 처절한 노력을 기울여야 한다. 우리는 과정 중시 원칙이 안내하는 대로 한 주에 예닐곱 날을 하루 10시간씩 일하는 것에 대해 말하고 있다. 그렇지 않다면 당신은 결과 중심적이고 단 4시간만 노력하고 나가떨어지는 몽상가들과 같은 길을 걷게 될 것이다.

나는 거의 20년의 세월 동안 수동적 소득을 누려왔지만 그 길은 수동적이지 않았다. 나의 첫 사업에서, 수동성을 창출하는 데 몇 년의 시간이 걸렸다. 나는 사무실에서 며칠이고 틀어박혀서 일을 했고, 라면이나 카페인 음료를 다시 쟁여놓을 요량이 아니면 밖으로 나오지 않았다. 출판사와 포럼? 그것도 몇 년이 소모되었다. 몇 년 전에 우리 포럼을 처음 시작할 때 내가 주된 콘텐츠 창출자였고, 회원도 몇 명 되지 않았다. 나는 그야말로 모든 스레드에 댓글을 달았다. 때때로 나는 스스로에게 말을 걸기도 했다. 그것이 시간 낭비였다고 생각하는가? 아니면 내가 수동적 소득이 쏟아지는 백일몽을 꾸면서 시가를 입에 물고 소파에서 뒹굴거리고 있었다고 생각하는가?

수동적 소득을 최대 목표로 삼고 이 게임에 참가하는 사람들은 망상적 기업가들이다. 그리고 내 생각에, 그들은 나태하다.

당신의 사업이 과녁이라고 치면, 그 정곡은 생산가치주의와 청지기적 기업가정신이다. 돈이 가치를 따라 오듯이 수동적 소득은 체계화된 생산가치주의의 뒤를 따라 온다. 시간의 계명을 존중하라. 그러나 숭상하지는 말라. 사각의 링에서 당신의 코너에 생산가치주의를 코치로 두어라. 그러다 보면 마침내 수동적 소득이 들어올 것이다.

시간 존중 : 자산 가치 창출

시간의 계명을 존중하는 것은 그것에 대해 잊어버리는 것이다. 그렇다. 잊어버려라. 단, 단기적으로만. 그 계명은 잊고 장기적으로 자산 가치 시스템에 집중하라.

본질적으로, 자산 가치 시스템은 당신의 개인 조수로서 시간을 대리한다. 자산 가치 시스템은 사실상 거의 모든 것—상품 개발, 게임, 프랜차이즈 식당, 스마트폰 애플리케이션, 웹사이트, 인적자원 시스템, 도서 시리즈를 비롯해 당신의 시간과 분리되어 존재하는 모든 개념적 실체로서의 시스템을 망라하는 모든 것—에서 구축 가능하다.

시간의 계명이 과실나무라면, 자산 가치 시스템은 그 나무의 씨앗이며, 수동적 소득은 그 열매다. 자산 가치 시스템이라는 씨앗들을 배양하는 데 초점을 맞추다 보면 종국에는 수동적 소득이라는 열매가 맺히기 시작한다. 그리고 열매를 맛보려면 먼저 씨앗을 관리하고 배양하는 노력을 기울여야 한다.

예를 들면, 이 책은 자산 가치를 창출하는 상품 시스템의 범주에 속한다. 일단 전자책과 종이책의 형태로 출간되고 나면 이 책은 다수의 채널을 통해 판매되는 상품으로 존재하게 되는데, 그 채널들 역시 시스템이다. 이 책은 나의 존재를 요구하지 않고 나의 시간도 요구하지 않는다. 내가 죽어도 나의 책들은 계속 살아남을 것이다. 내 저서들은 내가 일하지 않는 동안에도 일을 한다. 당신이 이 책을 사는 바로 그 순간, 나는 조금의 돈을 벌어들인다.

또 다른 사례는 내가 설립한 인터넷 회사다. 그 회사는 하나의 시스템으로 나를 위해 일주일에 7일, 하루에 24시간을 쉬지 않고 일한다. 거의 10년이 지난 지금까지 그 시스템은 여전히 존재한다. 우리 기업가 포럼은 어떨까? 역시 이것도 하나의 시스템으로 역시 24시간 내내 소득을 창출한다. 어떤 날에는 나는 열두 시간을 '일'하고 2백 달러를 번다. 또 어떤 날에는 두 시간을 일하고 2천 달러를 번다.

여섯 가지 자산 가치 시스템

수동적 소득 창출이 가능한 자산 가치 시스템에는 여섯 가지가 있다. 어떤 것들은 자율성이 커서 손을 거의 필요로 하지 않고, 어떤 것들은 몇 년간 아기 돌보듯이 잘 관리해 주어야 한다.

1. 머니 시스템

자본 원칙에 따라, 머니 시스템은 우두머리 시스템이고, 각본에서 탈출한 우리의 목표이기도 하다. 수동성 면에서 가장 강력하다. 물론, 전통적인 관점에서 볼 때의 비즈니스는 아니다. 본질적으로, 머니 시스템은 자본 대여 비즈니스로서, 당신의 투자로부터 꾸준히 소득이 나오는데, 그 형태는 이자, 배당, 합자회사 소득 등 다양하다.

각본에서 탈출한 기업가적 기본틀 안에서 머니 시스템은 우리의 최종 목표다. 내 소득 중 큰 부분이 머니 시스템을 통해서 나온다. 그리고 만일 내가 나의 기업가적 노력들을 모두 접는다 해도 나의 머니 시스템은 여전히 내가 죽을 때까지 풍족하게 쓰고도 남을 돈을 벌어줄 것이다. 꾸준한 관리나 감독 없이 매달 전 세계 곳곳에서 이자와 투자 배당의 명목으로 수천 달러가 내게 들어온다. 내가 이런 것들을 관리하는 데 드는 시간은 1년에 몇 시간에 불과하다.

안타깝게도 머니 시스템과 그것의 선동자인 복리는 큰돈을 주무르기 전까지는 부를 창출하는 데 별 효과가 없다. 복리를 둘러싼 각본화된 이야기는 기대수명, 경제, 시장 수익을 무시하다 보니 전체적으로 이론적일 수밖에 없다. 하지만 우리는 각본에서 탈출한 자들로서, 우리의 머니 시스템에 대한 돈줄로 월스트리트를 이용하지 않는다. 우리는 우리의 사업을 이용한다.

나의 머니 시스템을 살찌우는 것은 주식이나 채권이나 뮤추얼 펀드가 아니라 (청산소득과 더불어) 나의 사업과 그것에서 나오는 폭발적인 소득이다. 머니 시스템이라는 지렛대는 소액의 돈으로는 그 힘을 유감없이 발휘할 수 없다. 1천 달러에 대해 5퍼센트의 이자율을 적용해 보라. 1년치 이동통신요금의 절반도 내지 못할 것이다. 그렇지만 천만 달러에 대해 5퍼센트면 1년에 50만 달러라는 상당한 액수가 된다. 그렇다. 1년에 무려 50만 달러. 그것도 원금은 조금도 건드리지 않은 채! 머니 시스템에 관한 한 돈이 있어야 돈을 번다.

2. 디지털 제품 시스템

자산 가치 활용 시스템 중 가장 널리 이용되고 있는 것이 디지털 제품 시스템이다. 디지털 제품 시스템은 콘텐츠나 정보의 전파라는 범주에 든다. 전형적으로, 디지털 제품 시스템은 만들기가 제일 쉽고, 그러다 보니 가장 경쟁이 치열하다.

- 전자책, PDF 보고서, 백서
- 유튜브 비디오, 블로그, 팟캐스트
- 웹사이트 템플릿, 디자인, 글

3. 소프트웨어 · 인터넷 시스템

그 다음으로 인기 있는 자산 가치 시스템은 소프트웨어 · 인터넷 시스템으로, 문제를 해결하거나 쉬운 길을 제시하거나 오락을 제공하는 용도로 쓰인다. 소프트웨어 시스템은 가장 자산다운 자산인데, 일단 코딩이 되고 나면 업그레이드와 지원 외의 관리가 필요 없기 때문이다.

- 서비스 시스템으로서의 소프트웨어(학습 아카데미, 애널리틱스, 소셜 미디어 관리)
- 인터넷 웹사이트와 애플리케이션(소셜 미디어, 마켓플레이스)
- 모바일 애플리케이션
- 산업용 소프트웨어(특정 목적을 위해 설계된 소프트웨어)
- 비디오게임(컴퓨터, 스마트폰, 소셜 미디어 게임)

4. 제품 시스템

제품 시스템은 유통 채널을 통해 판매되는 물리적 상품이다. 제품은 실체적이고 최소한의 지원만으로도 생존이 가능하므로, 비즈니스 자산 중에서 세 번째로 효과적인 형태다.

- 식품 (글루텐프리 크래커, 쿠키)
- 옷, 장신구
- 화장품(색조, 기초, 인공합성물질 없는 체취제거제, 치약)
- 책, 보드게임, 장난감
- 발명, 소형기기, 미술품, 기타 창조적 노력의 산물

5. 대여 시스템

대여 시스템은 제품 시스템의 한 형태로서, 제품이 구매되지 않고 대여된다는 특징을 갖는다. 제품 자체와 일정 기간에 걸친 제품의 사용이 소득을 창출하고 이에 따른 자산이 존재한다.

- 부동산 대여(주거, 상업, 에어비앤비 자산)
- 동산 대여 서비스(자동차, 파티용 텐트, 중장비)
- 주차 공간
- 라이선싱(지적재산 및 상표재산 대여)

6. 인적 자원 시스템

인적 자원 시스템은 제품 시스템 혹은 서비스 시스템이다. 식당 경영의 경우에는 다수의 사람이 필요할 테고, 컨설팅 같은 경우에는 당신 혼자서도 할 수 있다. 만일 당신이 웹사이트를 디자인한다면, 당신

의 제품은 누군가의 시간 투입 없이는 창출될 수 없다. 당신의 시간이 거나 사원의 시간이 투입되어야 하는 것이다.

인적 자원 시스템은 보통 다른 시스템을 종속시킨다. 예를 들어서, 만일 당신이 식당 개업을 고려 중이라면, 그것은 이론적으로는 제품 시스템이지만, 실질적으로는 인적 자원이 있어야 성공할 수 있다.

- 식당(체인이나 프랜차이즈)
- 서비스 비즈니스(컨설팅, 회계, 카피라이팅, 웹 개발, 검색최적화)
- 오프라인 소매 매장(패션 부티크, 서점, 공구철물점)

각본에서 탈출한 인생에서 자산 가치 시스템들의 작동 방식에 대한 이해를 돕기 위해, 현재 나를 위해서 일하고 있는 자산 가치 시스템들을 총망라해 나열해 보겠다.

- 디지털 제품 시스템 : 전자책, MP3 오디오북(제품 매출)
- 소프트웨어 시스템 : 포럼(월정 회비 수익, 후원 수익)
- 제품 시스템 : 종이책, 오디오북 (제품 매출)
- 대여 시스템 : 외국 저작권 라이선스 계약(국제거래에 따른 로열티)
- 대여 시스템 : 부동산 대여(월세)
- 머니 시스템 : 이자, 배당(월별, 분기별 지급)

이 모든 자산 가치 시스템들이 멈추지 않고 붕붕거리는 작은 꿀벌들처럼 나를 위해서 일을 한다.

아쉽게도, 비즈니스와 각본화된 왕국에서 사람들은 일하지 않으면—수도꼭지를 고치거나 가게를 운영하거나 프로젝트를 마치지 않으면—돈을 벌 수 없다.

당신이 휴가를 떠날 때 소득 창출도 휴가 상태가 된다. 그런 비즈니스를 운영하는 것은 취직해서 샐러리맨으로 사는 것과 다를 바가 없다. 고용주에게 고용되는 대신에 당신의 비즈니스에게 고용되는 것이다. 사실, 기업에 고용되어서 물건을 파는 많은 영업사원들이 많은 기업 소유주보다 시간으로부터 더 자유롭다. 영업사원들에게는 그나마 기타 변수가 있기 때문이다. 당신이 60시간을 고용된 직장에 쏟든 자신의 비즈니스에 쏟든, 어쨌든 사라진 것은 60시간이다. 당신이 멈출 때 소득 창출도 멈춘다면 당신의 생활은 원만하지 못할 것이다.

자산 구조 : 당신을 위해 쉬지 않고 일하는 대리자들

자산 가치 창출의 또 다른 구성 성분은 자산 구조라는 것이다. 자산 구조는 당신의 자산 가치 시스템을 지원하거나 홍보하거나 마케팅하는 또 다른 영구적 시스템으로, 당신의 시간과 별개로 1년 365일 하루 24시간 쉼 없이 작동한다.

2011년에 나는 유명한 인터넷 마케터이자 블로거인 팻 플린(Pat Flynn)과 똑똑한 수동 소득이라는 주제로 팟캐스트를 했다. 그 인터뷰을 위해 소모한 나의 시간은 약 45분에 불과했지만, 6년이 지난 오늘날까지 사람들은 내게 메시지를 보내면서 그 인터뷰 때문에 내 책을 샀노라고 말한다. 이런 것이 자산이다. 자산은 가치를 창출하는 데 그치지 않고 계속적으로 사람들에게 다가설 수 있는 능력을 당신에게 부여한다.

자산 구조의 또 다른 사례는 우리 포럼과 더불어 수년에 걸쳐 올라온 수백 편의 게시물이다. 이것들은 시간과 공간을 가로지르며 계속해서 읽히는데, 마치 결코 어두워지지 않는 네온 불빛과 같다. "~에 대한 선생님의 게시물을 읽고는 선생님의 책을 샀어요"라는 말을 나는 자주 듣는다. 여기서도 내가 다른 일을 하고 있을 때 나의 대리자들이 쉬지 않고 페달을 돌리면서 나를 홍보해주고 있다.

비슷하게, 동일한 자산 개념이 타인들이 올린 게시물에도 적용된다. 이를 테면, 특정 구루의 신뢰성에 의문을 제기하는 게시물이 포럼에 올라왔다. 정말로 많은 사람들이 그 게시물을 읽고 내 책을 샀다고 내게 말해주었다. 영업 깔때기 형식을 빌려 순차적으로 요약하자면 다음과 같다.

1. 구글을 검색해 어떤 구루의 배경을 살핀다.
2. 구글을 통해 우리 포럼의 해당 게시물을 발견하고 클릭한다.
3. 소중한 정보를 읽는다.
4. 내 책에 대한 좋은 서평을 읽는다.
5. 내 책을 구매한다.

추측컨대 이 스레드 하나가 내게 벌어준 돈이 2만5천 달러는 될 것이다. 다른 구루들과 그들의 시장 침투가 우리 포럼이라는 기폭제를 만나면서 내 책을 팔아주는 일이 벌어지는 것이다. 그리고 앞에서 이야기한 스레드 같은 것이 3만 개는 더 있을 것이다.

자산 구조는 나의 시간 사용 방법에도 영향을 미친다. 말하기 부끄럽지만, 나는 종종 라디오 인터뷰 요청을 받는다. 이런 인터뷰는 대개 약 20분이 걸린다. 라디오 인터뷰가 나와 내 저서에 대해 좋은 노출 기회를 제공하지만 나는 보통 거절한다. 왜? 자산 구조가 없기 때문이다. 이런 인터뷰의 가용성은 어떤 특정 시간에 특정 지역에 한정된다. 물론, 도서 판매에 어느 정도의 도움은 되겠지만, 내가 인터뷰를 싫어하고 각본에서 탈출한 자유로운 시간을 원하기 때문에 나는 라디오 인터뷰를 굳이 할 필요가 없다.

그럼에도 불구하고, 당신이 비즈니스를 성장시키거나 어떤 움직임을 일으키려 한다면 굳이 인터뷰를 거절할 이유는 없다. 당신이 사랑하는 것을 할 수 있으려면 당신이 싫어하는 것도 해야 한다는 것을 명심하라.

자산 구조가 어떤 것인지 잘 보여주기 위해, 나의 업무용 은행 계좌에 들어가서 자동 입금 항목들과 그 출처를 확인하고 다음과 같이 기록해 보았다. 다음의 차트는 주기적으로 나의 은행 계좌에 돈을 입금하는 자산 구조들이 어디에서 활동을 펼치고 있는지 보여준다. 여기 적은 것만 해도 스무 곳이 넘는다.

구글 애드센스	비즈링크(VizLink)
구글 플레이	아마존(판매자 계정)
애플 아이북스(전자책)	도서 대리점(3곳)
아마존(킨들)	페이팔(회비 소득)

코보(Kobo)	페이팔(후원 소득)
라이트닝 소스(Lightning Source) (영국)	페이팔(광고 소득)
라이트닝 소스(미국)	비자·마스터카드(전자상거래 매출)
라이트닝 소스(호주)	뱅가드
반스앤노블	T. 로프라이스(T. Rowe Price)
세입자로부터의 월세 소득	TD. 아메리트레이드(TD Ameritrade)
외국 출판사(총 10곳)	피델리티(Fidelity)

각각의 자산 구조는 나의 자산 가치 시스템들이 효력을 발휘할 수 있게 해준다. 나의 자산 가치 시스템들은 나의 시간의 대리자인데, 그 시스템들을 촉진하는 시스템들(즉, 자산 구조들) 역시 나의 시간을 대리한다! 이 시스템들이 각각의 홍보·영업·마케팅을 담당하는 것이다. 얼마나 기발한가! 이런 시스템들에 들이는 나의 '비용'이라곤 해당 채널을 운영하는 데 들이는 시간뿐인데, 그 운영 시간이라는 것은 고작 몇 분에 지나지 않는 것이 보통이다.

예를 들어서, 아마존에서 나의 책을 판매하고 있다. 나는 내가 직접 도서 한 상자를 준비해서 배송하는 데 시간이 얼마나 걸리는지 재보았다. 도서를 준비해 길모퉁이 UPS 매장으로 가져가는 데 17분이 소모되었다. 책을 아마존에 보내놓기만 하면 포장과 배송 등에 더 이상 내 시간을 쓸 필요가 없다. 각 상자에 서른두 권의 책이 들어가고, 권당 6달러의 이윤을 본다고 할 때, 한 상자에 192달러를 벌게 된다.

192달러가 우스운 분들에게 한마디하자면, 그 액수가 내가 말하는 바의 골자는 아니다. 내 말의 요지는 투자된 시간 대비 수익률이다. 한 시간을 기준으로 계산할 때 나는 시간 당 677달러를 버는 셈이 된다. 시간당 700달러를 버는 것에 이의 있는 사람?

자산 비용

자면서 돈 벌기. 그것도 시간당 7백 달러. 아무것도 하지 않으면서. 그렇다. 몽업가들이 침을 질질 흘리는 모습이 눈에 선하다. 미안하지만 자산을 창출하는 것은 쉬운 과정이 아니다. 그리고 나는 달러(돈)에 대해 말하고 있지 않다. 자산을 위해 치르는 값은, 역설적이게도, 당신의 시간으로 치러진다. 당신이 오늘 원하는 것─만만한 무지몽매의 여정─에 대해 '노'라고 말할 수 없다면, 당신은 내일 당신이 원하는 것에 대해 '예스'라고 말할 수 없을 것이다.

시스템 구축을 위한 시간을 아까워하지 말라.

이 책의 전체를 떠받치는 근본적인 전제는 우리가 종국에는 시간과 돈 둘 다 벌기를 원한다는 것이다. '종국에는'이라는 단어가 핵심이다. 씨앗을 발아시켜 키워야 열매를 얻듯이, 자산 가치를 창출하려면 배양 기간이라는 것이 필요하다. 그리고 열매를 말(斗)로 거두어들이고 쌓을 때가 되면 비로소 머니 시스템이 탄생한다.

왜 황금 거위를 파는가?

당신에게 황금알을 낳아주는 거위가 있다면 그 거위의 생이 다하면 재탄생하거나 다른 것으로 교체되어야 할 것이다. 거위가 낳아주는 알은 챙기면서 거위를 굶기고 방치하면 알의 수는 점점 감소할 것이다. 거위를 완전히 무시하면 거위는 죽고 말 것이다.

이 시나리오는 내가 흔히 받는 어떤 질문에 틀을 제공해 준다. "거의 수동적인 소득으로 구성되는 월 수십만 달러의 소득을 올려주는 회사를 왜 파신 거죠?" 도대체 왜 내가 그런 일을 했겠는가? 거기에는 세 가지 이유가 있고, 그것들은 모두 시간의 계명과 연관이 있다.

첫째, 나는 미래에 황금알을 낳을 거위의 능력을 재단하고는 그것이 감가상각이 진행되고 만기가 다가오는 자산이라고 판단했다. 미래에 다가올 그 도전에 대비하기 위해, 현재의 도전-막대한 시간을 투자하고 추가적으로 인력을 투입해 거위가 재탄생하도록 만드는 일-에 응전했다. 그렇게 해서 다가올 몇 년에 대해 소득의 수동성을 연장하고 확고히 했다. 아쉽게도, 인터넷의 공간에서는 기술이 너무도 빨리 움직여서 영속적 수동성이라는 것은 미명에 불과하다. 단잠에 빠져서 당신의 거위를 방치하면 경쟁자들의 먹이가 되고 만다.

1990년대 후반에 탄생한 것처럼 보이는 허접한 기술로는 그리 오래 버틸 수 없다. 이런 경우에 나는 다시 마음을 다져야 했고, 그런 다짐을 실천하는 데는-새로운 기술을 배우는 것이든 새로운 사원을 관리하는 것이든-시간이 필요했다.

둘째, 기업가로서 10년차에 접어들었을 때 '기업가'로서의 나의 역할은 시들해졌다. 나는 기업가가 아닌 관리자가 되어 있었다. 사원 관리에 오랜 세월을 보내고 싶지는 않았다. 나는 나의 정체성을 작가이자 반쯤 은퇴한 기업가로 재정립했다.

세 번째 이유가 아마도 가장 중요한 것일 텐데, 이 마지막 이유는 시간의 계명과 관련이 깊다. 나는 반(半)수동적이면서 그 소용이 다해가는 시스템을 업그레이드해 완전히 수동성과 영속성을 부여하고 싶었다. 나는 나의 인터넷 비즈니스 시스템을 머니 시스템으로 교체했다. 우리 회사의 가치가 수백만 달러로 매겨지고 있었고 내가 이미 수백만 달러를 벌고 저축해 둔 상태였던 터라, 나는 머니 시스템만 있으면 100퍼센트 각본탈출이 가능하고 결과적으로 내 인생에서 단 하루도 억지로 일할 필요가 없을 것임을 예견했다.

CHAPTER 37

추월차선 기업가정신 ❺ 규모의 계명 : 저녁식사와 영화가 아닌 삶과 자유를 쟁취하라

기업가정신은 과학도 예술도 아니다. 그것은 실천이다. -피터 드러커(경영학자)

규모 : 소득 폭발

추월차선 구조 내에서, 생산가치주의의 다섯 번째이자 마지막 계명은 규모의 계명이다. 여기에는 다음 네 가지 요소가 들어 있어야 한다.

1. 자산 가치 시스템
2. 복제
3. 양적 규모 혹은 크기의 규모
4. 수익성

첫째, 당신의 상품이나 서비스는 앞서 논의한 네 가지 계명에 따라 종국에 가서는 반드시 자산 가치 시스템으로 진화해야만 한다.

둘째, 당신의 자산 가치 시스템은 반드시 복제 가능하거나 손쉽게 다수의 단위나 위치나 체인의 형태로 복사될 수 있어야 한다. 이런 복제가 수백만은 아닐지라도 수백이나 수천의 단위들로 확장될 수 있다면 금상첨화일 것이다. 예를 들어서, 소프트웨어는 손쉽게 복제가 가능하다. 증가한 유저들과 트래픽으로 복제가 확장되는 웹사이트 서비스도 마찬가지다. 우리 포럼이 받는 방문자 세션(웹사이트를 방문했다가 떠나거나 30분 이상 활동이 없을 때 하나의 방문자 세션으로 취급)의 수는 매달 10만을 넘는다. 인터넷 회사를 소유했던 10년 동안 나는 수백만의 방문자에게 서비스를 제공했다. 책과 같은 물리적 상품들 역시 복제적 요소를 갖고 있다. 즉, 인쇄기를 이용하면 만 권이나 백만 권이나 똑같이 인쇄해낼 수 있다.

셋째, 복제는 반드시 양적 규모나 크기의 규모 둘 중 하나를 갖추어야 하다. 대부분의 사람들은 스케일을 양적 규모와 동일시해서, 스케일이 있으면 수백만 달러의 매스마켓이나 수십억 달러의 시장에서 사업을 해야 한다고 생각한다. 하지만 스케일은 크기의 규모를 통해서도 달성될 수 있다. 예를 들어, 만일 당신이 20가구에게 주택을 제공한다면, 20가구는 양적 규모가 있는 매스마켓이 아니지만 크기의 규모를 통해 스케일이 달성된다. 주택 사업은 본질적으로 크기의 규모를 내포하고 있다. 유기농, GMO 프리 식당의 프랜차이즈 계약을 단 10건만 성사시켜도 크기의 규모가 발휘하는 강력한 힘을 느낄 수 있다.

우리 포럼의 어떤 기업가는 기업과 정부를 위해 산업용 원자재를 확보하고 협상을 진행한다. 그의 사업은 양적 규모가 아닌 크기의 규모

쪽에 무게중심이 있다. 단골 고객이 몇 곳만 확보되어도 수백만 달러를 벌어들일 수 있다. 그런데 그의 고객들은 양적 규모에 의존하는 사업을 운영한다. 고객들의 시장에 간접적으로 관여함으로써 그는 매스 마켓에까지 영향력을 행사하게 되는 것이다. '당신이 싫어하는 것을 하라'는 주제에 동의하면서 그는 포럼의 질의응답 세션에서 크기의 규모를 간략하게 언급했다.

> 제가 죽도록 싫어하는 활동들에 관해 말하자면, 물론 저는 하기 싫은 일도 합니다. 제 생각에 이 당위성을 비켜나갈 수 있는 사람은 아무도 없을 것입니다. 이 나흘에 걸친 트레이드 쇼가 좋은 것은, 거의 모든 참가자가 수백만 달러 가치의 제품에 대해 구매력을 가지고 있다는 점입니다. 제 시간이 낭비되는 일은 없을 겁니다.

규모의 계명을 정의함에 있어서 네 번째 요소는 수익성이다. 그것도 지금으로부터 10년 후가 아니라 창업 첫 해에 이윤을 창출해야 한다. 많은 기업들이 몇 년 동안 이윤을 내지 못하고 자본금을 까먹는다. IT를 기반으로 하는 대부분의 신생기업은 가치를 창출하고 영향력을 발휘한다. 문제는 창업 후 수년 동안 수익을 만들어내지 못하는 데 있다.

생산자로서의 우리는 고객들을 만족시키는 비즈니스에 종사하고 있다. 그런데 많은 사람들에게 영향을 끼치기 전에 우리는 반드시 한 명의 고객에게 영향을 끼쳐야 하고 수익성이 있어야 한다. 만일 당신이 한 명의 고객에게 영향을 미치며 수익을 만든다면 당신의 자산 가치 시스템은 복제 가능성을 획득할 것이며, 당신은 확장가능 궤도에 올라가 있을 것이다.

예를 들어서, 내가 판매하는 책은 권당 6달러를 내게 벌어준다. 손익분기점을 넘어서면 그때부터는 책 한 권이 팔릴 때마다 수익이 만들어지기 시작한다. 마찬가지로, 우리 포럼에서 한 명의 새로운 회원은 1달러의 값어치가 있다. 내가 인터넷 회사를 소유하고 있을 때 새로운 유저 한 명은 평생고객가치로 환산할 때 수천 달러의 가치를 대변했다. 광고비 1달러마다 4달러가 매출로 들어왔고, 그중 이윤은 거의 2달러에 달했다. 수익성이 확보된 것이다.

시장 사이즈는 당신이 올라갈 수 있는 상한선을 긋는다. 시장이 얼마나 큰가? 세상에 딱 열 사람밖에 없는가? 물을 한 방울씩 떨어뜨려서 풀장에 물을 채울 수는 없는 노릇이다. 올림픽 수영 선수들은 욕조에서 훈련하지 않는다. 신나게 팔다리를 휘저어 나아갈 수 있는 크기의 물에서 헤엄쳐라.

기댓값(수백이 아닌 수십억을 위해 공을 굴려라)

기댓값은 클수록 좋다. 예를 들어서, 당신이 2만5천 달러의 가치를 갖는 신차를 10달러짜리 복권 구매자들 중 당첨자 1명에게 주는 행사에 참여할 것을 제안받았다고 치자. 복권은 5천 장으로 한정되어 있다고 하자. 당신은 이 행사에 참여해야 할까? 기댓값 계산에 따르면 뛰어들지 않는 편이 낫겠다.

- 가능한 결과 1

10달러를 잃는다(사건 발생 확률: 4999/5000) [−10×.9998=−9.998]

- 가능한 결과 2

24,990달러를 딴다(사건 발생 확률: 1/5000) [24990×.0002=4.998]

두 값을 더하면(−9.998+4.998) 기댓값이 −5가 나온다. 그러니까 그 행사에 무한정 참여하면 당신은 결국 패자가 될 수밖에 없다.

카지노들이 바로 이 원리로 운영된다. 그들의 기댓값은 양의 영역에 살짝 걸치고 있고, 도박 손님들의 기댓값은 마이너스다. 그래서 길게 놀다보면 결국에 가서 도박꾼은 패배자, 도박장은 승리자가 될 수밖에 없는 수학적 구조가 그곳을 지배하고 있다.

예를 들어, 두 가지 시장에서의 두 가지 사업을 고려하고 있는데, 비즈니스 A는 당신이 사랑하는 분야로 도시를 위한 레이저 태그 사업이고, 비즈니스 B는 소프트웨어 게임 회사로 독특한 비디오게임 체험을 통해 재무 기회에 대해 투자자들을 교육하는 사업이다. 다음의 차트는 각 사업의 투자 첫 해에 해당하는 잠재적 월 이윤과 추정 확률이다.

어떤 비즈니스를 해야 할까? 레이저 태그 시설을 열어서 당신이 사랑하는 일을 해야 할까? 아니면 모험이 따르는 소프트웨어 비즈니스를 해야 할까?

차트에 따르면, 레이저 태그 사업은 수익을 낼 확률이 86퍼센트인 반면 소프트웨어 회사는 고작 57퍼센트에 불과하다. 특히 소프트웨어 사업에서 실패할 가능성은 매우 커서, 레이저 태그 사업에서의 실패

비즈니스 A(레이저 태그)	확률	비즈니스 B(소프트웨어)	확률
$26,000 손실	3%	$42,000 손실	7%
$6,000 손실	4%	$6,000 손실	14%
$1,000 손실	7%	$1,000 손실	22%
$1,000 이익	15%	$3,000 이익	39%
$2,000 이익	36%	$10,000 이익	14%
$3,000 이익	21%	$100,000 이익	3%
$5,000 이익	14%	$1,000,000 이익	1%

확률이 14퍼센트라면, 그 세 배가 넘는 43퍼센트에 이른다. 그렇다면 레이저 태그 사업과 그것의 높은 성공 확률이 더 나은 기회를 뜻하는 것일까?

길게 보면 그렇지 않다. 소프트웨어 회사를 소유하는 것이 옳다. 그 이유는 기댓값에 있다. 다달이 청구서나 빠듯하게 해결하는 회사의 소유주가 되느냐, 평생의 청구서를 해결해주는 회사의 소유주가 되느냐, 그 차이를 가르는 것이 기댓값이다.

먼저 각 사업의 최상의 시나리오를 살펴보자.

- 레이저 태그(최상의 경우) : $5,000/월
- 소프트웨어 회사(최상의 경우) : $1,000,000/월

비즈니스 B의 최상의 시나리오는 확률이 낮지만 결과는 인생 역전

이다. 세월이 흐르면서 큰 기댓값의 기회와 확률이 큰 성과를 당신의 손에 쥐어준다. 딱 한 번 제대로 하면 된다. 그리고 내가 말하듯이, 단타를 노리되 홈런도 칠 수 있는 방식으로 하라.

반면에, 레이저 태그 시설의 최상의 시나리오를 보면 연 이윤이 6만 달러로서 약 40년 뒤면 그럭저럭 괜찮은 중산층의 수입이 기대된다. 그런데 그러다 보면 원래 가졌던 일에 대한 사랑도 식어버릴 것이다.

앞서서 소프트웨어 회사가 최적의 선택인 이유는 기댓값에 있다고 했는데, 다음에서 보듯이 소프트웨어 회사의 기댓값이 레이저 태그 사업의 경우의 열 배에 가깝다.

- 비즈니스 A의 기댓값 : +$1,110
- 비즈니스 B의 기댓값 : +$11,570

만일 당신의 비전이 푸드 트럭을 몰고 공사 현장에서 음식을 판매하는 것이라면, 그러는 중에 인생 역전은 기대할 수 없을 것이라고 나는 확신한다. (다음에 나오는 전략들 중 하나를 적용하지 않는다면 그렇다.)

스케일 (그리고 기댓값까지) 죽이는 법

기댓값은 많은 시도 과정으로부터 나올 것으로 기대되는 성과(결과)다. 기댓값이 있으려면 과정이 있어야 한다. 기업가정신에서 우리는 이런 실패들을 시행착오라고 부른다. 실제적으로 매일 우리 포럼에서 기업가적 실패가 기업가적 성과 이전에 있을 것임을 예견하게 하는 글들이 올라온다.

- 방금 그 책을 읽었고, 추월차선에 한번 진입해보려고 합니다!
- 지금처럼 동기부여가 많이 된 적이 없습니다. 이 감을 한번 찔러 봐야겠어요!
- 한번 저질러 볼 생각에 정말로 들떠 있답니다!

한번 찔러 본다고? 한번 저질러 본다고? 제발. 무지개를 올라타는 일에 투신하지 말기를. 추월차선 기업가정신은 그저 한번 '시도'해볼 정도의 시시한 것이 아니다. 그런 정신 상태로 이 게임에 임하면 미안하지만 실패가 불 보듯 뻔하다. '한번 해본다'라거나 '한번 찔러본다'라거나 '한번 저질러본다'라는 자세는 기댓값을 활용하겠다는 진지한 자세와 거리가 있다. 웹 비즈니스를 단 한 번 말아먹고는 다시 직장으로 돌아가는 것은 많은 시도와 과정을 요구하는 센츠 계명의 양의 기댓값을 감소시킨다. 한번 저질러보는 것은 파워볼 복권에 대해서나 하는 짓이다.

비즈니스에서, 많은 시도와 과정은 타석에 들어서서 여러 번 방망이질을 하는 것을 의미한다. 스트라이크아웃도 당해보고, 뜬 공도 쳐보고, 파울 아웃도 당해보고 등등 시행착오를 겪어 봐야 한다. 기댓값이 큰 모험을 하고 있다면 뭔가 의미 있는 것을 해낼 때까지 몇 번 실패를 경험하게 될 것이다. 나로 말하자면, 제대로 발동이 걸릴 때까지 몇 번의 시행착오가 있었다. 이런 시행착오들은 게임의 일부다. 그러려니 해야 한다. 그리고 시행착오에서 얻을 수 있는 혜택도 있다. 시행착오를 겪으면서 전진하는 동안 당신의 인맥이 넓어지고, 스킬과 능력이 계발되며 다음 번 시도의 성공 확률과 기댓값이 커진다. 기댓값이 당신에게 유리하게 작용하도록 만들라.

-복권 당첨 : 그런데 1등 당첨금이 고작 100달러?

비즈니스를 시작하는 것은 힘난한 일이다. 회사를 소유하는 것은 더욱더 힘난한 일이다. 그리고 어떤 회사를 소유하든, 이것 한 가지는 분명하다. 당신은 눈코 뜰 새 없이 바쁠 것이다. 당신이 지역 조경 회사의 소유주이든 다국적 소프트웨어 서비스 회사를 거느리고 있든 기업가가 되겠다는 인생의 선택은 머리를 쥐어뜯는 도전이 될 수 있다. 장애물과 문제들은 모두 과정의 일부로 끊임없는 노력을 요구한다.

1997년 초 나는 일리노이 주, 시카고에서 리무진 서비스 회사를 매입할 기회가 있었다. 나는 분석적 유형의 인간인지라 그 기회를 분석한 후 그냥 흘려보내기로 했다. 나는 당시의 의사결정 지표들을 아직도 기억하고 있다. 그것들 중 두 개는 최상 시나리오와 기댓값이었다(솔직히 말해서, 당시에 내가 기댓값이 전문적인 개념을 알고 있었던 것은 아니고, 경험적 데이터와 '산업 평균치'들을 바탕으로 그것에 대한 감을 잡고 있는 정도였다). 두 지표는 나에게 '이 기회는 그냥 흘려보내 버려!'라고 말하고 있었다. 평균적인 리무진 회사의 수익률은 그렇게 높은 편이 못 된다. 최상의 시나리오라 할지라도 기대할 것이 별로 없는 업계다. 일주일에 7일을 근무하는데, 근무시간조차 길고 날씨라는 변수가 늘 강력하게 작용하는 등등.

그로부터 오래지 않아 나는 인터넷 회사를 매입하기로 결정했는데, 최상 시나리오가 리무진 사업 쪽보다는 더 나았기 때문이다. 기댓값도

높았다. 그리고 그 결정은 몇 배나 더 옳은 결정이었다.

요지는 이것이다. 당신은 힘에 부치도록 일을 해야 할 것이다. 모든 카드가 당신이 원하는 대로 나오면 당신은 큰 보상을 바랄 것이다. 그런데 미친 듯이 일하면서 보상이라고 바라는 것이 고작 30년 모기지가 딸린 주택이란 말인가? 작게 놀고, 고강도의 수고에 대해 시시한 보상만 받고 거스름돈도 못 챙기는 바보가 되려는가? 고객의 삶에서 차이를 만들어낼 뿐 아니라, 더 중요하게는 당신의 삶에서 차이를 만들어내는, 그런 사업을 구축하라.

―큰 게임을 뛴다고 해서 작은 것을 잊어서는 안 된다

크게 논다는 것은 숲을 의미하고, 작게 논다는 것은 나무를 의미한다. 그리고 당신이 나무 한 그루를 심을 의사가 없다면, 당신은 결코 숲을 일구어내지 못할 것이다. 내가 저지른 스케일과 관련된 오해 중에 하나가 이것이다. 수년 동안 나는 '영향력의 법칙'이라는 것을 찬양해 왔다. 영향력의 법칙은 스케일이나 크기의 규모 면에서 더 많은 사람들의 인생에 영향을 미칠수록 더 많은 돈을 벌 수 있다고 말한다. 다시 말하자면, 수백만의 인생에 영향을 미치면 수백만을 벌게 된다. 금전적인 면이든 영적인 면이든, 부유함에 대한 '비밀'이 하나 있을 수 있다면 '수백만에게 영향을'이라는 딱 두 단어일 것이다.

개인적 부를 위해 수백만에게 (또는 수십억에게) 영향력을 미치는 것은 상당히 간단해 보이지 않는가? 실은 그렇지 않다. 나는 너무도 많은 기업가들이 '수백만에게 영향력을'이라는 이 구절을 지나치게 글자 그대로 받아들임으로써 이 계명을 무색하게 만드는 것을 보아왔다. 그 결과, 훌류한 아이디어들이 간과되고 기업가들은 항상 출발선에만 머물러 있다.

"오, 이건 스케일이 작아!", "그 식당은 우리 도시에서만 운영되잖아!", "내가 만일 모바일 앱 회사를 시작할 수 없다면 나는 아무것도 할 수 없을 거야.", "오프라인 비즈니스라고? 그것은 스케일을 키우기 어려워!" 기억하라. 스케일에 대한 우리의 정의(定義)는 수익성 있게-수백 수천이 아닌-한 명의 고객에게 영향을 끼치는 것에서부터 시작한다는 점을. 잘 확립된 모든 생산가치주의 체제들은 단 한 명의 고객을 출발점으로 삼았다!

스케일을 확대해가는 롱 게임은 가능한 많은 사람들에게 도움을 줄 것이다. 쇼트 게임은, 시간의 계명에서처럼, 잊어 버려라. 생산가치주의를 통해 한 명에게 영향을 끼치라. 스케일은 스스로 알아서 길을 내며 자라갈 것이다.

3대 스케일 확장 전략

당신은 무엇이든 그 스케일을 키워갈 수 있다. 빨래방, 소매점, 대여점, 특제 머스터드 레시피, 무엇이든. 문제는 그것이 얼마나 어려울 것인가 하는 것이다.

기본적으로 스케일 확장 전략에는 세 가지가 있다. 각각은 나름의 내적 도전들을 내포하고 있다. 그 세 가지는 다음과 같다.

- 직판 전략
- 체인·프랜차이즈 전략
- 채널 전략

—스케일 확장 전략 ❶ 직판 전략

가장 선호되는 스케일 확장법은 단순한 직판 전략이다. 직판 전략은 직접 최종 고객에게 제품을 판매하는 것이다. 규모는, 소매점이라면 얼마나 많은 사람들이 오는가, 웹사이트라면 얼마나 많은 사람들이 와서 보는가, 소프트웨어라면 유저가 몇 명인가, 그리고 모바일 게임이라면 몇 명이나 참가하는가에 따라 결정된다. 직판 전략은 시장 크기와 가용 확장 경제(available scaling economy '규모의 경제'라고 흔히 칭하는 economies of scale과 다름에 유의)에 의한 제약만을 받는다.

당신의 제품 ⇒ 당신의 고객

예를 들어서, 테니스 장비를 판매하는 웹사이트가 이론적으로 가질 수 있는 최대 시장의 크기는 현존하는 테니스 인구의 총 수에 기초해 결정되는 한편, 그 웹사이트의 스케일 관련 경제는 단순히 서버 용량과 대역폭이다. 한편, 엘름 스트리트에 위치해서 그 지역만을 대상으로 영업을 하는 신발 수선 점포의 최대 시장 크기는 그 지역에 사는 사람들의 수에 의해 정해지고, 거기서 신발 수선이 필요한 사람들로 다시 한 번 한정된다. 신발 수선 비즈니스의 가용 확장 경제는 수선 점포의 인력과 시간당 수리 가능한 신발 수로 제한된다.

오프라인 매장들은 전형적으로 가용 확장 경제가 제약적인 반면, 웹 벤처들은 가용 확장 경제가 용이한 편이고, 그러다 보니 경쟁도 치열하다. 왕성한 가용 확장 경제를 갖는 디지털 기반 벤처들은 순식간에 수많은 고객을 유인하는 까닭에 많은 사람들이 그쪽 길을 추구한다. 하지만 속지 말라. 사람이 많이 모인다고 만사가 해결되는 것은 아니다.

—스케일 확장 전략 ❷ 체인·프랜차이즈 전략

내가 자주 듣는 질문 중 하나는 이런 것이다. "어디로 가면 최상의 기회들을 만날 수 있을까요?" 나는 추월차선 포럼에 일종의 아이디어 저장소 구실을 하는 카테고리를 만들었다. 기업가들은 자신이 다른 일에 매진하느라 접어야 했던 아이디어들을 게시한다. 나도 거기에 아이디어를 몇 가지 내놓았는데, 그것들이 거의 다 오프라인 비즈니스에 대한 아이디어라는 사실을 알면 당신은 놀랄 것이다.

오프라인 지역 상권에는 무진장한 기회가 있지만, 많은 사람들(특히 젊은 사람들)은 이를 등한시한다. 왜냐하면 그런 상권이 디지털 생태계 밖에 존재하기 때문이다. 당신은 기업가적 여정을 출발하면서 지역 사회에서 한 달에 5천 달러를 버는 일에는 눈길도 주지 않는다.

가용 확장 경제가 매력적이지 않다는 이유만으로 지역 상권과 관련된 탐스러운 기회를 간과하는 기업가가 되지 말라. 기댓값을 곡해하지 말라. 실제로 붓을 들고 그림을 그려야 기댓값이라는 것도 존재한다. 그리고 그 그림은 어떤 그림이어야 할까? 그것은 단위체 증식 전략이라는 그림이어야 한다.

단위체 증식 전략이란 특정 지역 상권에 발을 붙인 채 복제, 체인, 네트워크 마케팅, 혹은 프랜차이즈를 통해 다수의 시장에 중복적으로 존재하는 것을 가리킨다. 단타를 여러 개 치다보면 홈런도 치게 된다. 단위체 증식 전략은 제약적인 가용 확장 경제를 극복하게 하여 사업이 추월차선을 타게 만든다. 단위체 증식 전략은 상품(네트워크 마케팅·브랜드·라이선싱), 부동산(복제), 소매점(체인), 식당(체인·프랜차이즈)에 적용될 수 있다.

당신의 사업 단위체 ⇒ 당신의 상품 ⇒ 당신의 고객

단위체 증식 전략은 내가 책을 판매할 때 활용하는 스케일 확장 전략이다. 내가 국제 번역 라이선스 계약을 체결할 때마다 단위체가 하나 생성된다. 나는 열 개가 넘는 라이선스 단위체를 확보하고 있다. 한국, 중국, 이탈리아를 비롯한 여러 해외 시장에서 내 책을 생산하고 판매하고 있으며, 나는 매년 저작권료를 받는다.

앞서 언급한 아이디어 저장고에 게시한 아이디어 중에 각본에서 탈출한 비즈니스에서 단위체 증식 전략의 사례가 되는 것이 있다. 나는 튼튼한 운송용 박스를 대여하는 사업을 제안한 적이 있다. 나는 이사를 하면서 이 아이디어(대여 시스템)를 생각해 냈다. 이사를 위해 누나에게서 박스를 잔뜩 빌렸는데, 그 박스들 덕분에 이사를 매우 수월하고 간단하게 해치울 수 있었고, 쓰레기 매립지로 갈 뻔한 백여 개의 종이 상자들도 아낄 수 있었다. 그러고는 '이것 정말 괜찮은 아이디어인데'라는 생각에 그 사업 잠재력에 대해 구체적이고 상세한 내용을 게시했던 것이다.

얼마 지나지 않아, 그 아이디어가 마음에 든 메릴랜드의 어느 기업가가 그 아이디어를 구매했다. (특정 아이디어가 마음에 들면 일정한 수수료를 내고 아이디어 저장소에서 그 아이디어를 사간다.) 내가 이 글을 쓰고 있는 동안 그 기업가는 그 작은 아이디어를 위대한 잠재력을 지닌 사업으로 탈바꿈시키고 있다. 단골 고객들도 생겼고, 지역 언론의 관심도 끌었으며, 외부의 투자도 받았다. 그리고 고객들로부터 찬사를 받고 있다. CNBC에도 출연해 자신의 사업을 소개했다. 그 무엇보다도, 수요를 맞추기 어려울 정도로 사업이 잘 되고 있다. 이 아이디어의 가용 확장 경제는 제한적이지만, 단위체 증식 전략을 통해 놀라울 정도의 힘이 발휘되고 있다. 그리고 역사상 가장 강력한 브랜드들 중 일부는 이와 같이 작게 시작했다가 체인·프랜차이즈 전략을 통해 폭발적인 성장을 이룩했다.

시애틀의 작은 커피숍이 세상에서 가장 큰 커피숍 체인으로 자라나갈지 누가 상상이나 했겠는가? 하워드 슐츠(Howard Schultz)가 오래 전에 스타벅스에 입성할 때 그는 체인 전략을 통해 성장할 스타벅스의 미래를 보았다. 이와 유사하게 '샌드위치 왕'으로 통하는 프레드 들루카(Fred Deluca)는 프랜차이즈 전략을 통해 3만7천여 곳에 서브웨이(Subway) 매장을 열었는데, 그러기 이전에 그는 체인 전략으로 성장 목표 달성에 어려움을 겪었다.

일단 지역적 생산가치주의 시스템이 이윤을 달성하기 시작하면 판매 대리 계약을 맺거나, 프랜차이즈 계약을 맺거나, 체인점을 열어서 여러 지역으로 진출함으로써 더 광범위한 영역을 확보해 가는데, 이 과정은 의도적 복제 과정으로서 쿠키 커터로 모양을 찍어내는 것에 비유될 수 있다. 본질적으로, 관리가 요구되는 두 가지 요소가 있다. 하나는 사업 단위체이고 다른 하나는 상품 자체다. 이런 식으로 세상에서 가장 널리 알려진 오프라인 업체들이 지역 상권을 넘어서 전국적인 브랜드로 자리매김했다.

골자는 이것이다. 동네 모래밭에서 손이 더러워지는 것을 두려워하지 말라.

—스케일 확장 전략 ❸ 채널 전략

마지막 스케일 확장 전략은 채널 전략으로, 매출이 제3자 유통 채널이나 소매점을 통해 간접적으로 발생한다. 소비자에게 직판을 하는 대신(즉 직판 전략을 구사하는 대신), 당신은 상품을 특정 채널이나 중간판매상에게 판매한다. 채널 전략을 이용하는 경우 맞닥뜨리는 어려움은 최종 이용자에 대한 판매가 아니라 해당 채널의 의사결정자들에 관한 것이다.

당신의 거래 채널 ⇒ 당신의 상품 ⇒ 당신의 고객

34장에서 나는 화구(畫具) 회사를 공동 설립한 샘 파올라에 대해 언급했었다. 그의 발명품인 페인트 브러시 커버는 그림 그리기를 좀 더 편리하고 덜 지저분하게 만들어 준다. 그의 초기 전략은 직판 전략이었다. 그는 웹사이트를 통해 직판을 실시했다. 하지만 폭발적 성장을 위해서는 채널 전략을 이용해야 함을 그는 알고 있었다. 〈샤크 탱크〉에 출연하고 그에 따른 후속 거래를 성사시킨 뒤 사업은 폭발적으로 성장했다. 왜 그랬을까? 그가 채널을 이용하기 시작했기 때문이다. 홈 데포, 셔윈 윌리엄스(Sherwin-Williams 200년 넘는 전통의 건축자재 회사로 페인트도 취급)와 전 세계의 수백 곳의 페인트 공구철물 매장들이 그의 제품을 취급하기 시작했다. 직판 전략으로 한 달에 열 개 정도 팔다가 느

덧없이 한 달에 수천 개를 판매하게 된 것이다. 물론, 전국적 텔레비전 쇼인 〈샤크 탱크〉의 시청자들 중 수천 명이 매출에 일조했다.

수백만 달러대의 성공들이 데뷔를 QVC(미국 홈쇼핑 채널)에서 했다. 조이 망가노(Joy Mangano 미국 발명가 겸 기업가)는 미라클 몹(Miracle Mop 직접 걸레를 만지지 않고 물을 짜낼 수 있는 대걸레)을 가지고 1억5천만 달러 규모의 제국을 건설했고, 그녀의 이야기는 할리우드 영화 〈조이〉의 소재가 되기도 했다.

겨우 입에 풀칠만 하며 살아가던 웨이트리스 조이는 손으로 대걸레에서 더러운 물을 짜내는 것이 점점 더 싫어졌다. 그러다가 그녀는 스스로 물을 짜내는 대걸레라는 아이디어를 생각해 냈다. 그녀는 자신의 상품을 지역 트레이드 쇼들을 돌며 판매하고 식료품점 통로에서도 팔기 시작했다. 1989년에는 치열한 협상 끝에 그녀는 QVC를 설득해 TV 출연 기회를 얻어냈다. 첫 방송 매출은 지지부진했다. 하지만 그 다음 방송에서 그녀는 직접 걸레를 사용하는 모습을 보여주었고 단 20분 만에 1만8천 자루의 대걸레가 팔려 나갔다. 대단한 채널에서 위대한 이야기가 펼쳐진 것이다.

이런 채널들에서 발판을 마련하는 것은 쉽지 않다. 하지만 진입 장벽이 낮은 채널도 있다. 문지기들이 아예 존재하지 않는 곳도 있다. 그런 곳에서는 단순히 온라인 양식을 작성하거나 짤막한 승인 절차만을 통과하면 된다. 아마존이나 엣시나 이베이에서는 사실상 거의 모든 것을 팔 수 있다. 월마트와 베스트 바이는 제3자 매출 채널들을 제공한다. 당신의 표적 고객들이 모이는 채널을 찾아내고 문을 두들기고 시도하라.

2,740달러 : 규모의 수학

2,740달러는 당신에게 어떤 의미를 갖는가? 아마도 별 의미가 없을 것이다. 그것으로는 인생 역전을 할 수 없다.

그런데, 정말 그런가? 만에 하나, 마법의 숫자라는 것이 존재한다면, 그것은 2,740달러일 것이다. 이 숫자는 백만 달러를 벌기 위해 1년 동안 당신이 창출해야 하는 일일 평균 이윤이다($2,740/일×365일=$1,000,100). 이 숫자를 쪼개 들어가다 보면 그 수학적 뿌리를 만나게 되는데, 그렇게 하고 보면 스케일을 확보한다는 것이 생각처럼 어렵기만 한 것은 아님을 알게 될 것이다.

나는 보통 사람들이 부의 창출에 있어서의 규모의 중요성을 이해하거나 그것에 대해 고찰해 볼 것이라고는 생각하지 않는다. 그들에게 있어서 규모란 주식이나 뮤추얼 펀드를 더 많이 사들이는 것을 의미한다. 레버리지라는 말을 꺼내보라. 그들은 위험한 대출이나 투자 마진을 떠올릴 것이다. 레버리지는 규모라든지 무한한 수학적 가능성들과 관련을 갖는 것이 아니라, 센츠에 기반한 사업과 관련을 갖는다.

예를 들어서, 당신이 제품을 만들어서 페이스북이 제공하는 타깃팅 옵션들을 이용해 페이스북에서 광고를 집행한다고 치자. (당신은 페이스북에서 매우 구체적인 소비자층을 겨냥할 수 있다. 예를 들어서 '이 광고를 애리조나에 사는 25세 이상 이혼 남성에게 보여주시오'라고 요청할 수 있다) 당신의 매출이익률이 각 매출당 25달러라고 가정해 보자. 당신이 하루에 110개를 판매한다면, 축하한다! 당신은 방금 백만 달러 수입자의 문턱을 살짝 건드렸다.

25달러의 25라는 숫자나 110개의 110이라는 숫자는 큰 숫자가 아니다. 그럼에도 이 숫자들은 단 1년 만에 백만장자로 차근차근 다가서게 해줄 만큼 큰 숫자들이다. 규모라는 것을 무지무지한 숫자들일 것이라고 곡해하지 말라. 수백만에게 영향을 끼치기 전에 당신은 반드시 수백에게 영향을 끼쳐야 한다.

시간의 계명이 '수동적 소득'으로 왜곡되듯이 규모의 계명도 왜곡을 당하는데, '빨리 부자 되는 법'이라는 얼토당토않은 것으로 오해를 받곤 한다. 너무 많은 사람들이 억만장자라는 산의 정상에 설 것을 꿈꾸면서 바로 눈앞의 언덕은 보지 못한다. 수백 달러를 버는 법을 배우지 않으면 당신은 수백만 달러를 벌 수 없다.

그렇다면 깨달음과 앎을 행동으로 옮기기 시작할 지점은 어디일까?

센츠 계명들은 롱 게임 개념이다. 스타트업 과정에서는 한 개 이상의 계명을 어길 수도 있겠지만, 결국에 가서는 모든 계명을 충족시켜야 한다.

CHAPTER 38

실행의 탁월성 :
예측 불가한 것을 예측할 수는 없다

시도를 멈추기 전에는 결코 패배자가 아니다. –마이크 딧카(미식축구 코치)

실행하느라 바쁜가, 쓸데없이 바쁜가?

동적 실행은 드러나지 않는 수고로움의 과정이다. 원자재 확보, 제조, 코딩 학습, 트레이드 쇼를 위한 힘겨운 준비. 주문과 이메일, 그 밖의 급하게 처리할 일들로 허우적거리는 가운데 삶의 균형이 삐끗거린다.

나의 첫 책은 '실행'을 '왕'으로 대접한다. 뛰어난 실행은 개떡 같은 아이디어로 찰떡을 빚어낸다. 허술한 실행은 황금 같은 아이디어로 고철을 만든다. 그런데 정작 '실행'이라는 것은 무엇일까? 어느 독자가 내게 이런 트위터 메시지를 보낸 적이 있다. "실행의 뜻이 무엇입니까?" 좋은 질문이지만 140글자로는 깔끔한 설명이 불가능하다.

포스트 시즌 게임에서 패배한 팀을 앉혀놓고 기자 회견을 할 때 그

웅얼거리는 변명 중에는 '실행'이라는 말이 여남은 번은 나올 것이 확실하다. "우리는 게임 플랜을 실행하지 못해서 졌습니다." 좋다. 하지만 실행이라는 말이 현장에서 뛰는 것 외에 과연 또 어떤 의미를 갖는 것일까?

너무도 많은 기업가들이 사실은 액션페이킹(행동하는 척)을 하면서 실행을 하고 있다고 '착각'한다.

실행은 춤꾼이기도 하다. 무슨 춤을 추느냐에 따라 의상이 달라진다. 당신이 시내에 스포츠바를 오픈하려 하는가? 당구장을 열 때와는 다른 방식으로 실행해야 할 것이다. 물론 이미 알려진 많은 '모범 사례'들이 있고 배워야 할 것도 많이 있지만 실제 부딪혀 보기 전에는 알 수 없는 것들이 있다. 완벽한 준비란 결코 있을 수 없다.

이 난관은 모든 사람이 맞닥뜨리는 것이다. 당신이나 나나, 백만 명의 충성스런 추종자들을 거느린 노련한 벤처 자본가나 할 것 없이. 실제 부딪혀 보기 전에는 무엇을 알아야 하는지를 알 수 없다.

실행적 기업가정신 : 비즈니스의 헝거 게임

당신은 울창한 숲 속의 빈터에서 적과 함께 서 있다. 헝거 게임의 정신으로 충만한 당신의 목표는 적을 무찌르는 것이다. 이 날이 올 것을 알고, 당신은 2년을 수련해 왔다. 그 시간 동안 수십 권의 책을 읽고 무술과 궁술을 익혔다.

게임 마스터가 곁에 서 있다. 당신과 당신의 경쟁자 앞에 있는 테이블에는 열 가지 무기가 놓여 있다. 석궁, 해머, 사무라이 검, 저격용 소총과 무제한의 탄약, 커다란 질식용 비닐봉지, 톱날이 달린 사냥용 칼,

고춧가루 스프레이 한 통, 소몰이 막대. 게임 마스터가 당신에게 선택을 요구한다. "두 가지 무기만 고르시오." 최근에 익힌 기술에 기초해 당신이 논리적으로 내린 결론은 칼과 소총이다. 이상하게도 당신의 적은 고춧가루 스프레이와 비닐봉지를 고른다.

게임 마스터가 고개를 끄덕이더니 게임의 시작을 선언한다. 무기를 몸에 두른 뒤 당신은 숲속에서 북쪽을 향해 나아가고, 당신의 적은 남쪽으로 전진한다.

한 시간 정도 머릿속으로는 전략을 궁리하면서 걷다 보니, 협곡에서 쉭쉭거리는 소리가 들려온다. 조용히 몸을 낮추고는 떠내려 온 나무 뒤에서 전술적 자세를 취하며 엎드린다. 사정거리에 들어온 소리의 출처를 향해 총을 겨눈다. 당신의 경쟁자다. 그는 웬일인지 고춧가루를 비닐봉지에 뿌려대고 있다. 음, 그 참 이상하네. 어쨌든, 그를 무찌를 기회가 당신에게 있다.

그런데 당신이 총을 쏘기 위해 몸의 각도를 틀기 전에, 어디선가 또 소리가 들려온다. 이번에는 쉭쉭거리는 소리가 아니라 붕붕거리는 소리다. 처음에는 들릴락 말락 했는데 점점 커진다. 두 발을 모으고 주위를 돌아본다. 당신의 눈에는 아무것도 보이지 않지만 붕붕거리는 소리는 점점 더 커진다. 하늘이 어두워지는데 구름은 없다.

목을 길게 빼서 하늘을 올려다본다. 크고 검은 덩어리가 몰려온다. 이런! 살인벌 무리가 당신을 향해 날아오고 있다. 벌떼를 향해 소총을 발사한다. 총소리로라도 그 방향을 바꾸어보려는 의도에서다. 소용없다.

제기랄! 어디 숨지? 강? 뭔들 어때! 당신은 협곡으로 급히 뛰어들면서 11초 내로 안식처를 찾으면 될 것이라고 계산한다. 불행하게도 11

초가 당신의 움직임보다 빠르게 흘러간다. 검은 구름 같은 벌떼가 당신을 집어 삼킨다.

두 손을 미친 듯이 허우적거리는데, 한 손에는 칼이 쥐어 있다. 그 칼에 맞아 벌 한 마리가 운명한다. 그러나 나머지 2만 마리는 쌩쌩하다. 당신이 벌에 쏘일 때마다 산 채로 화형을 당하는 느낌이다. 당신은 쿵하고 두 무릎을 꿇고 벌독으로 호흡장애를 일으킨다. 모든 것이 흐릿해지면서 검은 장막이 둘러쳐지고 영원한 안식처로 들어간다.

당신의 경쟁자는? 벌떼의 공격에서 살아남는다, 캡사이신으로 바깥면을 뒤덮은 커다란 비닐봉지를 온 몸에 뒤집어 쓴 채. (참고로 캡사이신은 벌을 비롯한 무척추 동물에 대해 독성을 갖는다.)

이 이야기는 실행 중에 맞이할 수 있는 위기에 대해 경고하면서, 무엇을 알아야 할지는 일이 닥쳐서야 알 수 있다는 교훈을 들려준다. 정말로 무엇이 필요하게 될지를 미리 알고서 적절한 무기를 미리 고를 확률은 당황스러울 정도로 작은데, 숲속으로 가면서 고춧가루 스프레이와 비닐봉지를 고를 확률이 황당한 정도만큼 작다. 우리는 준비와 분주함을 실행으로 착각하곤 한다. 숲속에 걸어 들어가서 현장을 경험하고 나서야 게임이 요구하는 진짜 능력이 무엇인지 알게 된다.

"문제나 난관을 파악하고 나서 행동을 개시하라."

미리 무기를 선택해야 했던 죽음의 숲의 게임에서와는 달리, 우리는 난관에 봉착할 때 필요한 도구를 그때그때 선택할 수 있다. 안타깝게도, 나는 당신의 비즈니스가 무엇인지 또는 무엇이 될지 전혀 모른다. 나는 단지 튼튼한 토대와 최상의 관행들을 제공해 당신의 숲속 모험의 예측가능성과 관리가능성을 향상시키는 데 일조할 수 있을 뿐이다.

CHAPTER 39

동적 실행 :
모든 중요한 것은 시시하게 시작했다

완벽은 성취하는 것은 불가능하지만, 완벽을 추구하다 보면 탁월해질 수 있다. -빈스 롬바디(미식축구 감독)

완수 : 동적 실행

우리 포럼의 출발은 하나의 게시물로 시작된 일련의 스레드였다. 이제 50만 개가 넘는 메시지가 게시되어 있다. 톨스토이의 장편소설『전쟁과 평화』역시 하나의 단어가 시작이었다. 목표가 무엇이든, 일을 해내는 것은 의미 있는 행동으로, 이런 일의 완수를 동적 실행이라고 부른다.

자기계발 중독, 끝없는 리서치, 상공회의소에서 눈도장 찍기는 의미 있는 행동이 아니다.

동적 실행은 해답을 찾기에 앞서 의미 있는 행동을 취하는 문제 해결 방법으로서, 점점 더 큰 문제를 해결하도록 발전해 가다가 마침내 당신의 비즈니스 솔루션으로 다듬어져간다.

당신이 사업을 시작한다면 동적 실행은 가장 빠르고 가장 값싸게 고객을 만나러 가는 길을 닦아준다. 이미 당신이 성숙 단계의 비즈니스를 소유하고 있다면 동적 실행은 가장 빠른 속도와 가장 적은 비용으로 생산가치주의 체계로 나아가는 길을 열어준다.

동적 실행 모델은 시장반응, 3A, 과정의 7P, 세 가지 핵심 구성 요소를 갖는다. 이 모든 것을 한데 묶어서 도식화하면 다음과 같다.

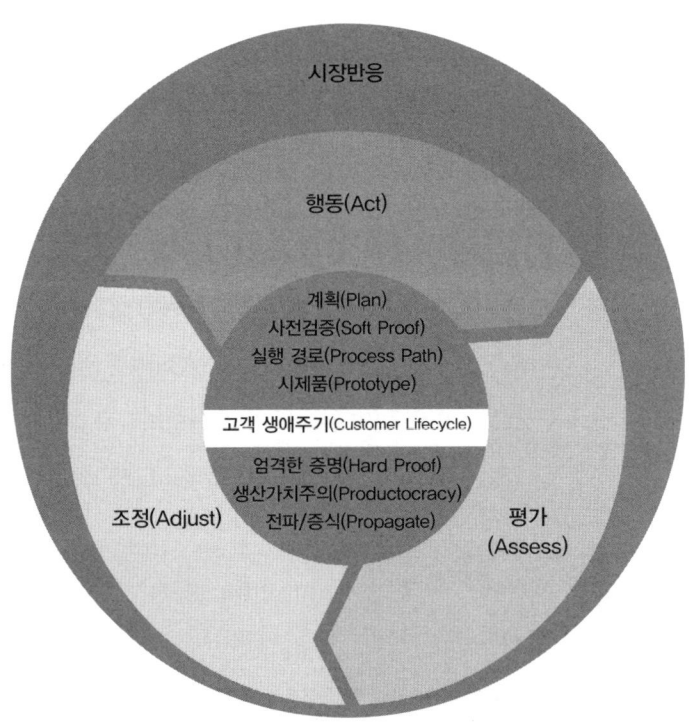

시장반응

동적 실행의 첫 구성 요소는 이 도식에서 가장 바깥쪽 원으로 표현되는 시장반응으로, 우리는 시장이 예측 및 예견이 불가능하고 길들여질 수도 없다는 사실을 이해해야 한다. 그 누구도 정확하게 숲속에 어떤 도전이 기다리고 있는지 말해줄 수 없다. 숲속에 들어가 보아야 알 수 있다. 주식시장을 생각해 보면 잘 알 수 있다. 아무도 시장의 움직임을 예측할 수 없다. 시장반응에 대해서 기업가로서 우리가 현장에서 뛰면서 할 수 있는 최선은 시장의 마음과 지속적으로 교류하는 것이다.

비즈니스 플랜이라는 것은 실행보다는 액션페이킹에 가깝다. 시장이 어떻게 반응할지 예측할 수 없다.

역사는 시장반응이 어떻게 주관적 판단과 다르게 반응하는지 잘 보여준다. 스티븐 킹(Stephen King)의 첫 책 『캐리(Carrie)』는 나중에 몇 편의 영화로도 각색되었는데, 처음에는 서른 번도 더 퇴짜를 맞았었다. 사실, 스티븐 킹 자신도 그 원고가 진짜 형편없다고 여기고는 쓰레기통에 버렸는데, 그의 아내가 그것을 건져냈다. 영화 〈스타워즈〉의 경우도 비슷했다. 개봉 전에 제작사의 이사회를 포함해 몇몇 배우들이 그 영화가 정말로 싫다고 말했던 것이다.

스티븐 스필버그조차 사람들의 주관적 판단들로 인해 어려움을 겪어야 했다. USC 영화예술 학교에선 그를 불합격시켰다. 그것도 한 번도 아니고 두 번도 아니고 세 번씩이나. 나중에 USC는 그에게 명예학위를 수여했는데, 그때 스필버그는 한 가지 조건을 내걸었다. 그것은 과거에 자신을 퇴짜 놓은 사람이 필히 그 학위에 서명해야 한다는 것이었다! 가치생산주의가 정의를 실행하는 멋진 모습 아닌가?!

구글에서 '퇴짜 맞은 유명 가수들'을 키워드로 검색을 해보면 몇 시간 분량의 읽을거리가 쏟아져 나온다. 보다시피, 시장반응은 궁극적인 거부권을 가지고 있다. 개인의 의견은 시장 앞에서는 무기력하다. 당신의 아이디어에 대한 궁극적 판단은 그 아이디어에 대한 시장 반응이다. 그리고 각본에서 탈출한 추월차선 기업가로서, 당신의 첫 실행 과제는 시장의 마음을 예단하는 것이 아니라 (되도록이면 적은 비용을 들여서) 현장에 뛰어들어서 시장을 읽는 노력을 하는 것이다.

3A : 행동 · 평가 · 조정

이소룡은 이렇게 말했다. "바람이 불 때 뻣뻣한 나무는 꺾이기 쉽지만 대나무나 버들가지는 바람결대로 휘면서 살아남는다."

비즈니스에서 당신은 반드시 대나무 같아야 하는데, 대나무는 이어서 나오는 동적 실행의 대원칙인 3A(행동 · 평가 · 조정)를 잘 표현해 준다. 3A는 프로펠러(행동), 속도계(평가), 방향타(방향 조정)의 역할을 하면서 노력을 관리해준다. 동적 실행은 해답을 찾기에 앞서 의미 있는 행동을 취하는 상황에 맞는 점진적인 문제 해결 방법으로서 점점 더 큰 문제를 해결하도록 발전해 가다가 마침내 당신의 비즈니스 솔루션으로 다듬어져간다는 사실을 기억하라. '해답 이전의 행동'이 의미하는 바는 바로 지금 시작하라는 것이다. 오히려, 동적 실행은 문제와 난관으로 점철된 고난의 시간을 감당하면서 더 깊이 뛰어들 것을 요구한다. 어떤 사람들은 그것을 날개를 펼치고 바람 부는 대로 날아가는 '즉

홍 비행'이라고 부를지도 모르겠다. 그래도 괜찮다. 왜냐하면 당신이 어느 방향으로 날아가야 할지 실마리를 던져주는 것은 시장이기 때문이다.

 진짜 시장에 깊이 발을 담그고 보낸 일주일이 시장 조사와 분석으로 보낸 한 달보다 가치 있다.

행동하라

'행동'은 까탈쟁이 고양이(시장)를 손으로 요리조리 쿡쿡 눌러보고 토닥이며 반응을 살피는 것이다. 대부분의 경우에, 고양이는 당신을 무시할 것이다. 어떨 때는 야옹 하는 소리를 낼 것이고, 간혹 크게 가르릉거리면서 자신의 필요(수요)를 표현할 것이다. 시장이 이렇게 반응하는 순간이야말로 모든 기업가들의 꿈의 순간이다.

안타깝게도, 너무도 많은 몽업가들이 꿈만 꾸면서 세월을 다 보내는데, 모든 답을 사전에 파악하고 어떻게 발걸음을 떼야 하는지를 미리 알아야 한다는 강박에 사로잡혀 있기 때문이다. 기억하라. 당신을 위해 미리 작성된 목록 같은 것은 없다. 이것은 숫자가 지시하는 대로 색칠을 하는 그림 놀이도 아니고, 요정이 멘토를 자청하지도 않는다. 이 몽업가들은 안락의자에 앉아서 다른 기업가들이 필드에서 뛰는 것을 지켜보며 입으로 쿼터백(미식축구에서 사령탑 역할을 하는 공격선수)을 뛴다. 우리 포럼에 올라온 가소롭기 그지없는 다음의 게시물을 보라.

> 시도해 보고 싶은 개념이 하나 있긴 하지만 웹사이트 구축에 대해 아는 것이 전무합니다. 그래서 어디에서 무엇을 찾아봐야 할지 조언을 구하고자 합니다. 저의 첫 질문은 광고비로 얼마를 청구하는 것이 적당한가 하는 것입니다. 그리고 새로운 리드에 대해서는 얼마의 요율이 적당할까요?

'시도해 보고 싶은'이라는 표현은 둘째치고라도, 꼬리가 개를 흔드는 주객전도 상황에 웃지 않을 수 없다. 이런 어리석은 질문은 배우가 되기 원하는 사람이 첫 질문으로 "아카데미 시상식에서 어떤 의상을 입어야 할까요?"라고 묻는 것과 같다.

인터넷 회사를 차릴 때 나는 웹 테크놀로지나 고객에 대한 판매 기법에 대해서 아는 바가 거의 없었다. 나는 발등에 떨어진 불들을 해결하면서 점진적인 방식으로 하나하나 깨우쳐갔다. HTML과 'hello world(직역하면 '세상아, 안녕'이라는 말이 화면에 뜨게 하는 간단한 프로그램으로서 초보 예제로 많이 활용)'라는 간단한 코드를 배우는 것부터 내가 시작했다고 말한다면 믿을 수 있겠는가? 비즈니스 구축의 과정은 (그리고 이에 동반되는 나 개인의 성장 과정은) 그 각 단계가 코앞의 문제를 해결함으로써 깊어지는 학습의 과정이었다.

매번 문제를 해결할 때마다 가치가 향상되고 나의 경험과 기량도 쑥쑥 자라났다. 10년이 지났을 때 돌이켜 보니 해결한 문제가 1,000건이 넘었었다. 내가 '큰 그림 신드롬'에 묶여서 옴짝달싹 못했더라면, 산의 정상을 흘끗거리면서 이 모든 문제들과 미지의 것들을 미리 알고 덤벼들려 했다면, 나는 산의 험준함과 높이에 압도당하고 겁에 질려서 아무것도 하지 못했을 것이다. 이 '즉흥 비행'이 바로 동적 실행이다.

많은 위대한 기업이 같은 방식으로 출발했다. 한 줄의 코드를 머리에 넣고 눈앞에 어떤 일이 펼쳐질지 알지 못한 채. 물론, 그렇다고 해서 코드를 배우거나 나의 발자취를 그대로 따르는 것이 정답이라는 말은 아니다. 한 문제, 한 난관, 하나의 미지의 것에 대해 그때그때 행동을 취하라는 뜻이다. 진짜 문제는 발등에 떨어진 불이다. 무엇을 해야 하는가? 학습으로 해결할까? 외부의 자원을 동원할까? 연구를 해보아야 할까? 그것을 해결한 뒤 그 다음 발걸음을 떼라.

평가하라

2011년 초였다. 나의 첫 책이 발간된 지 약 두 달이 지난 뒤 고통스럽도록 분명해진 사실이 하나 있었다. 표지가—내가 디자인하고 사랑해 마지않았던 표지가—허접했다. 어디를 가든—트위터에서건 이메일에서건 페이스북에서건—이구동성이었다.

- 위대한 책. 끔찍한 표지는 그냥 무시하세요!
- 『부의 추월차선』은 (싸구려 표지에도 불구하고) 놀라운 책입니다!

2011년 말, 나는 해결할 문제가 있음을 알았다. 나의 람보르기니의 영감과 주황과 초록의 네온 빛으로 충만한 유쾌한 책 표지가 알고 보니 개똥이었고 많은 잠재적 독자들을 돌아서게 만들고 있었다. 출간 후 몇 개월 동안 끔찍한 책 표지에 대한 부정적 언급들이 킴 카다시안이 셀카를 찍어 올리는 것만큼이나 자주 귀에 들렸다. 다행스럽게도 나는 나의 독선을 땅에 묻어버리고 시장의 메시지를 받아들였다. 행동을 취한 뒤 (시장의 마음에 맞추어 표지를 바꾼 뒤) 나는 평가의 단계로 옮겨갔다.

시장과 상호작용을 할 때마다 따라오는 반응은 두 가지 형태로 나누어 볼 수 있다. ① 가장 흔한 것은 흡음이고 ② 바람직한 것은 메아리다.

−흡음

흡음은 시장이 당신의 메시지를 흡수하거나 무시하고 아무 반응을 보이지 않을 때 벌어지는 현상이다. 시장이 가만히 있긴 하지만 이것도 일종의 반응임은 분명하다.

당신이 페이스북 광고를 클릭하지 않거나 읽지 않을 때 그 반응을 흡음이라고 부를 수 있다. 당신이 새 식당에 차를 몰고 갔다가 그 앞에서 간판과 외관을 보고 들어갈 의욕이 생기지 않을 때 당신이 그 식당을 선택에서 제외해 버리는 반응을 흡음이라 한다.

흡음 현상은 당신의 귀에 들리지 않고 데이터 분석을 통해서만 측정된다. 만일 만 명의 사람이 당신의 광고를 보았지만 아무도 클릭을 하지 않거나 구매를 하지 않으면, 시장의 반응은 100퍼센트 흡음인 것이다.

−메아리

시장의 메아리는 직접적인 피드백이다. 궁극의 시장 메아리는 클릭, 구매 또는 유료고객으로 전환이다. 그러나 종종 다른 형태를 띠기도 한다. 불평, 제안, 인터페이스 문제, 정보를 구하는 이메일을 예로 들

수 있다. 어떤 시장의 메아리든 당신의 귀에 들어오면 그것을 경청하고 평가해야 한다. 이 메아리는 행동으로 옮길 수 있는 메아리인가? 문제가 있지는 않은가? 당신의 제품이나 서비스를 재평가하거나 방향을 전환할 기회가 있는가?

나의 소득을 여섯 자리 내지 일곱 자리의 범주(즉, 수십만에서 수백만 달러)로 성장시킬 수 있었던 최고의 원동력은 시장 메아리를 경청하고 그에 적절하게 반응한 것이다. 이 개념은 나의 인터넷 회사의 성장을 이끌었다. 내가 생각하는 시장이 원하는 것에서 시장이 실제로 원하는 것으로 회사를 탈바꿈시켜 간 것이다. 사실 사업 성공 사례들을 연구하다 보면, 대부분의 비즈니스들이 원래의 것에서 다른 것으로 진화되어 나가는 것을 발견하게 될 것이다. 원래는 X라는 제품을 파는 것이 목표였는데, 결국에는 Y를 판매한다.

시장을 당신의 행동으로 채워나가는 것도 중요하지만 시장이 건네는 메아리라는 선물을 받아들고 그 포장을 풀어보아야 한다. 그 안에는 당신이 어디로 가야 하고 어디로는 가지 말아야 할지에 대한 실마리가 들어 있을 것이다.

조정하라

조정이 따르지 않는 행동과 평가는 무가치하다. 첫 번째 두 가지 A(행동과 평가)를 하는 이유는 어떻게 대응해야 할지를 발견하기 위함이다. 최근에 나는 이 개념이 조정이라는 용어 대신에 '방향전환'이라는 용어로 널리 알려지고 있다는 말을 들었다. 무엇이라고 이름 붙이든, 조정은 상관관계를 갖는 시장 메아리에 기초해 방향을 전환하는 전략이다.

실천 가능한 피드백을 발견하는 열쇠는 메아리의 패턴을 파악함으로써 찾을 수 있다.

나는 노트북에 시장의 모든 소리를 기록했고, 거기에 '블랙 북'이라는 애칭을 붙여주었다. 어떤 상황이 발생할 때마다 나는 블랙 북에 기초해 행동을 취했다. 만일 몇몇 사람이 인터페이스가 후지다고 생각한다면, 당신은 시장반응도 같은 생각을 할 것이라고 추측해 볼 수 있다. 예를 들어서, 웹사이트에 새로운 읽을거리를 더한다면 그것은 어떤 소리를 반영한 것이어야 한다. 몇몇 사람들이 당신의 부족한 부분을 지적할 때 시장도 그것을 원할 것이라고 짐작해 볼 수 있다. 이것은 상품에도 적용된다. 만일 스무 명의 고객들이 특정 색상의 상품을 문의하는데 그 색상의 상품이 없다면 새로운 기회, 새로운 수익의 주머니가 발견된 것이다. 시장 소리에 주의를 기울임으로써 필요한 것은 더하고 불필요하거나 걸리적거리는 것은 빼버려라. 그렇게 하면 시장을 위한 밸류체인이 될 것이다. 생산적으로 만들어낸 가치는 더 많은 가치를 생산하고 결국 더 많은 수익을 의미한다.

 과거의 사업 실패 중 평가 후 조정을 하지 않은 것이 원인이었던 것은 없는가?

CHAPTER 40

과정의 7P :
아이디어에서 생산가치주의 체제로

쉬운 일에서는 행복을 찾기 어렵다. 행복은 최선을 다해 어려운 과제를 해결한 뒤에 찾아오는 만족감이다. -디오도어 아이작 루빈(심리학자)

생산가치주의를 향한 과정의 실행

동적 실행의 마지막 과정은 가장 안쪽의 동그라미와 고객 생애 주기로 대변된다. 그것을 과정의 7P라고 부르자. 7P를 통해 마침내 일이 완결된다.

1. 계획(Plan)
2. 사전 검증(Soft Proof)
3. 실행 경로(Process Path)
4. 시제품(Prototype)
5. 엄격한 검증(Hard Proof)

6. 생산가치주의(Productocracy)
7. 전파/증식(Propagate)

1. 계획

동적 실행(kinetic execution)은 본질적으로 행동 · 평가 · 조정의 지휘 아래서 날개를 펼쳐 '즉흥 비행'을 하는 것이다. 하지만 이것을 준비 부족과 혼동해서는 안 된다. 동적 실행 계획 수립 단계는 상대적으로 짧고, 센츠(CENTS) 평가를 통해 기회의 가능성이 확인된다.

❶ 통제(Control)
- 당신의 해결책에 실행 관련 변수들이 있는가? 예) 월마트 독점 판매, 페이스북에서의 유통
- 그렇다면 조정 가능한 통제 리스크로는 어떤 것들이 있는가?
- 당신의 해결책에 부차적 관련 변수들이 있는가? 예) 파트너, 공급업자, 제조, 수입업자, 유통 채널?

❷ 진입(Entry)
- 당신의 해결책과 관련한 진입 장벽으로는 어떤 것들이 있는가?
- 어떤 핵심적 자원, 자산 혹은 관계들이 당신의 진입 장벽을 강화하고 있거나 강화할 수 있는가?
- 당신의 해결책은 상당한 자원 투입 그리고 실행을 위한 조율을 필요로 하는가? 개념에서 출시까지의 단계가 이틀이면 되는가? 아니면 두 달이 걸리는가?

- 당신의 경쟁자들은 당신의 해결책에 어떻게 대응하는가? 당신이 조정한 상태를 유지해나갈 수 있는가?

❸ 필요(Need)
- 해당 업계 내의 모든 가치속성을 파악했는가?
- 당신이 제안한 밸류체인(부가가치를 창출하는 활동)이 타깃 고객에게 확실한 이익을 제공할 만큼 충분하게 강력한가?
- 당신은 이 밸류체인을 타깃 고객에게 효과적으로 전달할 수 있는가?
- 당신의 해결책은 어떻게 돈이 되는가? 당신의 주된 수익 모델과 부차적 수익 모델은 어떤 것인가?

❹ 시간(Time)
- 당신의 시간을 소모하지 않으며 해결책을 만들어낼 필요한 자원이 있다면, 어떤 것인가?
- 당신의 시간을 소모하지 않으면서 해결책을 만들어내는 데 필요한 변수로는 어떤 것들이 있는가?
- 이런 요건들과 관련된 미래의 난관은 어떤 것들이 있는가?

❺ 규모(Scale)
- 기존의 매체, 채널 또는 파트너들 중에 당신의 표적 시장 고객들에게 정보를 제공하거나 판매할 수 있는 것들이 있는가?
- 당신의 문제 해결을 위한 확장성은 어떤 것이고, 확장에 어떤 자

원들-재원, 인프라, 인적 자본-이 필요한가?
- 비용 구조 그리고 공급망에 있어서 확장 관련 난관은 없는가?

당신의 개념이 센츠의 가혹한 시험을 견뎌낸다면 이제 그 값어치를 증명해 보일 때가 왔다.

2. 사전검증

몇 달에 걸쳐서 수천 달러를 쓰면서 고작 발견한 상품을 시장이 원치 않는다면, 그것보다 맥 빠지는 일도 없을 것이다. 사전 검증의 목표는 엄청난 자원을 쏟아 붓기 전에 당신의 아이디어를 시장반응에 비추어 확인해 보는 것이다. 아이디어 사전 검증 방법으로는 다음 다섯 가지가 있다.

❶ 언어 패턴

35장에서 언급했듯이, 언어 패턴은 관찰을 통해 발견된다. 예를 들어서, 많은 유저들이 X라는 것에 대해 불평을 한다면, 시장은 수요가 있다는 힌트를 보내는 것이다. 우리 포럼은 이런 방식으로 탄생했다. 내가 자주 가던 포럼이 있었는데, 그 포럼에 대해 툴툴거리는 소리로 시끄러웠다. 그래서 내가 하나 만들기로 한 것이다. 광장에서 들려오는 싫다는 목소리는 죄다 기회인 것이다. 짜증난 언어의 여러 가지 예 (싫어요, ~라면 좋겠어요, ~가 필요해요)가 여러 가지 매체(트위터, 페이스북, 각종 포럼)를 통해서 들려오면 필요의 씨앗들이 있음이 확인되는 것이다.

하지만 단지 누군가가 무엇인가를 '싫어한다'는 이유만으로 그 사람이 그 해결책을 얻기 위해 돈을 지불할 의사가 있다는 것은 아니다. 내 친구 중에 그런 경험을 한 녀석이 있다. 그 친구는 이렇게 적었다.

> 한 번은 이런 일을 겪었습니다. 조사를 해 보니 100이면 100사람이 모두 한결같이 어떤 것이 기발하고 시장성이 있고 가치를 제공한다며 좋아하는 것이었습니다. 막상 그 제품을 시장에 출시하고 나니 구매하는 사람이 하나도 없었습니다.

소비자의 움직임과 다가오는 잠재적 기회를 드러내는 유용한 도구로서 구글 트렌드(Google Trends)도 있다. 예를 들어서, 몇 년 전에 '글루텐 프리(gluten-free)'가 트렌드로 떠올랐고 오늘날에도 여전히 트렌드를 유지하고 있다.

❷ 채널 리서치

사전 검증의 또 한 가지 방법은 채널 조사다. 아마존은 채널 조사를 실시하기에는 더할 나위 없이 좋은 곳이다. 판매 중인 유사한 상품을 찾아보고 그 매출 순위를 확인하고 물량을 점검해 보라. 만일 유사 상품들에 많은 후기가 달려 있다면(예를 들어서 500편), 수요와 니즈가 모두 존재한다고 가정할 수 있을 것이다. 예컨대, 당신이 이 책을 읽고 있을 즈음이면 『부의 추월차선』에 거의 1,500편의 리뷰가 달려 있을 것이다. 독자 250명 중 한 명 꼴로 리뷰를 쓴다고 가정하면, 리뷰 작성 비율은 0.4퍼센트이고, 1,500편의 리뷰가 의미하는 것은 그 책이 약 37

만5천 부가 판매되었음을 뜻하게 된다. 이런 판매 부수는 그 책의 메시지와 장르에 대한 수요가 있음을 확인해 준다.

❸ 검색량

키워드광고, 클릭당 비용 광고의 묘미는 시장의 마음을 들여다보고 검색량을 이용해 거의 모든 것을 계량할 수 있다는 데 있다. 키워드를 이용한 검색엔진이 다수 있지만, 구글이 단연 최고다. 애드워즈(AdWords) 계정을 개설해 로그인한 뒤 키워드 플래너(Keyword Planner) 도구를 활용하라. 당신의 제품이나 서비스 혹은 해결책을 입력하고, 얼마나 많은 사람들이 당신이 제공하고자 구상 중인 것을 검색하고 있는지 알아보라. 예를 들어, 만일 당신이 웨딩 플래닝 툴을 만들 생각이라면 '웨딩 플래닝'이라는 키워드를 가지고 재빨리 훑어보라. 한 달 동안 3만 회 이상의 검색이 진행된다. 더욱이, 표적 시장(결혼을 계획 중인 연인들) 안에서는 한 달에 평균 천만 건이 넘는 검색이 이루어진다.

❹ 시장에 질문하기

시장에게 질문하기는 말 그대로다. 표적 시장의 마음을 보여줄 집단을 찾고 그들에게 당신의 아이디어를 알려주라. 예를 들어, 레딧에는 각양각색의 서브포럼이 있고, 사실상 모든 주제나 관심사를 아우른다. 마찬가지로, 페이스북도 구체적인 집단에서 시장반응을 읽어낼 수 있도록 놀라운 타깃 옵션을 제공한다. 정원을 가진 35세 이상의 여성들을 찾는가? 페이스북에 가면 해결된다. 광고를 내고, 그들에게 웹페이지를 보내고는, 어떤 일이 일어나는지 살펴보라. 당신의 아이디어가 특정 틈새

시장에 연관성을 갖는다면 관련 포럼을 찾아서 물어보라.

크레이그스리스트, 인스타그램, 트위터도 질문을 던지기 좋은 곳들이긴 한데, 바라는 시장을 정확히 짚어준다는 보장은 없다. 질문의 예측 결과는 타깃 고객을 얼마나 잘 찾아내느냐에 달려 있다. 만일 당신이 우리 포럼에서 중소기업에 적합한 잠재적 아이디어에 대해 질문을 던진다면 당신은 훌륭한 피드백을 받을 수 있을 것이다. 왜냐하면 시장을 정확하게 잘 겨냥해서 맞추었기 때문이다. 하지만 기업가 집단에게 척추지압 소프트웨어에 대해 어떻게 생각하는지 묻는다면 결함 있는 데이터가 나올 것이고 사전검증이 안 될 것이다. 질문하기라는 방법은 당신과 친분관계에 있는 사람들을 귀찮게 하는 것과는 거리가 있다. 설사 그들이 표적 시장의 구성원이라 할지라도 그렇게 해서는 안 된다. 그 사람들은 솔직하고 공정한 의견을 주기 어렵다. 진솔한 피드백은, 솔직히 말해서, 남의 일에 무관심한 낯선 이들로부터 온다.

또 다른 방법은 35장에서 논의한 해결책 거래다. 이 접근법에는 다양한 기업주와 전문가들과 이야기를 나누고 그들에게 문제, 좌절, 난관에 대해 구체적으로 질문하는 것이다. 문제를 파악해 해결책을 찾아본다. 이를 테면, 주택 정밀 검사관 열 명을 인터뷰했더니 그들이 연락처와 서류작업과 관련해 답답함을 호소했다면 당신은 필요를 확인한 것이 된다. 추가적 탐색을 통해 이상적인 해결책을 찾아내고 그들이 그것에 대해 얼마를 지불할 의사가 있을지를 추정해 본다.

시장 인터뷰의 또 다른 변형은 서베이를 통해 시장반응을 파악하는 것이다. 다양한 서베이 도구들 중 하나인 서베이몽키(SurveyMonkey 무료 온라인 서베이 도구)를 이용하면서 동시에 앞서 언급한 도구 중 하나를 이용하면 타깃 고객을 겨냥하고 인센티브를 부여할 수 있다. 물론, 인센티브를 부여하고 페이스북, 구글, 레딧, 인스타그램 등의 CPC 광고(Cost Per Click 인터넷 검색사이트의 키워드 광고)를 통해 표적 시장에 도달하는 것은 적잖은 돈이 드는 일이지만, 그렇게서 얻은 데이터는 돈값을 한다.

❺ 시장 시뮬레이션

시장검증의 마지막 방법은 시장 시뮬레이션이다. 여기서 당신은 당신의 상품이나 서비스를 마치 이미 존재하기라도 하는 양 시장에 제시한다. 시장 검증과 그에 따른 시뮬레이션은 돈과 시간이 들 수 있지만 얻어지는 데이터는 소중한 보물이다. 시장 시뮬레이션의 두 가지 형태를 소개하자면, 랜딩 페이지(landing page 클릭 시 이동하는 페이지)와 목 프로토타입(mock prototype 모조 시제품)이 있다.

효과가 가장 큰 사전 검증은 보통 랜딩 페이지라고 지칭되는 단일 페이지로 된 시트를 통해 획득하는 이메일 주소나 선주문이다. 이메일 주소를 수집하거나 선주문을 받을 목적만을 위해 웹페이지를 하나만 든다. 이 랜딩 페이지를 통해 선주문을 받는데, 이메일 주소나 선주문은 유저가 관심이 있다는 것을 확인해 준다.

아쉽지만, 주문 단추를 클릭하는 손놀림을 추적하거나 이메일 주소를 수집하는 것은 강력한 검증 방법은 못 된다. 단지 당신의 오퍼에 관심이 있다는 시장반응을 보여줄 뿐이다. '이메일 주소를 드릴게요'와 '돈을 낼게요'는 서로 다른 것이다. 예를 들어서, 나의 첫 책을 발간하기 전에 나는 랜딩 페이지를 통해 이메일 주소를 수집했다. 발간 직전까지 대략 3,000명의 사람들이 구매 관심을 표명하며 이메일 주소를 알려주었다. 하지만 막상 도서 구매를 결심하고 돈을 낼 때가 이르자 그중 3분의 2에 가까운 사람들이 지갑을 열지 않았다. 수집된 이메일 주소는 느슨한 시장 검증에 불과한 것이다. 구매야말로 시장 검증의 확실한 증명인 셈이다.

3. 실행 경로

이제 우리는 당신의 첫 매출이라는 지점까지 나아가기 위한 실질적인 로드맵을 얽어볼 것이다. 우리가 실행 경로(process path)라고 부르게 될 이 로드맵은 당신의 아이디어가 현실이 되도록 집행할 때 오르게 되는 층계의 디딤판에 해당한다고 할 수 있다. 전형적인 실행 경로는 다수의 행동 항목으로 구성되어 있으며, 각각의 행동 항목은 첫 고객을 향하여 세워진 사닥다리의 디딤판을 나타낸다. 각 행동 항목은 단순한 하나의 행동이라기보다는 수십 개의 하위과제로 구성된다. 예를 들어, 당신이 새로운 파티 게임을 만든다고 치자. 당신의 실행 경로는 다음과 같은 모습을 띨 수 있다.

① 게임 보드 제조업자 섭외
- 제품 샘플, 비용 추정치 확보
- 가격 협상
- 재무제표, 고정비용 및 변동비용, 마진 등 평가

② 콘텐츠 창출

- 그래픽 디자인, 테마 적용, 브랜딩
- 카드 만들기(학습)
- 보드 만들기(학습)
- 유저 테스팅
- 시제품

③ 운영 관련 활동
- 유한회사(LLC) 창립 서류 제출
- 판매자 계정 개설
- 은행계좌 개설
- 보험 가입(필요 시)

④ 웹사이트 만들기
- 호스팅, CDN 옵션의 조사 및 선택
- 웹사이트 디자인(외주)
- 이메일 주소 목록 소프트웨어

⑤ 출시
- 보도자료 배포(외주)
- 인플루언서 마케팅, 리서치
- 마케팅 행동 개시

위의 사례의 실행 경로에는 다섯 가지 주요 요소만이 존재한다. 하지만 이 5대 요소의 각각은 그 안에 수많은 하위과제들을 안고 있고, 이런 하위과제들은 완수에 많은 시간이 소모될 수 있다. 하위과제에는 다양한 행동이 달려 있는데, 제조업자들과의 회의에서 새로운 기술의 학습, 필요 시 외부의 전문 인력을 섭외하는 것까지 여러 가지가 있을 수 있다. 효과적인 실행 경로의 열쇠는 주요 활동을 확정하고 그에 따른 요건들을 정의하는 동시에 불필요한 행동과 그에 따른 비용을 제거하는 것이다.

예를 들어서, 당신은 직접 디자인한 로고를 없애버릴 수 있는가? 아니면 굳이 1천5백 달러를 써가면서까지 디자인 회사를 이용할 필요가 있는가? 만일 첫 고객을 향하는 실행 경로에 있어서, 누군가와 대면 회의를 할 필요가 없다면 명함을 만들 이유가 없을 것이다. 기업공개를 하는 날이 올 때까지는 브랜드가 찍힌 티셔츠와 물통 같은 것은 맞추지 말라고 진지하게 권하는 바이다.

실행 경로의 또 다른 요소는 자기반성이다. 당신이 무엇을 배울 수 있고 무엇을 배울 수 없는지를 알아야 한다. 예컨대, '코딩 배우기'는 몇 년 전 나의 실행 경로 중의 일부였다. 나는 직접 '몸으로 부딪치는 스타일'의 사람인지라, 나의 실행 경로들 중 여러 경로들이 내가 직접 해보는 것을 담고 있었다. 하지만 '이것을 학습'하고 '저것을 직접 해보기'라는 방식이 당신에게는 맞지 않을 수도 있다.

모든 사람이 코딩을 배울 수 있는 것은 아니다. 의사소통과 권한이양에 소질이 있는 사람이라면 외주나 동업 또는 고용을 하는 쪽으로 실행 경로를 수립하는 것이 더 적절할 것이다. 각본탈출은 '내 방식'이 당신에게 최상의 길이라고 주장하는 것이 아니다. 당신에게 있어서 최상의 길은 '당신의 방식'이다. 당신의 개인적 강점들에 맞는 길을 찾아야 한다.

　실행 경로의 목표는 모든 행동의 세세한 부분까지 정하는 데 있는 것이 아니다. 집행을 큰 하위 과정의 덩어리로 나누면 된다. 그런 하위 과정의 덩어리는 28장에서 소개한 동기부여 사이클을 운전하고 귀환 회로에 시동을 거는 작은 행동들로 구성된다. 기억하라. 우리는 숲에 들어갈 것이다. 그리고 그 숲에 직접 들어가 보기 전에는 숲속에 무엇이 있는지는 알 도리가 없다.

4. 시제품

　당신의 아이디어를 기능성 없는 모의 시제품으로 만든 뒤 시장반응을 확인하는 방법도 있다. 시제품을 이용하는 목적은 시장의 반응을 측정하는 것인데, 이때 앞서 언급한 '시장에 질문하기'의 방법 중 하나를 활용한다.

　이 접근법은 인스타그램에서 성공적으로 활용되고 있다. 당신이 보디빌딩 관련 상품을 가지고 있다면 당신은 타깃 고객들로 이루어진 팔로워들에게 당신의 상품을 알릴 수 있을 것이다. 목표는 당신의 상품에 대한 팔로워들의 반응을 살피는 것이다. 그들이 당신의 상품을 좋아하고 다른 사람들과 기꺼이 공유하는가? "어머나 세상에, 이거 어디서 살 수 있죠?"라거나 "주문 방법 좀 알려주세요"라는 댓글이 달린다면 당신이 가지고 있는 물건이 제법 쓸 만하다는 것이다.

　이 기법의 변형으로서 인플루언서 마케팅이라는 것이 있다. 해당 시장에서 영향력을 발휘하는 인물을 섭외해 당신의 제품을 알리게 한 후 그 반응을 측정하는 것이다. 직접 품을 팔아서 관련 유력인사들을 찾아내거나 인텔리플루언스(Intellifluence)라든지 웨일러(Whalar)라든지 클리어(Klear) 같은 웹사이트의 도움을 받을 수도 있다. 팔로워의 수가 50만을 웃도는 대부분의 인스타그램 유저들은 약간의 수수료를 받고 제품을 게시한다. 그야말로 돈 몇 푼만 쓰면 수천 명의 사람들에게 당신의 아이디어를 보여주고 즉각적으로 그 아이디어에 대한 시장의 반응을 알아낼 수 있다. 일단 당신의 아이디어가 사전 검증이 되고 나면 앞으로 어떤 과정으로 나아갈지 그 갈 길을 그려볼 준비는 마친 셈이다.

고객 생애 주기

동적 실행 모델 내에서 고객의 생애 주기를 따라 3단계의 과도기가 존재하는데, 첫 과도적 과정에서는 낯선 이들이 가망 고객으로 바뀌고, 두 번째 과도적 과정에서는 가망 고객이 실제 고객으로 바뀌며, 세 번째 과도적 과정에서는 고객이 추종자로 바뀐다. 고객의 생애 주기는 다음의 일곱 단계를 밟는다.

- 인지 : 당신의 상품이 타깃 고객에 노출된다. 예를 들어서 당신의 타깃 고객이 페이스북 뉴스피드에서 당신의 제품 광고를 본다.
- 평가 : 타깃 고객이 의사결정에 충분한 정보를 제공받는다. 이런 정보를 제공받은 뒤 타깃 고객은 웹사이트 방문, 백서(white paper 제품이나 서비스를 홍보 내용을 담은 마케팅 도구로서의 '백서'를 의미), 자주

묻는 질문들, 인터넷 검색 등의 의사결정을 내리게 된다. 이를 테면, 당신의 타깃 고객이 당신의 웹사이트를 방문해 당신의 오퍼를 검토하게 된다.

- 승선 : 낯선 이가 가망 고객으로 바뀌어 당신의 마케팅 생태계로 입성한다. 예컨대, 당신의 타깃 고객이 당신의 상품이나 서비스를 무료 사용하기 위해 가입하거나 이메일 주소를 남긴다.
- 구매 : 가망 고객이 실제 고객이 된다. 예를 들자면, 당신의 가망 고객이 무료로 당신의 상품을 이용해 본 뒤 유료 고객이 되거나 당신의 무료 콘텐츠를 이메일로 받아본 뒤 구매를 결정한다.
- 사용 : 고객이 당신의 상품을 이용하는데, 그 상품 이용을 관리하고 모니터링해야 한다. 예를 들어서, 대부분의 타깃 고객들이 갱신 또는 재구매를 할 수도 있을 것이고, 당신에게 없는 변형 상품에 대한 문의를 해올 수도 있을 것이다.
- 관계관리 : 상호작용 및 관계 구축을 통해 고객으로서 유지 및 재구매 유도를 실시한다. 예컨대, 고객에게 정기 이메일을 보내 업계 트렌드나 토픽들을 알려주는 활동을 전개할 수 있다.
- 추종자 : 충성도가 높아진 고객은 스스로 당신의 상품을 널리 알리는 영업자 노릇을 자청할 것이며, 고객이 소셜 미디어에서 그리고 실제 삶에서 당신의 상품을 공유하고 추천한다.

동적 실행의 다음 세 단계는 모든 산업과 비즈니스에 대해 적용 가능하다.

5. 엄격한 검증

일단 시제품이나 베타 버전이 완전한 기능을 갖추게 되면 반응을 살펴라. 시장이 그것을 위해 돈을 지불할 마음이 있는가? 당신의 목표는 매출(혹은 선주문)이 일어나고 돈이 들어올 것이라는 가정의 엄격한 증명에 있다. 진자(振子)처럼 마음이 오락가락하는 시장이 "당신의 물건을 원합니다, 여기 제 돈 받으세요"라고 말할 것임이 확고한 사실로서 증명되어야 한다.

종종 나는 독자로부터 이메일을 받으며 이런 엄격한 증명을 경험한다. 그럴 때면 크리스마스에 억만장자 부모로부터 선물을 받는 것과 같은 마음의 풍요를 느낀다. 더욱 중요한 것은 엄격한 증명이 엔돌핀이 도는 귀환 회로를 점화시키고, 열정과 자존감과 성취감을 불어넣는다는 것이다. 무엇보다도 엄격한 증명은 축하할 가치가 있는 첫 번째 목표 달성을 의미한다.

－인지 〉 평가 〉 승선

증거 획득은 고객 생애 주기의 첫 세 단계인 인지·평가·승선으로부터 시작된다. 이 세 가지가 모두 한꺼번에 일어나는 일(결과)은 드물고, 몇 주가 걸린다(과정). 어떤 경우이든, 시초 중의 시초는 당신의 상품이 표적 오디언스에게 노출되어 발생하는 인지다. 그런데 인지는 어디서 어떻게 일어나는 것일까?

아마존, 레딧, ESPN, 트위터, 크레이그스리스트, 인스타그램, 야후, 빙, 핀터레스트는 표적 겨냥 기능을 갖추고 많은 사람들의 시선을 모으기에 적합한 매스마켓 웹사이트 중 일부에 불과하다. 당신의 제품을 게시하거나 광고하고, 잠재 고객에게 오퍼를 보내고, 무슨 일이 벌어지는지 지켜보라. 엄격한 증명을 실시할 자금이 있다면 아마존, 구글 애드워즈, 페이스북 광고를 적극 추천하고 싶은데, 이 세 곳은 모두 강화된 오디언스 표적 겨냥 기능을 제공한다. 자금이 없다면 레딧이나 크레이그스리스트를 이용하거나 페이스북 그룹들 중에서 타깃 고객층에 맞는 것을 골라 보도록 한다.

만일 빠듯한 예산을 굴리고 있다면 소셜 미디어를 이용하면 최소의 비용으로 타깃 고객층에게 다가갈 수 있는 훌륭한 기회를 잡을 수 있고, 어떤 때는 무료로 이용할 수도 있다. 예를 들어서, 내 친구 한 명은 퍼스널 그루밍(몸단장 서비스) 비즈니스를 운영하면서 인스타그램을 통해 높은 판매고를 올리고 있다. 그는 해상도 높은 사진에 캡션을 달아서 게시하는데, 게시물마다 매출을 만들어낸다.

만일 당신의 상품이 애견인들의 공감을 살만한 상품이라면 인스타그램 페이지를 만들어서 애견인들에게 매력 있는 계정으로 가꾸어 나갈 수 있을 것이다. 반려견들을 표적으로 삼는 큰 계정들을 찾아내 당신의 상품을 실어달라고 부탁할 수도 있다. 엄청난 수의 팔로워들을 거느리는 많은 유저들이 홍보를 허락하면서 소액의 수수료를 받는데, 25달러면 (혹은 제품을 무료로 제공해주는 조건으로) 수천 명의 사람에게 당신의 상품을 제시할 수 있다. 우리 포럼의 어느 유저는 바로 이 방법으로 디자이너 선글라스 회사를 출범시켰다.

엄격한 증명의 또 다른 인기 있는 방법은 보상 기부 기반의 크라우드펀딩 서비스를 이용하는 것인데, 이를 테면 킥스타터(Kickstarter), 인디고고(Indiegogo), 로켓허브(RocketHub) 등이 이런 서비스를 제공한다.

콘셉트 오퍼를 게시하고는 펀딩 기부를 받고 보상을 제공하는데, 보상으로서는 완성품이나 특정 형태의 포상이 제공된다. 크라우드펀딩에서는 돈이 오고가므로 엄격한 증명이라고 간주할 수 있다. 하지만 좋은 카피, 프로페셔널한 설명 비디오, 신속한 출시 경로가 갖추어진 확고한 오퍼를 갖고 있지 않는 한 서둘러 크라우드펀딩 서비스를 이용해서는 안 된다. 그리고 사전 검증이 아닌 엄격한 증명을 위해 이용하는 것이 좋다.

라디오와 텔레비전 같은 매체 역시 놀라울 정도로 강력한데, 놀라울 정도로 간과되고 있다. 예를 들어, 나는 지역 라디오를 통해 광고를 하곤 했는데, 그 비용이 고작 몇 백 달러에 불과했다.

일단 당신의 상품이 표적 오디언스에게 노출되고 나면 승선이나 매출이 다음의 목표가 된다. 승선은 나그네의 가망 고객으로의 전환을 의미하며, 보통은 이메일 주소의 수집, 등록, 체험판 이용이 일어난다.

시제품 검증과 고객 생애 주기에서의 인지·평가·승선을 거쳐서 전진하는 것은 행동·평가·조정에 크게 의지한다. 엄격한 증명의 과정 중에 경험하게 되는 실행 관련 실패들을 성급히 해석하다가는 오판하기 쉽다. 어떤 매체를 통해 상품의 시장반응을 확인할 때, 그 결과는 다음 중 하나가 될 것이다.

1. 메아리 : 시장의 목소리
2. 흡음 : 시장의 침묵
3. 전환 : 시장의 마음 획득

❶ 메아리 : 시장의 목소리

메아리는 전환 이전의 피드백이나 측정가능 데이터다. 본질적으로 그것은 시장이 내는 목소리다. 메아리는 일반적인 피드백일 수 있다. 이를 테면, '흥미롭지만, 저는 사양할게요'라든지 '웃음이 터져나와요'라든지 '꽤 괜찮네요'와 같은 피드백 말이다. 혹은 트위터 메시지나 페이스북의 댓글일 수도 있고, 웹사이트 이용 데이터일 수도 있다. 그 메아리가 어떤 것이든, 그 분석은 당신의 몫이다. 예를 들어서, 잠재 고객들이 상품에 대해 질문하는 이메일을 보내왔는가? 왜 '웃음이 터져나와요'라고 적는 사람이 있는 것일까? 가격을 보여주는 웹페이지에서 대부분의 사람들이 웹사이트를 떠났는가? 그 어떤 메아리든 평가되어야 하고, 필요 시 조정이 이루어져야 한다.

❷ 흡음 : 시장의 침묵

엄격한 증명을 진행할 때 돌아오는 가장 흔한 결과는 흡음이다. 아무 일도 일어나지 않는다. 매출도 일어나지 않고 아무런 결과도 없을 때 침착하라. 과민반응하지 말라.

당신의 콘셉트가 이미 검증된 상황인데, 반응이 없다면 일반적으로 당신의 상품이 아닌 마케팅에 문제가 있음을 뜻한다. 시장의 무반응을 그릇되게 해석해 실행을 멈추지 말라. 재빨리 일을 접어버리기 전에 시장의 무반응이 진정한 무반응인지를 확인하라. 메시지·채널·도달의 측면에서 점검목록을 만들어서 확인해 보도록 하라.

• 채널 점검 : 올바른 표적을 겨냥하고 올바른 채널을 이용하고 있

다고 확신하는가? 아니면 표적 오디언스에 도달하는 데 있어서 더 나은 매체가 있는가? 무스탕 포럼에서 페이셜 크림을 광고하고 있다면 채널을 잘못 선택한 것이다. 페이스북 광고에서 표적 오디언스를 '21세 이상 모든 성인'로 세팅했다면 잘못된 오디언스를 겨냥하고 있다. 상품이나 서비스 자체가 실패라는 결론을 내리기 전에 채널의 점검 목록을 만들어 일일이 확인해 보라. 행동·평가·점검을 통해 끊임없이 다양한 채널과 타깃 옵션들을 점검해야 한다. 당신의 상품이나 서비스는 문제가 없지만 채널이나 오디언스 겨냥이 잘못되었을 수 있다.

- 도달 점검 : 시장의 무반응의 원인으로는 낮은 도달율도 있다. 즉, 채널도 잘 선택하고, 표적을 제대로 겨냥했지만 그들에게 충분히 도달하지 못한 것이다. 만일 당신의 광고가 고작 100회의 임프레션(impression 온라인 광고가 유저에게 노출되는 것)이나 30회의 클릭만을 기록했다면 부족한 표본으로부터 결론을 도출한 셈이 된다. 상품이나 서비스가 무엇이었든지 30회의 클릭으로는 아무런 반응이 나오지 않을 수 있다. 아마존에 백 달러를 지출했는데 아무런 일이 일어나지 않았다고 해서 반드시 실패인 것은 아니다. 어쩌면 도달면에서 실패한 것일지도 모른다. 표본 크기를 확인하고 데이터 관련 결론들을 보증할 만큼 충분히 큰 표본을 확보하도록 한다. 나는 최소 10,000회의 임프레션 또는 1,000회의 클릭을 추천한다.

- 메시지 점검 : 암의 앎을 기억하는가? 세상에서 가장 위대한 상품

도 그 가치를 시장에 설득시키지 못한다면 팔리지 않을 것이다. 올바른 매체를 발견하고 충분한 도달률을 달성하는데도 오퍼 구성이 허술한 바람에 성공을 날려버리는 수도 있다. 나는 대부분의 출시 실패가 실패한 상품이나 서비스가 아닌 실패한 오퍼로부터 나온다고 추측한다.

채널 · 도달 · 메시지라는 평가의 과정은 피냐타(piñata 막대로 내리쳐 터뜨리는 장난감, 사탕이 든 통. 우리나라에서 오재미로 터뜨리는 박에 해당)를 내려치는 것에 비유될 수 있다. 너무도 많은 기업가들이 쑤시고 찔러서 흔들어 보고는 포기해 버린다. 피냐타를 터뜨려 그 안에 든 선물을 받으려면 충분히 내리쳐야 한다.

❸ 전환 : 시장의 마음 획득

엄격한 증명에 있어서 세 번째 반응은 우리가 바라는 것이다. 매출! 축하한다. 당신의 오퍼가 가치가 있고 시장에서 살아남을 가능성이 있음이 증명되었다. 누군가가 당신의 제품을 원하고 그것을 얻기 위해 돈을 지불할 의사가 있다. 당신은 대부분의 기업가들이 꿈꾸는 것 그 이상을 방금 성취했다.

일단 축하의 시간이 끝나고 나면 다시 현장으로 나가 또 다시 행동하고 평가하고 조정하라. 당신의 마케팅 메시지는 충분히 효과적인가? 매출에 기초해 볼 때, 고객 유치 비용은 어느 정도이며 비용 구조는 적절한가? 25달러의 이윤을 내는 데 광고비로 50달러가 드는 것은 아닌가? 이윤이 있다고 가정할 때, 당신의 첫 매출은 동적 실행의 다음 단계인 생산가치주의 체제로 자연스럽게 이어진다.

6. 생산가치주의 : 사용 > 관계관리 > 추종도

매출은 당신이 인지가치를 효과적으로 전달했다는 증거다. 당신의 마케팅이 먹혀들고 있다. 하지만 당신은 실제 가치를 전달했는가? 그것은 당신의 고객만이 안다. 이 미지의 것은 생산가치주의 체제와 브로마케팅(BRO-marketing) 책략 사이의 확연한 대조를 부각시킨다.

리필·반복 구매 프로그램에 대해 잘 알지 못하는 독자를 위해 간단히 설명을 하자면, 그것은 매달 제품 리필 혹은 회원권 갱신을 위해 당신의 신용카드가 자동적으로 긁히게 한다. 그렇다! 리필·반복 구매 프로그램은 기업가들에게는 금광에 해당한다. 그런데 문제는 악용하는 판매자들이 있다는 것이다. 대부분의 사람들은 신용카드 명세서를 자세히 살피지 않는다. 고객이 돈이 빠져나가고 있다는 것을 발견하고 게다가 제품도 저질이라는 것을 발견할 즈음이면 판매자는 이미 몇 달치 구매 대금을 맛있게 먹어치운 뒤다.

고객 생애 주기 안에서 생산가치주의 단계는 사용·관계관리·추종도를 아우른다. 생산가치주의 단계에서의 목표는 당기기 인증사례들을 확인하는 것이다. 만일 고객들이 당신의 상품을 좋아하지 않는다면 상품이 그들의 마음에 들 때까지 고객의 목소리를 경청하고, 고객을 관찰하고, 고객과의 관계를 구축하고 관리해 나가야만 한다. 고객들이 불평을 늘어놓거나 당신이 의도한 방식대로 상품을 사용하지 않는가? 재주문을 하는가 아니면 1회 주문으로 끝나는가? 당신의 이메일 폭격에 대해 무슨 말을 하는가? 소셜 미디어에서 당신의 상품을 추천하는가? 이런 질문들에 대한 대답을 보면 고객의 충성스러운 추종자로의 전환과 관련해 당신의 상품이 갖는 잠재적 힘이 얼마나 강력한지 알 수 있다.

여기서도 역시 행동·평가·조정이 역할을 수행한다. 인터넷 회사를 소유하고 있을 때 나는 18개월마다 규칙적으로 사이트 전체를 리엔지니어링했다. 왜 그랬냐고? 나는 메아리의 양상을 통해 나의 서비스를 개선하고 가치를 더하고 싶었기 때문이다.

인스타그램이 출범했을 때 (그 당시에는 버번(bourbon) 위스키에서 따온 버븐(Burbn)이라는 이름으로 불렸다) 창업자인 케빈 시스트럼(Kevin Systrom)과 그의 프로그래머인 마이크 크리거(Mike Krieger)는 사진 공유 기능은 누구나 사용하는 반면 '체크인' 기능은 실제 아무도 사용하지 않는다는 것에 주목했다. 그들은 행동을 취하고, 평가하고, 조정을 실시했다. 그들은 결국 버븐을 버리고 간략화 과정을 거쳐 인스타그램을 탄생시켰다.

시장반응을 살짝 떠볼 때마다 정신을 바짝 차리고는 무엇이 튀어나오는지 지켜보라. 다음의 세 가지 당기기 인증사례는 생산가치주의의 신호가 될 수 있다.

1. 추가 주문 또는 갱신, 연장. 고객은 사실상 "예, 당신은 약속한 가치를 전달해 주었어요"라고 말하고 있는 셈이다.
2. 사적인 이메일. 서면으로 작성된 칭찬이나 사용 후기는 성공을 의미한다.
3. 낯선 이로부터의 칭찬이나 공적인 후기. 낯선 이로부터의 호평(블로그, 소셜 미디어)은 생산가치주의 체제의 수립을 짐작케 한다.

–나는 어떻게 우리 포럼에 숨겨진 백만 달러를 캐냈을까?

나는 2007년 여름에 기업가 포럼을 출범시켰다. 앞서 살짝 언급했듯이, 내가 우리 포럼을 시작한 까닭은 내가 자주 들렀던 다른 포럼에 책략꾼들과 자랑꾼들과 스팸꾼들이 널려 있었기 때문이었다. 나는 그들의 헛소리에 신물이 났다. 나의 의도는 돈을 버는 것이 아니었고(커뮤니티 구축이라는 필요가 지극히 어렵다는 사실이 동기부여가 되었다), 정당한 기업가들에게 안식처를 제공하는 것이었다.

그러고 나서 몇 년이 흘렀고, 우리 포럼은 광고 수익을 올릴 정도의 트래픽을 확보하게 되었다. 대부분의 유저들은 광고의 존재에 무관심했지만 그렇지 않은 유저들도 있었다. 그러던 어느 날, 광고에 대해 불평하는 스레드가 형성되었다. 몇몇 사람들이 이구동성으로 비판의 화살을 쏘았고, 이어서 많은 사람들이 동조하기 시작했다. 나는 그 불평들 안에 숨어 있는 기회를 포착했다. 그 불평들은 광고 없는 포럼이라면 기꺼이 돈을 내겠다는 의사의 표현으로 해석될 수 있었던 것이다.

이 해석에 대한 나의 마음은 두 갈래로 갈라졌다. 마음 한구석에서 이 해석을 우습게 여기는 목소리가 들렸던 것이다. 왜 그랬을까? '나라면 광고 없는 포럼이라는 이유만으로 돈을 내진 않을 테야. 그냥 하던 대로 해' 나의 이런 주관적 판단에도 불구하고, 나는 유저들의 말을 경청하고, 한 달에 단 돈 7.99달러의 이용료를 청구하는 대신 광고 없는 포럼을 제안했다. 나는 그 제안에 따른 포럼을 만들고는 '추월차선 인사이더스(Fastlane Insiders)'라고 명명했다.

화면에서 광고를 빼면서 몇 가지 혜택을 추가했는데, 그 중 많은 사람이 좋아하는 것이 프라이버시 강화와 몽업가가 내는 소음의 최소화다. 유저들의 목소리를 들으면서 행동 · 평가 · 조정을 통해 내린 하나의 결정이 우리 포럼의 웹페이지들 사이사이에 박혀 있던 큰돈을 캐낼 수 있도록 해주었다. 이 단순한 결정은 나에게 백만 달러 이상의 순이익을 안겨 주었다. 그뿐 아니라 그 사업적 조치는 내 재산의 가치 또한 높여 주었다. 다시 말해서, 광고를 하지 않고 있는 우리 포럼은 매각 시에 가치가 높게 평가될 것이다. 피냐타를 그냥 슬쩍 찔러보지 말고 흠씬 두들겨라. 그러고는 그 야수(野獸)가 어떻게 움직이는지 관찰하라. 다음에 어떻게 야구방망이를 휘둘러야 안타가 나올지에 대한 중요한 실마리를 얻을 수 있을 것이다.

7. 전파 · 증식 : 침투와 규모

동적 실행의 7P 중 마지막 P인 전파 · 증식(Propagation)은 돈의 단계다. 이 단계에서 백만장자들과 억만장자들이 탄생한다. 이 단계는 산불과 같이 번지는 가파른 성장의 단계로, 이때 규모가 형성되고 당신의 생산가치주의 체제가 많은 사람들에게 노출된다.

생신가치주의의 체제가 확인된다는 것은 당신의 제품이 스스로 전파 · 증식을 통해 산불처럼 번져나가는 제품임이 인증된다는 것이다.

오직 생산가치주의 체제가 있어야만 전파 · 증식이 뒤따른다. 만일 행동 · 평가 · 조정을 통해 생산가치주의 체제로 나아갈 수 없는 경우라면 나는 그만둘 것이다. 나는 기준 이하의 상품을 밀어내기 식으로 판매하는 마케터가 되고 싶지 않다. 예를 들어서, 나의 첫 책이 생산가치주의 체제인지를 판단하는 데 거의 6개월이 걸렸다. 처음에는 많은 포럼 방문자들이 그 책 즐겁게 읽었다고 말했다. 어떤 이들은 자기들이 읽어본 책 중 최고라고 엄지손가락을 치켜들었다. 그러나 나는 그들이 공정한 오디언스라고는 생각하지 않았다. 낯선 이들이—트위터 메시지나 페이스북 공유나 이메일 등을 통해—책을 추천하기 시작했을 때에야 나는 깨달았다. 와우, 이 책은 전파의 가치가 있구나!

일단 고객들이 당신 상품의 영업자를 자청하고 나서면 입소문이 퍼지면서 비즈니스가 성장하고, 마진폭이 커지고, 추천·공유·입소문이 강력한 성장 동력으로 작용하게 된다. 마침내 마케팅이 필수가 아닌 선택이 된다. 제로 마케팅 전략을 내가 권하는 것은 아니다. 다만, 생산가치주의 체제는 마케팅 없이도 살아남을 수 있음을 강조하고 싶다.

어떤 업계에서든지, 생산가치주의 체제의 전파/증식은 확산, 채널의 확장 그리고 네트워크의 확장을 통해 이룩된다.

❶ 확산

일단 나의 첫 책이 생산가치주의 체제임을 발견한 뒤 나는 몇 년에 걸친 일종의 팟캐스트 순회공연에 나섰다. 나의 목표는 확산을 통해 인지도를 높이는 것이었다. 만일 50달러의 광고비가 50달러의 순수익을 가져온다면 광고비 지출이 정당화된다. 그리고 당신의 상품이 생산가치주의 체제임이 증명된 이상, 이윤 잠재력의 그래프가 산술급수에서 기하급수적 곡선으로 바뀐다.

확산을 위한 또 다른 방편은 콘텐츠 마케팅이다. 콘텐츠 마케팅을 통해 당신은 표적 오디언스에게 가치 있는 콘텐츠를 무료로 제공한다. 미디엄(Medium 온라인 출간 플랫폼), 안트러프러뉴어(Entrepreneur 중소기업 관련 잡지), 쿼라(Quora 질의응답 사이트)를 비롯해 사람들이 많이 모이는 곳에 글을 기고하면 그에 상응하는 인지도를 얻게 된다. 당신이 쓴 글에 도움을 받은 사람들은 고객이 될 가능성도 커진다.

❷ 채널의 확장

제품에 기반을 둔 사업체들에게 있어서 채널의 확장은 상품 판매처를 늘리는 것과 관련이 있다. 만일 당신이 페인트 브러시 커버 같은 주택 개조 제품을 판매한다면 채널의 확장은 당신의 상품을 홈 데포, 에이스 하드웨어를 비롯한 지구상의 모든 공구 철물 매장에 입점시키는 것을 의미할 것이다. 채널이 하나씩 추가될 때마다 그 채널이 표적 오디언스를 대변하고 고객에게 신망받는 업체라면 스케일과 판매 잠재력이 커진다.

예컨대, 당신이 평균 가격이 2천 달러인 명품 핸드백 브랜드를 만들었다고 하자. 그런 경우, 당신은 타깃(Target 미국에서 두 번째로 큰 소매 할인점)의 입점 요청이 그리 달갑지 않을 것이다. 브랜드와 표적 오디언스에 걸맞은 채널을 고집해야 한다.

잘못된 채널의 확장으로 고생한 사례로 마이클 코어스(Michael Kors 미국 스포츠웨어 패션 디자이너의 이름이자 그의 회사 이름)의 실패담만큼 적절한 것도 드물 것이다. 마이클 코어스는 원래 고급 브랜드로 여겨졌으나 과도하게 널리 시장에 노출되고 브랜드 정체성이 희석되면서 회사는 타격을 입고 말았다.

나의 세계에서는 채널의 확장이 수익 창출에 놀라운 마법을 보여주었는데, 내가 몇 가지 실수를 저지름으로써 값비싼 수업료를 치른 것도 사실이다. 『부의 추월차선』 오디오북은 2015년이 되어서야 오더블(Audible 오디오북 등의 판매자이자 생산자)이라는 채널에 입점되었다. 주요 채널에의 때늦은 입점이라는 실수만 저지르지 않았더라면 나는 대략 수십만 달러에 달하는 매출을 더 달성할 수 있었을 것이다. 이와 비슷하게, 라이트닝 소스(Lightning Source 수요자 주문 방식의 도서 인쇄 서비스 제공자) 역시 내가 추가한 채널인데, 해외 시장에 도서를 공급해주는 역할을 한다. 이 채널을 추가한 뒤 매출이 급격히 증가했다. 3년이 지나서야 그 채널을 추가한 것은 실수였고, 그 대가는 대략 수십만 달러의 매출 기회의 손실이었다. 채널의 확장이 표적 오디언스를 제대로 겨냥하고 브랜드의 품위를 유지하며 비용 구조와 맞아들어 가기만 한다면 채널은 추가하고, 추가하고, 또 추가하라.

❸ 네트워크의 확장

2014년에 나는 동료 저술가가 나의 책을 트위터에서 추천하고 있음을 알게 되었다. 그의 이름은 할 엘로드(Hal Elrod)다. 그는 『미라클 모닝(The Miracle Morning)』의 저자다. 감사의 표현으로 나는 그의 책을 읽어보아야겠다고 생각했다. 그 책은 아침에 대한 새로운 틀을 제공함으로써 아침에 대한 나의 부정적인 인식을 떨쳐버릴 수 있도록 도와주었고, 결국 나의 인생이 바뀌게 되었다. 그러다 보니 나는 그 책을 자주 추천하곤 한다. 내가 정확한 숫자를 댈 수는 없지만 내 추천 덕에 할 엘로드의 책 매출이 수천 달러는 늘었을 것이다. 마찬가지로, 그가 자신의 영향력이 미치는 사람들에게 『부의 추월차선』을 꾸준히 추천해주는 덕에 내 책의 매출도 늘었을 것이다.

이런 관계는 전파/증식의 마지막 방편인 네트워크 확장(network expansion)에 대해 말해준다. 네트워크 확장은 타인들과 네트워크를 구축하고 손을 잡는 것을 뜻한다. 비즈니스 개발, 제휴 마케팅, 윈윈 조인트벤처들이 그 예다. 어떤 사람들은 네트워크 확장을 '내가 당신의 등을 긁어줄 테니 내 등을 긁어주시오'라고 말하는 것에 빗대지만 나는 생각이 다르다.

네트워크 확장은 유사한 목적을 갖고 당신의 노력에 상승 작용을 내줄 동지를 찾는 것이다. 돈을 벌 요량으로 원칙을 훼손하거나 표리부동하게 구는 것을 의미하지 않는다. 할 엘로드의 책을 내가 좋아하지 않았더라면, 나는 그 책을 추천하지 않았을 것이다.

내가 이것을 거론하는 까닭은, 자기가 추천하는 책을 읽어보지도 않은 소위 '권위자'라는 사람들의 리뷰를 담은 책들이 버젓이 팔리고 있는 것이 현실이기 때문이다. 베스트셀러 작가들이 저술한 저서를 위해, 정작 그 책을 읽어 보지도 않은 또 다른 베스트셀러 작가들이 찬사로 도배된 리뷰를 쓰면서 "이 책은 필독서입니다"라고 외치고 있는 것이다. 그들은 네트워크 확장을 위해 거짓을 꾸며대고 있는 것이다.

다른 업종에서는 네트워크 확장이 갖는 구체적 의미가 조금 달라서 조인트 벤처, 제휴 관계, 비즈니스 개발이 될 것이다. 상자 대여 회사를 소유한 내 친구에게는, 기업 이주 서비스 회사 및 부동산 업자들과 손을 잡는 것이 네트워크 확장이 될 것이다. 내가 인터넷 회사의 소유주였을 때 네트워크 확장이 약 40퍼센트의 비중을 차지했다. 나는 수백 곳의 웨딩, 여행, 밤문화 산업 웹사이트와 제휴 파트너십을 맺었다. 그 웹사이트들을 통해 나의 서비스가 홍보되었고, 그들의 유저가 나의 서비스를 이용할 때면 나는 그들에게 수수료를 넉넉히 챙겨주었다. 그 중에는 수천 달러의 수수료를 받는 곳도 있었다. 그 돈은 그들에게는 추가적 수익원이 되었고, 나에게는 고객 획득과 관련된 일종의 고정비가 되었다.

작은 흔들림에도 당신의 영혼은 욕망이나 불만으로 요동친다. 수면, 샤워, 마사지 중에도 마찬가지다.

그렇다면 사업을 성장시키는 방식으로 네트워크를 확장하려면 어떻게 해야 할까? 그것은 멘토에 대한 접근방법과 같다. 가치에 중점을 두고 잠재적 동지에게 무엇을 줄 수 있는지에 대해 생각하라. 예를 들어, 내가 어떤 이메일을 받았는데, 그 시작이 이렇다고 가정해 보자. "안녕하세요? 저는 구독자가 10만인 유튜브 채널을 운영하고 있습니다. 제 유튜브 채널에서 선생님의 책을 홍보했으면 하는데…… 제가 했으면 하는 것은……."

이런 첫머리는 어떤가? "안녕하세요? 저는 성공 관련 팟캐스트를 출범시킬 계획을 가지고 있고, 선생님을 인터뷰하고 싶습니다. 아직은 청취자가 없지만 많은 훌륭한 분들을 모시고 인터뷰를 진행할 계획을 가지고 있고, 멋진 일이 될 것입니다. 언제 한번 시간을 좀 내줄 수 있으신지요?"

둘의 차이가 당신의 눈에 들어오는지 모르겠지만, 첫 번째 이메일은 '주기' 위주의 마음가짐을 드러내고, 두 번째 이메일은 '받기' 위주의 사고방식을 드러낸다. 사실, 내가 멘토십에 관련해 받는 이메일들 중 열에 아홉은 '주기'는 무시하고 '받기'로 운을 뗀다.

"안녕하세요? 멘토링 같은 것도 하시나요? 선생님의 책을 즐겁게 읽었습니다. 그리고 언젠가는 정말로 부자가 되고 싶습니다. 저는 현재 직업을 견딜 수가 없고, 상사는 완전 재수없고, 여자 친구는 절 믿어주지 않습니다. 제가 능력도 없고 돈도 없기 때문이지요. 그렇지만 선생님께서 무엇을 해야 할지 보여주신다면 무엇이든 배우고 싶습니다. 그리고 저도 람보르기니가 좋아요."

저는, 저는, 저는, 저를, 저를, 저를에는 아무도 관심이 없다. 사람은 누구나 이기적이다. 만일 당신의 이메일 서두에 '저'와 '저를'이 두 번 넘게 들어간다면 기회는 없다. 이기심을 옆으로 밀쳐버리고 먼저 '주기'를 하고 나중에 '받기'를 한다는 이 간단한 개념이 없으면 네트워크 확장도, 사업을 성장시키기도 어려울 것이다.

—펀딩 증식

2007년 회사를 두 번째로 매각했을 때, 새로운 사주들이 본사를 애리조나 주 피닉스에서 샌프란시스코 테크 기업들이 본거지로 옮겼다. 내 생각에 월세가 3만 달러가량 상승했을 것이고, 노동원가를 비롯해 커피 값에서 칸막이 비용까지 죄다 추가됐을 것이다. 내가 소유했던 회사의 속사정을 잘 아는 나로서는 왜 그런 이주 결정을 내렸는지 이해할 수 없었다. 단지 기술회사로서의 이미지를 강화하기 위해서? 피닉스에 사무실 자리가 없는 것도 아니고 코딩할 줄 아는 인재들이 없는 것도 아닌데 말이다.

그로부터 6년 전에 내가 회사를 처음으로 매각했을 때도 거의 똑같은 일이 벌어졌었다. 새 사주는 본사를 서둘러 샌프란시스코로 옮겼다. 나는 점심 식사를 먹는 방에 푸스볼(foosball 테이블 사커) 테이블을 놓아주고 무료 프링글스를 제공해 주는 것이 사원들의 사기 진작에 좋다는 것도 알지만, 무엇이 사원들의 사기를 땅바닥에 내동댕이쳐 버리는지도 안다. 정리해고, 분홍색 해고 쪽지, 파산.

슬프게도 몇 년 후, 두 경우가 경제 상황도 달랐고 인력 구성도 달랐고 비전도 달랐지만 파산이라는 같은 결과를 맞이했다. 나의 요점이 명확히 전달되었기를 바란다. 전파/증식에 있어서의 황제는 현금이다. 당신이 사용하는 1달러마다 노력의 의미를 지녀야 한다. 이익을 증대하는 데 기여하지 못하는 돈 씀씀이는 차단되어야 한다. 피닉스에서 월 4천 달러의 B급 사무실을 임차하는 것과 샌프란시스코의 금융가에서 월 5만 달러의 A급 사무실을 임차하는 것에는 차이가 있다. 대리석 바닥재, 브랜드가 찍힌 맞춤 마우스패드, 멋진 네온을 발사하는 로고 등을 위해 부대비용을 지출하는 것은 급하지 않다. 현금을 보유하고 궁극적으로 성장을 위해 방향을 재설정하는 것이 중요하다.

현금 사정이 빠듯할 때 회사의 전파/증식은 불가능하다. 더 많은 매출, 더 많은 트래픽, 더 많은 유저는 그저 얻어지지 않는다. 더 많은 자원이 요구된다. 매출과 이윤으로 들어오는 돈은 한 푼 한 푼이 성장 도전이 기다리는 곳으로 회사가 나아가도록 재투자되어야 한다.

CEO로서의 당신의 역할은 뉴욕에서 로스엔젤리스까지 비즈니스 클래스로 비행하는 데 있는 것이 아니다. 마호가니 책상도 아니다. 수익이 증가할 때마다 올라가는 CEO 연봉도 아니다. 보상에 대해서는 훗날을 기약해야 한다. 그러나 전파/증식은 지금 해야 한다.

또 다른 방편은 크라우드펀딩의 한 형태로서 지분형 크라우드펀딩이 있다. 서클업, 크라우드펀더, 펀더블과 같은 웹사이트들은 지분금융, 컨버터블 노트(convertible note 전환사채와 유사하지만 전환 가격이 사전에 정해지지 않음)를 비롯한 확장을 위한 여러 가지 자금 조달 방편을 제공한다. 하지만 주의할 점이 있다. 이런 서비스들은 콘셉트가 증명되고 매출이 성장세에 오른 뒤에 이용하는 것이 최상이다. 지분형 크라우드펀딩은 온라인상의 〈샤크 탱크〉에 해당한다. 매출도 아이디어도 꿈도 없이 걸어 들어갈 대문이 아니다.

CHAPTER 41

실행이 중요하다 :
13가지의 실행 열쇠

훌륭한 마케딩은 나쁜 상품의 실패를 앞당긴다. -데이비드 오길비(카피라이터)

실행열쇠 1. 고난과 이탈을 각오하라

먼저 고난에 대해 생각해보자. 곤경 · 고초 · 어려움 · 역경 · 수고로움. 고난은 이 책을 관통하는 주제다. 돈들은 쉬운 문제를 해결한 사람의 손에 쥐어지지 않는다. 고난을 각오하라.

실패는 시장의 메아리에 불과하고, 포기하라는 그릇된 신호를 보내는 깃발이 내걸릴 때면 재평가를 통해 그 원인을 파헤쳐야 한다. 진실을 말하건대, 각본탈출 실패는 딱 한 가지 경우뿐이다. 꿈을 접고 각본화된 평범함으로 회귀하는 것이다.

모든 것은 메아리이자 행동 · 평가 · 조정의 기회다. 내가 늘 하는 말이지만, 실패는 성공이 흘리는 땀이다. 땀 흘리기를 거부하는 사람은 강철 같이 강한 팔뚝과 빨래판 복근을 가질 수 없다. 내가 과거에 겪은 실패들은 흔히 생각하는 의미의 실패가 아니라 행동·평가·조정에 있어서의 실패였다. 나는 채널, 도달, 메시지 전달에서 실패했다.

둘째, 초기 사업 목적에서 이탈하게 될 것을 각오하라. 일단 행동·평가·조정을 익히고 나면 원래의 사업 의도가 방향을 틀 것이다. 내가 인터넷 회사를 시작했을 때 품었던 비전은 리드 생성이 아니었지만, 나는 결국 그쪽으로 가게 되었다. 내가 그 회사를 매각하지 않고 계속 소유하고 있었더라면 리드 생성에 머물지 않고 온라인 예약과 라이드 셰어링(ride sharing 차량 공유의 한 형태)의 방향으로 사업이 또 다시 방향을 틀었을 것이다. 시장의 메아리가 배를 몰고 간다.

아마존은 처음엔 온라인 서점으로 출범했다. 페이팔의 원래 의도는 이베이 최상위 판매자들을 위해 지불 결제 서비스를 제공하는 것이었다. 그렇다면 이베이는 어땠을까? 피에르 오미디아(Pierre Omidyar)는 레이저 포인터를 기대보다 높은 가격에 팔아 짭짤한 재미를 본 뒤 수집품 옥션 사이트를 즉흥적으로 만들면서 이베이를 탄생시켰다. 사실상 그는 엣시(Etsy)보다 9년 앞서서 엣시 같은 것을 만들 생각을 가지고 있었지만, 그가 결국 해낸 것은 이베이의 창업이었고, 이베이는 온라인 경매의 종착지가 되었다.

실행열쇠 2. 한 우물을 파라

한 우물을 파는 것은 많은 최상위 기업가들의 공통된 특징 중 하나다. 리차드 브랜슨(Richard Branson 버진 그룹 창업자), 존 폴 디조리아(John

Paul DeJoria 미국 헤어살롱 브랜드인 폴 미첼의 설립자), 데이비드 게펜(David Geffen 미국 영화, 음반 업계의 거물)을 비롯해 세상에서 가장 유명한 기업가들은 한 우물을 판 덕에 그런 명성을 얻게 된 것이다. 그들은 오직 하나의 사업에만 매진했다. 다각화는 하나의 사업에서 일단 큰 성공을 거둔 뒤의 이야기다. 그때가 되어서야 열정과 자본에 따라 다수의 사업으로 확산해나가는 것이다. 한꺼번에 스무 개의 프로젝트를 진행하는 유명한 기업가들을 함부로 따라 하지 말라. 뱁새가 황새 따라 가려다가 가랑이 찢어진다.

여러 우물을 파기 전에 반드시 한 우물에서 성공해야 한다. 오직 하나이어야 한다. 무엇에서든 세계 제일이 될 수 있다. 하나의 사업만으로도 실행은 녹록치 않다. 집중이 깨지면 집중하는 기업가에게 무참히 짓밟힐 것이다. 한 주에 네 시간을 일하면 하루에 열 시간을 일하는 기업가에게 철저하게 뭉개질 것이다. '나는 똑똑하게 일한다'고 말하면서 열심히 일하는 것을 우습게 여기면 안 된다. 각본에서 탈출한 사람은 둘 다 한다.

실행열쇠 3. 균형은 당분간 접어라

마이클 펠프스가 스물세 개의 올림픽 금메달을 딴 것이 삶과 수영의 균형 덕분이라고 생각하는가? 마이클 조던이 여섯 번 NBA 챔피언십에 오르고 네 번이나 MVP를 거머쥔 것이 삶과 농구의 균형을 잘 잡아서라고 생각하는가? 엘론 머스크의 사진을 보면 삶과 일의 균형이 주는 푸근한 감정이 풍겨져 나오는가? 내가 진실을 말해주겠다. 균형은 각본화된 함정들 중 하나다.

엄청난 불균형을 겪고 나서야 성공을 거머쥘 수 있다. 내가 인터넷 회사를 가지고 있을 때, 30일을 연속으로 하루에 스무 시간을 일한 적이 한두 번이 아니다. 내가 첫 책을 저술할 때 나는 30일을 글만 썼다. 먹고, 쓰고, 잠자고, 역기 들고. 균형은 어디에서도 찾아볼 수 없었다.

콘텐츠 수집 사이트인 바이럴노바(ViralNova)를 설립했다가 나중에 대략 1억 달러어치의 현금과 주식을 받고 매각한 스콧 드롱(Scott DeLong)은 자신의 개인 블로그에서 일시적 불균형의 중요성에 대해서 이야기한다. 그는 다음과 같이 적었다.

> 나는 5년을 완전히 비즈니스에 미쳐 살았다. 나는 친분 관계를 모두 희생하고 재미있는 시간을 보내는 방법조차 거의 잊어버렸다. 하지만 그것은 보람 있는 희생이었고, 나는 현재 훨씬 더 많은 자유와 돈을 가지고 삶을 진정으로 누리고 있다. 어려운 일들이 다 그렇듯이, 마침내는 값어치를 한다. 그러니 당신의 일에 미쳐라. 하루 스물네 시간 일만 생각하는가? 그렇다면 당신은 실패할 가능성이 거의 없다. 왜냐하면 당신은 성공을 위해서라면 고난을 불사할 만큼 처절하게 성공에 목마르기 때문이다. 그리고 바로 그것이 핵심이다.

스콧 드롱처럼, 오늘날 나는 균형 잡힌 멋진 삶을 살고 있는데, 그것은 불균형 덕분이다. 아, 단기적 불균형이 장기적 균형을 쟁취해 준다는 이 위대한 역설이란! 내가 수백만 달러로 가치가 평가되는 또 다른 회사를 성장시키기 원한다면, 균형을 당분간 접어야 한다는 사실을 잘 알고 있다. 당신에게 무엇이 더 중요한지 결정하라.

실행열쇠 4. 좋은 환경을 조성하라

내가 사는 애리조나 주의 파운튼힐즈의 평균연령은 72세다. 짐작하겠지만, 지역 운동 센터는 몸짱들에게 인기 좋은 곳이 아니다. 나는 거기서 가장 젊을 뿐 아니라 몸도 제일 좋다. 어찌되었든, 이 노인들로 북적거리는 환경은 나의 운동에 장애물이다. 나보다 몸이 좋지 않은 사람들에 둘러싸여 있다 보면 동기부여가 되지 않는다. 우울하기까지 하다. 내가 그렇다고 그곳의 다른 사람들보다 잘났다거나 그런 것은 아니다. 내가 지금으로부터 30년 후에도 계속 그들처럼 운동하는 사람이길 바란다.

한편 라이프타임 피트니스센터에서 운동을 하면 땀도 충분히 흘리고 놀라운 성취감을 느끼곤 한다. 왜 그럴까? 내 주변의 모든 사람이 나보다 몸이 좋기 때문이다. 보디빌더들과 피트니스 모델들. 그곳에서는 마치 몸짱 선발대회가 치러지는 것만 같다. 이런 환경에서 나는 더 열심히 운동할 의욕이 솟는다.

똑같은 개념이 당신의 업무 환경에도 적용된다. 당신에게 가장 적합한 환경을 찾으라. 단지 운동과 건강에 있어서만이 아니라 삶 전반을 지지해 줄 환경을 찾으라. 당신에게 지원과 영감의 원천이 될 국가나 도시나 교회나 커피숍 혹은 새로운 친구들을 찾으라.

만일 각본화된 친구들이 당신의 목덜미를 잡고 뒤로 당기면서 당신의 꿈에 대해 악담을 늘어놓는다면 새로운 친구들을 찾으라. 최적의 환경은 잔소리와 "안 돼!"를 연발하지 않는다. 환경의 피해자가 되지 말고 의욕이 솟는 환경을 선택하라.

실행열쇠 5. 문지기들의 허락을 구하지 말라

다섯 번이나 그래미상을 수상한 레이디 앤티벨럼(Lady Antebellum 미국 컨트리 뮤직 밴드)의 힐러리 스콧(Hillary Scott)은 〈아메리칸 아이돌(American Idol)〉 두 번이나 도전했지만 두 번 다 예선에서 떨어졌다. 그녀가 〈엔터테인먼트 투나잇(Entertainment Tonight)〉에서 말했듯이, 그녀는 제작 보조와 인턴들 앞에서 오디션을 받고, 탈락했다. 고맙게도, 그녀는 몇몇 풋내기들이 그녀의 앞길을 막아설 때 좌절하지 않았다. 그 문지기들의 부정적 평결에 좌절하지 않고 그녀는 자기 길을 묵묵히 걸어갔으며 탁월한 컨트리 뮤직 밴드의 일원으로 우뚝 섰다. 나머지는 음악의 생산가치주의가 알아서 해준 것이다.

시장이 재능을 알아본 사례들 중 내가 가장 좋아하는 이야기는 한때 마야에 절은 노숙자였던 아넬 피네다(Arnel Pineda 필리핀 출신 싱어 송라이터로 2007년에 저니의 리드싱어가 됨. 노숙자로 지낸 것은 어린 시절이고 15세부터 가수 생활을 시작했음)의 발견에 대한 이야기일 것이다. 아넬 피네다는 전설적 록 밴드 저니(Journey)의 리드 싱어다. 기존의 리드 싱어가 밴드를 떠난 뒤 그를 대신할 사람이 필요했다. 아넬 피네다가 자신이 저니의 노래를 부르는 것을 찍은 영상물을 유튜브에 올렸는데, 마침 그 비디오를 밴드 멤버인 닐 숀(Neal Schon)이 보고 그에게 오디션에 오라고 연락을 취했다. 오랜 비행 끝에 미국에 도착한 아넬 피네다는 며칠에 걸친 오디션을 본 뒤 저니의 새로운 리드 싱어가 되었다. 그 뒤로 그는 세계 순회공연을 다니며 국제적인 명성을 쌓았으며, 슈퍼볼에서도 공연을 했다. 그의 이야기는 다큐멘터리로도 제작되었다.

테드 윌리엄스(Ted Williams)의 이야기도 들어보았는가? 멋진 목소리의 소유자인 그는 노숙자였고, 그의 이른바 황금의 목소리(golden voice)는 유튜브를 통해 널리 알려졌다. 사실 재능을 덮어버리는 것은 문지기가 아니라 두려움이다. 나이키의 슬로건을 빌리자면 "그냥 하라!"

실행열쇠 6. 품위 있는 브랜드를 구축하라

생산가치주의는 강력한 브랜드 이미지와 함께한다. 만일 당신이 성장하고 뻗어가는 비즈니스를 원한다면, 브랜드 전략이 최우선 고려 사항 중 하나여야 한다.

하지만 브랜딩은 만만한 일이 아니다. 워낙 까다로운 일이 브랜딩이다 보니 그것을 전문적으로 하는 사람들도 있다. 아마추어들에게 브랜딩이란 그저 쌈박한 로고, 감칠맛 나는 슬로건, 금박으로 장식된 편지지에 불과할지 모르지만, 전문가들에게 있어서 브랜딩은 그 이상이다. 고객의 정체성을 반영하거나 확증해주는 품위 있는 브랜드를 확립하는 예술이 브랜딩이고, 그 결과 당신의 비즈니스가 생명력을 갖게 된다.

훌륭하게 구축된 브랜드 정체성은 고객의 정체성을 돋보이게 해주고, 구매 결정에 있어서 핵심적인 의사결정 요인이 된다. 할리데이비슨(Harley-Davidson)이라는 브랜드의 핵심 고객층을 어떻게 기술해볼 수 있을까? 모험을 즐기는 사람들인가 아니면 몸을 사리면서 '안전이 최고'라고 외치는 사람들인가?

실행열쇠 7. 언행일치로 브랜드를 키우라

브랜드 열 개 중에 아홉은 브랜드 흉내만 내고 있다. 브랜드 흉내쟁이는 행동보다 말이 앞선다. 말은 "고객 만족을 최우선으로 생각하겠습니다"라고 하지만 행동은 그 반대로 한다.

고객 박대는 당신의 브랜드를 브랜드 흉내쟁이로 전락시키는 원흉이다. 많은 웹사이트에 전화번호가 없다는 것을 눈치 챘는가? 전화번호를 표기하기는 하되, 저 뒤쪽 아무도 읽지 않는 웹페이지에 묻어두는 웹사이트들은 또 얼마나 많은가? 이 모든 것이 고객 박대다.

그리고 인간과 이야기를 나누는 것이 얼마나 힘든지 눈치 챘는가?

1을 누른 뒤 *을 누른 뒤 2를 세 번 누르고, 1을 두 번 누르고, 0을 누르고 등등을 한 뒤에야 간신히 인간과의 대화가 가능하다. 이것 역시 고객 박대의 사례다.

내 말의 요점은 이것이다. 브랜드는 웹사이트에 올려놓은 멋진 말이나 사무실 벽에 붙은 거창한 사명 선언문이 만들어주지 않는다. 브랜드를 키우는 것은 진짜 노력이다. 브랜드는 일관성 있는 행동으로부터 자라나는 명성으로서, 한 사람이 명성을 얻는 방식과 무척 닮아 있다. 당신은 듣기 좋은 말을 하고 또 할 수 있지만, 만일 당신이나 당신의 직원이 대중의 눈앞에서 그 말을 실천하지 않는다면 당신의 브랜드는 흉내쟁이에 그칠 뿐이다.

브랜드 구축은 당신의 회사가 어떻게 인식되기를 바라는지를 파악하는 것에서부터 시작된다. '재기발랄한' 회사로 인식되길 원하면서 회사 블로그 게시물들은 하나같이 하품만 나오도록 지루하다면 당신은 브랜드 구축에 실패할 것이다.

실행열쇠 8. 설득하라

판매에 있어서 마케팅, 카피라이팅, 협상은 당신이 어떤 비즈니스를 하든지 가장 중요한 스킬들이다. 이 스킬들은 한번 익혀두면 평생을 두고 써먹을 수 있다.

세상에서 가장 좋은 상품을 갖는다 해도 매출이 일어나지 않으면 소용없는 일이다. 당신의 사업이 번창하게 할 몇 가지 판매설득 전략을 여기서 소개하고자 한다.

–이야기를 들려주라

무엇인가를 더 많이 팔고 싶다면 당신의 상품이나 회사에 스토리의 옷을 입혀라. 사람들은 이야기를 좋아한다. 왜냐하면 이야기를 통해 세상을 이해하기 때문이다. 당신의 회사나 상품을 이야기와 짝지어주면 고객들은 그 이야기의 일부가 될 기회를 갖게 된다. 그 이야기에 고객이 공감할 때 당신의 브랜드는 강력해진다.

그룹 저니의 리드 싱어인 아넬 피네다의 이야기를 기억하는가? 나는 별 생각 없이 팬이 되었다가, 매혹적인 뒷이야기를 알게 된 뒤 열성적인 팬이 되었다. 공연 티켓을 검색하고 음원을 구매하기 시작한 것이다. 이것이 스토리의 힘이다.

스토리가 구매 심리에 미치는 강력한 힘은 이미 증명되어 있다. 시그니피컨트 오브젝트(SignificantObjects.com)에 가면 스토리가 구매에 미치는 영향력이 얼마나 큰지 잘 알 수 있다. 시그니피컨트 오브젝트는 스토리의 효과와 관련된 일종의 문학 및 인류학적 실험을 위해 개설된 사이트로, 흔한 알뜰소비 물품들이 구매된 뒤 이베이에서 재판매된다는 점에서는 새롭지 않았지만, 특이한 점이 한 가지 있었다. 모든 물품이 매력적인 뒷이야기와 함께 소개되었다. 결과적으로, 평균 1.25달러에 구매된 물품들이 몇 배의 가격으로 재판매되었는데, 총 매출이 8천 달러에 육박했다. 1달러짜리 대리석 항아리는 그 배경 이야기가 붙자 50달러에 판매될 수 있었다. 사과의 과심 모양을 한 1달러짜리 목재 장식품 역시 그에 얽힌 이야기 한 편과 함께 100달러에 판매되었다. 이런 사례는 수십 가지가 더 있다.

스토리의 또 다른 기능은 브랜드에 신뢰를 더하는 것이다. 스터드링크(SturDrinks.com)의 스터(Stur 물에 희석해서 먹는 천연감미료)를 예로 들어보자. 나는 천연 감미료를 찾던 중에 슈퍼마켓에서 스터를 발견하게 되었다. 작은 병에 브랜드에 얽힌 이야기가 짧게 적혀 있었다. 웹사이트에 좀 더 자세한 뒷이야기가 게시되어 있었는데 다음과 같다.

> 스터의 탄생 이야기는 이렇습니다. 제 아내가 딸 쌍둥이를 임신했을 때 의사가 하루에 여덟 잔에서 열 잔의 물을 마시라고 권했습니다. 그렇지만 대부분의 사람이 그렇듯이, 아내는 그 절반도 마시지 않답니다! 그

러다가 탈수증세가 왔습니다. 아내를 돕기 위해 건강한 방식으로 물에 풍미를 가하는 방편을 찾기 시작했습니다. 매장에 가서 감미 워터들을 샅샅이 뒤졌지만 모두 인공합성 화학물질들을 사용하고 있었습니다. 그런 것들이 아내의 몸속으로 들어갈 것을 생각하니 아무래도 마음이 편하지 않았습니다. 결국 우리는 진짜 과일과 스테비아 추출물을 이용해 직접 감미 워터를 만들어 보기로 했습니다. 대부분의 설탕 범벅 드링크류들보다 더 맛있는 블렌드를 찾아내기 위해 수백 가지 다른 조합을 시도하고 1년이 넘는 시간이 걸렸지만, 우리는 마침내 해냈습니다!

이 이야기를 모태로 탄생한 브랜드 전략은 수자원 관련 비영리단체에 수익의 일부를 기증하는 데까지 나아갔다. 어찌되었든, 단순히 편리하거나 쉽거나 사랑받는 것을 기초로 하기보다는 진짜 필요들(니즈)을 토대로 하는 비즈니스가 어떻게 세워지는지 눈여겨보라. 스터드링크의 설립자는 그의 모험에 대해 친구들이 보였던 반응을 다음과 같이 설명한다.

내가 가족과 친한 친구들에게 스터에 대해 처음으로 말했을 때 이 카테고리의 제품을 출시하는 것은 미친 짓이라고 말했습니다. 이미 자리 잡고 수십억 달러의 매출을 올리는 기업들과 경쟁하게 될 테니까요.

스터의 구매를 고려해보는 사람이라면 그 뒷이야기를 읽은 뒤 자신의 구매가 얼굴 없는 거대 기업이 아닌 가족을 거느린 어느 가장을 돕게 될 것임을 알게 된다. 당신이라면 누구와 거래하고 싶겠는가? 당신의 청중에게 왜 당신이 비즈니스를 하는지 그 이야기를 들려주라. 사람들이 당신과 비즈니스와 그 이야기를 연결 지을 때 그들은 덩치 큰 깡패가 아닌 당신을 선택할 것이다.

- 당신의 기업을 인간화하라

이야기를 당신의 회사나 상품에 연결 지을 때 일어나는 중요한 현상은 인간화(humanization)다. 인간화는 브랜드를 강화할 뿐 아니라 구매자들의 마음에서 당신의 회사나 상품이 제일 먼저 떠오르게 만든다. 사람들은 권위적이고 관료적인 공룡 기업들보다는 그들이 좋아하고 공감할 수 있는 인간들과 거래하기 원한다. 당신의 사업을 인간화하는 쉬운 방법은 그것에 인간의 얼굴을 입히는 것이다.

기업 소개 웹페이지를 '우리는 많은 기업들과의 비전 충만한 협업과 아이디어 공유를 통해 시너지를 창출합니다'와 같은 무의한 유행어의 집합체 같은 문장으로 장식하지 말라. 의미 있고 재미있고 사람 냄새가 풍기는 글을 쓰라. 사진을 몇 장 게시해도 좋다. 함께 일하는 팀이 있다면 팀원들의 사진을 게재해 인간의 얼굴을 입혀라. 책상에서 일하는 모습, 개와 노는 모습 등 딱딱한 정장을 입은 모습만 아니라면 다 좋다.

또 다른 인간화 전략은 소셜 미디어에서 청중을 끌어들이는 것이다. 나는 트위터를 자주 하는 편은 아니지만 내 책에 대해 트위터 메시지를 내보내는 팬들에게는 시간을 내서 답변을 한다. 그들이 나에게 연락하기 위해 5초를 사용했다면 나도 최소한 5초의 성의를 보인다. 마찬가지로, 누군가가 이메일을 보낼 때마다 나는 답신을 하려고 노력을 하는데, 이메일이 너무 많이 오다 보니 일일이 답신을 보내는 데는 한계가 있는 것이 사실이긴 하다. 그래도 노력은 한다. 내게 답장을 받으면 독자들은 내가 직접 그들의 이메일을 읽고 답신을 썼다는 사실 자체에 감동을 받는다.

그리고 마지막으로, 당신에게 사원들이 있다면 그들의 성품을 억압하기보다는, 그것이 꽃을 피우게 하라. 예를 들어서, 사우스웨스트항공의 승무원들은 비행 전 주의사항 전달을 매우 창의적으로 한다. 중얼거리는 듯한 똑같은 말을 수도 없이 듣는 대신 승객들은 노래와 랩과 유머가 가미된 설명을 듣게 된다. 기업의 망치로 사원들의 재치를 내리쳐 망치지 말고, 사원들이 재치를 한껏 펼치게 하라. 궁극적으로 기업이 성장하고 인간화될 것이다.

–고객의 자기(self)에 호소하라 : 관심 · 의미 · 목적

고객들은 항상 "그래서 그것이 내게 무엇을 해주는데?"라는 질문을 던진다. 당신의 고객이 그들에게 이익이 되는 것이 있음을 더 빨리 그리고 더 명확히 알게 될수록 매출도 더 빨리 일어난다. 다양한 기능, 이런저런 장치, 화려한 장식은 잊어버리고, 효익(benefits)을 팔아라! 다수의 가치속성들을 잘 버무려서 그것들을 직접적인 효익(즉, 고객이 받는 혜택)으로 만들어 내라. 잠재 구매자에게 당신이 그를 위해 정확히 무엇을 해줄 수 있는지 들려주라. 마케팅 캠페인의 초점은 언제나 하나의 핵심 효익에 확실하게 맞추어지고 그것을 깊이 파고들어야 한다. 고객이 나쁜 결론을 내리도록 내버려두어서는 안 된다.

놀랍고도 유감스럽게도, 많은 기업가들이 이 일을 제대로 못한다. 예를 들어서, 이삿짐 상자 대여 사업을 하는 내 친구는 고객의 자기본위적 이익 추구 심리에 효과적으로 대응할 줄도 모르고 서비스의 효익에 대해서 효과적으로 소통할 줄도 모른다. 그는 고객들이 알아서 하도록 방치한다. 그의 홈페이지에는 번쩍이는 글씨체로 '이삿짐 상자 대여'라는 헤드라인이 덜렁 적혀 있을 뿐이다. 사람들은 이것을 보고 그의 사업에서 이루어지는 서비스의 수준을 짐작해 버린다. 그렇다. 그의 헤드라인은 호소력도 없고 아무런 효익도 전달하지 못한다.

좀 더 효과적인 헤드라인은 고객이 취하게 될 효익에 중점을 둔다. 다음 예시를 살펴보자.

> 이사, 생각만 해도 두렵다고요? 이사 공포증을 말끔히 날려드립니다! 본사가 제공하는 자연친화적 이삿짐 상자로 신속하고 깔끔한 이사를 경험해 보세요!

왜 고객이 이 회사의 대여 서비스를 이용해야 하는지에 대해 한 점의 의심이라도 있는가? 고객의 자기본위 심리에 호소하는 데는 몇 초밖에 걸리지 않고, 그것은 효과적인 헤드라인 한 줄로 해결된다. 크고 굵고 짧고 명확하게 핵심 효익을 시원하게 전달해야 한다. 당신의 제품이나 서비스가 당신의 고객에게 삶의 의미나 목적을 불어넣는다면 잘 될 수밖에 없다.

−사회적 증거(social proof)를 우선하라

당신이 최근에 구매한 세 가지를 떠올려 보라. 나의 경우엔 구매를 권유하는 매끄러운 말이나 광고에 현혹되어 구매한 것은 없고, 모두 사회적 증거 때문에 구매했다.

판매에 관한 한 최고의 비법은 판매에 대한 것이 전혀 아니다. 그것은 비슷한 사람들이 올리는 긍정적 제품후기와 리뷰다. 같은 물건을 구매한 친구, 가족, 이웃이 해주는 좋은 말이다. 디지털 '공유' 경제에서 구매 결정에 영향을 미치는 주된 요인은 광고가 아니라 사회적 증거다. 기하급수적 성장을 이룩하는 회사들은 모두 생산가치주의를 이끌어가는 사회적 증거의 바이럴 확장 루프를 그 배경으로 가지고 있다.

생산가치주의에게 있어서 사회적 증거의 중요성은 절대적이다. 나는 날마다 나의 첫 책 『부의 추월차선』에 대해 칭찬을 듣는다. 몇 년 전에 내가 이런 말들을 처음 들었을 때 나는 감사의 글을 빼놓지 않고 보내거나 달았다. 그러고는 추신으로 잠시 시간을 내서 그들이 가장 좋아하는 온라인 서점에 책의 후기를 남겨줄 수 있을는지 물어보았다. 나는 결코 '좋은' 후기를 남겨 달라고 청탁하지 않았다. 그냥 '후기'라고만 했다.

이와 비슷하게, 새로운 유저들이 우리 포럼을 방문할 때마다─보통은 기업가 포럼에 대한 인터넷 검색을 통해 오게 된다─그들은 내 책에 대한 토론, 인용, 언급을 거의 모든 스레드에서 보게 된다. 대부분은 우리 포럼이 방문할 가치가 있다고 여기고, 내 책 역시 읽어볼 가치가 있을 것이라고 추론하게 된다.

우리 포럼에서 "『부의 추월차선』을 읽었어요"라는 제목이 달린 스레드가 있다. 거기서 독자들은 책에 대한 생각을 나눈다. 방문자들은 일단 그 스레드에 빠져 들어가면 3주 동안 종적을 감추곤 한다. 그 스레드가 무려 3천여 개의 게시물로 이루어진 125웹페이지에 달하는 엄청난 길이를 자랑하기 때문이다. 게시물의 99퍼센트가 호의적이다. 만일 잠재적 독자가 이 스레드를 읽는다면 그는 내 책의 구매자가 될 가능성이 높다. 3천여 편의 칭찬의 글이 갖는 설득력이란 실로 어마어마하다.

그래서 긍정의 첫 메아리가 들려올 때 마음껏 기뻐해도 좋다. 그리고 그 메아리를 저장해두어라. 광고에 사용하고, 웹사이트에 올리고, 홍보물에서 활용하라. 만일 찬사가 사적인 이메일을 통해 전달된 것이라면 발신인에게 사용 허락을 받으라. 공공 웹사이트에 올라온 긍정적 후기의 경우에는 링크를 달거나 그것을 언급하되, 가장 중요한 곳에 위치시켜서 잠재적 구매자들이 읽고 실제 구매자가 되게끔 하라. 긍정적인 트위터 메시지의 경우라면 즐겨찾기(favorite)를 걸라. 트위터는 메시지의 임베딩(embedding 끼워넣기)을 허락하므로, 당신의 웹사이트에 긍정적인 트위터 메시지들을 잡아두라. 그와 같은 수십 개의 트위터 메시지가 나의 웹사이트에 있고, 그것들은 쉬지 않고 나를 위해 영업활동을 펼치고 있다.

실행열쇠 9. 편견을 치워버리라

마크 트웨인은 이렇게 말했다. "우리를 곤경에 빠뜨리는 것은 우리가 모르는 것이 아니라 그럴 리 없다고 확신하는 것이다."

요즘 이메일 주소를 요구하는 짜증나는 팝업창을 띄우지 않는 웹사이트가 없는 것 같다. 무료 보고서를 받으세요! 공짜 쿠폰을 받으세요! 우주의 비밀을 무료로 받으세요! 20년에 가까운 웹 서핑 이력을 지닌 나는 아마도 팝업창이라는 방해꾼들을 2만 개는 만났을 것이다. 하지만 이메일 주소를 준 적은 결단코 단 한 번도 없다. 팝업창들은 내게 먹혀들지 않고, 나는 그것들을 증오한다. 그런데 그것 아는가? 나도 팝업창을 이용한다. 나의 팝업 증오에도 불구하고 나는 나의 웹사이트들에서 팝업창을 이용하는데, 효과가 있기 때문이다.

실행에 있어서 개인적 편견을 고집하면 득보다 실이 많다. 예전에 내가 명단 구축에 대한 리서치를 할 때 확실히 알게 된 것인데, 라이트박스(lightbox)로 된 팝업만큼 효과적인 명단구축 전략도 없다. 그때 확보한 증거는 나의 개인적 경험과 주관과는 정반대였다. 나는 객관적 증거에 기초해 그 기법을 받아들였다. 왜냐하면 내 생각보다 경제적 안정이 더 중요하기 때문이다.

기억하는가, 사람들이 광고 없는 포럼을 위해 돈을 낼 용의가 있다는 나의 백만 달러짜리 발견을? 행동하고, 평가하고, 조정하기 전에 가졌던 나의 개인적 편견들은 다음과 같다.

- 나는 광고를 무시한다.

- 나라면 포럼 콘텐츠를 보기 위해 돈을 내지 않을 것이다.
- 나라면 포럼의 일원이 되기 위해 돈을 내지 않을 것이다.

이 편견들은 서로 뒤엉킨 채 한 목소리로 내게 말했다. "귀찮게 무엇하러? 응, 엠제이."

내가 옳다는 고집을 내려놓지 못했다면 나는 돈을 덜 벌었을 것이다.

여기에 또 다른 이야기가 있다. 그 이야기는 나의 머리를 흔들게 했다. 몇 년 전 어떤 젊은 여성이 우리 포럼에서 조언을 구했다. 그녀는 수십만 달러를 벌어들이는 성공적인 피트니스 컨설턴트로서 시간팔이의 사슬을 끊고 싶어 했다. 꽤 짭짤한 수입을 올리고 있었지만, 자신의 컨설턴트 영역을 벗어나는 이메일 상담 때문에 피로를 누적해 가고 있었다. 그녀는 사람들에게 자신의 전문성을 강조하는 동시에 고객들이 자신을 테라피스트가 아닌 피트니스 컨설턴트로 인정하게 할 방법에 대한 의견을 구했다. 수십 건의 제안이 물밀 듯 쏟아져 들어왔고, 상당수가 좋은 제안이었다. 안타깝게도 이 젊은 여성은 편견에 발목이 잡힌 채 아무것도 하지 않았다. 그녀는 모든 제안을 머뭇거림 없이 거절했는데, 그럴 때마다 효과가 없을 것 같다는 변명을 둘러댔다. 그녀가 달았던 댓글 몇 개를 소개하자면 다음과 같다.

- 여자들이 보조제를 그렇게 많이 사는 것은 아니랍니다.
- 비서를 고용하는 것은 효과가 없을 거예요. 왜냐하면 제가 원하는 방식으로 대응하도록 사람을 훈련시키려면 시간이 너무 많이 걸릴 테니까요.

- 제가 만일 캐시백을 보증하면 모든 클라이언트들이 환불을 요청할 테고, 심지어는 효과를 본 뒤에도 그럴 것입니다.

이것은 그 토론에서 드러난 여러 가지 편견들 중 일부에 불과하다. 그 스레드는 여러 페이지에 걸쳐 진행되었고, 모든 제안이 파기되고, 반대되고, 핑계와 함께 거절되었다. 나는 이 여성이 자신의 편견을 접어버릴 마음의 준비가 안 된 것을 깨닫고는 그 스레드에서 나와 버렸다. 그녀에게는 자기 옳음을 확인하는 것이 부자가 되는 것보다 더 중요했다.

비즈니스는 원래 어렵기 마련이다. 당신의 제한적인 세계관으로 진짜 세계를 가림으로써 안 그래도 힘든 비즈니스를 더 힘들게 만들지 말라. 다시 말하건대, 당신이 지각하는 현실은 현실 그 자체가 아니다.

실행열쇠 10. SEO 지옥행 열차에 올라타지 말라

인터넷에서 한창 유행을 타고 있는 것 중에 검색엔진 최적화(SEO; Search Engine Optimization)라는 개념이 있다. 검색엔진 최적화는 구글과 같은 검색엔진에서 웹페이지가 상위에 랭크되게 하기 위한 코딩 방법이다. 만일 당신이 덴버에 있는 모기지 회사를 소유하고 있다면, 구글에서 '덴버 모기지'라는 키워드로 검색 시 첫 페이지의 상단에 당신의 회사가 검색 결과로서 나타난다면 그것은 엄청난 가치와 수익을 의미하는 것일 텐데, 그도 그럴 것이 엄청난 양의 트래픽이 당신의 웹사이트로 흘러들어올 것이기 때문이다. 매출 이익률은 커지고 고객 유치

비용은 0으로 수렴하게 된다. 어떻게 보면, 그것은 생산가치주의를 흉내 내는데, 왜냐하면 돈을 들이지 않고 더 많은 고객 명단을 확보할 수 있게 해주기 때문이다. 그렇다면 내가 왜 '검색엔진 최적화는 지옥행 열차'라는 극도로 부정적인 표현을 사용하고 있는 것일까?

그 이유는 이렇다. 생산가치주의 덕에 누리게 되는 공짜 트래픽과 매출 이익률 성장과 검색엔진 최적화 덕에 누리게 되는 공짜 트래픽과 매출 이익률 성장은 하늘과 땅이 다르듯이 완전히 다르다. 두 가지 다 이윤을 생성하지만 생산가치주의는 관리와 통제가 가능한 반면 검색엔진 최적화는 그렇지 못하다. 구글은 매년 알고리즘을 바꿈으로써 시스템 조작을 방지한다. 그리고 그럴 때면, 그 짓을 하지 않고는 생존이 불가능한 기업들이 드러난다.

검색엔진 최적화는 실행 계획 중 고려 사항이긴 하지만 그 자체로서 실행 전략이 될 수는 없다. 올리브로 마티니에 향을 더할 수는 있지만 그것으로 마티니를 만들 수는 없다.

검색엔진 최적화의 대단한 아이러니는 그것이 돈과 유사한 반응을 한다는 것이다. 해마다 수백만 명의 방문객들이 우리 포럼을 들락거리면서 몇 움큼의 수익을 올려준다. 우리 사이트의 트래픽 중 상당한 부분이 검색엔진들에서 괜찮은 랭킹을 차지하고 있는 적절하게 최적화된 페이지들로부터 나온다. 많은 검색에서 우리 포럼이 1위로 검색된다. 이것은 검색엔진 최적화 아닌가?

검색엔진 최적화를 위해 돈을 쓰는 대신에 나는 훌륭한 콘텐츠를 만드는 데 주력하고, 그것에 대해 구글이 상위 검색 랭킹으로 나에게 보상해 주는 것이다. 이런 검색엔진 최적화와의 관계는 돈과의 관계와 평행선을 이룬다. 즉, 내가 돈 자체가 아니라 돈을 불러들이는 그 무엇인가에 초점을 맞추면 돈이 흘러들어온다. 마찬가지로, 좋은 검색엔진 결과를 가져오는 그 무엇인가-가치 있는 콘텐츠-에 초점을 맞추면 좋은 검색엔진 최적화 결과가 따라온다. 검색엔진 최적화는 쉬운 돈과 공짜 트래픽을 끌어들이는 역량이 탁월하지만 그것 때문에 눈이 가려지면 안 된다. 올리브로 맛없는 마티니의 맛을 감추려들지 말고, 애초에 맛있는 마티니를 만들라.

실행열쇠 11. 유행에 휩쓸리지 말라

내가 이 말을 꺼내는 이유는 너무도 많은 기업가들이 일시적 유행에 편승해 지속성에 의문이 드는 사업으로 시간을 낭비하기 때문이다. 모래성 안에 둥지를 틀면서 각본탈출의 길을 걸을 수는 없는 노릇이다.

 일시적 유행에 편승하는 사업은 그 짧은 지속 기간만큼의 가치만 지니지만, 경험 삼아 해보기에는 괜찮다. 특히 초보 기업가라면 도전해 볼만하다.

실행열쇠 12. 사업에 정치를 끌어들이지 말라

2016년 11월, 다국적 식품 업체인 켈로그는 독자가 4,500만 명이 넘는 보수 성향의 대규모 웹사이트인 브라이트바트(Breitbart.com)에 더 이상 광고를 싣지 않겠다고 선언했다. 켈로그는 그 웹사이트가 (그리고 그 독자들이) '우리의 가치에 부합하지 않는다'라고 말했다.

그러자 브라이트바트는 켈로그 보이콧을 위해 격렬한 캠페인을 벌였고, 그 웹사이트의 독자들은 열렬한 성원을 보냈다. 며칠 만에 40만 명이 넘는 사람들이 보이콧에 서명했고, #켈로그를버려라(#DumpKellogs)는 트위터에서 큰 물결을 일으키는 해시태그가 되었으며, 켈로그의 페이스북 페이지는 성난 고객들로 미어터질 것만 같았다. 몇 달 후 켈로그는 수익 목표 달성 실패라는 쓴맛을 보아야 했다.

실행열쇠 13. 누구나 커피를 좋아하는 것은 아니다

기억하라. 당신은 비평받을 것이다. 모든 사람이 당신의 제품을 좋아하지는 않을 것이다. 시간을 허비해가면서까지 공격에 나서는 사람들도 있을 것이다. 시장에 당신의 창조적 작품들을 내놓을 때마다 증오, 폄훼, 반대의 목소리를 직면할 것이다. 이것은 정상이다. 당신이 내놓을 수 있는 최상의 반응은 그들의 비평이 정당하다면 평가 · 조정 · 행동하는 것이고, 그들의 비평이 터무니없을 때는 무시하는 것이다. 비평을 두려워하거나 당신의 노력에 대해 '남들이 무엇이라고 말할지'를 두려워한다면 지금이라도 때려치우고 이력서나 새로 써라.

CHAPTER 42

각본탈출의 4대 규율 :
당신의 미래를 걸고 설계하라

규율을 귀찮게 여기는 사람들도 있다. 나에게 있어서 규율이란 나를 해방시켜 날게 해주는 일종의 질서다. - 줄리 앤드루스(배우)

프레스티지 : 각본탈출의 마법

월급을 받아 근근이 살아가는 평균적인 미국인의 손에 백만 달러를 쥐어줘 보라. 3년 내로 원래 제자리–사실상의 파산 상태–로 돌아와 있을 것이다. 어떤 사람들은 4년이 걸릴지도 모른다. 복권 1등 당첨자들이 어떻게 당첨금을 날려 버리는지 궁금하지 않은가? 부자에서 거지로 전락하는 이야기들에서는 비범함의 요소를 찾아볼 수 없다. 비범함이란 바로 규율이다. 돈을 버는 것은 어렵다. 돈을 지키는 것은 더 어렵다.

각본에서 탈출한 기업가적 기본틀에서 가장 중요한 역삼각형 꼴의 4(D)로 대변되며 모든 것이 최종적으로 그 하방 꼭짓점에서 만나 연합을 이루게 하는 것은 바로 규율이다. 규율은 각본에서 탈출한 오각 연합체를 완성하면서, 신념과 의미와 실행된 센츠 전략을 연결 짓는다. 일단 당신이 확장성을 갖는 생산가치주의 체제를 완성하고 나면, 네 가지 규율이 당신이 여생에 걸친 각본탈출의 길을 갈 것인지 아니면 찰나적 성공 뒤에 주저앉고 말 것인지를 판가름하게 된다.

이 네 가지 규율은 ① 비교 면역력 ② 목적 있는 저축 ③ 쾌락 통제력 ④ 결과 예측적 사고력으로서, 4대 규율 중 하나만 경시해도 미래의 어느 날 화려한 삶을 살다가 다음 순간 바닥으로 떨어질 수 있다.

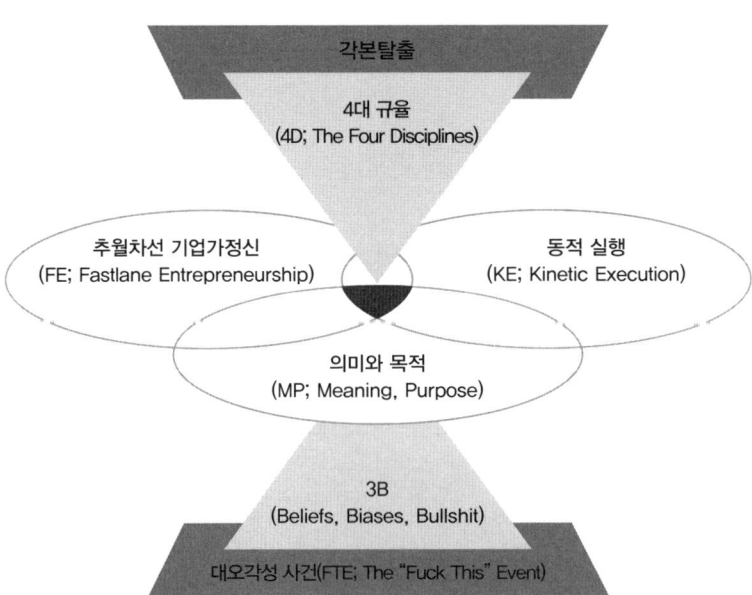

각본에서 탈출한 기업가적 기본틀(TUNEF) 완성

CHAPTER 43

각본탈출의 4대 규율 ❶ 비교 면역력
옷을 잘 차려입어도, 노예는 노예다

물질주의는 진정한 행복으로부터 멀어지게 하는 유일한 것이다. -더글러스 호튼(성직자)

사촌이 땅을 사도 배 아파하지 말라

2010년 리메이크된 영화 〈월스트리트 : 머니 네버 슬립(Wall Street: Money Never Sleeps)〉에서, 젊은 트레이더가 거부에게 얼마나 많은 돈이 필요하시냐고 묻는다. 어떤 숫자면 충분할까? 그의 답은? '더 많이(more)'였다.

내가 아는 사람들 중에 이 장면을 최고의 명장면으로 꼽는 사람들이 있다. 그리고 그것은 나를 슬프게 한다. 알다시피, 행복에 대한 정확한 공식은 없지만, 불행에 대한 공식은 하나 있다. 그것은 비교다. 비교는 더 많이 필요하지 않을 때도 더 많이 갖기 위해 뛰게 만든다.

언제나 당신보다 잘사는 사람이 있게 마련이다. 각본화된 언론은 졸(卒)로 살아가는 우리의 처지를 상기시키는 데 뛰어난 재주를 발휘한다. 그들은 매일 웹사이트 첫 페이지의 언론사 이름 바로 아래에 피상적인 성공의 이야기를 배치하고, 우리는 잘나가는 남의 이야기를 읽으면서 스스로 못났다는 생각에 초조하게 입술을 깨문다. 그런데 당신의 눈에 보이지 않는 것이 있다. 그것은 나머지 95퍼센트의 사람들이다. 배고픔이 일상인 처절한 빈궁 속에서 살아가는 불쌍한 영혼들이 너무도 많다.

설사 당신이 퀴퀴한 지하방의 낡은 매트리스 위에서 이 책을 읽고 있다 할지라도, 이 세상 어느 나라에서는 한 그릇의 밥을 먹기 위해 고생하고 움막의 진흙 바닥에서 잠을 청해야 하는 누군가가 있다는 것을 기억하라.

매일 아침에 잠에서 깰 때 누군가와 나를 비교할 수도 있을 것이다. 나보다 더 젊고, 더 잘생기고, 더 돈 많고, 더 고급 차를 가지고 있고, 더 큰 집에서 사는 그 누군가와. 그러나 나는 그렇게 하지 않는다. 오히려 나는 내가 가진 것에 대해 감사하는 마음으로 아침을 맞이한다. 왜냐하면 끊임없이 남과 비교하며 '더 많이'를 추구하는 습관이 비참함으로 가는 직행 열차임을 나는 알고 있기 때문이다.

> 갖지 못한 것에 초점을 두고 미래에 대한 불안감을 조성하는 비교는 현재의 삶을 누리지 못하게 한다. 반면에 감사는 가진 것에 초점을 두고 평안을 선사한다.

'더 많이'에 대한 당신의 방어는 첫 번째 각본탈출 규율로, 그 이름하야 '비교 면역력'이다. 비교에 대한 면역력을 지닌 사람은 누구도 승리할 수 없는 비교의 게임에 관심을 두지 않으며 현재의 속도에 대해 평안한 마음을 갖는다. 비교 면역력을 가진 사람은 사촌이 땅을 사도 웃을 수 있고, 중요하지 않은 것은 제쳐두고 중요한 것을 추구한다.

예를 들어서, 나는 나의 기업가로서의 성취를 다른 기업가들이 이룩한 것과 비교하며 내가 그들만큼 성공적이지 않다거나 유명하지 않다는 결론을 내리며 비교의 덫에 걸릴 수 있을 것이다. '제길, 조니 안트러프러너가 회사를 2,500만 달러에 팔았다네! 나보다 더 많이 받고 매각하다니, 에고 분해라!' 이런 무방비상태의 비교는 나를 목표에 부합하지 않는 행동으로 몰고 갈 것이다. 그들의 목표가 나의 목표가 될 수는 없다. 나의 목표는 각본탈출의 삶을 사는 것이지 「잉크 매거진(Inc. Magazine)」의 표지를 장식하는 것이 아니다. 내가 만일 비교 게임에 빠지면 부화뇌동하면서 줏대 없이 '남들이 어떻게 생각'하는지에 내 인생을 맡기게 될 것이다. 비교라는 질병이 만드는 길이 아닌, 나의 영혼이 인도하는 길을 가야 한다.

자신을 못난이 취급하는 못난이가 되지 말라

간혹 나는 노스 스코츠데일이라는 피닉스 외곽의 부촌에 가곤 한다. 어느 날 나는 그곳의 정형외과에 갔는데, 마침 붐비는 시간이었다. 대기실에서 시간을 보내기 위해 그 지역의 '라이프스타일'에 대한 잡지를 읽기 시작했다. 책장을 넘길 때마다 값비싼 소비를 유혹하는 쾌락주의 향연이 펼쳐졌다. 그렇게 책장을 넘기면서 내 마음은 부유함을 흉내

내는 삶으로 빨려 들어가는 불쌍한 속물들을 향한 연민으로 차올랐다. 잡지의 4분의 3 이상이 광고로 채워졌고, 그 내용은 다음과 같이 요약된다.

- 성형수술 : 당신의 가슴은 너무 빈약하고 코는 매부리코군요! 고치고 행복해지세요!
- 약혼반지 : 비웃음이 아닌 부러움을 살 다이아몬드 반지를 약혼자에게 선물하세요!
- 일상용품(시계, 자동차, 의류, 신발) : 12만 달러 시계보다 당신의 성공을 더 크게 외치며 뽐내 줄 것은 없답니다!
- 수입가구 : 이 3만 달러짜리 커피 테이블은 화젯거리가 될 게 분명합니다!

1만2천 달러짜리 옷과 4만2천 달러짜리 샹들리에를 보며 10분을 보내는 동안 나는 잡지의 메시지를 정확히 파악할 수 있었다. "당신은 부족한 못난이고, 그 문제를 해결하려면 버는 족족 다 써서 남보다 더 세련되게 보여야 합니다."

나는 생각에 잠겼다. 내게는 그 잡지에서 광고되는 과도한 가격표가 달린 쓰레기들 대부분을 살 능력이 있지만 대부분의 사람들은—심지어는 노스 스코츠데일에 사는 사람들조차—그럴 재력이 없다. 그런데도 누군가는 그런 물건들을 구매하고 있다. 그리고 그것은 각본에서 탈출한 기업가들에게는 대단히 좋은 소식이다. 사람들이 남들을 배 아프게 하려고 구매 행진을 계속 하고 있다니!

비교에 대한 강력한 면역력으로 무장한 당신은 비교심리를 이용하는 광고에 휘둘리지 않는다. 당신은 당신이 못난이가 아님을 안다. 당신은 당신의 자존감과 자부심이 인도네시아에서 저임금과 열악한 근무 환경에서 노동력을 착취해 생산된 1천 달러짜리 신발을 신는다고 생기는 것이 아님을 알고 있다.

못난이들은 못난이 메시지에 넘어가도록 내버려두라. 빚, 불투명한 미래, 죽을 때까지 벗어나지 못하는 노동의 덫. 인생의 귀중한 시간을 당신의 관을 장식할 다이아몬드를 위해 허비하지 말라.

? 당신은 어디에 가면 비교심리가 발동하곤 하는가? 일터? 피트니스센터? 클럽? 백화점 주차장? 그럴 때면 어떻게 대응하는가?

CHAPTER 44

각본탈출의 4대 규율 ❷ 목적 있는 저축 : 평생의 수동적 소득을 위한 준비

시작을 위한 준비만 하고 있을 수는 없다. 저질러야만 한다. -레이 브래드베리(작가)

절대 다시 일하지 않기

어렸을 때 나는 종이로 된 은행통장을 가지고 있었다. 은행원이 작은 책처럼 생긴 종이 통장을 업데이트하면 입금액과 새로운 잔고가 찍혔다. 어느 날 나는 생일이라고 할머니가 주신 용돈을 들고 은행에 갔는데, 은행원에게 돈과 통장을 맡긴 뒤 잠시 후 통장을 받아 보니, 나의 입금액 앞에 한 줄이 더 있었다. 그것은 이자였다.

액수는 보잘 것 없었지만 "와, 내 돈이 돈을 벌었네! 나는 아무것도 한 일이 없고, 그냥 시간만 흘렀을 뿐인데!"라고 말했던 것을 지금도 생생하게 기억한다. 나는 매혹되었고, 내 머릿속에는 배당이라는 씨앗이 하나 심어졌다. 나이가 들어가면서도 나는 '시간이 흐르는 동안 돈이 돈을 번다'는 간단한 개념을 결코 잊지 않았다.

안타깝게도, 대학을 졸업한 뒤 진짜 인생의 유혹들이 밀려왔고, 나는 무책임한 소비에 빠져들었다. 나는 젊다! 나는 삶을 누릴 것이다! 헤픈 씀씀이로 돈은 점점 줄어들었고, 그때에야 머니 시스템에 대한 각성으로 정신이 번쩍 들었다. 나는 방탕한 지출자에서 목적 있는 저축자로 거듭났다.

두 번째 각본탈출의 규율은 '목적 있는 저축'으로, 그것은 약속의 땅으로 들어가는 대문을 열어준다. 그곳에서 강제 노역에 종지부가 찍히고, 연체된 전기료가 납부되고, 자동차 할부금이 청산되며, 시리얼 상자에 찍힌 가격을 확인할 필요가 없어진다. 입에 겨우 풀칠할 정도의 임금을 받으며 하기 싫은 일을 해야 할 필요도 없다.

목적 있는 저축이라는 규율 아래 달성하고자 하는 목표는 세 가지다.

1. 지속가능한 수동적 소득
2. 조기 은퇴 후 꿈의 추구
3. 납세

―목표 1. 지속가능한 수동적(受動的) 소득

비즈니스가 반(半)은 수동적인 소득을 낳을 수 있지만, 수동성에 있어서 제1인자는 뭐니 뭐니 해도 '머니 시스템'이다. 머니 시스템은 투자로부터 생성되는 꾸준한 월 소득을 안겨준다. 당신은 사업을 키우는 동시에 만일의 사태에 대한 대비책으로 목적 있는 저축을 실행해야 한다.

24장에서 한 복리에 대한 논의를 떠올려 보라. 대개의 사람들은 복리를 이용해 부를 창출하는 데 있어서 잘못된 접근법을 취하는 바람에 그 과정이 매우 느리고 위험하고 비효율적이다. 마치 침몰해가는 타이타닉 호의 갑판에서 의자를 정리하고 있는 것과 같다. 게임의 막판에서 승기를 잡는 것은 머니 시스템으로, 두 가지 돈의 원천을 갖는다. 그 둘은 ① 사업 소득의 목적 있는 저축과 ② 사업 매각이다.

머니 시스템에 들어가는 돈이 어디에서 나오든, 큰 액수의 돈을 만나면 복리는 무능력한 부의 창출자에서 강력한 수동 소득 기계로 변신한다. 기억하라, 천만 달러에 대해 붙는 연 5퍼센트의 이자는 무려 월 4만6천 달러고, 이것이 평생에 걸쳐서 들어올 뿐 아니라 원금은 고스란히 남아 있게 된다는 사실을!

―목표 2. 조기 은퇴 후 꿈의 추구

엄밀히 말해서 나는 30대에 '은퇴'했다. '은퇴'했다고 해서 내가 매일 아침 여섯 시에 골프장에 나가서 티샷을 날리고 오후에는 샴페인을 들이키는 것은 아니다. 은퇴는 많은 것을 의미할 수 있다. 그렇지만 그 깊은 뿌리를 들여다보면, '억지로 일하기'가 '좋아서 일하기'로 교체된다는 뜻을 발견할 수 있다. 이런 자유로움 때문에 돈의 제약 없이 하고 싶은 것을 할 수 있다.

기억하라, '싫어하는 것'을 하다보면 어느 순간 '사랑하는 것'을 할 수 있게 됨을. 은퇴 후 10년 동안 나의 순자산이 줄어들지 않았다. 오히려 늘어났다. 그것도 초저금리 환경에서 말이다! 물론, 나는 몇 개의 사업체도 굴리고 있다. 그렇지만 솔직히 말해서, 나는 그것들을 취미 삼아 운영하고, '하기 싫은 일'은 거의 하지 않는다. 왜냐하면 나에게는 그럴 여유를 부릴 재력이 있기 때문이다.

그러므로 여기서 던질 큰 질문은 이것이다. '돈 걱정이 없어진다면 무엇을 할 것인가?' 많은 기업가들에게 있어서 대답은 다르지 않다. 그들은 또 다른 사업을 시작하고 싶어 한다. 세상을 이롭게 하는 일을 통해 자신의 영혼을 살찌우는 그런 사업 말이다.

─목표 3. 납세

몇 년 전, 한 기업가가 우리 포럼을 방문해 그가 어떻게 순식간에 재산을 일구었다가 일순간에 폭삭 주저앉았는지 이야기해 주었다. 그의 사업은 폭발적 성장을 이루며 그에게 돈을 마대 자루로 벌어다 주었다. 자연스럽게 쾌락주의가 그를 침범해 들어왔다. 쓸 데 없이 비싼 물건들로 삶을 채우고, 마약으로 분위기가 무르익는 파티도 간혹 즐기고, 주말이면 라스베이거스의 스위트룸에 머물면서 버는 족족 흥청망청 써 버렸다. 그의 몰락은 아무도 경고해주지 않은 데서 찾아왔다. 그것은 즐거움을 위해 맛보았던 마약이나 마음껏 누린 호화찬란한 사치도 있었지만, 사업 실패나 경기 불황도 아니었고, 산업의 변화도 아니었다. 그것은 세금이었다.

모든 기업은 국세청에 매 분기마다 수익 발생에 따른 세금을 내야 한다. 그 세금을 많은 신참 기업가들이 깜빡 잊고 체납한다. 그러다가 체납 세금에 대한 연체 이자 등도 덩달아 내야 한다. 국세청은 당신이 '잊어버렸다'거나 '몰랐다'는 사실에 대해서는 신경쓰지 않으며 모든 체납 세금에 대해 월 0.5퍼센트의 가산세와 더불어 연체 이자도 물리고 있다.

예를 들어서 50만 달러의 수익에 대해서 가산세와 연체 이자까지 감안하면, 약 20만 달러가 세금으로 부가된다. 세금에 대한 준비가 없다면 납세의 고통이 배가된다.

재무 재건의 길 : 목적 있는 저축

당신이 몇 살인지, 인생의 어느 단계에 있는지, 삶의 어떤 책장을 넘기고 있는지는 상관이 없다. 당신이 이미 사업체를 소유하고 있든지, 하나 시작하고 싶어 하는 중이든지, 아니면 아직도 고된 월급쟁이 생활을 하고 있는지도 상관이 없다. 어떤 상황에 처해 있든지, 당신은 지금 당장 목적 있는 저축자가 될 수 있다. 총체적인 재무 재건은 'Re'라는 접두어로 시작하는 다섯 가지 변화의 단계로 구성된다.

1. 리프레임(Reframe) : 인식의 틀을 바꾸어라.
2. 리폼(Reform) : 지출 및 현금유출 방식을 개혁하라.
3. 리듀스(Reduce) : 빚을 줄여라.
4. 리앨로케이트&리마인드(Reallocate&Remind) : 매달 무엇인가를 머니 시스템으로 재할당해 넣고 스스로에게 상기시키라.
5. 리워드(Reward) : 수고한 당신에게 즐거운 보상을 실시하라.

1단계 : 리프레임(Reframe)

돈에 대한 새로운 인식의 틀을 도입하라. 첫째, 돈을 이제 가치 증표라고 불러라. 필요하다면 21장을 다시 읽어 기억을 새롭게 하라.

둘째, 저축된 각 1달러를 당신의 여생 동안 5센트를 벌어줄 하나의 작은 수동 소득 기계로 여기라. 오늘 저축하는 1달러는 내일 벌 필요가 없는 1달러다. 수동 소득 수익률이 경제 상황에 따라 출렁이는 것이 사실이지만, 돈이 돈을 낳는다는 진실에는 변함이 없다. 오늘날의 경제 상황을 적용하자면, 저축된 각 1달러는 1년에 약 3.5~5.5센트를 생성한다. 일단 충분한 돈이 저축이 되어 월 지출보다 많아지면 일할 필요가 사라지게 된다.

내가 제일 좋아하는 돈에 대한 인식의 틀은, 돈을 무자비한 정복자로 보는 것이다. 저축한 각 1달러는 당신의 저축 군단에 더해지는 1인의 전사다. 당신의 저축 군단은 스스로 전사들을 생산해 내기도 한다. 이들은 모두 힘을 합쳐서 당신의 자유를 위해 싸운다. 반면에 최신 유행을 좇아 허비된 1달러는 이미 사망한 1인의 전사다.

2단계 : 리폼(Reform)

두 번째 단계는 지출 및 현금 유출을 개혁하는 것이다. 이런 노력은 각본탈출 목표 달성에 도움이 되지 않는 지출을 하지 않는 것이다. 이런 의미의 개혁을 당신은 일시적 자린고비 전략이라고도 부를 수 있을 것이다. 생전 들추어보지도 않는 잡지 더미가 보이는가? 구독을 취소하라. 당신의 맥맨션(McMansion 맥도널드의 '맥'에 맨션을 붙인 조어로서 고급 저택을 흉내 낸 패스트푸드처럼 성의 없고 품격 없이 덩치만 큰 주택) 때문에 모험적인 일을 벌일 수 없고 고수익의 기회를 포기해야 하는가? 집을 처분하라. 캐딜락 에스컬레이드(고급 SUV 자동차)가 보험료, 수리비, 주유비 등 때문에 유지하기에 버거운가? 어쩌면 지금은 중고 프리우스(실용적인 하이브리드 전기차)를 굴릴 때가 아닐까? 아니면 버스나 자전거를 타거나 걸어 다니거나. 그래, 안다. 이런 것들은 멋져 보이지도 않고 편리하지도 않다. 하지만 규율이란 것이 원래 쉽고 편한 것은 아니다. 수고의 토대가 없는 사치는 고난을 불러온다는 점을 잊지 마라. 당신은 규율 없는 삶을 사는 99퍼센트의 사람들에 속할 수도 있고, 스스로 1퍼센트의 높은 기준에 맞추어 살아갈 수도 있다.

3단계 : 리듀스(Reduce)

세 번째 단계는 빚을 줄이고, 종국에는 모든 빚을 청산하는 것이다. 당신은 빚에게 '철천지원수'라는 새로운 이름을 붙여주고 공격해야 한다. 나는 빚에 대한 광신적 적대감을 가지라고 말하고 있는 것은 아니다. 내가 권하는 것은 실용주의적 자세다. 자린고비가 되어 극단적 절약을 하면서 더 적은 것에 만족하고 열심히 쿠폰을 잘라 쓰라는 것이 아니다. 실용적 접근법에 따른 빚의 공략은 목적 있는 저축이라는 마음가짐에 기초하는 것으로, 이에 따르면 지출되는 각 1달러는 세 가지 범주 중 하나에 속하게 된다.

- 사업비 : 순자산의 가속적 증가는 당신의 비즈니스에 단단한 기반을 둔다. 비즈니스를 위해 돈을 쓸 때 벌벌 떨지 말라. 만일 오늘의 1달러 지출이 내일의 10달러로 돌아오는 높은 수익률이 적절한 리스크와 함께 기대된다면, 지출을 할 값어치가 있다.
- 생활비 : 의식주, 교통, 보험 등. 당신의 집이 잘 조율된 기계처럼 돌아갈 수 있어야 한다.
- 채무감축 : 기본적인 생활비나 사업 재투자를 위해 쓰고 남은 돈

은 빚의 상환에 쓰여야 한다. 신용카드의 사용을 줄이고, 모기지나 학자금 융자와 같은 채무의 원금을 갚아가라.

채무 공략의 첫 걸음은 더 벌어서 재무의 구멍을 막는 것이다. 신용카드로 200달러를 더 쓴다 해도 다음 달에 500달러를 더 번다면 문제 될 것이 없다. 그리고 당신이 지출을 할 때 되도록 현금이나 체크카드의 예산을 정해서 채무감축에 적절한 재무적 환경을 조성한다. 체크카드는 잔고가 소진되면 카드 사용이 거절된다. 계산원 앞에서 당황하는 일이 생길 수도 있겠지만 스스로 정한 예산을 엄격하게 지켜야 한다.

또 다른 전술은 현금을 아예 소지하지 않고 전적으로 신용카드만을 사용하면서 보상 포인트 제도를 철저하게 활용하고 매월 사용액을 모두 청산하는 것이다. 당신이 규율이 부족한 사람이라면 이 전술을 쓰면 안 된다. 그렇지만 항상 사게 되는 물품들을 구매하면서 포인트를 쌓아가는 것은 훌륭한 전략이다. 나는 신용카드로 관리비에서 식료품까지 모든 것을 지불하고 구매한다. 그 결과, 나는 공짜로 많은 것(상품권, 여행)을 포인트를 통해 얻어 누린다.

정복자의 자세로 빚을 적군으로 취급하라! 당신은 아군에게 돈을 대고 있는가 아니면 적군에게 돈을 대고 있는가?

만일 당신이 감옥에 갇혀 있다면, 감방의 열쇠는 당신의 자유를 상징한다. 돈의 청지기로서 주도면밀하게 금전을 관리하라. 그것이 당신의 해방을 위한 열쇠가 될 것이다.

4단계 : 리앨로케이트&리마인드(Reallocate&Remind)

재무 재건의 네 번째 단계는 '무엇인가'를 매달 당신의 머니 시스템에 재할당하는 것이다. 그것이 단돈 몇 달러에 불과하더라도 괜찮다. 사업비와 생활비로 쓰고 남는 모든 잉여 소득을 저축하는 것이 좋다. 채무 상환을 위한 자금 중 몇 달러를 이 목적으로 유용하는 것도 무방하다.

목적을 가지고 저축할 때 나는 저축 잔고 현황판을 책상 앞 벽에 걸어두었다. 매일, 그것은 나에게 저축 목적을 상기시켰다(Remind). 이것이 마치 결벽증처럼 보일 수 있겠지만, 나는 2주의 휴가를 즐기기 위해 1년을 붙잡혀서 사는 직장의 노예가 되어 50년을 사는 것이 정말로 싫었다. 나는 매일 이 현황판의 액수가 몇 달러씩 올라가도록 했다.

또 다른 저축 방법으로 내가 사용한 것은 빈 커피 캔에 매일 생기는 잔돈을 넣는 것이었다. 이렇게 해서 1년에 추가로 500달러를 만들었다.

이런 전략들 중 그 어떤 것도 더 많은 돈을 벌게 해주지는 않지만, 당신의 마음이 머니 시스템의 목적에서 멀어지지 않도록 만들어 준다. 진짜 마법은 당신의 소득이 폭발적으로 증가하기 시작할 때 일어난다.

당신이 각본에서 탈출한 진화의 어떤 시점에서, 당신은 당신의 소득이 일찍이 경험해 본 적이 없는 수준으로 높아지는 것을 보게 될 것이다. 내가 매달 이윤으로 10만 달러를 우습게 벌어들이기 시작할 때, 내게 온갖 유혹이 다가왔다. 자동차도 여러 대 사고, 집도 한 채 더 장만하고, 이것도 새 것으로, 저것도 새 것으로. 하지만 나는 돈을 쓰는 대신 대부분을 저축했다. 그렇다고 자린고비 짓을 하지는 않았다.

당신의 월 소득이 수만 달러 혹은 수십만 달러로 늘어날 때 당신의 머니 시스템이 진정한 상승세를 타기 시작한다. 게다가 분기별로 치는 천둥번개(세금 고지서)에 대해 당신을 대비시켜 줄 것이다. 당신은 수백만 달러를 버는 일의 달콤 씁쓸한 맛을 체험하게 될 것이다. 폭발적 소득 증대, 만세!

경솔한 지출로 나갈 뻔한 현금을 저축하여 모은 큰돈이 평생에 걸쳐 당신에게 배당을 지불해 줄 것이다. 백만장자가 되는 과정이 지난한 꼬부랑길이 아니라는 것을 일단 깨닫고 나면 저축이 부드러운 미풍으로 느껴질 것이다.

각본 속의 양들은 서행차선을 타고 도살장으로 나아가지만 각본에서 탈출한 자유로운 사고의 소유자들은 센츠(CENTS) 비즈니스의 추월차선을 타고 고속도로를 달린다. 서행차선을 타고 백만장자가 되려면 몇 세기가 걸리지만, 추월차선을 타면 몇 년이면 충분하다.

5단계 : 리워드(Reward)

리워드(Reward 보상)는 목적 있는 저축을 위한 재무 재건에서의 마지막 단계로서, 목적 있는 저축의 여정에서 특정 이정표에 도달할 때마다 자신에게 선물을 주는 것을 의미한다. 이것은 고급 식당에서의 저녁식사일수도 있고, 휴가일 수도 있고, 재미있는 작은 기기 등을 통해 자신의 욕구를 충족시켜주는 행위일 수도 있다. 예컨대, 나의 첫 람보르기니 구매 역시 특정 재무적 이정표의 도달에 대한 보상으로 행해진 것이었다. 각본에서 탈출한 삶의 절정을 살아가고 있는 오늘날에도 나는 새로운 성취에 대해 비싼 기기, 장난감, 몇 시간이고 멍하게 텔레비전 시청하기 등으로 나 자신에게 보상을 준다.

사업비, 생활비, 채무 상환 비용을 제외하고는, 보상이 앞서 기술한 세 가지 현금 지출에 대한 유일한 예외다. 물론, 그 어떤 보상도 각본 탈출이라는 장기적 목표를 위협해서는 안 된다.

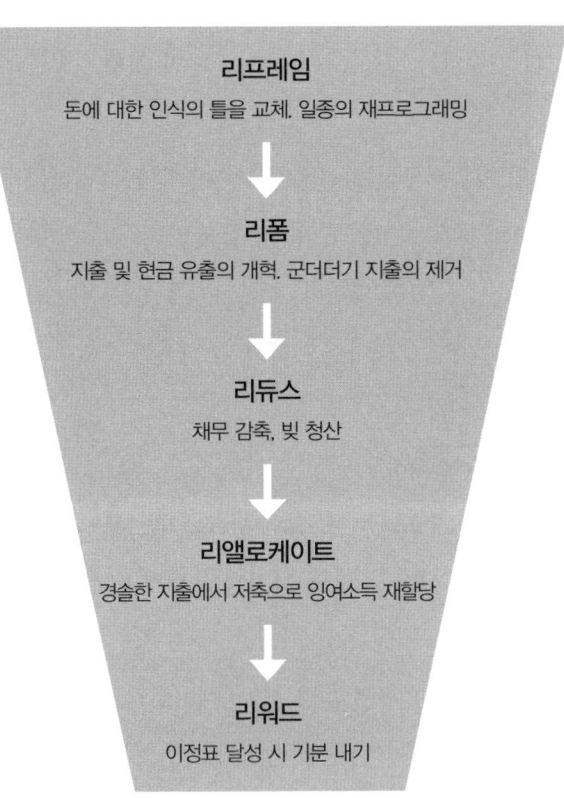

CHAPTER 45

각본탈출의 4대 규율 ❸ 쾌락 통제력 : 수고의 달콤한 열매

규율 있는 모든 노력은 몇 배로 보상받는다. -짐 론(작가)

사치를 위해 담보 잡힌 미래

나는 내 책에서 통계치를 쏟아내진 않는데, 왜냐하면 사람들이 통계 데이터를 보면서 자신만은 예외라고 느끼기 때문이다. 만일 어떤 서베이에서 '93퍼센트의 성인이 65세가 되도록 은퇴에 대한 재무적 준비가 되어 있지 않을 것이다'라고 말한다면, 우리는 자신에게만큼은 면죄부를 주고는 이렇게 생각한다. '나는 아닐 거야.'

미안하지만 규율 없이는, 그것은 바로 당신의 이야기가 될 것이다.

쾌락주의는 당신의 소득 증대에 비례해 라이프스타일을 향상시키려는 인간 본성이다. 소득이 늘 때마다 새로운 물건을 구매하려 한다. 원츠(wants 욕구)가 순식간에 니즈(needs 필요)로 변신한다. 당신의 출퇴근을 위해 믿음직한 자동차가 '필요'할지도 모른다. 그런데 그것이 7만 달러짜리일 '필요'가 있는가? 당신의 11세인 자녀가 새 아이폰을 정말로 '필요'로 하는가? 겨우 8피트에 불과한 짧은 골목길을 위해 분사식 제설기가 정말로 '필요'한가? 쾌락주의는 더 많은 소득을 더 많은 지출로 이어지게 만든다. 더 멋진 자동차, 더 큰 아파트, 더 부드러운 옷, 더 나은 이것, 더 나은 저것. 쾌락주의는 그 달 벌어 그 달 먹고사는 현대인들이 왜 그 소득의 크기와는 무관하게 인도와 서행차선에서 비틀거리고 있는지를 알게 해준다.

당신은 그것을 구매할 재무적 여력이 없다. 당신의 순자산이 1,500만 달러라면 30만 달러짜리 자동차를 구매하는 것은 아무런 문제가 되지 않는다. 하지만 박박 긁어모아야 겨우 5만 달러인 재력을 가졌다면 그 구매는 문제가 되지 않을 수 없다. 기억하라. 우리는 소비와 생산의 균형을 맞추려는 것이 아니라, 생산이 소비를 앞지르게 하려는 것이다.

쾌락에 대한 통제력을 갖게 된 사람만이 수고의 달콤한 열매를 맛보게 될 것이다.

원하는 것은 무엇이든지 살 수 있는 선택권과 재력이 막상 생기고 나면 그렇게 하고 싶은 마음은 약해진다.

간절히 갖고 싶었던 상품이 있었지만 막상 그것을 살 재무적 여력이 생기자 지나쳐버리게 된 적은 없는가? 무엇이 변했는가?

CHAPTER 46

각본탈출의 4대 규율 ❹ 결과 예측적 사고력 : 삶의 적극성 유지

모든 행동에는 결과가 따르므로, 언제나 최선을 다하라. -리차드 아이어(영화 감독)

어떻게 2분 20초가 인생을 망칠 수 있을까?

앞서 소개한 세 가지 규율이 각본에서 탈출해 약속의 땅으로 들어가는 대문이라면, 결과 예측적 사고력은 그 열쇠다.

2012년 어느 날, 애리조나 주의 어느 의료 기기 회사의 CFO는 엉뚱한 생각을 했다. 연봉으로 20만 달러나 받는 이 사람은 (칙플레이 (Chick-fil-A) CEO에게나 따졌어야 할 내용으로) 칙플레이의 드라이브-스루 (drive-through) 판매 창구의 아르바이트 사원을 꾸짖는 자신의 모습을 비디오에 담아 유튜브에 올리기로 했다. 2분 20초 길이의 그 비디오는 바이러스처럼 번져가서 전국적인 후폭풍을 불러왔다. 그 결과 그는 즉각적으로 해고되었다. 게다가, 보도에 따르면, 이 오만한 남자는 200

461

만 달러가 넘는 스톡옵션도 잃었고, 2015년 3월 현재 실직자로서 식량 배급표로 끼니를 해결하고 있다.

꿈의 집을 짓느라고 2년을 소모할 수 있지만, 그것을 태워버리는 데는 부주의하게 내려놓은 담뱃불 하나면 충분하다. 과정은 결과를 만들어 내지만(마침내 꿈꾸던 CFO가 되었어!), 사건 하나(시간당 8달러를 받는 아르바이트 사원에게 호통 좀 쳐보자!)가 그 과정을 갈기갈기 찢어버릴 수 있다.

당신의 사회적 교제 범위 안에 들어오는 사람들은 당신을 멸망으로 이끌 수도 있고, 승리로 인도할 수도 있다. 문제는 당신의 목적에 장애가 될 사람들을 알아보고 제외시킬 수 있는가 하는 것이다. 당신은 누군가의 부정적인 관성이 당신을 어둠의 장소로 데려가도록 내버려둘 것인가? 아니면 당신의 선택에 있어서 CEO로서 전향적인 조치를 취할 것인가?

 부정적인 영향을 미치거나 파괴적인 사람들은, 그가 가족이든, 대학 친구나 선후배든, 직장 동료든, 어떤 경우에든 멀리해야 한다.

결과 예측과 선택

결과 예측적 사고를 하는 사람은 행동하기 전에 생각한다. '이 행동이 가져올 수 있는 최상의 그리고 최악의 결과는 어떤 것이고, 합리적으로 따져볼 때 그 확률은 얼마인가? 그리고 예상되는 결과가 모험을 해서라도 얻을 값어치가 있는 것인가?

선택권은 우리가 가진 자산 중 가장 강력한 것이다. 우리 모두는 선택권을 가지고 있지만, 선택권을 가지고 있다는 사실을 쉽게 망각한다. 선택의 모든 결과는-좋은 것이든 나쁜 것이든-우리의 몫이다. 오늘 당신이 어디에 위치해 있든지 간에-그 각본으로부터 놓여나 있든지 아니면 그것에 의해 감금되어 있든지-당신은 당신이 내린 선택의 결과물이라는 진실을 직시하라.

돈은 규율을 대신할 수 없다

돈과 자유 둘 다 벌어들이는 수익적 비즈니스가 우리의 목표이긴 하지만 그렇다고 돈으로 규율을 살 수는 없다. 만일 당신이 1년에 5만 달러를 벌고도 고전한다면, 당신은 1년에 50만 달러를 벌어도 고전할 가능성이 크다. 단지 집에 있는 침실의 수만 늘어나 있을 것이다. 규율이 없다면, 더 많은 돈이 돈 문제를 해결해주지 못한다. 큰 소득은 나쁜 결과가 나타나는 것을 늦추어주거나 그것들의 존재를 가려줄 수는 있겠지만, 결국에 가서는 돈으로 막을 수 없는 날이 오고야 말 것이다.

PART 5

다시는 돈 때문에 일하지 말라

제5부 저술 목표
Author's Objective

평생에 걸친 수동적 소득
LIFETIME PASSIVE INCOME

5대 기본툴출 구성 요소들의 중요성을 강조하는 한편 머니 시스템(money system)의 기술적 측면들을 보여주고 남은 일생 동안 어떻게 수동적 소득을 창출할 것인지를 알려줄 것이다.

CHAPTER 47

또 다시 정신차렷!

재능 없는 예술가가 무용지물이듯이 노력 없는 재능도 아무짝에도 쓸모가 없다. -에밀 졸라(작가)

약속의 땅

축하한다. 당신은 드디어 약속의 땅에 첫 발을 내디뎠다. 당신은 각본에서 탈출했다. 인생의 새 장(章)이 펼쳐졌다. 당신은 이제 종착역에 도달했고 목적이 달성되었다고 생각할지도 모른다. 그렇지만 진짜 시작은 지금부터다. 이곳에서 당신은 정신을 더 바짝 차려야 한다. 당신이 원하는 것이 무엇이든지, 언제든지, 어디에서든지. 이 약속의 땅에서의 규범은 '삶에 끌려 다니지 말고 삶을 영위하라'이다.

자신의 부족한 상태에 대해서 약이 바짝 올라서 정신이 번쩍 드는 것은 아름다운 일이다. 신념, 의미와 목적, 센츠(CENTS) 비즈니스, 실행, 규율 이 다섯 가지는 우리에게 언제나 필요한 것이다. 그것들을 잘

배합해서 만든 '열받고 정신차렷!'이라는 백신은 그 각본에 대한 면역력을 길러준다. 꿈에 못 미치는 현실 안주 방지. 출퇴근 카드 찍는 노역의 삶으로의 귀환 방지.

애석하게도, 이 각본탈출 구성 요소들 중 하나만 빠져도 각본탈출은 실패로 돌아간다. 이 다섯 가지 성분은 케이크의 레시피와도 같다. '어, 설탕이 없네! 그냥 넣지 말고 만들어보자' 그 결과는 맛없는 케이크다. 여기서 이 각본탈출 구성 성분들은 한번 사용해보지 않겠냐고 제안할 사안이 아니다. 이것들은 꼭 있어야 할 필수 성분들이다. 하나라도 빠지면 어떤 일이 벌어지는지 살펴보자.

자기 파괴적 능력자

- 강점 : 의미와 목적, 센스 비즈니스, 실행, 규율
- 약점 : 신념

결과

훌륭한 아이디어와 의욕이 넘치고 성공적인 기업가가 되기 위한 역량을 골고루 갖추고 있지만, 자신의 마음이 최악의 적이다. 마음에 가득 담긴 그릇된 신념·편견·허튼소리(3B)를 통해 아이디어는 무시된다. 실행에 필요한 지능과 재능을 충분히 갖추고 있음에도 자기 파괴적인 신념이 성과로 가는 길을 가로막는다. 그러다 보니 평생 월급쟁이로 살게 되는데, 비즈니스 아이디어와 그 실천이 효과적으로 진행되지 못하기 때문이다. 더욱이 비윤리적이고 비도덕적인 길을 간다. 그

길에서는 성공과 돈과 기업가정신이 오롯이 그 빛을 발휘하지 못하고, 성공하기 위해서는 탐욕과 속임수가 필요하다는 부정적 사고방식이 뒤엉켜버린다.

방황하는 떠돌이

- 강점 : 신념, 센츠 비즈니스, 실행, 규율
- 약점 : 의미와 목적

결과

의미와 목적이 결여된 각본탈출 과정은 주도적인 생각, 동기부여, 인내의 결핍을 겪는다. 결과적으로, 기업가는 동기부여 사이클의 페달을 충분히 밟아 보지도 않은 채 너무도 빨리 포기한다. 결승선은 아직 저 멀리 있는데도 의미와 목적을 잃어버리고 방황한다.

명맥만 붙은 기업가

- 강점 : 신념, 의미와 목적, 실행, 규율
- 약점 : 센츠 비즈니스

결과

센츠의 5계명을 충족시키지 못하는 비즈니스를 운영하는 기업가는 큰 부나 자유를 획득하는 데 어려움을 겪는다. 이런 기업가는 수익을 낼 수 있을지는 몰라도, 순자산의 가속적 증대나 자유의 증진 같은 일은 일어나지 않는다. 비즈니스가 핵심적 센츠 요소들을 갖추지 못하다 보니, 초반에는 승기를 잡는 것 같지만 성장과 수익성의 부족으로 번창의 길로는 나아가지 못하고 그저 생존만 하게 된다.

머리만 기업가

- 강점 : 신념, 의미와 목적, 센츠 비즈니스, 규율
- 약점 : 실행

결과

아이디어는 많아도 실행이 약한 기업가들이 있다. 그들은 자신과 비슷한 아이디어로 남들이 돈을 버는 것을 지켜보고만 있다. 이런 머리만 기업가인 사람에게는 날마다 위대한 아이디어가 오고 가지만, 그에게는 행동하고 평가하고 조정할 의지가 박약하다.

전형적으로, 머리만 기업가인 사람들은 돈이 되는 아이디어 자체에 매몰되고 현실적인 실행에는 투신하지 않는다. 그들이 강력한 의미와 목적을 추구하는 것은 사실이지만, 그 초점이 흐릿해진 나머지 이 아이디어에서 저 아이디어로 생각만 많고, 은제 탄환을 추구하고, 지름길 찾기에 혈안이 되어 있다. 그 결과, 그들이 추구하는 강력한 의미와 목적은 끝 모르는 액션페이킹의 하수구로 빠져들고, 억만장자에게 멘토가 되어 달라고 조르고, 주구장창 책만 읽고, 비싼 구루 강좌에 등록한다. 자신의 실행력을 탓해야 하는데 아이디어를 탓한다. '이 아이

디어는 충분히 시장의 마음을 흔들어놓지를 못해'라거나 '에이, 누군가 벌써 하고 있네'라면서.

머리만 기업가인 사람들은 실행이 부실하다 보니 "내게 모든 단계를 알려주세요"라는 말을 입에 달고 사는 경우가 많다. 이런 유형의 기업가 지망생들은 정확히 무엇을 어떻게 어디에서 실행해야 할지에 대한 비법과 목록을 찾아 헤맨다. 결국 머리만 기업가인 사람들은 동기부여 사이클에 올라타는 것은 잘 하는데, 견인력을 발휘하고 계속적인 움직임의 원천인 가치회로를 연결하는 데는 어려움을 겪는다.

몰락한 록 스타 유형의 기업가

- 강점 : 신념, 의미와 목적, 센츠 비즈니스, 실행
- 약점 : 규율

결과

유감스럽게도 '몰락한 록 스타' 유형의 기업가는 개인적인 삶에 있어서 올바른 의사결정을 내리지 못하고 무모한 짓을 저지른다. 기분 내키는 대로 하다가 일을 망치거나, 돈을 펑펑 쓰거나, 추악한 사람들과 손을 잡거나, 마약을 남용하거나, 결혼 상대자를 생각 없이 선택한다.

비즈니스 세계에서는, 화려한 삶을 살다가 67세라는 다소 젊은 나이에 사망한 영국 기업가인 펠릭스 데니스(Felix Dennis)가 몰락한 록 스타 기업가의 유형에 들 것이다. 그는 많은 애인을 거느리고 불법 마약을 남용하며 제멋대로 살고 있다는 것을 공공연하게 글로 남겼다. 그

의 그런 행동이 원인이 되어 인후암으로 조기 사망했는지는 정확히 알 수 없으나 그가 '한 번 사는 인생, 즐기자' 식으로 살았다는 것은 충분히 알 수 있다. 그에게 규율은 우선순위가 아니었음이 분명하다.

방종의 영락(榮樂)을 누리던 유명인이 영락(零落)을 감수해야 할 때 그 비극적 판결문의 주문(主文)에는 규율의 실패라는 글귀와 함께 파산이라든지 청산의 날이라든지 심지어는 조기 사망이라는 판결이 명시된다.

 위의 자격미달 기업가 분류 중 당신의 현재 비즈니스 상태와 부합하는 것이 혹시 있는가?

CHAPTER 48

당신의 마지막 비즈니스

부는 대체로 좋은 것이다. 부가 여유시간을 부여하기 때문이다. -찰스 램(저술가)

※ 일러두기
48장은 저자가 소득을 관리하는 법을 보여주기 위한 것으로, 금융상품 소개와 직접적인 관련이 없으며, 우리나라의 투자환경은 미국과 차이가 있으므로 세부적인 투자 정보는 참고 자료로만 활용하시기 바랍니다.

각본에서 탈출한 머니 시스템

나의 첫 책이 출간된 후 많은 독자들이 내게 머니 시스템이 어떻게 자동하는지 물어왔고, 그것은 내게 충격이었다. "어떻게 하면 제 돈으로 이자를 벌 수 있을까요?", "어디로 가야 하나요?", "무엇을 해야 하나요?" 사실 내 친구 중에 돈 많은 기업주들에게 컨설팅 서비스를 제공하는 녀석이 있는데, 그 친구 역시 고객들을 대할 때 비슷한 말을 듣고 당황할 때가 있다고 한다. 그들은 현금을 모을 줄은 알지만, 모은 돈을 가지고 무엇을 할지는 모른다. 백만 달러의 현금을 보유하는 것은 대단한 일이다. 그렇지만 그 백만 달러를 은행에 예금하고 한 달에 72센트를 벌어들이고 있다면 그것은 한심한 일이다.

수동 소득을 위한 투자가 현재의 생활비와 미래 생활비의 예측치를 넘어서는 돈을 벌어주기 시작할 때 일은 선택 사항이 된다. 즉, 당신은 일을 하고 안 하고를 결정할 수 있게 된다. 그리고 만일 당신에게 갚아야 할 빚이나 모기지나 자동차 할부융자가 없다면, 그런 임계치는 놀랍도록 수월하게 달성될 수 있는데, 큰 재산을 축적하는 데 지대한 관심이 없는 사람에게조차 그 일은 어렵지 않을 것이다.

먼저, 면책 성명을 늘어놓고 시작해야겠다. 다음 내용은 나의 의견일 뿐이므로 그 이상으로 확대해석해서는 안 된다. 재무, 법무, 세무 그리고 기타 분야의 전문가적 조언으로 해석되어서는 안 된다. 이들 분야에 대한 공식적 조언을 구하고자 한다면 '자격증이 있는 전문가'를 접촉하기 바란다.

세 개의 항아리

자, 이제 과즙이 흐르는 맛있는 부위를 공략해 보자. 효과적인 각본에서 탈출한 머니 시스템에서 돈은 세 개의 항아리로 들어간다. 두 개의 항아리는 필수이고 하나의 항아리는 선택이다. 각 항아리의 크기는 당신의 라이프스타일 목표와 각 항아리가 대변하는 항목에 대한 당신의 위험 감수도에 따라 달라진다.

1. '노는 돈' 항아리
2. '집' 항아리
3. '수동 급여' 항아리

'노는 돈' 항아리

'노는 돈' 항아리는 증권회사와 단기금융시장 계좌(MMA; Money-Market Account)다. 그 안에 들어 앉아 있는 돈은 보통 아무것도 안 한다(그렇다, 돈을 못 번다). '노는 돈' 항아리에 돈을 넣는 것은 진심으로 확정적인 투자수익을 바라서가 아니라 당신의 선택권을 위해서다.

예를 들어, 만일 당신이 신생기업에 투자하거나, 엔젤 투자자가 되거나, 라스베이거스의 포커 토너먼트에서 손을 풀어보고 싶다면 '노는 돈' 항아리에서 돈을 꺼내 쓸 수 있을 것이다. 고등학교 때 친구가 새로운 기업을 창업했는데 그가 지분 투자를 받고 있다면 '노는 돈' 항아리에 있는 돈으로 당신은 대주주가 될 수도 소주주가 될 수도 있을 것이다. 대박의 기대를 품은 채 월스트리트의 장단에 맞추어 왈츠를 추면서 한 바구니의 바이오테크 주식을 사들이고 싶다면 투자할 돈은 '노는 돈' 항아리에서 나올 것이다. 만약 당신의 꿈의 저택이 매물로 나왔는데, 그것도 운 좋게도 압류 매물로 헐값에 나왔다면 '노는 돈' 항아리는 당신에게 재빨리 현금을 마련해 경매에서 이길 확률을 높여준다.

재무 긴설턴트가 내게 전화를 해왔을 때 그는 인플레이션에 대해 언급하면서 나의 현금이 '일을 하게 될 것'이라는 논리를 펼쳤다. 그는 자신이 언급하는 나의 계좌가 내게 있어서 '노는 돈' 항아리라는 것을 알지 못했던 것이다. 그리고 '노는 돈' 항아리라는 개념조차 알지 못했다. 기회를 잡기 위한 유동성 자금의 쉼터라는 것을.

당신의 '노는 돈' 항아리에 모인 돈은 리스크테이킹을 통해 잃을 수도 있는 돈이지만, 그런 손실은 당신의 라이프스타일을 위협하지 않는다. '노는 돈' 항아리가 보는 손실은 당신의 인생에 부정적인 영향을 미쳐서는 안 되고, 다음의 투기성 모험에 쓸 돈이 부족해지는 것 이상의 파급 효과는 없어야 한다. 사실상 '노는 돈' 항아리는 당신의 라이프스타일을 풍성하게 하거나 다른 항아리들에 더 많은 돈을 채우는 데 이용될 수 있어야 한다.

'집' 항아리

선택적 항아리인 집 항아리는 당신이 꿈꾸는 집을, 그것도 모기지도 그 어떤 방해 조건도 붙어 있지 않는 채 소유하는 것에 대한 것이다. 모기지 이자가 면세 대상이 되긴 하지만 33센트를 아끼기 위해 1달러를 쓰는 것은 말이 되지 않는다. 그것은 당신이 어떤 세율을 적용받든 마찬가지다. 당신이 일생 중 가장 많은 돈을 쓰는 것은 가족과 함께 생활할 집이다. 집이라는 비용 요소를 제하고 나면, 돈 문제는 사실상 미미해진다. 이를 대체할 항아리는 다음에 나오는 수동 급여 항아리로서(그래서 집 항아리가 선택적인 것이다), 그것을 충분히 크게 해서 아무런 스트레스나 문제없이 매월 모기지 상환을 하거나 월세를 내는 방안이 있다.

'수동 급여' 항아리

각본탈출에 있어서 가장 중요한 항아리는 수동 급여 항아리다. 그리고 그것은 25장에서 언급된 자본 원칙에 그 기반을 두고 있다. 누군가가 '머니 시스템'을 입에 올릴 때마다 그들이 실제 가리키는 것은 수동 급여 항아리다. 각본에서 탈출한 기업가에게 있어서 수동 급여 항아리는 당신의 청구서들을 결제해주고, 라이프스타일을 풍요롭게 해주고, 믿을 수 있는 꾸준한 현금의 유입 흐름을 보장해주는 금융 상품들로 이루어진 수동 소득 시스템인 것이다. 그런 금융 상품으로는 채권, 상장지수펀드(ETF; Exchange-Traded Fund), 옵션, 주식, 은행 예금, 투자신탁-무엇이든 예측 가능한 명기된 수익을 안겨주는 것-이 있다. 저비용의 뮤추얼 펀드도 이에 해당될 수 있다.

그렇다, 내가 방금 뮤추얼 펀드를 권했다. 나의 이 모순은 그 목적의 측면에서 면죄부가 주어진다. 즉, 성장이 아닌 소득을 위한 목적으로 뮤추얼 펀드에 투자하라는 것이다. 당신의 수동 급여 항아리에 대해 5퍼센트의 수익률로 얻어지는 소득이 당신이 편안하게 (혹은 사치스럽게) 행복한 삶을 누릴 수 있을 정도로 충분히 커지면, 다른 항아리들에 원하는 대로 돈을 넣으라.

수동 급여 항아리 = 머니 시스템

대부분의 사람들이 생각하는 것과는 다르게 사업을 시작하는 데 엄청나게 큰돈이 필요하지는 않다. 나는 1천 달러도 되지 않는 돈으로 회사를 차렸었다. 책을 출간하는 데도 단 돈 몇 천 달러로 족했다. 우리 포럼만 보더라도, 많은 영악한 사람들이 크레이그스리스트의 폐물을 되팔아서 새로운 현금 흐름을 창출한다. '돈을 벌려면 돈이 있어야 한다'는 것은 돈의 비즈니스에서는 맞는 말이지만 사업에 있어서는 새빨간 거짓말 중 하나다.

눈코 뜰 새 없이 바쁜 기업가가 자본 원칙을 통해 투자 소득으로 먹고사는 반쯤 은퇴한 기업가로 변신하는 것은 활동에 있어서 근본적인 전환이지만, 이런 활동 역시 여전히 비즈니스라고 할 수 있다. 사업을 운영하는 대신, 당신은 돈의 비즈니스를 운영하게 된다. 머니 시스템은 사실 자본 대여 시스템이다. 임대료를 받는 부동산 투자자나 라이선스 로열티를 받는 투자자처럼, 돈의 비즈니스는 자본을 대여하고 그에 따른 일종의 임대료를 받는다. 맨해튼의 주차장 부지나 단독세대 주택과 같은 물리적 자산의 사용권을 넘겨주는 대신에 당신의 돈에 대한 사용권을 양도해주는 것이다. 그 대가로 당신은 더 많은 돈을 받을 수 있을 것이라고 기대하게 된다. 우리의 수동 급여 항아리에는 우리의 돈을 효과적으로 대여하는 데 이용할 수 있는 여섯 가지의 주된 도구들이 있다. 그것은 다음과 같다.

1. 주식 배당
2. 부동산투자신탁(REIT; Real Estate Investment Trust) 배당
3. 마스터합자회사(MLP; master limited partnership) 소득
4. 채권 이자
5. 대부 이자
6. 관리운용 배분(managed distributions)

1. 주식 배당

상장 혹은 비상장 주식회사의 보통주나 우선주의 소유권에 기초해 회사의 수익을 나누어 받는 것이 주식 배당이다. 배당을 지급하는 기업은 수익의 일부를 주주들에게 배당하는데, 보통 매분기마다 배당을 실시한다. 만일 당신이 존슨앤존슨(JNJ; Johnson & Johnson) 주식을 1만 주 매입하고 주당 3달러를 매분기마다 배당받는다면 당신은 1년에 배

당으로 3만 달러를 받는 것이다.

2. 부동산투자신탁 배당

리츠(REITs; Real Estate Investment Trusts) 혹은 부동산투자신탁으로부터 나오는 배당은 각본에서 탈출한 투자자에게 매우 뛰어난 소득의 원천이 된다. 부동산투자신탁도 법인으로서 부동산 관련 자산들을 관리하고 운용한다. 그와 같은 자산들은 아파트, 호텔, 쇼핑센터, 사무 단지와 같은 유형자산일 수도 있고, 주택저당증권(MBS; Mortgage-Backed Security)과 같은 무형자산일 수도 있다. 법인이 부동산투자신탁으로 간주되려면 몇 가지 요건을 갖추어야 하는데, 예를 들어서 자산의 75퍼센트가 부동산과 관련이 있어야만 한다. 더욱이 부동산투자신탁의 과세소득의 90퍼센트는 반드시 주주들에게 분배되어야 한다. 이 요건 때문에 부동산투자신탁은 평균보다 높고 상당히 매력적인 배당 수익률을 자랑한다.

상장된 부동산투자신탁은 주요 거래소에서 거래되는데, 유동성이 높고, 부동산 소유에 얽힌 골칫거리들—고장 난 에어컨, 터진 온수기, 막무가내 세입자—을 멀리하면서도 부동산 소득을 올릴 좋은 기회를 제공해준다.

3. 마스터합자회사 소득

마스터합자회사 또는 MLP는 배당을 실시하는 주식회사와 유사하지만 소득이 합자회사 소득 또는 합자회사 분배로 분류된다는 점에서 차이가 난다. 부동산투자신탁과 비슷하게, 마스터합자회사도 일정 자격을 충족시키는 적격 소득 원천으로부터의 소득 비율이 90퍼센트가 되어야 하는데, 대부분은 원유와 천연가스, 에너지 생산, 관로(管路), 교통 분야 등 상품과 관련이 있다. 마스터합작회사는 오픈마켓에서 거래되고 매력적인 배당을 지급하는데, 유동성도 비교적 괜찮은 편이다.

4. 채권 이자

채권 이자는 중앙 및 지방 정부나 법인이 발행하는 융자나 채무증서와 관련해 수령한다. 채무자에게 돈을 빌려줌으로써 당신은 사전에 정한 시간 간격에 따라 '쿠폰' 혹은 이자 지급을 받게 된다. 이를테면, ABC 코퍼레이션에 100달러를 빌려주고 향후 5년에 걸쳐 분기당 3달러를 받는 식이고, 이 경우 자본 수익률은 12퍼센트다. 5년의 만기가 꽉 찬 시점에서, ABC 코퍼레이션은 당신에게 100달러를 돌려준다. 이런 융자의 규모, 이자율, 기간, 합규성(合規性)은 채권 발행 조건에 달려 있다. 다음과 같은 채권을 이용해 당신은 돈을 빌려주고 규칙적인 이자를 지급받을 수 있는데, 일을 하지 않고 정기적으로 급여를 받는 것과 다를 바가 없다.

- 회사채(사채 corporate bonds) : 법인이 회사 성장을 위해 채무증서를 발행해 일정한 이자율에 따라 이자를 지급하면서 빚을 지는데, 회사 영업 활동을 통해 더 높은 수익률을 달성할 수 있을 것이라는 기대를 갖고 있다는 점에서 일종의 차액거래를 시도하는 것으로 볼 수 있다.
- 정부채권(국채 government bonds) : 국채는 국가가 지는 빚으로서

정부 활동을 위해 필요한 돈을 빌리기 위해 중앙정부가 발행한다.
- 지방자치단체채권(지방채 municipal bonds) : 지방채의 이율은 회사채보다 낮지만 고소득자들에게는 매력 있는 투자 대상인데, 이자소득에 대한 연방세가 면제되기 때문이다. 또한 거주 중인 주(州) 내에서 발행되는 채권의 경우에는 주와 해당자치단체가 부과하는 소득세를 면제받을 수 있다.

아쉽지만 채권의 형태와 어디서 구매하느냐에 따라, 개별 채권들을 직접 구매하는 것은 돈이 많이 들 수 있다. 채권 시장은 유동성이 많이 떨어지고, 그러다 보니 매도 매수 스프레드가 유효 수익에 큰 부담이 될 수 있다. 또한 채권의 시장 가치는 이자율에 역비례해서 움직인다. 만기 전에 채권을 매도하려 하는데 이자율이 상승하는 상황이라면 액면가보다 싸게 팔아야 할 것이고, 투자 전체가 손실로 마감될 수도 있다. 이에 더해, 개별 채권은 채무불이행의 위험(디폴트리스크)도 안고 있다.

5. 대부 이자

채권과 비슷하게, 대부 이자 역시 차용증서를 근거로 받는 돈으로, 그 상대는 기관이 될 수도 있고 개인이 될 수도 있다. 은행에게 있어서, 그런 대부는 예금증서(CD; Certificate of Deposit)라는 이름을 가지고 있다. 은행에 예금을 일괄 불입함으로써 은행에 돈을 빌려주게 되는데, 그 대가로 약정된 기간과 이자율에 따라 이자를 정기적으로 지급받는다. 애석하게도, 그런 투자가 매력을 지녔던 마지막 시절은 레이건 행정부 때였다. 코웃음이 쳐지도록 낮은 이자율을 은행들이 제시하는 까닭에, 예금증서는 은행권 전반의 리스크에 비추어볼 때 수동 급여 항아리의 투자로서는 적합하지 못하다. 2008년 세계 금융 위기로 몇몇 큰 곳을 포함해 50곳이 넘는 은행이 지급불능 상태를 맞이했다. 1.1퍼센트의 낮은 수익률을 바라고 이런 위험을 감수하는 것이 말이 되겠는가?

또 다른 대부 이자 획득의 방편은 개인 간에 돈을 빌려주고 빌리는 것이다. 개인 간 금전 거래는 쉽게 말해서 이웃에게 돈을 꾸어주는 것인데, 이웃이 옆집이 아니라 수백 마일 멀리 떨어져 있을 수도 있다. 개인 간 대부를 돕는 서비스 제공에 있어서 양대 산맥을 이루고 있는 것이 프라스퍼(Prosper.com)와 렌딩클럽(LendingClub.com)이다. 두 회사 모두 수많은 개인들 간에 다양한 대부의 기회를 제공한다. 신용도가 높은 차용자에게 돈을 빌려줄 경우 그 수익률은 최고 6퍼센트에 이른다. 신용도가 낮은 차용자의 경우, 이자율이 25퍼센트까지 뻥 튀겨질 수도 있다. 개인 간 대부의 좋은 점은 다양성이다. 1,000명의 다양한 사람들이 25달러씩 빌린다고 할 때 채무불이행의 위험이 다양하고 이에 따라 기대 수익이 계산된다. 그 중 서너 명이 나가 떨어져서 상환을 못한다 해도 전체 수익은 큰 영향을 받지 않는다.

6. 관리운용 배분

금융회사가 전문적으로 운용하는 일단(一團)의 금융상품으로부터 나오는 운용 수익을 배분받는 방법도 있다. 이와 같은 펀드로는 상장지수펀드(ETFs; Exchange-Traded Funds), 폐쇄형 펀드(CEFs; Closed-End Funds)와 헤지펀드 등이 있다.

예를 들어서, 뱅가드 디비든드 어프리시에이션 상장지수펀드(VIG; Vanguard Dividend Appreciation ETF)는 100여 개의 배당주로 구성되어 있고, 그것의 운용 배분은 배당의 행태로 지급된다. 100가지의 배당주를 구매하는 대신 이 상장지수펀드를 구매하면 즉각적인 수입원과 함께 투자의 다양성도 확보할 수 있다.

이 모든 금융 상품들은 수동 급여 항아리를 확립해주는 자본 대여 사업에 이용될 수 있고, 수동 급여 항아리는 정기적이고 반복적인 수동 소득을 여생에 걸쳐 창출해주는 시스템이다. 하지만 실전에 들어가기 전에, 당신이 수만 달러를 투자하려 하든 수천만 달러를 투자하려 하든, 원금을 안전하게 보존하고 소득이 꾸준히 흘러들어올 수 있도록 하기 위해 지켜야 할 7대 법칙에 대해 알아두어야 한다.

수동 급여 항아리가 늘 차고 넘치게 하기 위한 7대 법칙

1. 임대의 법칙 : 임대료를 받으라

이렇게 한번 생각해 보자. 당신이 비싼 상업용 부동산을 샀는데, 세를 들고자 하는 사람이 월세를 내는 대신에 자신이 새로 개업하는 식당의 지분을 조금 당신에게 주고 미래 수익도 일부 주겠다는 제안을 해온다. 이 미래 수익이 언제부터 언제까지 또 얼마나 들어올지는 알 수 없고 또 정말로 수익이 발생할 것이라는 보장조차 없다. 아, 하나 더 있다. 이 미래 수익의 일부를 당신에게 지급하는 것은 그 예비 세입자가 임의로 결정하겠다고 한다. 당신에게 있어서 월세를 대신해 들어올 수익의 실현은 몇 달 후가 될 수도 있고 몇 십 년 후가 될 수도 있으며, 아예 일어나지 않을 수도 있다. 한편 그 예비 세입자는 당신에게 묵묵히 앉아서 그의 식당이 성공해서 당신의 소유권 지분이 가치를 갖게 되기를 바라기만 하라고 말한다. 해볼 만한 거래인가? 당신은 아마도 그렇게 생각하지 않을 것이다.

그런데 이 그림은 사람들이 주식시장에 투자함으로써 자신의 은퇴 생활을 대비하는 방식과 꼭 닮아 있다. 그들은 자신의 돈과 이별하면서, 그 대가로 미래의 수익 발생 혹은 주가 상승의 혜택 중 일부를 누릴 수 있기를 기대한다. 그런데 수익 발생에 대해서도 주가 상승에 대해서도 아무런 보장이 없다.

사실상 수익이 명기되지 않은 증권에의 '투자'는 어떤 것이든 50대 50의 확률로 동전 던지기를 하는 것과 진배없다. 증권 가치가 오르면 돈을 딴다. 내리면 잃는다. 사실 '돈'이라는 부동산을 임대하고는 월세를 전혀 받지 않는 것과 다름없다.

수동 급여 항아리와 관련된 우리의 첫 번째 규칙인 임대의 법칙은 수동 급여 항아리의 돈에 대한 통제권을 넘겨줄 때 무조건부의 약속이나 동전 던지기를 향한 꿈이 아닌 임대료를 요구해야 한다는 것이다.

당신이 받아야 할 임대료로 말하자면, 앞서 언급한 소득 흐름의 유형들(배당, 이자, 혹은 합자회사 소득) 중 하나의 형태로 매월 혹은 매분기에 규칙적으로 들어와야 한다.

2. 번개의 법칙 : 번개처럼 빠른 현금화가 가능해야 한다

오늘의 훌륭한 투자가 내일의 나쁜 투자가 될 수 있다. 몇 년 전에 행했던 몇몇 인터뷰에서 나는 호주 국채를 괜찮은 투자물이라고 추천

했었다. 그런데 그 조언은 오늘날에는 유효하지 않다. 내가 그 인터뷰를 할 때는 호주 달러가 이자율도 좋았고 구매력도 상당했었다.

그 후 거시경제 상황들이 바뀌었다. 몇 년 전에 한 조언의 효력은 오늘날에 와서는 의심스러울 뿐이다. 다시 말해서, 세계 경제가 굴곡진 길을 가다 보니 수동 급여 항아리를 채우기 위한 올바른 투자도 바뀔 수밖에 없다. 이 책에서 어떤 투자가 좋고 어떤 투자가 나쁜지를 말해줄 수 없는데, 그도 그럴 것이 이 책이 출간되어 독자들의 손에 도달할 즈음에는 한때 먹음직했던 투자물이 시큼 떨떠름한 것으로 변해 있을 수 있기 때문이다.

번개의 법칙은 경제적 변화라는 유체를 타고 흐른다. 수동 급여 항아리를 위한 투자는 당신이 '손가락을 딱 하고 튕기기만 하면 번개처럼 빠르게' 현금화될 수 있도록 높은 유동성을 유지해야만 한다.

3. 종말의 법칙 : 세계 금융시장이 무너지지 않는 한 당신의 투자 원금도 건재해야 한다

CNBC에서 방영하는 〈미국의 탐욕(American Greed)〉은 내가 즐겨보는 프로그램 중 하나다. 이 1시간 길이의 프로그램은 미국 최악의 금융사기 사건들 중 몇 가지를 연대순으로 구성해서 보여준다. 폰지 스킴, 투자사기, 돈세탁—금융 관련 비행(非行)들이 총망라해 카메오로 등장한다. 또 어떤 할머니가 사기를 당해 평생 모은 예금과 캐딜락을 날릴 때 눈에 익은 패턴이 한 가지 발견된다. 엉클 조가 엉클 밥에게 러스티그스 투자 펀드가 연 20퍼센트를 준다더라고 말한다. 그리고 펑! 투자자는 깡통을 차지만 회사는 건재하다.

이런 패턴은 제3법칙을 강조해준다. 종말의 법칙은 세계 금융시장이 종말을 고하지 않는 한 당신의 투자 원금에 대한 재앙적 위협이 있어서는 안 된다는 법칙이다.

나는 법정통화의 하이퍼인플레이션이나 뱅킹 시스템의 붕괴를 금융적 종말이라고 여긴다. 반대로, 작은 회사가 저지르는 금융 사기나 파산은 은행 제도에 종말적 파멸을 가져오지 않고, 단순히 투자자에게만 파멸적이다. 그와 같은 사건들은 저녁 뉴스로 소개되지 않겠지만 당신의 여생을 위태롭게 하는 금융적 실패로 뚜렷하게 각인될 것이다.

4. 3·3의 법칙 : 3개월 미실현 이득이 3년 배당 이상일 때 팔아라

3·3의 법칙은 만일 당신의 투자 중 그 어떤 것이라도, 주식이든 채권이든, 3개월의 기간 이내에 3년치 배당과 동일하거나 초과하는 미실현 이득 상승을 보일 때 매도하고 이익을 챙기라고 말한다. 이런 상승을 일종의 압축된 배당 선수금으로 여기고, 그 돈을 받기 위해 3년을 기다리느니 그냥 지금 팔아서 현금을 챙기는 것이다. 오늘의 돈이 내일의 돈보다 좋다.

자산 가치 상승이 수동 급여 항아리의 목표들 중 하나는 아니지만, 자산 가치 상승은 일어난다. 그럴 때면 3·3의 법칙을 안내자 삼아서 미실현 이득을 압축 배당 삼아 실현해야 한다. 만일 가치가 상승한 자산을 매각한 뒤 그 자산 가치가 다시 떨어지면, 재매입을 고려해야 하는데, 나는 이때 66퍼센트 평균 회귀를 재매입 깃발로 간주한다. 회사의 재무 지표들이 변함이 없다고 가정할 때, 66퍼센트라는 기준은 규칙이라기보다는 지침에 해당한다.

예를 들어서, 우리의 서던 컴퍼니 시나리오에서, 50달러 지점에서의 주식 매각(43달러에서 7달러 움직여서 50달러 달성 시 주식 매각)의 경우, 45달러 안팎에서 재구매를 하는 것이 괜찮을 것이다(7달러의 66퍼센트는 4.62달러이고, 50달러에서 4.62달러를 빼면 45.38달러가 된다). 66퍼센트 평균 회귀라는 재구매 신호 깃발에 대해 조금 더 부연설명을 하자면, 평균 회귀라는 것은 주식이 하늘로 치솟거나 땅으로 꺼지는 것이 아니라 주가가 평균값으로 돌아가는 경향성을 보이는 일종의 통계적 확률에 대한 개념이다. 나는 이런 매입-매각-재매입의 장단에 맞추어 춤을 추곤 한다. 언뜻 엄청난 노력이 들 것 같아 보이지만, 사실은 매일 10초를 투자해 당신의 수동 급여 항아리 투자들을 들여다보는 것으로 족하다.

5. 아크바 제독의 법칙 : "함정이닷!" 아크바 제독의 외침을 듣고 배당 함정에 조심하라

너무 좋은 나머지 꿈인지 생시인지 확인해 보려고 자기 볼을 꼬집어 본다는 말이 있다. 수동 급여 항아리 투자에 대해서도 우리는 자기 볼을 꼬집어보아야 할 때가 있다. 만일 S&P500의 연 수익률이 2.5퍼센트이고 정유업을 한다는 그 마스터합자회사가 갑자기 연 18퍼센트의 배당수익률을 광고한다면 머릿속에서 아크바 제독(영화 〈스타워즈〉 등장인물)이 "함정이닷!"라는 말을 내뱉는 것을 상상해 보라. 금융의 세계에서는 이런 주식을 배당 함정이라고 부른다. 이런 유혹적인 배당 함정은 매력적인 대차대조표가 아니라 눈이 튀어날 정도로 매력적인 배당수익 때문에 당신의 레이다에 '핑' 하고 걸려든다.

아크바 제독의 법칙은 소득 투자와 투기를 가르는 분류 식별자다.

물론 나는 배당 함정과 같은 투자를 피하지만 아크바 제독의 법칙은 그런 투자를 완전히 실격처리하지는 않는다. 다만 수동 급여 항아리에 대해서 부적합 판정을 내리고 '노는 돈' 항아리 앞에 줄 세운다. 21.5퍼센트의 배당수익률을 광고하는 폐쇄형 펀드는 소득 투자 대상이 아니라 투기의 대상이다.

6. 1퍼센트의 법칙 : 자산관리 수수료가 1퍼센트가 넘으면 안 된다

각본탈출의 절정에 도달할 즈음이면 당신은 1퍼센트의 일부가 되어 있을 것이다. 금전적 풍요로움에 있어서 상위 1퍼센트가 아니라 할지라도 때가 되면 그런 부자도 될 것이다. 지금까지 설명한 규칙들은 당신의 투자 원금 보호를 위해 만들어진 것으로, 당신의 상위 1퍼센트의 지위를 수호해 줄 것이다. 자산 가치 하락만 당신의 돈에 위협을 가하는 것은 아니다. 야금야금 당신의 돈을 파먹는 것이 있는데, 그것은 자산관리 수수료다.

월스트리트와 빌리 뱅커와 같은 그곳의 종사자들을 부자로 만드는 것이 우리의 목표가 아니기 때문에, 또 다른 법칙을 만들어 준수할 필요가 있다. 관리운용 펀드로부터 나오는 관리운용 배분을 다룸에 있어서, 이자를 제외하고 1퍼센트가 넘는 자산관리 수수료를 청구하는 펀드는 피해야 한다.

이 법칙에 따르면 당신은 커미션, 선취 수수료, 그리고 전체 자산관리 수수료가 1퍼센트를 초과하는 투자는 피해야 한다. 그러나 이 1퍼센트에는 이자 수수료가 포함되지 않는데, 이것은 레버리지를 활용하는 펀드들에는 일반적인 것이다. 예컨대, ZZZ 채권 펀드의 총 자산관리 수수료가 1.2퍼센트인데, 그 절반(즉 0.6 퍼센트)이 이자 비용이라면, 이 펀드는 우리의 1퍼센트 법칙을 만족시킨다.

어떠한 경우에든, 이자를 제외한 수수료가 1퍼센트를 초과한다면 당신은 "다음!"이라고 외칠 수 있다. 대체 투자 대상은 널려 있다. 개인적으로, 나는 0.5퍼센트 미만을 선호하지만 때로는 수수료가 1퍼센트 문턱 가까이 기어가는 펀드들을 가지고 놀기도 한다. 나는 선취수수료나 커미션을 받는 투자는 좋아하지 않는다.

7. 타조의 법칙 : 수익률에 머리를 박고 위험을 못 보면 안 된다

제7법칙인 타조의 법칙에는 주의를 기울이기 바란다. 이 법칙은 당신을 재앙적인 재무적 재난에서 건져줄 수 있다.

타조의 법칙은 문화적 또는 경제적 풍토와 발맞추어 춤추지 못하는 비즈니스에는 투자해서는 안 된다고 경고한다. 옆에서 자고 있는 재규어는 못 보고 배당수익률에 머리를 처박고는 안전하다고 안심해서는 안 된다. 라디오샥의 경우에, 주가가 몇 년째 하락세를 면치 못하면서 배당수익률은 토실토실 살이 올랐었다. 더욱이 나는 라디오샥 매장을 방문할 때마다 영안실로 걸어 들어가는 느낌을 받았다. 라디오샥이 죽어가고 있다는 사실이 눈에 확연히 들어왔는데, 그들의 상품은 온라인에서 더 싸게 팔리고 있었다. 자사주 매입을 통해 주가를 떠받치려는 노력을 여러 차례 진행했음에도 불구하고, 라디오샥은 2015년에 파산을 맞이했고, 투자자들은 수백만 달러의 손실을 떠안아야 했다.

타조의 법칙과 함께, 당신은 잠재적으로 문제가 있는 투자들을 회수해야 한다. 덩치가 큰 공룡급 투자들(라디오샥, 코닥)이든 찰나의 인기를 좇는 투자들(크록스, 크리스피 크림)이든 모두 타조의 법칙을 적용받아야 한다. 시장의 상황을 민감하게 인지하려면 타조의 법칙의 주춧돌을 이루는 다음 질문들을 던져 보아야 한다.

- 해당 업계가 죽어가고 있지는 않은가?(라디오샥, 코닥)
- 해당 업계가 지각 변동을 겪고 있지는 않은가?(반스앤노블, 블랙베리)
- 해당 업계가 기초자산을 위협할 수 있는 주기적 변동을 겪고 있지는 않은가? (린 에너지, 체서픽 에너지)
- 회사가 특정 유행이나 추세와 동일시되는가? (크록스, 크리스피 크림, 모시모)

다시 말하지만 수동 급여 항아리의 투자는 따분하다. 만일 당신의 투자가 '핫'하거나 그 배당이 '두둑'하다면, 당신은 어쩌면 커다란 낙하산이 달린 정장을 입고 속임수 노름판에서 놀고 있는지도 모른다. 두둑한 수익을 놓고 아우성을 치고 있다면 눈물의 아우성을 치게 될 날이 언젠가는 오고야 말 것이다.

수동 급여 자산의 매입

만일 당신이 번개의 법칙을 따르고 있다면, 수동 급여 항아리를 위한 자산의 매입은 산들바람을 따라 걷는 것처럼 수월할 것이다. 첫째, 주요 금융 기관들 중 하나에 계좌를 개설하라. 종말의 법칙을 염두에 두고 큰 회사들을 고집하라. 1, 2년 전에 창업한 자칭 금융 자문가에게 수백만 달러를 맡겨서는 안 된다.

앞서 설명한 일곱 가지 규칙들에 더해, 내가 올바른 자산들을 겨냥해 사용하곤 하는 지침을 조금 소개할까 한다(이 지침은 경제 상황과 무관하게 적용될 수 있다).

1. 상장지수펀드(ETFs)

- 백만 주를 초과하는 일평균 거래량. 유동성을 확보하고 매도 매수 호가 스프레드가 넓지 않도록 함.
- 펀드 스폰서가 명성이 있고 자산이 500억 달러가 넘어야 함. 발간일 기준, 블랙록의 아이셰어즈(iShares), 뱅가드, 스테이트 스트리트(State Street), 인베스코(Invesco)의 파워쉐어즈(PowerShares)가 기준 충족.

2. 배당 주식(부동산투자신탁과 마스터합자회사 배제)

- 배당은 반드시 안정적이거나 상승세이어야 하며, 되도록 3년 이상의 역사를 가져야 함.
- 배당수익률이 비현실적일 정도로 높아서는 안 됨. 아크바 제독의 법칙과 타조의 법칙에 유의할 것.
- 주주들에게 배당으로 지급되는 액수의 세후이익금에 대한 백분율인 배당성향은 50퍼센트를 초과할 것.

3. 부동산투자신탁(REITs)

- 새롭게 나온 것은 절대 안 됨. 최소 3년 이상 거래 역사가 있는 것

이 좋음.
- 배당은 반드시 안정적이거나 상승세이어야 함.
- 운영수입은 반드시 안정적이거나 상승세이어야 함. 만일 이 지표를 쉽게 손에 넣을 수 없다면 순마진을 이용할 것.
- 매일 거래량이 100만 주 이상일 것.
- 증권보다는 물리적 자산을 갖는 부동산투자신탁이 나은데, 전자의 경우 휘발성이 크고 자산 가격 하락 가능성이 큼.
- 배당수익률은 S&P500의 배당수익률의 5배가 넘지 않아야 함.

4. 마스터합자회사(MLPs)
- 적어도 3년의 운영 실적이 있어야 함.
- 배분 실적이 성장세이거나 최소한 안정적이어야 함.
- 배분 가능한 현금 흐름의 액수를 파트너들에게 배분한 액수로 나누어 계산하는 배분 커버리지 비율이 충분히 높아야 함.

5. 폐쇄형 펀드(CEFS)
- 매도 매수 호가 스프레이가 좁거나 일일 거래량이 주(州) 지자체 채권 펀드를 제외할 때 적어도 10만은 되어야 함.
- 거래 가격이 순자산가치(NAV)보다 1퍼센트 이상 높으면 안 되며, NVA보다 낮으면 더 좋음.
- 1퍼센트의 법칙을 따를 것.

머니 시스템에서는 돈이 시간을 통해 당신을 위해 일하게 되는데,

그 시간이 당신과 분리되어 있다. 그리고 우리는 우리의 자본을 소진하지 않는다. 우리는 여기저기의 자산들을 잘 섞으면서 이것을 수십 년에 걸쳐 할 수 있는데, 나중에 가서 보아도 원금은 그대로 있다.

친구여, 꿈은 이루어진다. 내가 그 산 증거이며, 나는 조금도 특별한 사람이 아니다. 당신의 수고를 엉뚱한 시스템이 아닌 올바른 시스템에 집중해 쏟아 부으라. 당신이 선택하면 당신의 것이 될 것이다. 내가 처음 시작했을 때 이 세상에는 나보다 훨씬 더 열심히 일하는 사람들이 정말로 많았다. 나는 단지 나의 노력을 무한 레버리지가 가능한 결과를 내는 시스템에 쏟아 부었을 뿐이다.

> **!** 나의 경우에, 현금 축적 단계에서는 투자 스타일을 바꾸지 않고 자본 원칙에 따라 투자했다. 나는 성장이 아닌 소득을 위해 저축했다.

> **!** 기초적인 금융 지식과 감각은 필수적인 각본탈출 기술로서 영업과 소통만큼 중요하다. 개선의 원칙을 금융, 영업, 소통의 분야에 적용하라.

CHAPTER 49

각본탈출

나는 성공을 위해 치러야 할 대가가 무엇인지 안다. 몰입, 수고, 소망을 성취하기 위한 쉼 없는 헌신이 성공의 값이다. -프랭크 로이드 라이트(건축가)

당신만의 각본탈출기를 써라

이 책을 읽느라고 쏟아 부은 당신의 그 많은 시간은 내게 참으로 큰-아마도 당신이 생각하는 것보다도 더 큰-의미를 갖는다. 인간의 경험을 타고 흐르는 시간은 새롭게 할 수도 없고 돌려줄 수도 없기에, 당신의 시간을 받는 것은 가슴 뭉클한 특권이 아닐 수 없다. 나를 믿고 끝까지 이 책을 읽어준 데 대해 고마울 따름이다.

나는 당신이 『부의 추월차선 완결판 : 언스크립티드』에서 소중한 비전의 청사진을 발견하고 삶과 꿈을 되찾는 여정에 나서기를 바란다. 기업가로서의 커리어는 상사 없는 직장 그 이상의 의미를 지닌다. 그것은 삶이 월요일부터 금요일까지 동면에 들어가서 토요일에야 깨어

나는 것이 아니라, 매일매일 향유되는 것을 의미한다. 그것은 또한 평범함과 각본화된 세상에서 풀려나는 자유를 뜻한다. 그러나 무엇보다도, 그것은 당신이 당신의 주인이 되는 것을 뜻한다. 당신의 선택, 당신의 시간, 당신의 삶.

이 책을 도화지 위에 찍혀서 연결을 기다리는 점들로 존중해 주길 바란다. 유연한 이정표로서의 그 점들은, 맹렬한 절대주의의 잉크가 아닌 지워질 수 있는 잉크로 찍혔고, 당신의 행동·조정·평가의 경험을 통해 연결된다.

나는 그 점들을 연결해 줄 수 없다. 나는 그저 확률 개선을 위한 이정표로서의 그 점들을 부각시켜줄 수 있을 뿐이다. 나는 단순히 그들 간의 간격에 빛을 비추어 주고, 그 점을 지나는 것이 시련의 시간이 되는 동시에 변혁과 놀라운 보상의 시간이 될 것이라고 경고하고 권장할 수 있을 뿐이다.

각본탈출의 과정은 당신의 마음에 떨어진 작은 씨앗에서 시작된다. 그 씨앗이 발아하고 자라려면 결심과 행동이 필요하다. 당신이 자동차, 텔레비전, 정부의 노예가 아니라는 깨달음이 필요하다. 그 씨앗이 꽃을 피울 때 당신은 풍요로움과 행복을 누릴 수 있을 것이다.

결국, 우리 모두는 되돌리기가 불가능한 시간을 살아간다. 어떤 이들은 경험을 이야기로 풀어내고, 어떤 이들은 그 각본이 펜을 훔쳐가도록 내버려둔다. 우리의 문명에 대한 보편적 진실들을 당신이 인정하는지 여부와 무관하게 시간은 흘러간다. 시간을 되돌리는 것은 꿈조차 꾸지 말라. 당신의 시간 기계는 지금 여기에 있고, 당신에게 역사의 흐름을 바꾸라고 말하고 있다. 내일도 아니고, 월급을 받은 뒤인 다음 주도 아니고, 위대한 아이디어가 떠오른 뒤도 아니고, 지금 시작하라.

  친구여, 오늘은 당신의 여생의 첫날이다. 오늘은 소중한 당신의 것이다. 그 각본에 당신의 인생을 맡기지 말라. 맡겼다면 당장 그 각본을 갈기갈기 찢어버리고 다시 찾아오라. 그리고 당신만의 각본탈출기를 다시 써라.

  행운을 빈다. 그리고 당신의 여정에 축복이 있기를······.

부의 추월차선 완결판
언스크립티드

초판 1쇄 발행 2018년 1월 17일　초판 37쇄 발행 2025년 4월 15일
지은이 엠제이 드마코　옮긴이 안시열　펴낸이 김영범

펴낸곳 (주)북새통 · 토트출판사
주소 서울시 마포구 월드컵로36길 18 삼라마이다스 902호 (우)03938
대표전화 02-338-0117　팩스 02-338-7160
출판등록 2009년 3월 19일 제 315-2009-000018호　이메일 thothbook@naver.com

© 엠제이 드마코, 2017
ISBN 979-11-87444-21-3 13320

잘못된 책은 구입한 서점에서 교환해 드립니다.